Mit einem Mann möcht ich nicht tauschen

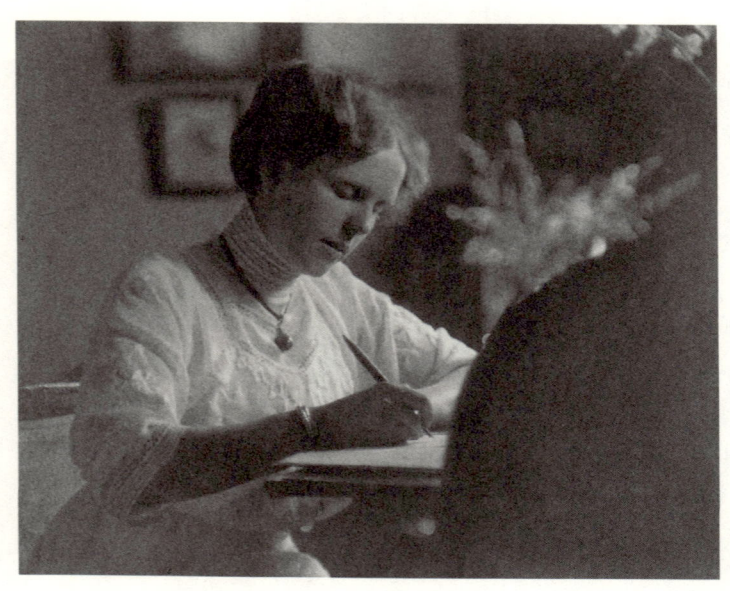

Rainer Noltenius (Hg.)

Mit einem Mann möcht ich nicht tauschen

Ein Zeitgemälde in Tagebüchern und Briefen
der Marie Bruns-Bode (1885–1952)

Gebr. Mann Verlag · Berlin

Bibliografische Information der Deutschen Nationalbibliothek
Die Deutsche Nationalbibliothek verzeichnet diese Publikation in der
Deutschen Nationalbibliografie; detaillierte bibliografische Daten sind im
Internet über http://dnb.d-nb.de abrufbar.

© 2018 Gebr. Mann Verlag · Berlin
www.gebrmannverlag.de
Bitte fordern Sie unsere Prospekte an.

Gedruckt auf säurefreiem Papier, das die US-ANSI-Norm über Haltbarkeit erfüllt.

Gestaltung: hawemannundmosch · Berlin
Coverabbildung: Marie Bruns auf dem Weg zur Museumsführung, vgl. S. 67
Frontispiz: Marie Bode schreibt Tagebuch – kurz vor ihrer Verlobung
Buchrückseite: Marie Bode malt, lavierte Kohlezeichnung ihrer Zeichenlehrerin
Iselin Meeger, Berlin 1904, vgl. S. 9
Schrift: Franziska
Papier: 90 g/m² Schleipen-Werkdruck bläulichweiß
Druck und Verarbeitung: Beltz Grafische Betriebe GmbH · Bad Langensalza

Printed in Germany · ISBN 978-3-7861-2799-4

Bilderreise
zu Marie Bruns-Bodes Leben

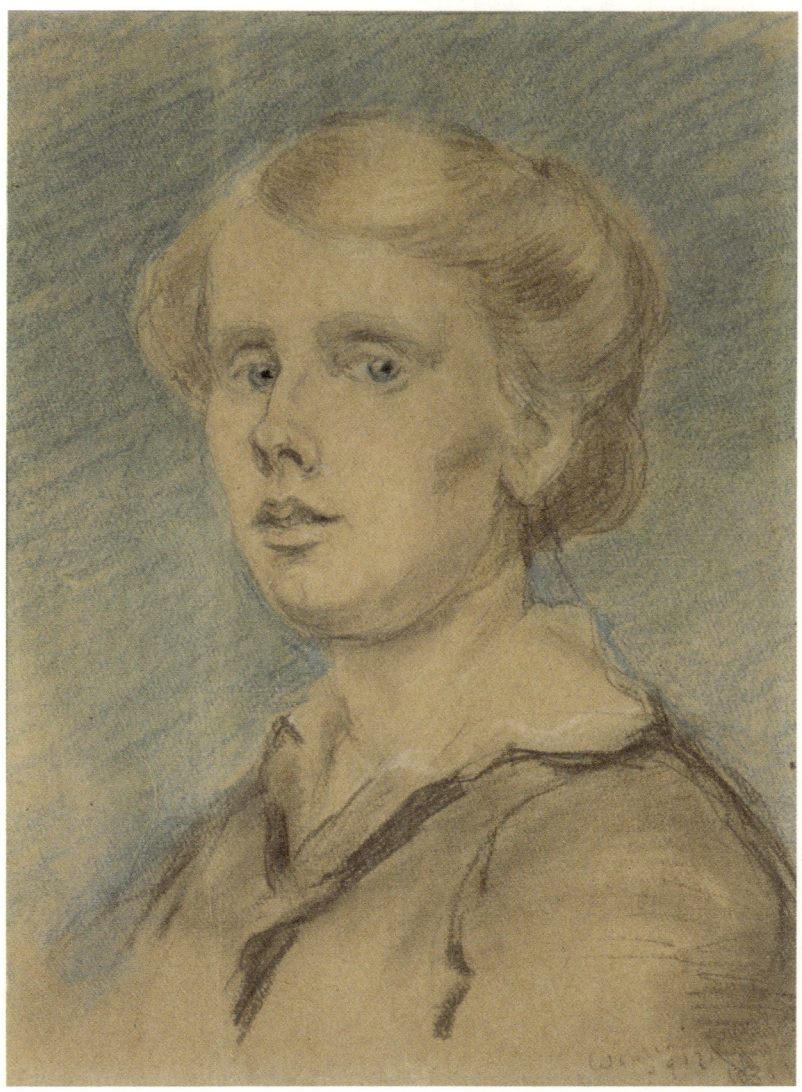

Marie Bode: Selbstporträt, Pastell, 1915.

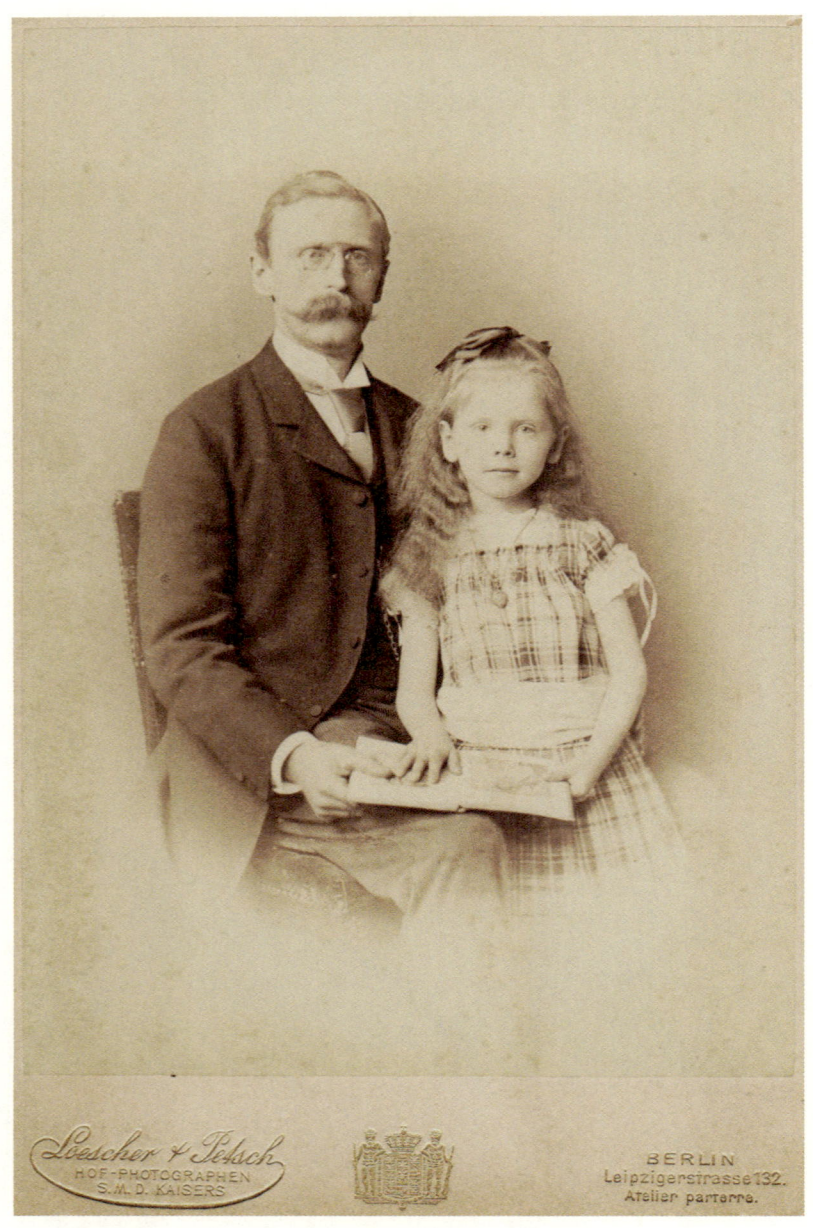

Marie Bode mit ihrem Vater Wilhelm und einem Buch, 1893.

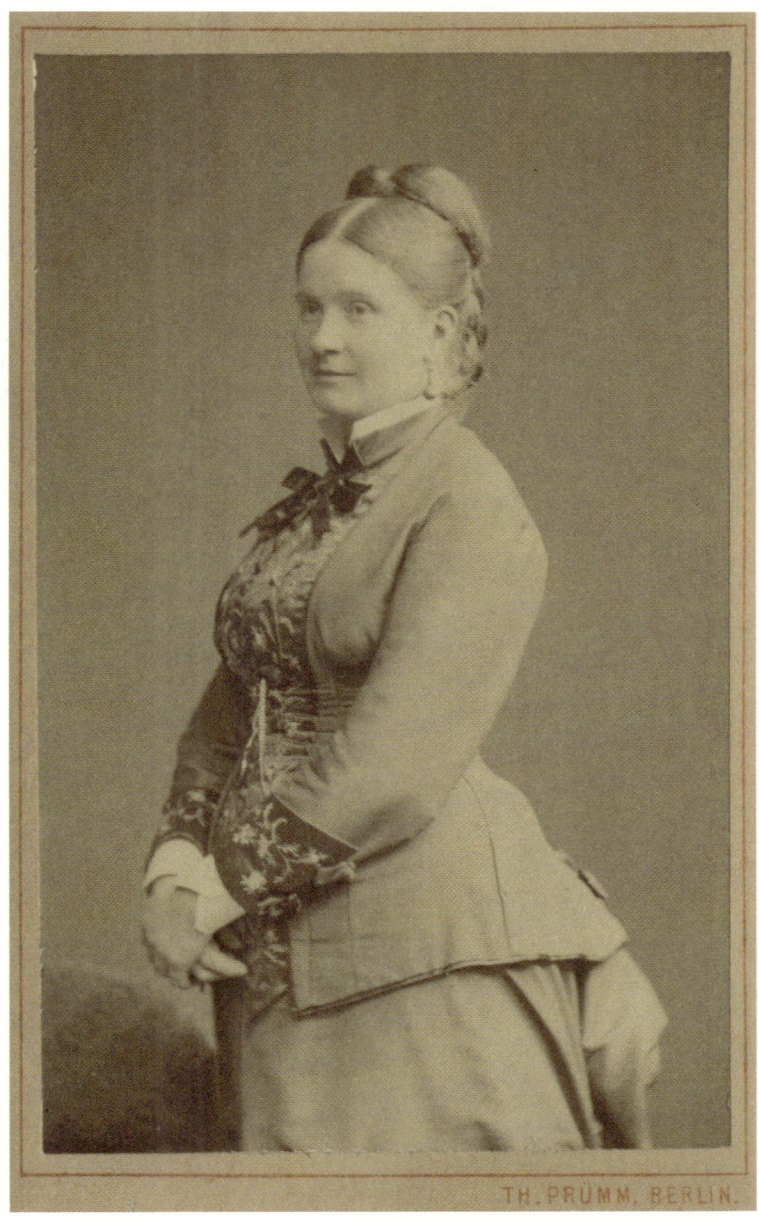

Maries Mutter Marie Bode, geb. Rimpau.

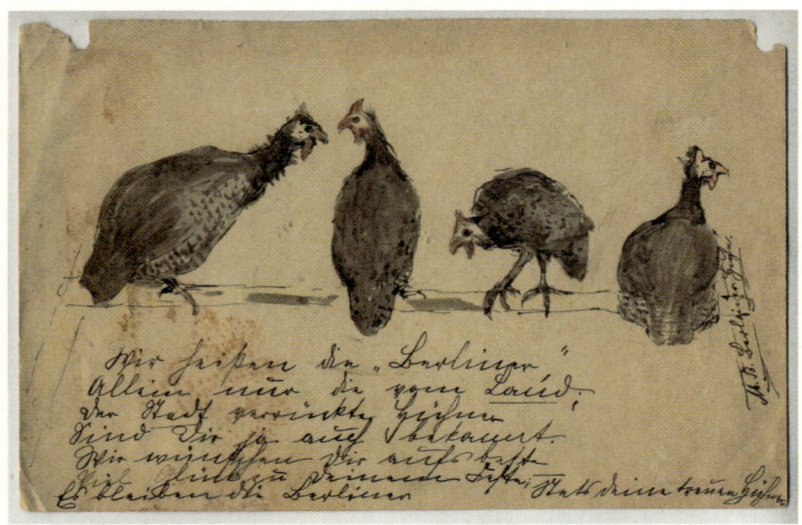

Marie Bode: Gemalter und gedichteter Gruß vom Haushaltungsinternat
in Reifenstein, 1903.

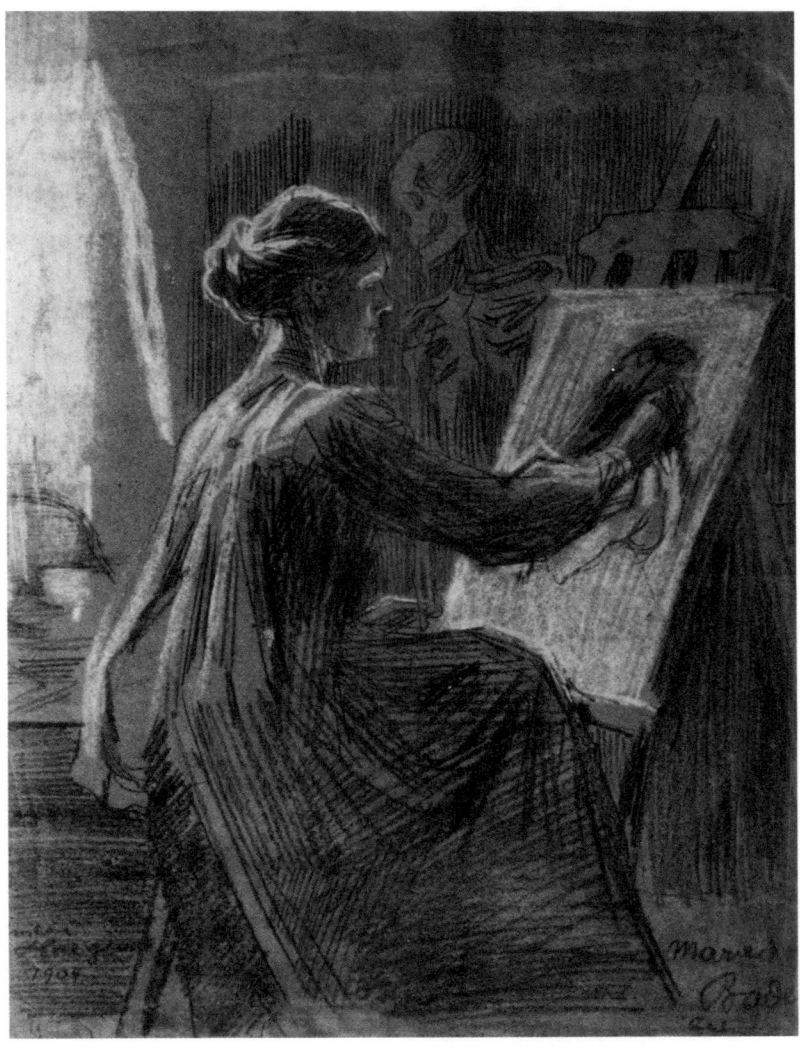

Marie Bode malt, lavierte Kohlezeichnung ihrer Zeichenlehrerin Iselin Meeger,
Berlin 1904.

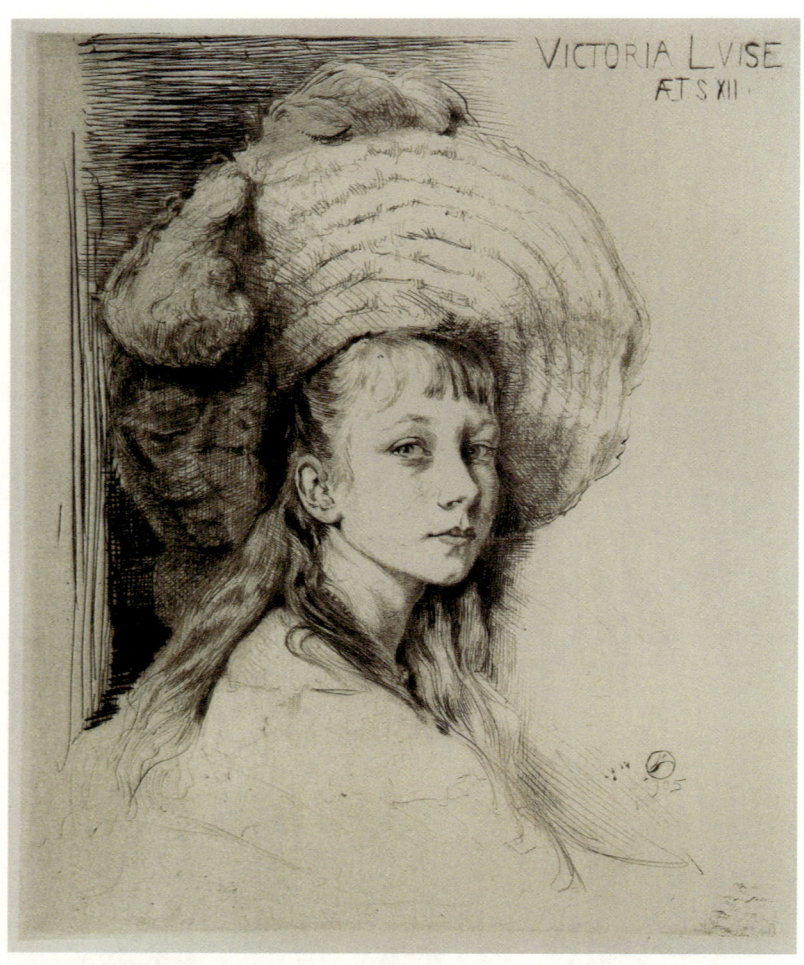

Prinzessin Viktoria Luise von Preußen, Schülerin von Marie Bode, Radierung von Marie Stein-Ranke.

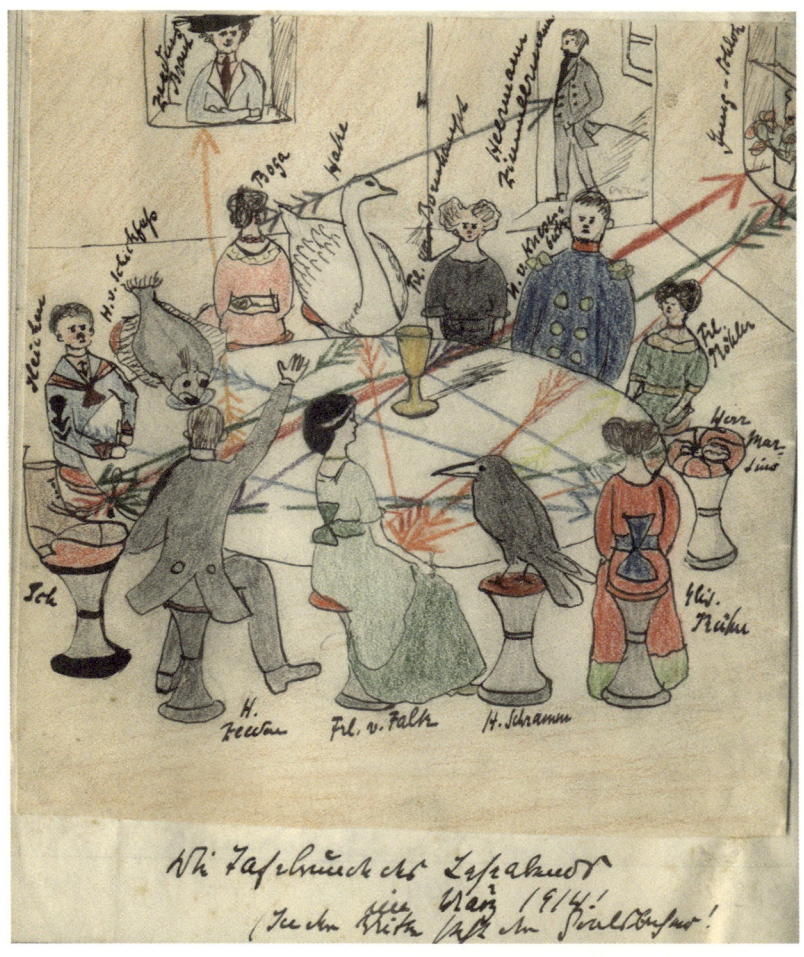

Marie Bode malt die persönlichen Beziehungen von Mitgliedern ihres Kränzchens: ein Soziogramm! Marie links als Stiefel, rechts hinter dem Fenster Gottfried Dryander als »Jung-Schloh«, 1914.

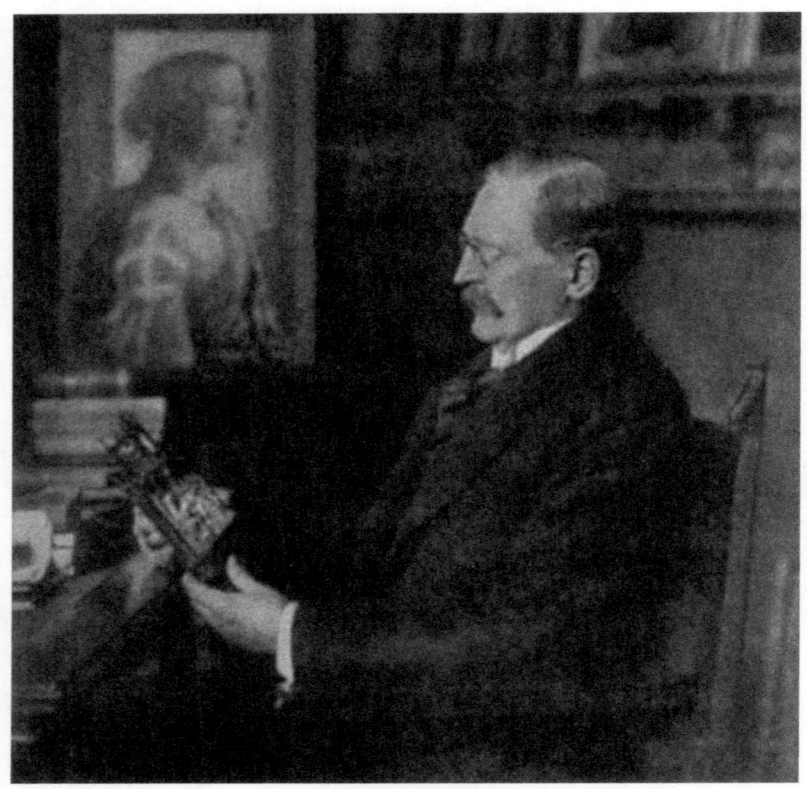

Maries Vater Wilhelm von Bode am Schreibtisch, Generaldirektor der Berliner Museen, 1910.

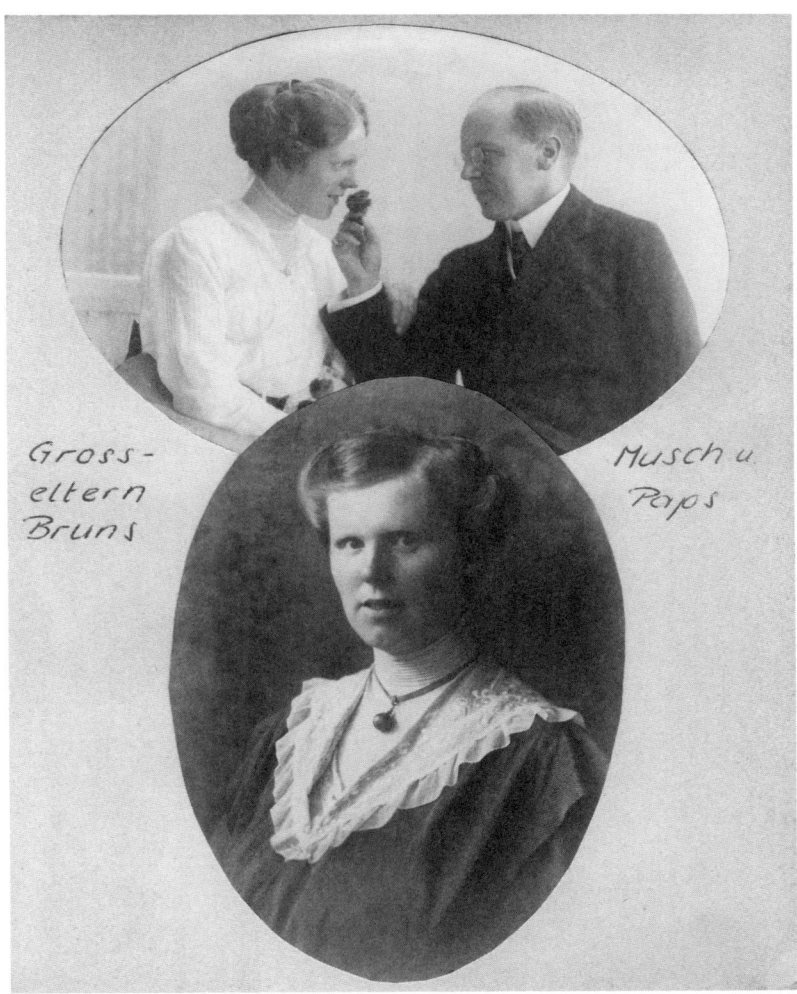

Gross-
eltern
Bruns

Musch u.
Paps

Verlobung von Marie Bode (»Musch«) und Viktor Bruns (»Paps«),
aus einem Fotoalbum ihrer Enkelin Marianne Aeschbacher.

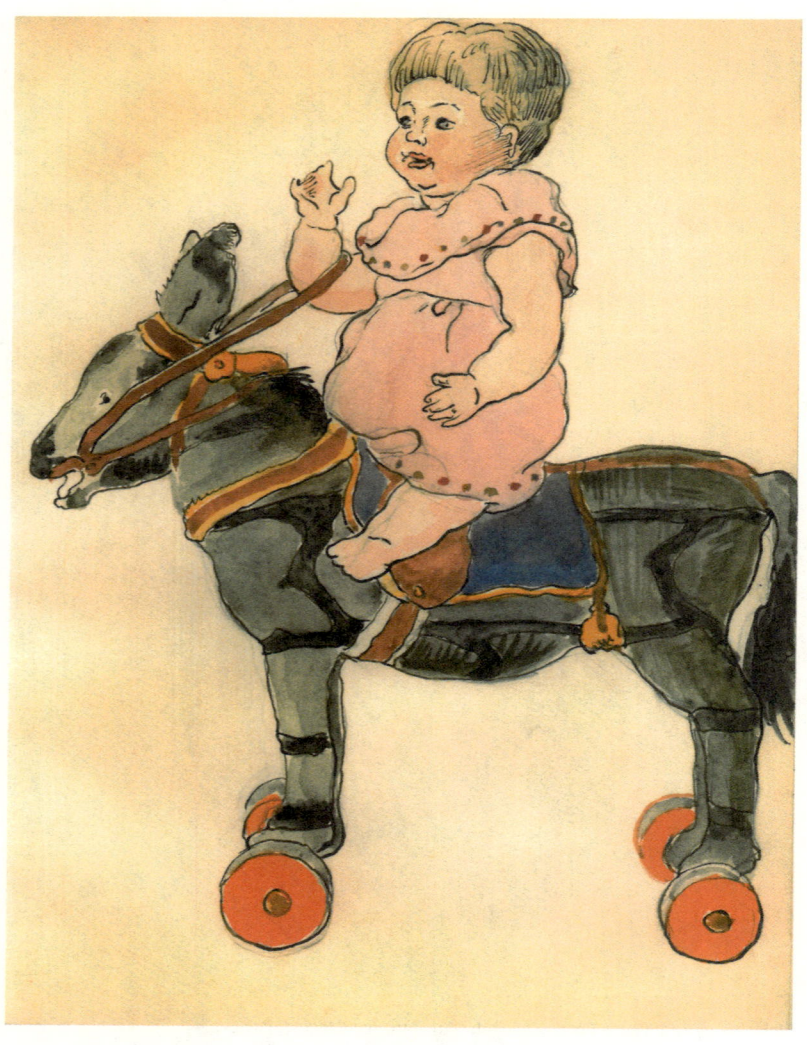

Aquarell aus einem handgeschriebenen Buch von Marie Bruns für ihre Kinder.

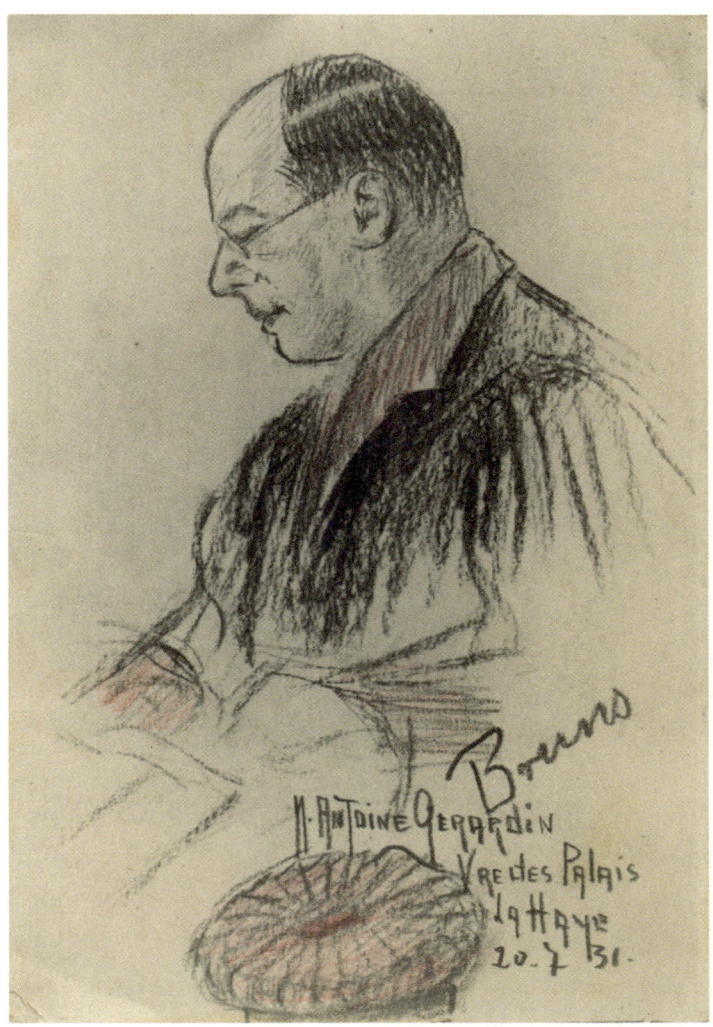

Richter Viktor Bruns im Ständigen Internationalen Gerichtshof in Den Haag,
Zeichnung von Marthe Antoine Gérardin, 1931.

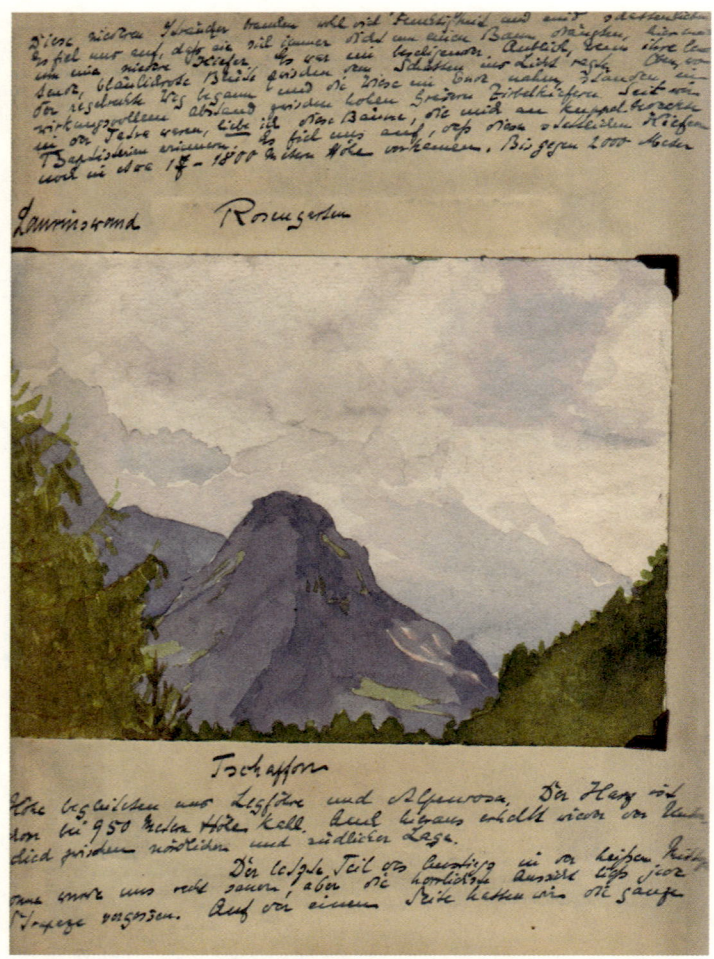

Tagebuchseite von Marie Bruns mit Aquarell: Laurinswand im Rosengarten/ Südtirol (Reise mit Viktor Bruns 1935).

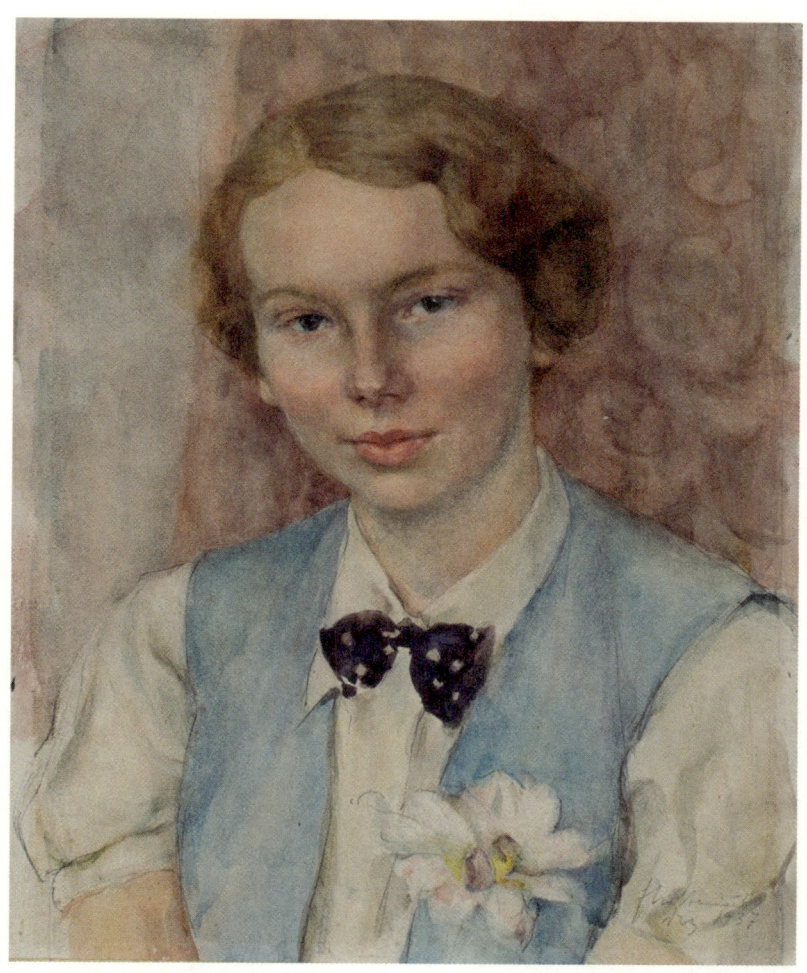

Maries Tochter Hella Noltenius, Aquarell von Elisabeth Noltenius, 1937.

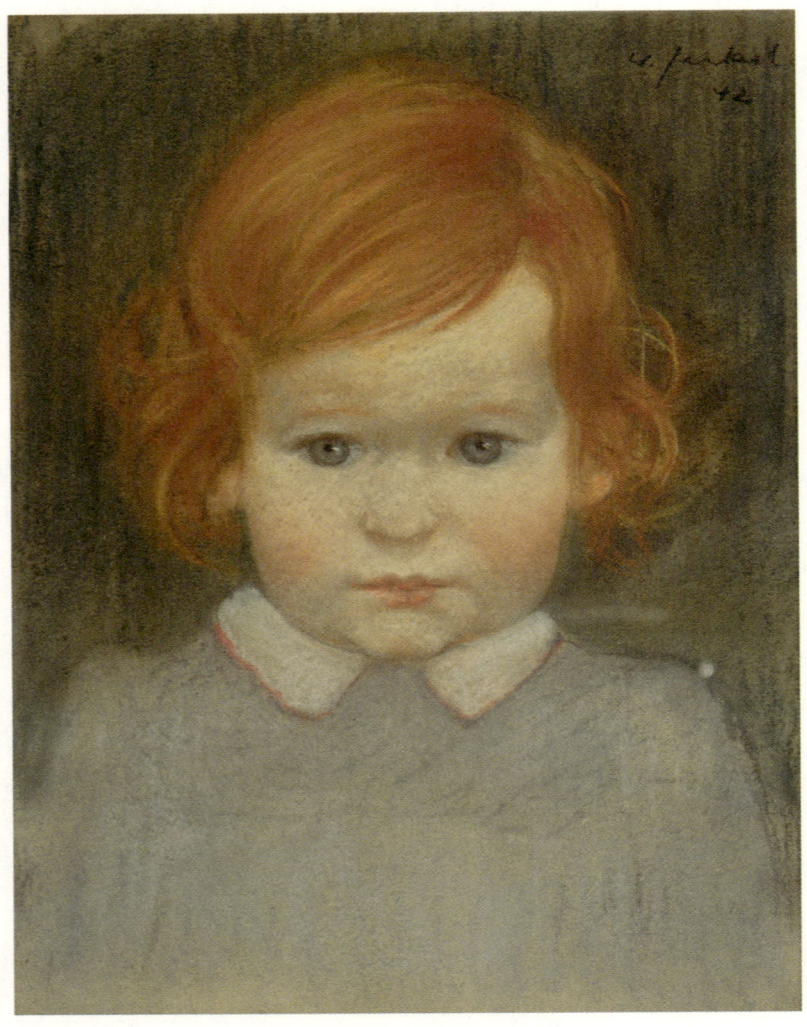

Maries Enkelin Elke Noltenius, Pastell von Willi Jaeckel, 1942.

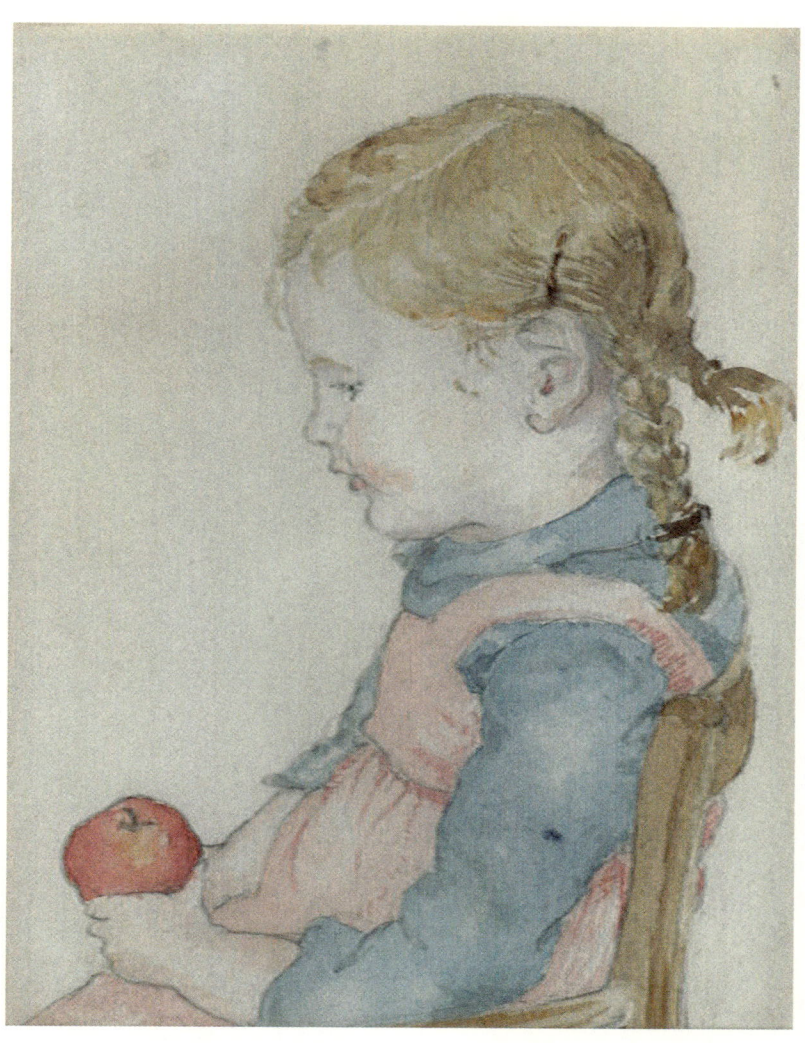

Maries Enkelin Marianne (Meieli) Aeschbacher, Aquarell von Marie Bruns, 1946/47.

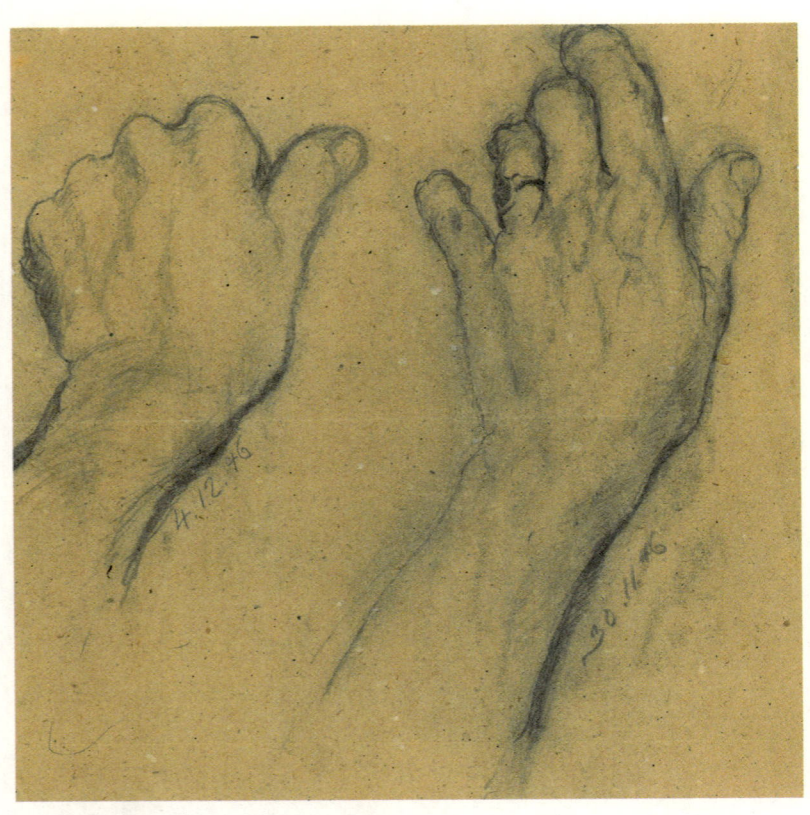

Marie Bruns, Meine linke Hand, Zeichnung, 1946.

Inhalt

Detailliertes Inhaltsverzeichnis der Tagebücher und Briefe

Hochzeitstag in Königsberg – Eine interessante Abendgesellschaft –
Beginn der deutschen [kunsthistorischen] Führungen 1934 – Auf der Wies –
Museumsführungen – Das Fest zum 10-jährigen Bestehen des »Instituts
für ausländisches öffentliches Recht und Völkerrecht« in Berlin –
Schweizer Reise (März 1935) – [Besichtigung eines Arbeitslagers des Reichs-
arbeitsdienstes] – Reise nach Südtirol und Oberitalien im Juli 1935   ˙

Präsident Lachenal, Namitkiewicz, Wilhelm von Bode, Graf Mandelsloh,
Berthold Graf von Stauffenberg, Prof. Charles de Visscher, Pastor Martin Niemöller,
Premierminister Hjalmar Hammarskjöld, Prof. Reuterskjöld, Britta von Zezschwitz,
geb. Bruns, Ferdinand Sauerbruch, Edith Bruns, Deutscher Botschafter in der
Schweiz Ernst von Weizsäcker, Heinrich von Weizsäcker, Carl Friedrich von
Weizsäcker, Richard von Weizsäcker, Max Reinhardt

Hellas Lebenslauf am Beginn der NS-Zeit:
Vom 16. bis zum 19. Jahr [1933–36] ... 151

Hellas Konfirmation, 2. April 1933: Pastor Niemöller – Entfernung
»jüdischer Elemente« aus der Schule – Fahrt nach England – 1936
im Arbeitsdienst

Prof. Oskar Bruns, Pastor Martin Niemöller, Pastor Ernst von Dryander

Hellas Tagebuch Mai 1936 – 19. Januar 1938:
Berufsfindung, Liebe und Hochzeit ... 161

Arbeitsdienst Sommer 1936 – Neue Berufswahl – Unser Hausball –
Vergleich zwischen Hellas und meinen Verehrern – Hella und Jan –
Verlobungsfeier in Zehlendorf – 5. Mai 1937: Hochzeitstag von Ursula
[Sattler, geb. Noltenius] – Hellas Hochzeit [1937] – Mein erster Besuch
bei Hella [in Bremen]

Ferdinand Sauerbruch, Jan Noltenius, Carl Friedrich von Weizsäcker, Ernst von
Weizsäcker, Marianne von Weizsäcker, Oskar Bruns, Richard von Weizsäcker,
Pastor Martin Niemöller Elisabeth Noltenius, Edith Bruns

Briefe 1893–1951 ... 173

Besichtigung der privaten Kunstsammlungen in Paris 1903 – Zeichenunterricht bei Madame Mourier – Louvre – Oxford 1906 – Arthur Evans
und seine Ausgrabungen auf Kreta – Wandel der kulturellen Bedürfnisse
seit der Eheschließung 1915 – Gratulation zum 60. Geburtstag Wilhelm
von Bodes – Internationalität früher und nun während des Weltkriegs
»wilder Völkerhass« – Neubauten der Berliner Museen – Pastellmalerei –
Über die früh verstorbene Mutter – Bildnismalerei – Viktor Bruns' Grün-

dung des »Kaiser-Wilhelm-Instituts für ausländisches öffentliches Recht
und Völkerrecht« – 1936: Begegnung bei Minister Hans Frank mit Arnold
Joseph Toynbee und Leni Riefenstahl, die ihren Film »Die Macht des
Willens« zeigt – 1946: Kriegs- und Nachkriegsschicksal der Bibliothek des
Völkerrechtsinstituts – Das Völkerrechtsinstitut in dieser Umbruchzeit –
Bilanz ihres Porträtzeichnens – Hellas Tätigkeit als Dolmetscherin und
Übersetzerin – Nahrungsmittelbeschaffung – Kulturprogramm im Nach-
kriegs-Bremen – Erholung von der Hungerszeit für die Kinder Rainer und
Elke bei den Schweizer Verwandten – Erinnerungen eines aus Berlin in
die USA geflüchteten Professors an Viktor Bruns – Würdigung des Völker-
rechtsinstituts durch amerikanische Wissenschaftler – Wiederbegrün-
dung des Völkerrechtsinstituts in Heidelberg – 1950: Viktors und Maries
Testament – Familie von Weizsäcker

Gustave Dreyfus, Rudolf Kann, Emile Michel, Sir Arthur Evans, Christian Hülsen,
Wilhelm von Bode, Peter Halm, Marie Bode [*Mutter von Marie Bruns-Bode*],
Thilli Wintzingerode, W. von Dirksen, Thomas Theodor Heine, Diefenbach,
Viktoria Luise von Preußen, Carl von Weizsäcker, Minister Hans Frank, Arnold
Joseph Toynbee, Leni Riefenstahl, Minister a.D. Walter Simons, Karlfried Graf
Dürckheim, Leopold Reidemeister, Jan Noltenius, Elisabeth Noltenius, Paul
Kleinen, Klaus Müller-Wusterwitz, Ellinor Greinert, Prof. Edwin Borchard (USA),
Weiss, Kretschmer, Rainer Noltenius, Marianne Aeschbacher, Ursula Sattler,
Heinrich Sattler, Dorothea Sattler, Dieter Wehrli, Elke Noltenius, Agnes Wehrli,
Prof. Martin Wolff, Carl Bilfinger, Rudolf Smend, Margrit Witwer-Aeschbacher,
Herbert Kier, Grete Bilfinger, Carl Friedrich von Weizsäcker, Marianne von
Weizsäcker, Ernst von Weizsäcker, Ferdinand Sauerbruch

Vorwort

Marie Bruns-Bode war eine lebenslustige und vielseitig literarisch und künstlerisch begabte Frau. Sie versteht es, die Leserin und den Leser humorvoll, anschaulich und süffig schreibend in das Zentrum des kulturellen und politischen Lebens der Hauptstadt Berlin von der Kaiserzeit bis zur Adenauer-Ära zu führen.

Marie Bode (1885–1952) wurde in eine äußerst anregende kulturelle Atmosphäre hineingeboren. Ihr Vater, Wilhelm von Bode (1845–1929), war von 1905 bis 1920 Generaldirektor der Berliner Museen. Nach ihm wurde das Bode-Museum benannt. Er heiratete 1882 Marie Rimpau. Marie Bode war beider einzige Tochter, da Marie Bode-Rimpau bei der Geburt ihrer Tochter 1885 verstarb. Marie Bode, die Verfasserin der hier vorgelegten Tagebücher und Briefe, wurde 1907–10 als Lehrerin für Kunstgeschichte an den Kaiserhof nach Berlin und Potsdam berufen. Sie heiratete 1915 Prof. Dr. Viktor Bruns (1884–1943), den Begründer und langjährigen Direktor des Kaiser-Wilhelm-Instituts für ausländisches öffentliches Recht und Völkerrecht in Berlin, heute das Max-Planck-Institut für ausländisches öffentliches Recht und Völkerrecht in Heidelberg.

Die Tagebücher von Marie Bruns, geb. Bode sind von 1912 bis 1944, die Briefe von 1893 bis 1951 geschrieben. Als Tochter des Generaldirektors der Berliner Museen und als Frau des Direktors des Völkerrechts-Instituts und Mitglieds des vom Völkerbund eingesetzten Haager internationalen Schiedsgerichtshofes entsteht in ihren Tagebüchern und Briefen ein Bild der kulturellen und politischen Geschichte Deutschlands.

In einer Zeit, in der von den Frauen Unterordnung unter die Männer erwartet wurde – sodass Marie Bode sich selber in ihrer Jugend gewünscht hatte, als Mann geboren worden zu sein – gelang es ihr, aufrecht ihren eigenen Weg zu finden und zu verwirklichen. Nachdem sie sich und ihre Träume durchgesetzt hatte, fühlte sie sich als Frau wohl und wollte nicht mehr mit einem Mann tauschen!

In ihren Tagebüchern und Briefen spiegelt sich das gesellschaftliche Leben besonders des Berliner Bildungsbürgertums in den Zeiten Kaiser

Wilhelms II., in der Weimarer Republik, der NS-Zeit und der Zeit nach dem Zweiten Weltkrieg bis 1951.

Es treten darin unter anderem auf – immer aus selbstbewusst weiblicher Perspektive dargestellt:

- Wilhelm von Bode, andere Museumsdirektoren aus Europa und Amerika sowie große private Kunstsammler aus ganz Europa.
- Eine bedeutende Rolle spielt die Familie von Weizsäcker, eng mit Viktor Bruns verwandt und befreundet, in den Tagebüchern: Carl von Weizsäcker, württembergischer Ministerpräsident bis 1918, Ernst von Weizsäcker, Diplomat und unter Adolf Hitler Staatssekretär im Auswärtigen Amt, schließlich noch Richard und Carl Friedrich von Weizsäcker, die später als Bundespräsident bzw. als Atomphysiker und Philosoph wichtige Positionen erlangten.
- Mehrfach treffen wir auf Pastor Martin Niemöller, der eine Tochter von Marie Bruns 1933 konfirmierte. Niemöller taucht einige Seiten später wieder als entschiedener Gegner der NS-orientierten »Deutschen Christen« auf – in einem Gespräch zwischen einem NS-Minister und einem Bischof auf einer Abendgesellschaft, wobei letzterer betont: »Niemöller ... wird jetzt demnächst beseitigt werden«.
- Diplomaten und Politiker im Zusammenhang mit Viktor Bruns' Auftreten im Internationalen Haager Gerichtshof.
- Professor Sauerbuch, bekanntester Chirurg seiner Zeit und Schwarm der Damen der »besseren Gesellschaft«, erscheint als charmanter Gesellschaftslöwe auf den großen Berliner Festen.

So stellt das Tagebuch ein Zeitgemälde der Gesellschafts-, Kultur-, Rechts- und Wissenschaftsgeschichte dar, erzählt von einer klugen und oft auch widerständigen Frau.

Dank ihrer künstlerischen Ausbildung in Berlin und Paris hat Marie ihre Tagebücher mit eindrucksvollen Aquarellen und Zeichnungen illustriert.

Leserinnen und Leser können durch die Lektüre eine überraschende Konkretisierung unseres viel zu holzschnittartig vereinfachten und durch die Perspektive von Männern geprägten Bildes der ersten Hälfte des 20. Jahrhunderts in Deutschland erleben.

Rainer Noltenius

Tagebücher 1909–1944

Die Liebe meiner Eltern

[Geschrieben zwischen 1909 und 1911. Nach den Berichten ihrer Tante Anna Rimpau in Langenstein und Thilli Wintzingerode, »der liebsten Freundin meiner Mutter«, erzählt Marie Bode:]

Aus den Worten beider habe ich die Geschichte meiner Eltern aufgebaut. Vater *[Wilhelm von Bode]* war ein seltsames Kind. Seine Mutter *[Emilie Bode, geb. Rimpau]* liebte ihn innig, Großvater *[Oberlandesgerichtsrat Wilhelm H. B. Bode]* konnte ihn nicht verstehen. Seine Anlage mochte an sich schon verschlossen sein – er wurde immer scheuer und seine etwas kränkliche Natur konnte mit den derberen Vettern (in Langenstein) nicht harmonieren. Wenn er auf dem Lande mit Rimpaus herumtollte, suchte er sich dann meistens die Gesellschaft seiner lebhaften, natürlichen und liebevollen Kusine Marie *[Rimpau]* aus.

Hand in Hand gingen die beiden durchs Dorf und hinter ihnen riefen die Buben: »Kick, do gahn Brut un Brüjam!« Es stand dem Pärchen auch ganz fest, dass sie später einmal Mann und Frau sein würden. Kindliche Kameradschaft wuchs sich zu reifer Freundschaft aus. Mein Vater hatte Naturhistoriker werden wollen, um den dunklen Erdteil zu durchforschen. Das verbot ihm seine zarte Gesundheit; er litt an Kopfkrämpfen, von denen im späteren Lebensalter nur Migräne zurückblieb. Seine zweite große Liebhaberei war Kunstgeschichte; aber der Vater behauptete, das sei kein Brotstudium und zwang ihn quasi zur Juristen-Karriere.

Widerwillig quälte er sich mit dem corpus juris herum und tagelang freute er sich auf ein paar Stunden in Langenstein, wo er der alten Liebhaberei leben konnte. Dann zog er mit meiner Mutter auf die »Altenburg« und Vetter und Kusine schwelgten im Anblick der Fotografien, die sich Vater allmählich von den verschiedenen Kunstwerken verschafft hatte. Seine Kusine hatte so viel Sinn für die Sache, dass es ihm oft schien, als ginge ihm durch sie erst das rechte Verständnis für seine Kunstblätter auf.

Glücklich war der Referendar absolviert, und nun steckten sich einige verständnisvolle Leute dahinter, meinem Vater zu seinem rechten Beruf zu verhelfen. Es war der alte Braunschweiger Blasius, aber in erster Linie war's seine Kusine Marie, und sie trugen den Sieg davon.

Mit welchem verstärkten Interesse meine Mutter nun an der Laufbahn von Vater teilnahm, lässt sich denken. Aber sie verlor ihn auch oft fast jahrelang aus den Augen. So manche Liebesgeschichte spielte in ihrer beider Leben hinein, und als sie bereits 37 Jahre alt waren, kam ihnen die Erkenntnis, dass sie ja eigentlich nur füreinander geschaffen seien. An diesem Punkt stimmen meine Quellen nicht überein. Die eine sagt aus, dass Großmutter Ri.[mpau] Vater zur Verlobung ermutigt hätte, die andere meint, es sei die Liebe den Eltern meiner Mutter überraschend gekommen – ihre eigenen Briefe bestätigen mir diese Ansicht.

Jedenfalls hatten die beiden Liebenden schwere Zweifel am Erlaubten ihres Glücks. Vetter- und Kusinen-Heirat war schon einmal in unserer Familie vorgekommen und hatte Irrsinn in der nächsten Generation gezeigt. Dazu kamen die Bedenken von Vaters zarter Gesundheit; meine Mutter hatte ein Mädchenleiden erst vor kurzem überwunden – und so türmte sich manch ein Berg im Gewissen der zwei pflichttreuen Menschen auf. Es kam die Unzufriedenheit der [Rimpau-] Eltern hinzu, die selbstverständlich nur auf hygienischen Bedenken beruhte; aber beide liebten den Neffen, und so gaben sie ihre Einwilligung.

Kurz nachdem der Würfel gefallen war, wurde meiner Großmutter [Sophie Rimpau, geb. Bode] klar, was sie an dieser Tochter besessen hatte, was herzugeben ihr fast unmöglich schien. Der krittlige Mann [Landrat August Wilhelm Rimpau] war ihr oft langweilig gewesen, aber die heitere, witzige, kluge und selbstlose Tochter hatte das immer enger gezogene Familienleben aufgefrischt. Alle anderen Kinder hatten fortgeheiratet; nun sollte sie mit einem Mal in dem großen Schlosse nur für ihren Mann leben. Von Eifersucht gepeinigt suchte sie wohl nach einem Vorwand der Anklage gegen ihre Tochter, und wer sucht, der findet! Sie wetterte gegen Verwandtenheirat und füllte jeden Tag mit einer neuen Szene an. Wie mein Großvater in der Zeit zufällig einen Schlaganfall bekam, bezog meine Mutter die Schuld daran auf sich; weinend warf sie sich ihr um den Hals und stieß hervor: »Ich habe meinen Vater gemordet!« Auf dieses Hirngespinst des überreizten Gewissens hatte meine Großmutter nicht ein gütiges Wort, nicht einen freundlichen Blick. Kalt stieß sie die Tochter von sich. Zum Glück erholte sich mein Großvater bald; aber wie war der armen Tochter die Brautzeit verhagelt! In aller Eile wurde die Hochzeit vorbereitet und still, wie es sich nach den Worten meiner Mutter »für so alte Leute geziemte«, und der hohe Tag blieb ihr als der furchtbarste ihres Lebens in Erinnerung.

Hätten die Großeltern – und besonders die Großmutter – das junge Paar n u n wenigstens in Frieden gelassen! Aber die Entbehrung war für die lebhafte alte Frau zu viel. Sie redete sich immer mehr in Härte herein und schrieb der unglücklichen Tochter einen Schmähbrief nach dem anderen! Vergebens war's, dass sie ihre Mutter für dies und jenes gedachte Verbrechen um Verzeihung bat! Vergebens, dass sie mit immer neuer Geduld freundlich und besänftigend schrieb. Das ferne Unwetter hörte nicht auf, grollend immer wieder über dem Horizont ihres Glückes aufzusteigen!

Und die beiden w a r e n glücklich! Sie liebten sich mit einer Kraft, die gegen jede Anfeindung stählte. Sie gingen in den gegenseitigen Interessen, in der Freude am Charakter und Herzen ihrer Erwählten vollständig auf. Und meine Mutter hatte sich ihren Kreis erobert; alle Freunde ihres Mannes schätzten sich glücklich, sie zu kennen!

Da brach mit einem Mal das Leiden ihrer Mädchenzeit wieder auf. Ein Geschwür im Unterleib wuchs und verursachte grauenhafte Schmerzen. Die Ärzte trösteten, dass es nach einer Operation besser sein würde; aber sie könnte nie ein Kind haben! Der Arzt war im Irrtum, und bald darauf erfuhr sie, dass ihr und ihrem Kind der Tod gewiss sei. In dieser Aussicht schrieb sie an ihre Mutter und meinte, sie würde sich nun versöhnlich stellen. Aber die harte Frau sah in dem Schicksal ihrer Tochter nur die Strafe für solche leichtsinnige Heirat und weigerte sich, ihr vor dem Tode Lebewohl zu sagen. Wenn auch meiner tapferen Mutter das Sterben nicht schwer wurde – diese Härte und der Abschied von ihrem Wilhelm drückte sie schwer danieder. Trotzdem genossen die beiden jede Woche, jeden Tag, der ihnen noch geschenkt war, und die Todgeweihte strahlte den ganzen Reichtum ihrer Liebe auf Fern- wie Nahestehende aus. Sie ließ keine Wehmut aufkommen; jeder, der von ihr Abschied nahm, ging gestärkt und bereichert an seine Aufgabe.

Alles ging besser als man vorausgesehen. Das Kind war lebendig und gesund; eine helle dankbare Freude strahlt aus den Briefen, die meine Mutter damals an Tante Thilli geschrieben hat. »Schade, dass es kein Junge ist«, hatte ein Arzt gemeint, wie er mich besah – der mächtige Schädel schien ihm einen guten Knaben zu versprechen. »Schade, dass Du kein Junge bist«, hat Vater auch oft zu mir gesagt und meinem eigenen Bedauern Ausdruck gegeben. Aber jetzt, schon seit Jahren, möchte ich um die Welt nicht mit einem Mann tauschen. Meine Mutter selbst erholte sich und schöpfte wieder Lebenshoffnung. Aber es war nur Schein. Nach wenigen Wochen kam es zum Sterben.

Das war eine Trauer, wie sie selten um ein Menschenleben gehalten ist. Die Dorfleute in Langenstein weinten ebenso herzzerbrechend, wie ihre Neffen und Nichten, ihre Geschwister und zahllosen Freunde. Auf dem Begräbnis war ein Herr, den Vater nicht kannte. Hinterher machte er ihm einen Entschuldigungsbesuch. Es war ein Mann in den Siebzigern, der vor langen Jahren meine Mutter einmal in Langenstein gesehen – nur für wenige Stunden, und der konnte sich's nun nicht versagen, ihrer Leiche zu folgen. Aber noch wunderbarer tritt die Bedeutung ihrer Persönlichkeit aus einer anderen Erzählung hervor. Ich mochte schon 22 Jahre alt sein, da sagte mir Frl. Keller mal, dass sie mit einem Dr. Veit zusammen gekommen sei. Der habe sich sehr für mich interessiert, und viel von meiner Mutter gesprochen. Er war ein berühmter Frauenarzt, den man in ihrer letzten Krankheit herangezogen hatte. Und wie sie gestorben war, kam er heim mit den Worten:»Frau Bode ist tot« – und er und seine Frau wachten in Trauer die ganze Nacht hindurch.

Wenn ich bedenke, wie teuer mein Leben erkauft war, wie öde und zwecklos Vater sich lange Jahre fühlte – dann frag ich mich oft: Solltest Du nicht zu etwas ganz besonderem aufgehoben sein? Ich bin das Kind sehnsüchtiger, jahrealter, schwer erkämpfter Liebe. Was in den Eltern glühte, lodert womöglich noch stärker in mir – wozu?

[Außer dieser Kurzdarstellung schrieb Marie Bruns-Bode – zwischen 1938 und 1950 – den jahrzehntelangen Briefwechsel ihrer Eltern ab und kommentierte ihn: »Die Liebe meiner Eltern«, Umfang: 205 Seiten. Sie stellte fünf Exemplare davon her und verschickte zwei an ihre Töchter Hella in Bremen und Edith in der Schweiz sowie eins an Elisabeth Rimpau, Wernigerode (siehe den Brief an sie von 1950).]

Mädchenerinnerungen und die Memoiren als Lehrerin am Kaiserhof 1885–1912

Die ersten Kinderjahre
[geschrieben im Mai 1912, 27-jährig]

Aus dem Dämmer der ahnungslosen Kinderjahre tritt ein Bild des Erinnerns vor meine Seele. Vater [*Wilhelm von Bode*] liegt auf dem Sofa, wohl müde vom Amt [*damals als Direktor der Berliner Gemäldegalerie*], und ich hocke neben ihm mit einem Malbuch. Wo ich farblose Bildchen fand, musste ich sie bunt machen. Dann lief ich zu Vater und zeigte ihm mein Werk. Er lobte und gab Ratschläge für geeignete Farbenzusammenstellungen. Ich weiß, wie ich mir Mühe gab, seine Anerkennung zu erlangen, und mit welcher Freude ich schon in diesen jüngsten Jahren – ich mochte die Drei kaum erreicht haben – meinen primitiven Malversuchen oblag.

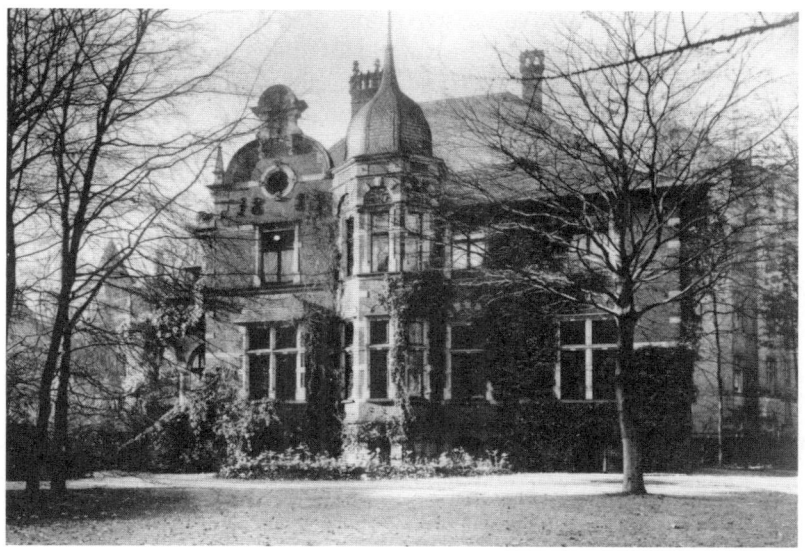

Wilhelm von Bodes Haus in der Uhlandstraße (heute Nr. 4/5, das Gebäude ist abgerissen).

Zum Glück wich die gute Mili *[Marie Bodes Amme]* nach zwei Jahren von meiner Seite und ich kam unter den direkteren Einfluss eines Menschen, den ich von keinem Sofa herunterjagen konnte *[wie diese Mili!]*: meiner geliebten »Tata« *[Doris Spazier]*. »Tata« war die Tochter eines sächsischen Arztes, der frühzeitig starb, ein paar unnütze Söhne hinterließ (die bald in Amerika verdufteten) und zwei Töchter als Stütze und Trost der Witwe. Anna ging später als Gesellschafterin in ein vornehmes Haus, Dorothea (meine »Tata«) wurde Erzieherin und kam viel in der Welt herum. Endlich musste sie aber zur Mutter heimkehren, die von Geistesschwäche befallen wurde. In einer Abendgesellschaft bei einem verwandten Künstler hatte Doris den Direktor der Berliner Gemälde-Galerie, meinen Vater, und seine Frau kennen gelernt. Sie gefielen sich gegenseitig sehr, und als meine Mutter ihren Tod nahen fühlte, bestimmte sie das eben geborene Töchterchen der Fürsorge ihrer kinderlieben Doris. Mit der Todesnachricht traf der letzte Wunsch der Verstorbenen bei meiner Tata ein. Lange saß sie weinend mit ihrer Schwester über dem Brief. Anne konnte die alte gebrechliche Dame, bei der sie im Dienst war, nicht verlassen; aber sollte nun Doris die geistesschwache Mutter fremder Hilfe in die Hand geben? Das erlaubten ihr weder ihr Herz noch ihre Mittel. Andererseits zog sie die stärkste Neigung zu dem verwaisten Baby in den Haushalt des armen Witwers. Während die beiden Schwestern laut über den Fall verhandelten, saß die greise Mutter im Nebenzimmer bei geöffneter Tür. Seit vielen Monaten hatte sie vor sich hin gedämmert und nie mit Worten oder Zeichen an dem Leben der Außenwelt teilgenommen. Anne und Doris trauten ihren Ohren nicht, als es aus der Nebenstube »Doris« rief. Die Weinende eilte herbei und die Mutter sprach gütig: »Geh hin und nimm Dich des Kindes an.« Es war das letzte bewusste Aufflackern ihres Geistes gewesen. Der Körper lebte noch eine Zeit lang fort; in der alt gewohnten Starre verharrte der Geist. Nur das Schluchzen ihres Kindes hatte die Mutterseele noch einmal zu bewusstem Leben geweckt. Doris vertrat die Mutterstelle und »Tata« gewann das ganze Vertrauen des kleinen Mariechens.

»Interessen« im gewöhnlichen Sinn des Wortes wusste die kluge und gebildete Tata sehr bald in mir zu wecken. An derselben Stelle, an der ich dem Laternenanzünder zusah, las sie mir, lang bevor ich einen Buchstaben kannte, die alten, ewig neuen biblischen Geschichten vor. Ich wusste sie bald auswendig. Oft erhob sich auch mein Pharisäerhochmut über die Fehler des jüdischen Volkes. »Sie waren doch böse Menschen, die Israeliten, nicht?!« Aber Tata meinte milde: »Wir hätten es in derselben Lage grad' so gemacht.« Gelegentlich fesselte mich ein anderes Buch noch stärker als die biblischen Geschichten: es war die Odyssee. Mit der tiefen Kraft ihrer schlichten Poesie sprach sie zum Kindergemüt und fesselte es für Zeit seines Lebens an die homerischen Gesänge. Ich hatte auch meine Lieblingshelden in Tatas Buch von der deutschen Geschichte. Immer wieder von Neuem begeisterte und rührte mich das Schicksal des kühnen Konradin, der später in meinem ersten Drama verherrlicht wurde, wie ich meinte.

Wann mir zum ersten Mal aufgegangen war, dass mein Vater ein sehr schöner Mann war, weiß ich nicht. Aber es muss sehr früh gewesen sein. Aus dem Studierzimmer trat er eines Tages in unsere Wohnstube, wo ich stand und ihn erstaunt anblickte. Ein Entzücken durchrieselte mich. Ich fühlte in dem Augenblick, dass es auf Erden nichts Schöneres, nichts Erhabeneres gäbe als meinen Vater. Ich war schon dem Backfischalter nah, als ich von seiner Bedeutung in der Wissenschaft erfuhr. Vater erzählte, dass er die Bilder des Großherzogs von Weimar hätte abschätzen müssen. Ich wunderte mich! »Warum wurdest D u dazu bestellt?« Vater antwortete nicht; aber Mutter (meine zweite Mutter, die er damals wohl schon vor einigen Jahren geheiratet hatte) versicherte statt seiner: »Weil Vater für den ersten Kunstkenner der Welt gilt!« Diese Entdeckung hat mich mit freudigem Stolz erfüllt.

Die Großmutter [*Sophie Rimpau, geb. Bode, Mutter ihrer verstorbenen Mutter in Langenstein*] zog mich vor der anderen Enkelschar sehr vor. Sie hatte auch manches gut zu machen, wie ich später erfuhr *[ihre Gegner-schaft zur Ehe von Wilhelm von Bode und Marie Rimpau, die bis zur Verstoßung ihrer Tochter ging]*. Die stattliche, schöne Frau hat einen großen Eindruck in mir hinterlassen. Im Übrigen trieb sie ihre geraden Witze mit mir, wie aus allen möglichen Erzählungen erhellt. Bei meinem ersten Besuch in Langenstein soll sie das Enkelkind entsetzt angesehen haben und dann auf einen Stuhl gesunken sein. Da hab' sie ihre Küchenschürze über den Kopf geworfen und wehklagend ausgerufen: »Ach, du mein lieber Gott, Hänge-maul und schiefe Beine!« Dennoch hatte sie sich bald mit dem miss-gewachsenen Scheusal angefreundet, das sie als »altes Fell« betitelte; durch den vermeintlich süßen Kosenamen fühlte ich mich sehr geehrt. Tata vexierte sie mit Verhöhnung meiner gebildeten Sprache; ich sollte jeden Satz mit »nichtsdestoweniger« oder »dessen ungeachtet« eingeleitet haben. Nach meiner Großmutter Sinn war also das echte kindliche Wil-dern, und ich genoss es von Herzensgrund.

Aber welch unbegrenzte Tummelplätze bot der Langensteiner Park! Sogleich am ersten Tag im heißen Sommersonnenschein über den weiten Rasen laufen, mitten in die Schafherde hinein und den süßen Thymianduft einatmen – das war meine Lust, wie die Lust der Schafe! Einmal so rein vegetieren dürfen! Meine ersten Kindererinnerungen kommen mir immer mit dem Duft irgendeiner Pflanze oder eines Tiers, eines Hauses wieder und ich weiß, dass Landschaft und Landlaute – wie selbst der Mistgeruch und der Hahnenschrei am Morgen – zunächst den bezauberndsten Ein-fluss auf mich übten.

Tata hätte natürlich die verderbliche Wirkung von einer »Reihe froher Tage« gefürchtet, und der wurde vorgebeugt durch bildende Morgenspa-ziergänge. Die Geschichte der Bibel oder der Welt wanderte mit uns auf den »Tannenkamp« (wo nur Kiefern standen), und ich fühlte mich doppelt glücklich, wenn ich so erhebende Worte in der schönen Taufrische des Morgens hörte, wenn eine warme Welle den Duft erhitzter Kiefernnadeln zu mir trug und ich über meinem Strickstrumpf hinweg der Bewegung von Großpapas Dreschmaschine zusah. Friedlich wie ein Käfer summte sie zu Tatas Worten.

Ich entsinne mich da eines Vormittags. Lili *[Rimpau]* und ich hatten geblümte Mäntel an, wie sie die Kinderfrauen und Mütter aus dem Dorf um sich und ihre Babys schlangen. Beide waren wir auf der harten Schwel-le (in einer Rumpelkammer im Kreuzgang des Gutshofs) ausgestreckt mit der Lieblingspuppe im Arm, die unser Mantel vor dem etwaigen Tageslicht verbarg; denn da es gegen Mittag war, mussten wir natürlich Nacht spie-len, und wir hatten beide Türen so fest geschlossen, dass wir selbst fast am Tage zweifeln konnten. Wenn ich mir vorstelle, wie eng der Raum war, wie hart das Lager und wie unbequem wir gegen die schmale Wand lehnten, gleich Taschenmessern umgeknickt, – dann zweifle ich, dass der Mensch zu seinem inneren Glücke des Raumes bedarf. Ein herrliches, weiträumiges Haus, ein Gutshof, ein großer Park, Wiesen und Felder standen uns zur Verfügung – und wir wählten diesen engen Fleck, auf dem wir uns weniger ausbreiten konnten als im Sarg. Wir sprachen nicht einmal dabei; wir spannen unsere Träume und waren glücklich.

Mein Leben war sachte dahin gestrichen, behütet und beobachtet von vielen treuen Augenpaaren, die alle irgendwie das fehlende Mütterchen ersetzen wollten. ... Vater war zur Weltausstellung nach Chicago gereist. Unversehrt kam er nach Hause zurück. Vor (oder nach?) dieser Reise verlor ich meine Großmutter [Sophie Rimpau, geb. Bode]. Sie starb auf Besuch in unserem Hause [in Berlin]. Ein halbes Jahr darauf starb auch die sanfte, liebevolle Mutter meines Vaters [Emilie Bode, geb. Rimpau].

Vorher trat noch ein wichtiges Ereignis ein. Es war gegen Ende meines neunten Lebensjahres. Vater, Tata und ich saßen am Tisch, als ein Telegramm hereingebracht wurde. Ich sah, wie Vater es entfaltete und Tata stumm herüberreichte. Darauf standen die Worte: »Ich sage ja. Anna [Gmelin, spätere Bode]«. Erklärungen folgten und ich begriff, dass Vater wieder heiraten wollte. Mich traf die Nachricht, ohne dass ich ihre Tragweite ermessen konnte. So viel ich mich an den Wirrwarr der damaligen Gefühle erinnern kann, schwebte ich zwischen Neugier und Furcht. Mir wurden die Bilder der »zukünftigen« Mutter gezeigt, und ich hatte die Empfindung von etwas sehr vornehmem; die unähnlichste Fotografie erschien mir sogar fürstlich.

Aber ich witterte doch eine Veränderung, die mein Herz betreffen sollte und erkundigte mich gleich, ob Tata bei uns bleiben würde. Da sagte sie mir selbst, das ginge nun nicht an; sie würde aber oft zu Besuch kommen. Weiteres weiß ich nicht; ich glaube aber, dass ich bitterlich geweint habe. Sollte es Tage geben, an denen ich nicht zu Tata flüchten konnte mit allen meinen Freuden und kleinen Sorgen? Es war undenkbar! Doch etwas interessant fand ich die Veränderung auch.

Nach wenigen Wochen wurde die Hochzeit vollzogen, und ich hatte hinterher noch einige Wochen mit meiner Tata weiter. Dann zog die neue Mutter ein. Mit ihrem guten Herzen und vernünftigen Sinn gewann sie bald meine Liebe. Doch gesteh' ich, dass mir in ihrer Nähe ein unerklärliches Etwas fehlte. Wem der Tiefgang der Liebe fremd ist, der hat auch nicht die rechten Muttergefühle. Was ein Kindergemüt bewegt, war Mutter fremd; ich musste's vor ihr verbergen oder auf Widerstand, meist nur auf Verständnislosigkeit stoßen.

Nach zwei Jahren der Ehe mit Vater machte mir Mutter die Überraschung, ein Schwesterchen in meine Arme zu legen, dem das zweite bald darauf folgte [Ilse und Anna]. Es war eine gute Unterbrechung meiner Ein-

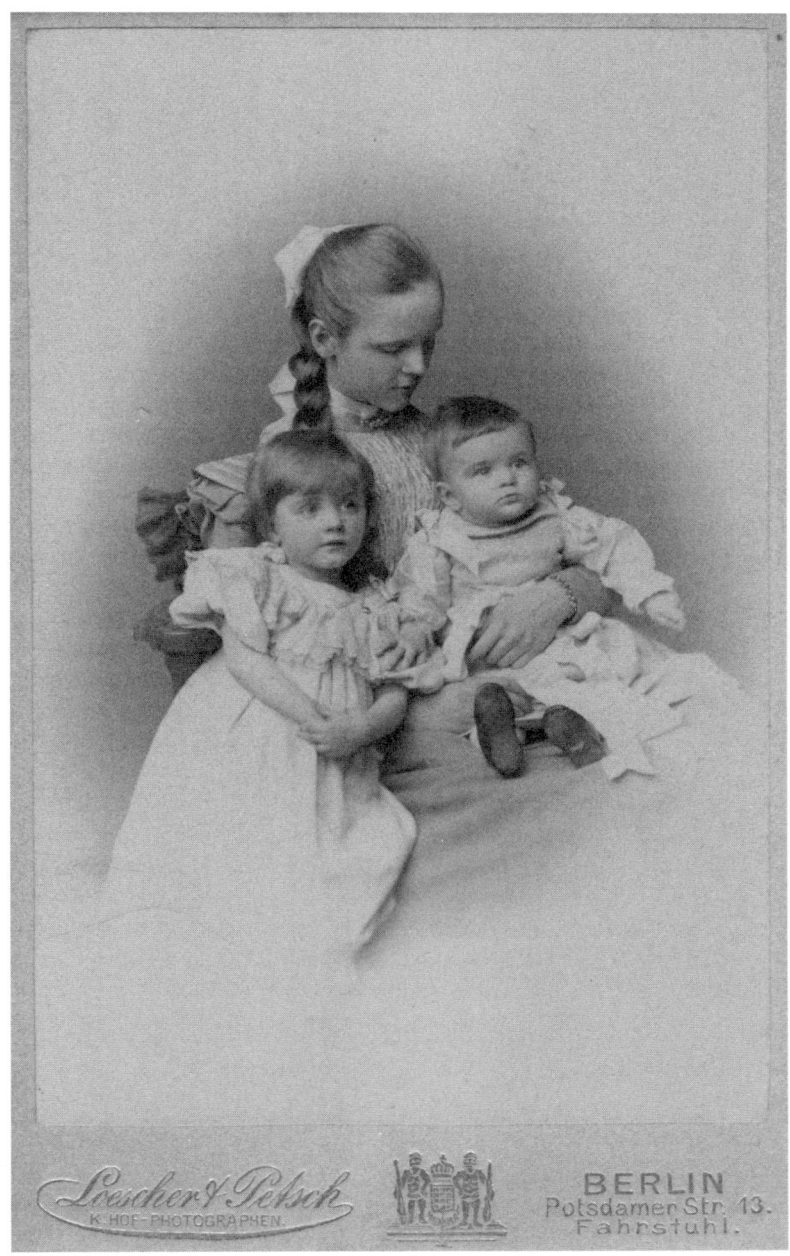

Marie Bode mit ihren Schwestern Ilse und Anna, ca. 1899.

samkeit; denn von früh auf hatte ich mich gewöhnt, ohne Kameraden zu spielen und zu arbeiten.

Sehr extrem bildete sich bereits mein Ehrgeiz aus. Vater stachelte ihn aufs Äußerste an, und ich selbst begnügte mich nicht mit einem guten Platz in der Schule, sondern träumte von einer künftigen Dichterglorie, die ich durch nichts weniger als durch Tragödienkunst zu erreichen hoffte. Ich berauschte mich an der eigenen Sprache und war hoch beglückt, als die Tragödie »Konradin« nach meinem 15. Geburtstag beendet war. Was an Talent in mir steckte, kam viel später in Gedichten und kleinen Erzählungen zum Ausfluss – Formen, wie sie meiner Begabung besser entsprachen als das pompöse Drama. Es war ein Segen, dass meine Schwestern durch ihre Existenz meinem Hang zum Phantasieren etwas Einhalt geboten.

Erst 15 Jahre, hatte ich meine Schulzeit absolviert und wurde bei Pastor Dryander eingesegnet.

Erste Italienreise 1900

Die Eltern nahmen mich zum ersten Mal nach Italien mit. Die südlichen Farben machten mir das Herz warm, und die bildende Kunst erreichte eine Begeisterung, wie ich sie bisher nur für Poesie verspürt hatte. Das naturbegabte Auge – von dem man schwindelt, es habe schon mit 2 Jahren »Dotello« [Donatello] von anderen Meistern unterschieden – stand mir bei, und Vater war stolz auf mein kunstgeschichtliches Können. Freilich musste es sich an seiner Hand besonders günstig und rasch entfalten. Er lehrte mich durch allerhand Witze und Witzchen die Unterschiede der Meister kennen, und bald wusste ich, dass Boccaccio Boccacino nur Eulenaugen malte, dass Benedetto da Majanos Madonnen »Pumphosen« trugen, und das Christkind von Andrea della Robbia seine Hüfte ungebührlich weit herausstreckte. Kunstgeschichte trat so bald in den Mittelpunkt meiner Interessen.

Paris 1903

Mit 18 Jahren schickten mich die Eltern auf vier Monate nach Paris zum Professor Pellissier. Den frühreifen Französinnen gegenüber musste ich mir besonders kindlich vorkommen. Und ich war auch zurückgeblieben. Geist und Gemüt mögen sich an Bücherwissen und Reisen n o c h so sehr bilden – ohne tief greifende Erfahrungen bleibt der Charakter in den Kinderschuhen. Meine Freundin Amélia, die sich damals gerade verlobte, hatte auch abgesehen von fünf Jahren längerer Lebenszeit manche Welterfahrung vor mir voraus. Aber dem deutschen Kind, das mit so warmem Interesse und jauchzender Freude alle Genüsse des Lebens in sich aufnahm, waren die Pariser von Herzen gut. Ich habe das Gefühl, als möchten die Franzosen meine erregliche Natur lieber als die Deutschen.

Ich flatterte wie ein Irrwisch in Paris umher. Meine Natur verlangte allemal danach, das Licht an zwei Enden anzustecken. Und so kam es oft, dass ich morgens mit hochrotem Kopf hinter Herrn Pellissiers Büchern saß, danach eine Näherin zeichnete und am Nachmittag mehrere Stunden lang die berauschenden Farben von Rubens oder die seltsamen Schönheiten des ägyptischen Museums im Louvre auf mich wirken ließ. Wie konnte ich die Baumblüte an der Place de l'Etoile versäumen? Unmöglich; bald waren die Kastanien welk. Und so schlenderten meine müden Glieder noch eine gute Stunde durch die breiten Straßen, die so herrliche Perspektiven boten. Und daheim bei Pellissiers saß der Salon voller Bekannter, mit denen ich mich doppelt und dreifach müde sprach.

Am anderen Tag fuhr ich zu literarischen Vorträgen an die Sorbonne und einigem Anproben in dem zauberhaften »Bon Marché«, wo es unmöglich schien, aus den künstlerisch schönen Kleidern und Hüten nicht auch irgendeine Perle auszuwählen. Am Nachmittag nahm ich Zeichenstunde in ganz entlegenem Quartier oder hatte Geschichtsunterricht von einer geistreichen Dame, die mir den historischen Sinn für mein junges Leben erschlossen hat.

Pellissiers versuchten vergebens, das übermütige Bode-Flüsschen zurück zu stauen. Es trat fortwährend über seine Ufer und überschwemmte das Terrain seines Bildungsdranges. Am Erholsamsten waren noch die Ausflüge in die Umgegend: nach Versailles, Saint Cloud. Lieber alter Herr Pellissier! Ich säße gern wieder an Ihrem Tisch und finge den neckischen Blick auf, mit dem Sie mir kleine Bosheiten an den Kopf warfen! Und doch hatten Sie mich so lieb, dass ich Ihnen, wenn es mir behagte, über den seidenweichen Haarwuchs streichen durfte! Amélie stand mir am nächsten. Auch aus der Ferne ist sie mir die feinsinnige, immer teilnehmende und gleichmäßige Freundin geblieben. Damals nahm sie das Leben etwas schwer, so dass ihr meine sorglose Heiterkeit sehr zu Pass kam.

Reifenstein 1904

Das Jahr drauf brachte ich sechs Monate in Kloster Reifenstein zu, wo ich den Haushalt lernte. Es war eine frische, frohe Zeit in der schönen Umgebung bei munterer Tätigkeit und nettem Verkehr. Aber Erlebnisse gab es nicht.

Geselligkeit 1904

Im Winter nach der Haushaltungslehre erntete ich auf den Berliner Bällen meinen ersten Courmacher. Er war der Sohn eines reichlich süßen und daher von Vater verachteten Malers – Karl Kiesel, Referendar, später Assessor und Rechtsanwalt. Zwei schwärmerische Geister platzten aufeinander und genossen ihre gegenseitige Empfänglichkeit, die im blasierten Berlin doppelt glücklich macht.

Oxford 1906

Im Frühling schickten mich die Eltern zur Vervollkommnung sprachlicher Schulkenntnisse nach England. In einer Pension für Ausländerinnen nahmen mich die reizenden Burches sehr liebenswürdig auf. Das Haus lag im Oxforder Villenviertel, zur Zeit meiner Ankunft von Obstbäumen umblüht.

Der erste Sonntagvormittag ist mir im Gedächtnis wie ein Traum. Ich ging mit einigen Kameradinnen zur alten Universitätskirche. Von allen Seiten strömten die Doktoren und Professoren herbei, hinter ihnen ein Schwarm von Studenten. Im lebhaften Frühlingswind flatterten die Amtstrachten: lange schwarze Talare mit Ärmeln wie Schwalbenschwänzen. Auf scharlachrote Gewandstücke flossen weiße Bärte herab. Auf den Schultern einiger Würdenträger wedelten lange lila Kapuzen. Die Studenten mit ihren kecken Mützen und kurzen Kragen hinterdrein! Ich fuhr mir immer mit der Hand über die Augen. Diese uralten Trachten und die braunen verwitterten College-Wände im gotischen Stil, die sonore Glockenstimme (von St. Mary the Virgin) in der Luft – stammten sie alle aus einem längst entschwundenen Zeitalter, das irgendein Zauber so lebendig vor meine Augen rief? Oder war dies alles Wirklichkeit und ich selber aus einem Traumland?

Ich habe viel gelernt, aber nichts Inneres erlebt, nichts, das der Begegnung mit Karl N[eresheimer] auch nur annähernd zu vergleichen wäre. Doch gewann ich neben einer Reihe sehr netter Bekannter eine liebe Freundin Else H. Mit vielen andern trat ich durch gemeinsames Theaterspielen in Berührung. »Much Ado about Nothing« kann ich noch jetzt fast auswendig.

Lehrtätigkeit 1906 begonnen (21-jährig)

Meinem Wunsch nach Lehrerinnenexamen oder Kunststudium war Vater nicht nachgekommen – hätte ich doch mit meiner zarten Gesundheit auch wohl schwer standgehalten, und obendrein würde ich manche Lebensfreude versäumt, manche häusliche Pflicht unerfüllt gelassen haben. Mit einem Mal fiel mir ein ersehnter Beruf in den Schoß. Dr. Knapp – der Assistent meines Vaters – war als Professor nach Greifswald berufen worden. Er musste infolgedessen seinen Kunstgeschichtsunterricht an der Kellerschen Schule aufgeben, wo ich einst Schülerin gewesen war. Kaum hatte ich von der Versetzung gehört, als ich nach seiner Schulstelle begehrte. Ich sprach mit den Eltern, und da sie mir nach dem Eifer meiner privaten Kunststudien wohl zutrauten, dass ich den Posten gut ausfüllen könnte, meldete ich mich bei Fräulein Keller und wurde auf Konto meines Vaters sofort genommen.

Das gab neue Perspektiven, neue Freuden, neues Streben. Übung im Unterrichten hatte ich von meinen Schwestern her und den enormen Vorteil, nicht um des Brotes willen lehren zu müssen und durch Stundenhäufung an Freudigkeit und Frische einzubüßen. Eine gründliche Basis im Kunstgeschichtsfach konnte ich bei zwei Wochenstunden im Jahr unmöglich legen, aber ich konnte empfänglichen Seelen die Augen öffnen für eine Welt der Schönheit.

Am Ende des Vierteljahrs lud ich mir meine Schülerinnen in die Wohnung ein. Dann teilten wir uns in zwei Parteien ein und stellten Bilder und Statuen dar [»Lebende Bilder«], die von der entgegengesetzten Partei erraten werden mussten. Es war ein Extemporale des Durchgenommenen und ich glaube, dass sich keine je davor gefürchtet hat! Selbst Unbegabte und Faule zeichneten sich bei solcher Gelegenheit aus. Ich erinnere mich an zwei Kaufmannstöchter, die zuhause vor dem Spiegel den Fall von Gewandfalten, Kopftüchern und dergleichen auf das Raffinierteste studiert hatten. Ihre Darstellung von »Synagoge und Kirche« war denn auch ein wahrhaft künstlerischer Genuss. Was hätten wir n i c h t zur Darstellung gebracht? Von der steifen Athena des Aeginatempels an mit den wohl geplätteten Kleiderfalten, dem olympischen Giebel bis zur Madonna von Rafael und dem Sektfrühstück, das im Rembrandtschen Helldunkel dargestellt wurde. Abgesehen von dem riesigen Vergnügen, das uns allen dieser Nachmittag bereitete, prägten sich Formen und Bewegungen, Komposition und Auffassung der Meister spielend ein.

Die Prinzess Viktoria Luise von Preußen
(1907 kennengelernt)

Eines zog das Andere nach sich. Auch die Prinzessin von Preußen konnte schließlich ihren Bildungsgang nicht ohne Fräulein Bode bewerkstelligen. Eines Tages saß mein Vater während des Frühstücks neben der Kaiserin. Die beiden unterhielten sich sehr lebhaft über Frauen-Emanzipation. Dabei äußerte die Kaiserin, dass sie Mädchenstudium sehr eifrig befürwortete und deshalb wohl für etwas sehr emanzipiert gälte. Vater konnte ihr ehrlich versichern, dass er d i e s zum ersten Mal höre. Er äußerte dann selbst, wie wenig sympathisch ihm die Überbürdung der Mädchen mit Wissenskram sei und dass seine eigene Tochter ohne solche Anstrengungen zu einem sehr befriedigenden Berufe gelangt sei.

Die Kaiserin in ihrer entgegenkommenden Liebenswürdigkeit erkundigte sich des Näheren und erfuhr nun von meinen Kunstgeschichtsstunden. »Oh, das wäre etwas für unsere Sissi«, meinte sie plötzlich. Vater versuchte es ihr auszureden. »Meine Tochter hat nicht studiert, da könnte ich Eurer Majestät eine viel zuverlässigere Dame empfehlen« – »Nein, nein, Herr Bode, auf keinen Fall! Meine Sissi soll jung mit der Jugend sein. Fragen Sie doch mal ihre Tochter, ob sie wohl dazu Lust hätte!«

Ich war so gnädig, Lust zu haben und harrte nun sehnsüchtig des hohen Rufs. Eines Tages nahm ich in der Kellerschen Schule Velazquez durch. Da wurde mir verkündet, dass ein paar Gäste zuhören wollten. Die Vorsteherin machte mich mit einer blühenden jungen Dame bekannt, deren Namen sie geheimnisvoll verschleierte und mit einem alten, pedantischen Herren, den sie Geheimrat Köppen aus dem Kultusministerium nannte. Ich begann den Unterricht mit Abfragen einer Museumsführung und bekam leidliche Antworten. Geheimrat Köppen tuschelte dabei so unhöflich hörbar mit seiner Nachbarin, dass ich die Stunde am liebsten durch ostentatives Stillschweigen unterbrochen hätte. Aber die Ahnung, dass hier mein Band mit dem Kaiserhof geknüpft werden sollte, hielt mich glücklicherweise zurück. Die Ahnung wurde bestärkt durch meine Schülerinnen, die mich durchs Fenster auf eine Hofkutsche hinwiesen. Wie ich später erfahren habe, war die Dame Fräulein von Saldern, Erzieherin der Prinzess. Sie erzählt sehr humoristisch ihren Besuch bei Frl. Keller. Die etwas überstiegene Dame geriet durch solchen »Glanz in ihrer Hütte« ganz außer Fassung. »Ich versichere Ihnen, Fräulein Bode ist für den Hof prädestiniert!«

Etwa zwei Monate drauf erfolgte die Aufforderung zu einer Audienz bei Ihrer Majestät. Da wollten mich die Allerhöchsten Augen Allerhöchst direkter Musterung unterwerfen. Nach Zwiesprachen mit der Schneiderin, die ihr Bestes tat, nach Anproben, nach Zupfen und Prüfen an dem großen Tage selbst wurde ich vorsichtiger wie ein rohes Ei in die Droschke gepackt und fuhr zum königlichen Schloss. Das Kleid hatte Mutters höchste Befriedigung. Es war von lichtblauer Wolle mit Spitzeneinsatz, der Hut schwarz mit Straußenfeder.

Ich landete bei der Gräfin Keller und wurde von ihr nach freundlicher Begrüßung in die Allerhöchsten Gemächer geführt. Ich sah flüchtig eine geschmackvolle Rokokoeinrichtung mit langen krippenartigen Blumentischen, die ein Bouquet von Kamelien enthielten. An der Wand hingen Watteaus, von denen mir die Gräfin allerhand Geschichten erzählte. Mittlerweile öffneten sich die Türflügel, und der Lakai meldete: »Ihre Majestät, die Kaiserin!« Die Knickse gelangen, und Ihre Majestät war so harmlos freundlich, dass ich bald vergaß mit jemand anderem als mit einer lieben alten Dame im Gespräch zu sein. Sie fiel gleich mit der Tür ins Haus und fragte mich, wie ich die Stunden zu gestalten dächte. Gräfin Keller hatte mir vor-

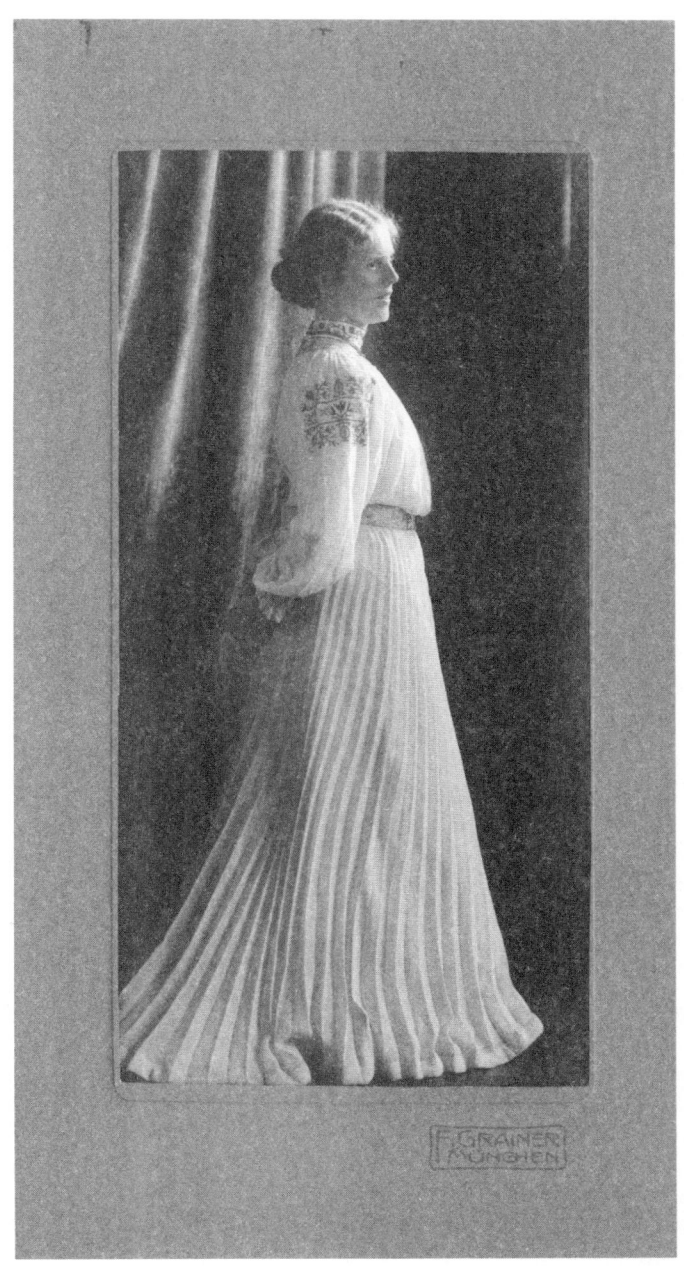

Marie Bode, ca. 1906.

her schon mitgeteilt, dass Sissis Geschichtslehrer Herr Professor Schwartz mit mir Hand in Hand gehen wolle und hoffte, dass ich seine Hohenzollernvorträge durch Erklärungen der Siegesallee ergänzen würde. Dies hatte mir gar nicht eingeleuchtet. Gräfin Keller sekundierte nun meine Ansichten Ihrer Majestät gegenüber, die selbst, wie ich, der Überzeugung war, dass man nichts ohne Gefahr von hinten anfangen könne und die Statuen der Siegesallee zur Grundlage für Renaissance-Bildwerke und ägyptische Grabesskulpturen machen dürfe. Ihr schien ein historisches Betrachten der Kunst viel ratsamer. Also erhielt ich ihre volle Bewilligung, unter Beihilfe von Gräfin Keller meinen Standpunkt gegenüber Herrn Schwartz zu vertreten.

Die hohe Frau wollte aber nicht nur geschäftlich mit mir verkehren. Sie knüpfte eine Unterhaltung an, die zeitenweise stockte, da ihre natürliche Befangenheit nicht immer weiter wusste. Ich selbst half in solchem Falle aus der Verlegenheit. Sie war so liebenswürdig, mich in ihr eigenstes Boudoir zu führen und die Bilder ihrer Familie nach der Reihe mir vertraut zu machen. Das war der verlegene Teil der Unterhaltung. Denn wie sollte ich mich zu den Aquarellen ihres Mannes und ihrer Kinder äußern? »Forscher Kerl da, Ihr Gatte!« oder »Wirklich ganz wunderhübsche Kinder! Sehen alle so wohlgeraten aus!« Man darf unsere Kaiserin nicht dumm schelten. Wenn es ihr an wissenschaftlicher Klugheit fehlt, so hat sie dafür Einsicht und Lebenstakt, verbunden mit Würde und Herzensgüte – Eigenschaften, die für ihre Stellung wahrhaftig sehr viel notwendiger sind, als etwa die Fähigkeit, Keilschrift wie die Muttersprache zu lesen.

In den nächsten Tagen kam ich zur Debatte mit meinem Feind Schwartz zusammen. Gräfin Keller hatte uns auf ihr Zimmer beschieden. Ich fand einen klugen, ansehnlichen forschen Mann, so dass ich ihm ohne Hinterhalt sicher unterlegen wäre. Aber – das musste ich noch oft im Leben beobachten – zu zweit gegen einen entwickelte ich Löwenmut. Herr Schwartz führte seine Sache sehr sicher und beredt. Er stellte mir vor, wie viel leichter die Prinzess das lebendige Bild einer Zeit gewinnen würde, wenn wir immer dieselbe Epoche behandelten. Ich meinte, das wäre ja nur hin und wieder denkbar; der Dreißigjährige Krieg hätte z. B. Wichtigkeit für die Geschichte, sei aber eine Nullzeit für die Kunst. Und wenn ich logisch seine Stunden »illustrieren« sollte, wäre mir mein Thema als solches doch zu wertvoll! Ob ich ihn wirklich überzeugt habe, ahne ich nicht. Aber er musste sehen, dass ich durchaus nicht Wachs in seiner Hand war und schließlich klein beigeben. Ich fühlte festen Boden unter mir und begann mit freudiger Sicherheit.

Viktoria Luise (oder Sissi, wie sie in ihrer englischen Kinderstube als Diminutiv von »sister« geheißen hat) nahm winters über im Schloss Bellevue, während der Sommermonate im Neuen Palais Stunde. Den ersten

Unterricht gab ich an einem frischen sonnigen Aprilmorgen im Bellevue. Ich entsinne mich der gehobenen und beseligten Stimmung, die in mir herrschte, als sei es gestern gewesen. In Wirklichkeit liegt das Ereignis über 5 Jahre hinter mir. Als ich mich dem Schlosshof näherte, wollte ein Gendarm einschreiten. Ich sagte ihm mit der Verbindlichkeit, die Personen in gesicherter Stellung eigen ist, dass ich ihrer Königlichen Hoheit kunsthistorischen Unterricht erteilen wollte. Sofort zog er sich rückwärts schreitend zurück.

Ohne weitere Beanstandung gelangte ich zum ersten Lakai, der mich dem zweiten Lakai auf der Treppe mit Bückling weitergab. Dieser stattliche Mann in besten Lebensjahren geleitete mich auf mein Zimmer, wo ich bis zum Beginn des Unterrichts Station machen sollte. »Der Imbiss wird sogleich bereit sein« tönte mir noch verheißungsvoll in den Ohren – dann blieb ich allein in dem alten, fast unbenutzten Stübchen mit seinem alten Geruch. Schäferszenen schmückten die Bezüge der Rokokomöbel, Stiche aus dem vorigen Jahrhundert hingen an der Wand, und auf dem Schreibtisch lag ein geöffneter Band von Goethe. Ich war so recht in der Atmosphäre seiner Jugendzeit. Die sog ich denn auch dürstend in mich ein, verbunden mit der gleichen Frühlingsluft, die aus dem vogelbelebten Park zu mir eindrang. Wieder erschien der stattliche Lakai. Er brachte auf silbernem Tablett eine Fülle zierlicher Frühlingsbrötchen zur Erhöhung des Zaubers. Knusperige Radieschen lagen daneben; Rhenser Brunnen und Bordeauxwein forderten eine Entscheidung für oder wider Alkoholismus. Ich war mit meinen 22 Jahren noch ein rechter Kindskopf; denn jeder kleinste Gegenstand erschien mir hochinteressant und wie imprägniert mit Hofluft.

Ich fand in der Prinzess ein hoch aufgeschossenes 14-jähriges Mädchen vor mir, die nicht recht wusste, ob sie zu den Kindern, ob zu den Erwachsenen gehörte. Ihre langen, blonden Haare waren noch offen und wurden während des Gesprächs energisch geschüttelt. Dann glich sie einem übermütigen Füllen, dem gelegentlich das Austoben gut tat. Aber sie konnte auch Augenblicke der Würde haben, des Standesbewusstseins, der aristokratischen Damenart. Ich musste meinem erkämpften Pensum gemäß mit den ägyptischen Tempeln beginnen. Da mir Professor Schwartz geweissagt hatte, die Prinzess würde sich für solche alten Scharteken gar nicht interessieren, setzte ich allen Humor, alle Lebensfrische und eine Fülle schöner Fotografien ein – und siehe da: ich gewann das Spiel. Die Prinzess passte auf wie ein Schießhund – Augen, Mund und Nasenlöcher weit geöffnet, sprudelte einige Fragen hervor, warf Bemerkungen ein, stieß »Ahs« und »Ohs« hervor – kurz, sie konnte gar nicht teilnehmender sein, und ihr natürliches, frohes reines Wesen nahm mich ganz gefangen. So trennten wir uns als beste Freunde.

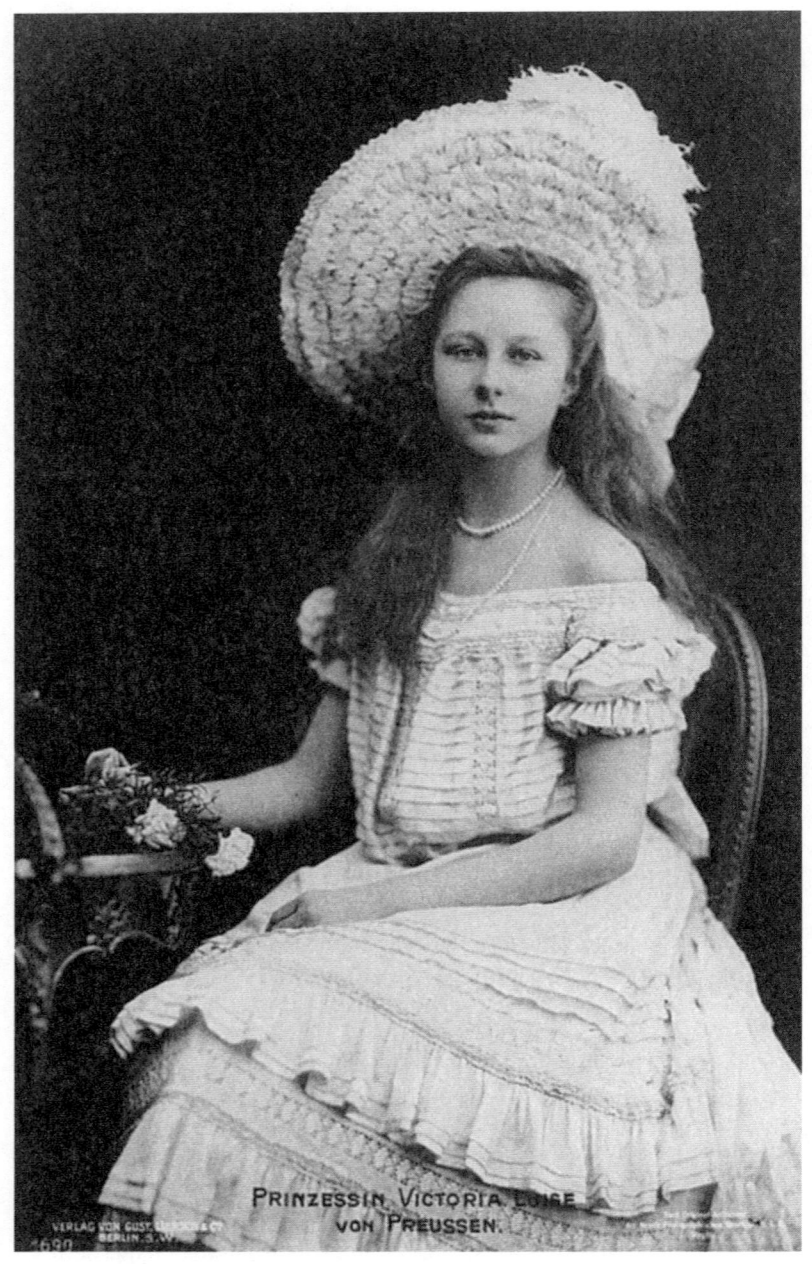

Zeitgenössische Postkarte der Prinzessin Viktoria Luise von Preußen.

Mit den ersten warmen Tagen zogen die hohen Herrschaften nach Wildpark, und ich durfte im Neuen Palais Stunde geben. Wie manchen schönen Tag hab' ich da auf Königspfaden verschlendert und verträumt! Denn nur selten war die Prinzess zur Stelle. Meist nahm sie mit »Mamaa« ein ausgedehntes Frühstück ein oder sie schöpfte auf einer Spazierfahrt Luft mit der Mutter, lockte ihre Erzieherinnen hoch zu Ross durch Sümpfe und Gräben oder verfolgte Wrights Flugversuche auf dem Bornstedter Felde.

Nach gemütlichem Wandern und Plaudern trat plötzlich die Kaiserin in den Garten. »Ach, dürfte ich wohl heute mal bei Ihnen zuhören? Ich will auch ganz still sein!« Es klang mir wie die rührende Bitte eines kleinen Kindes. Und während ich griechische Tempel vorführte, saß Ihre Majestät ganz artig seitab vom Tische und häkelte irgendeine Wagendecke für irgendein bevorstehendes Enkelkind. Als sie merkte, dass ich ganz unbefangen erzählte, rückte sie näher und bewunderte die schönen farbigen Ansichten dorischer Friese. Es leuchtete in ihren Blicken etwas von der Begeisterung eines ganz jungen Menschen. Nach der Stunde sprach sie ein paar Worte ehrlicher Anerkennung und nahm mich in ihren Privatgarten mit. Dort standen reichlich viele römische Kaiserbüsten herum, ein Narcissus spiegelte sich im Wasserbecken und zum Überfluss erhob sich auf dem mittleren Rasenfleck eine marmorne Wiederholung ihrer eigenen Statue, wie sie als Zielscheibe für Berliner Witzeleien in unserem Rosengarten steht. Die Kaiserin zeigte etwas verlegen darauf und meinte: »Eigentlich hatte ich schon genug an den übrigen Kunstwerken, aber mein Mann dachte's sich nun so schön«. Ja, Du gute Seele, Dein Mann denkt sich manches manchmal schön, was Dir weniger gefällt, viel weniger noch als der Anblick Deiner Statue im eigenen Garten – aber Du fügst Dich mit liebender Sanftmut!

Meine Sissi arbeitete sich mit der ihr eigenen Fixigkeit in die bildende Kunst herein. D. h., was sie so arbeiten nannte! Mit heller Auffassungsgabe und frischem Blick, warmem Gefühl und natürlichem Geschmack kann das Gebiet der Kunst erfolgreicher beschritten werden als mit Hilfe von Bücherweisheiten und emsigem Privatstudium. Beides hielt sie sich konsequent fern. In den Arbeitsstunden prägte sie sich – nach ihrer Behauptung – die Namen der Künstler ganz scharf ins Gedächtnis; aber trotzdem examinierte sie mich während des Unterrichts immerfort danach. Zusammenhängendes Erzählen war ihr anfangs unmöglich; da ich aber ihre Rede andauernd tadelte, eignete sie sich mit der Zeit etwas mehr Geläufigkeit an. Ihr Gedächtnis war durch die überwältigende Fülle von flüchtigen Lebenseindrücken reichlich verdorben, und ihre durch Unregelmäßigkeiten gestörte Schulzeit machte den Irrwisch viel zu unruhig für bedächtige Vorbereitung. Ich war froh, dass ihr Kunsturteil allmählich erstarkte, und ihre Empfindung für die Sache an Tiefe gewann.

Die meisten Schwierigkeiten machte mir Sissi im Museum. Ab und zu, wenn sie das Berliner Schloss bewohnte, wollte ich ihr doch gern unsere Originale zeigen. Absperrung erschien meinem Vater überflüssig. Und nun irritierte sie die Aufmerksamkeit der Umstehenden. Sie genierte sich, auf meine Fragen zu antworten, sie marschierte am liebsten schon in den nächsten Saal, wenn ich erst die Hälfte eines Bildes in unserem Kabinett besprochen hatte. Hinterher beklagte sie sich mal bei Sal [ihre Erzieherin Fräulein von Salden], dass ich meine Fragerei nicht lassen könnte und sie dadurch vor dem Publikum bloßstellte. Aber Sal hatte eine sehr pädagogische Antwort: »Sissi, Sie sind doch zu dumm! Meinen Sie, dass die Leute auf so 'ne kleine Prinzessin Acht haben, wenn solche Menge viel interessanterer Sachen zu sehen sind?« Leider hatte Sal nicht Recht; aber ihre schneidige Antwort imponierte mir doch sehr. Wenn ich mitten im Beschreiben eines Bildes war, brachte mich die Prinzess auch noch aus dem Text durch neugierige Fragen, die gar nicht zur Sache gehörten, z. B. »Wo kommen denn die schönen Gobelins her? Ach und all die alten Truhen?« »Die bringt mein Vater zusammen, Prinzess« sagte ich dann; »Sie glauben gar nicht, wie fleißig er ist!« (»Wären Sie's nur auch!« dachte ich dabei etwas eigensinnig!) Meinen Vater brachte ich gern an, denn Sissi schwärmte für ihn. Sie bat sich ihn manchmal als Tischherrn aus, wenn er beim Kaiser frühstückte, und hinterher erzählte sie begeistert, wie lustig er wieder gewesen wäre. »Ach so oft muss ich neben steifen alten Knöppen sitzen, die lauter langweiliges Zeug reden – und Ihr Vater macht immer so wundervolle Witze! Das ist mal wirklich ein M e n s c h !«

Ja, ich glaub' Dir's, Du kleine hofumschranzte Gefangene!

Einmal wurde bei Vater telefonisch angefragt, ob er Ihre Majestät und Ihre Kgl. Hoheit am Nachmittag im Museum führen könnte. Sie wünschten vor allem die Florabüste des Leonardo zu betrachten. Vater hatte aber eine Herrenkonferenz, die ihm wichtiger schien, und so schob er die Führung auf mich ab. Nicht ohne Verlegenheit brachte ich seine Entschuldigung bei der Kaiserin an. Aber sie nahm alles mit der üblichen Güte und Bescheidenheit auf. »Ich möchte ja auch gar nicht, dass sich Ihr Herr Vater um meinetwillen bemühte« waren ihre Worte. Gräfin Keller neckte mich mit dem Titel »stellvertretender Generaldirektor«, als solcher zog ich mit der Kaiserin und Sissi im Kometenschweif ihrer Begleiter durch die Räume, bis uns die Dämmerung zu Vater trieb. Denn eine kurze Besichtigung der Florabüste in seinem Zimmer hatte mein gestrenger Alter den hohen Herrschaften doch gestattet und dann beschloss ein Cercle um die Büste den hohen Nachmittag.

Eines Mittags eröffnete Vater eine Ausstellung von Porträts der Renaissance-Maler im Besitz der Kaiser Friedrich Vereins-Mitglieder. Die Majestäten hatten ihr Erscheinen zugesagt, und da ich (wie die übrigen Vereins-mitglieder und Familien) Berechtigung zum Zutritt hatte, trieb mich die Neugier direkt aus der Stunde in Wildpark zu den Ausstellungssälen der Akademie. Aus dem Schlusssaal leuchteten Uniformen und helle Toiletten hervor. Da selbst bei größerer Annäherung nur ein unterdrücktes Murmeln zu mir drang, pirschte ich mich ganz leise und seitlich auf den Eingang los. An der Tür stand Vater im Gespräch mit Ihrer Majestät.

Ich begrüßte die Hofdamen, und mit einem Mal seh' ich mich wieder neben dem Kaiser stehen. Irgendjemand muss ihm meinen Namen zugeraunt haben; denn nun blitzten seine Augen und Er ruft mit einer Stimme, die den stillen Saal durchdröhnt »O, das ist ja die Lehrerin!« und noch einmal streckt er mir seine Hand entgegen. Jetzt entspinnt sich eine Unterhaltung, die sehr ritterlich beginnt: »Ich finde, der Geschmack meiner Tochter hat sich in letzter Zeit s e h r g e b i l d e t !« Und um die Höflichkeit zu erwidern, entgegne ich: »O, Majestät, die Prinzess hat von N a t u r einen sehr guten Geschmack!« Darauf erkundigt er sich nach ihrem Lieblingskünstler; ich nenne die Venezianer. Hernach äußert er sich über die Wichtigkeit des Zeichenunterrichts und die natürlichen Methoden der Jetztzeit; er habe als Junge immer nur langweilige Blöcke vorgesetzt bekommen. Ziemlich unvermittelt wendet er sich dann zu Mutter und fragt: »Die Beiden sind wohl rechte Tyrannen, nicht?« (Damit meinte er Vater und mich.) »Sie haben sicher sehr unter ihnen zu leiden – nicht wahr, gnädige Frau?« Mutter findet nachsichtig, das sei nicht so schlimm. Aber ich fürchte, sie wird Seiner Majestät da etwas nach dem Munde gesprochen haben. Mit dieser Äußerung über meine ererbte Tyrannei schloss der Kaiser sein Gespräch mit mir ab und redete mit Mutter noch allerhand über ihren Mann. Er sei doch eben ganz einzig. »Wenn er sagt: dies Bild i s t nicht von Rembrandt, dann – runter mit dem Schild!«

Prinzess' Einsegnung
[durch Hofprediger Ernst Dryander in der Potsdamer Friedenskirche]

Mein lieber Dryander sprach schlicht wie immer und ganz für die Situation geschaffen. Er sprach davon, dass die Pflichten eines hochgestellten Menschen viel bedeutender seien als die eines schlichten Bürgers und der Charakter daher ganz anders gefestigt sein müsse, um die Erwartungen des Volkes zu erfüllen, den Anfechtungen zu widerstehen und in schweren Zeiten den Kopf hoch zu halten. Ich kannte ja Sissi noch nicht so lange wie Dryander, aber ich fühlte, wie er mit seiner Rede dem jungen Schmetterling gerade das gegeben hatte, was ihm am meisten fehlte: einen ruhenden Pol.

Auf die Ansprache folgte nach alter Hohenzollernsitte die Verlesung des von Sissi verfassten Glaubensbekenntnisses. Ich habe mich gewundert, mit welcher Sicherheit und Klarheit, ja sogar rhetorischen Gewandtheit sie diese lange Rede verlas. Es ist doch keine Kleinigkeit für ein 17-jähriges Mädchen, in der Kirche vor 300 Menschen, das Gesicht der Gemeinde zugewandt, ihren persönlichen Glauben zu bekennen. Prinzess hat trotzdem warmen und energischen Ausdruck in ihre Worte gelegt.

Der Kaiserin Geburtstag

[Nach einer Theateraufführung im Festsaal des Neuen Palais das Festmahl:]
Nach der Suppe gab es Steinbutt mit holländischer Sauce, Kalbskoteletts mit Pilz-Purée, Wachteln mit Kressesalat, Esterházy-Bombe und Obst – ein gutbürgerliches Sonntags-Verwandtenessen. Ich freute mich von Herzen über solche Einfachheit. Roter Salbei und gleichfarbige Dahlien schmückten unseren Tisch, der nur von Kerzen erleuchtet war.

Nach einer Dreiviertelstunde hatten wir abgegessen, und das Gefolge begab sich in die lichtdurchflutete Jaspis-Galerie und von dort in den »Muschelsaal«. Ich setzte mich neben Sissis französische Erzieherin und ließ mir eine Reihe von Anwesenden nennen. Außer der kaiserlichen Familie und ihrem Gefolge waren nur der alte und der neue Reichskanzler mit Frauen und die höchste Generalität mit ihren Angehörigen vertreten. Ich war erstaunt über die Schönheit des preußischen Adels: die Männer groß, reckenhaft mit scharf geschnittenen Köpfen, die Frauen ebenso majestätisch und schön, die Töchter blond, anmutig, feinrassig.

Es kam zu einem kurzen Wortwechsel mit der Prinzess, die mir glücksstrahlend erzählte, dass sie am Geburtstagsmorgen ihrer Mama Chef des zweiten Husarenregiments geworden sei. Man habe ihr gleich die Uniform zum Anziehen gebracht, aber sie dachte ja n i e mit all dem Schnüren fertig zu werden! Und wie hatte sie sich g e s e h n t, an der Spitze der Kompanie zu reiten! »Ja, Prinzess wussten wohl noch nicht, welche Schikanen der Soldatenstand hat«, meinte ich darauf lachend. Bald war sie wieder im Kreis ihrer schwarzen Husaren, und ich sah von weitem über ihrer weißen Gestalt den duftigen Rosenkranz im blonden Haar vergnügt auf und nieder wippen. –

Aus meiner Beschaulichkeit wurde ich zur Kaiserin berufen, die mir erzählte, dass sich Sissi die Fortsetzung meiner Stunden sehr lebhaft wünschte; sie selbst würde sich so freuen, wenn ihr Kind künftig auf Reisen der Kunst nicht fremd gegenüberstünde. Das sonnige Lächeln der Kaiserin ging mir wieder durchs Herz. Man kann ihr nicht ohne Freude nahen. Solch ein Fest – reizvoll für mich durch die Neuheit des Anblicks – hat doch etwas Steifes und Konventionelles. Umso größer das Verdienst unserer hohen Frau, dass sie auch da lebendige Freude verbreitet!

Ich überschätze meine Hoferlebnisse nicht; sie amüsieren mich wie eine Vorstellung. Bleibend ist für mich der Eindruck der reinen und edlen

Menschlichkeit, wie man sie auf solchen Höhen am wenigsten vermutet und darum doppelt genießt.

Die Novembertage [1909/1910]

Aus dem Wildfang, der schon mit 14 Jahren die aristokratische Rasse bekundete [Prinzessin Sissi], entwickelte sich allmählich eine Dame von allerjugendlichstem Liebreiz, sehr bestimmtem Geschmack und festem Willen. Eine Krisis beschleunigte ihre Entfaltung, vertiefte und reifte ihr ungestümes Wesen. Es waren die trüben Novembertage, die auf unseren Kaiser ihre Nebel geworfen hatten. Graf Rantzau – der bei all seiner Trefflichkeit den Schnabel nicht halten kann – war damals gerade Kammerherr Ihrer Majestät. Er hat uns hinterbracht, welch furchtbarer Zustand in dem kaiserlichen Hause herrschte. Der Kaiser wäre abwechselnd außer sich vor Wut und vollständig lahm gewesen – nur die ruhige Güte, die Sanftmut und das Gottvertrauen seiner Gattin hätten ihn gerettet, ihn sich selbst und seinen Pflichten wiedergegeben.

Ich gab um dieselbe Zeit Stunde im Schloss. Prinzess war zerstreut. Sie antwortete kaum auf meine Fragen oder ganz verkehrt. Hatt' ich sie oft unwissend gefunden – diesmal war sie vollkommen aufgeworfen. Ich fühlte ihr einmal Verstörung an, und mein Instinkt riet mir, nicht daran zu rühren. Ich kürzte die Wiederholung ab und erzählte ihr etwas Erfreuliches zu meinen Bildern. Auch dann wollte die Bedrückung nicht recht von ihr weichen. Als mein Unterricht geendet war, fuhr ich mit der französischen Lehrerin heim. Unterwegs erzählte sie mir ganz aufgeregt von der Prinzess. Sie hätte diesmal rein gar nichts gekonnt, wie sie, Frl. Wieser, darauf geäußert hätte: »Aber die Verben sitzen ja immer noch nicht«, sei die Kleine in Tränen ausgebrochen, in solchen Strom von unversiegbaren Tränen, dass Sal und sie gar nicht gewusst, was tun. Solche Verzweiflung könne der harmlos geäußerte Verweis nicht hervorgebracht haben – da müsse etwas Tieferes vorgelegen haben, denn Fräulein von Saldern, die sie doch so gut kannte, sei direkt erschrocken gewesen.

Nun teilte auch ich meine Bemerkungen mit, und wir mutmaßten den Einfluss von der Reichskrise. Wie leicht konnte sie den Morgen in der Zeitung unverblümte Angriffe gegen ihren vergötterten Vater gelesen haben – vielleicht vorwitzig im Blatt eines Hofschranzen, das der höchsten Gesellschaft nicht nach dem Munde sprach. Graf Rantzaus Bemerkungen unterstützten meine Vermutung – und mir griff Sissis Jammer ans Herz! Es hätte sie verbittern können, aber vielleicht oder wahrscheinlich war er nur heilsam für sie! Wenn ihr Vater fehlen konnte und seinem Reich – allerdings nicht aus böser Absicht – Unrecht zugefügt hatte, wenn das Volk so offen darüber sprach, dann waren sie allesamt ja keine so hohen Herrschaften,

Menschen wie andere auch, die nur härter zensiert würden, weil sie in ausgesetzter Stellung wären und mehr Macht genössen! Oh, Sissi, welche Entdeckungen! Welche Stürme, welche Wunden in Deiner jungen Seele!

Ich glaubte zu bemerken, dass Prinzess von dieser Zeit an ernster, gesammelter und reifer war. Ihre glückliche Natur behielt sie aber bei. –

Die Enkel des Kaisers

[Ausgelassen ihre Begegnungen mit den Prinzen Wilhelm und Louis Ferdinand im Kleinkindalter, 3 und 1 Jahr, dann:]
Vom vierten im Glückskleeblatt hab' ich nichts gehört; denn seit seiner Geburt braucht mich die Prinzess nicht mehr. Sie hört nur noch wenig »Vorträge«, wie sie's nennt und ist viel unterwegs. Aber auf einige Reisen hab ich sie in den letzten 2 Jahren noch vorbereitet: für Venedig und England. Sie hat mir hernach begeisterte Schilderungen gemacht und ein seltenes Gedächtnis für die Farbenharmonien der verschiedenen Bilder gezeigt. Solche Vorbereitungen liebte ich besonders. Meist saß ich des Nachmittags bei ihr auf einem weichen Sofa; sie schob noch ein Daunenkissen hinter mich und wir guckten Fotos an und plauderten. Manchmal wurde ein kleiner Tee vorausgeschickt, so intim, dass nicht einmal Ebert *[ein Lakai]* dabei stand, mir jeden Schluck in den Mund zählte und mein Essen mit den Augen kritisierte. Ab und zu kam auch die Kaiserin, dann musste ich mich in die Mitte des Sofas setzen, und die Beiden nahmen zu meinen Seiten Platz – »wie die Küchlein bei der Henne«, nach Sissis Aussage. Und die Kaiserin hatte ihre jugendlich bescheidene Freude an Allem, was ich ihr vorzeigte. –

In England hat Sissi mir große Ehre eingelegt. Der Generaldirektor von der National Gallery musste sie führen und schrieb hernach an Vater, dass von den ganzen kaiserlichen Herrschaften eigentlich nur die Prinzess Bescheid gewusst habe und in ihren Bemerkungen viel feinen Kunstsinn und große Begeisterung an den Tag gelegt habe! – Letzten Januar *[1911]* wollte ich meinen Unterricht bei Sissi wieder aufnehmen. Aber sie bekam Bronchitis und musste zu der Kronprinzessin nach St. Moritz reisen. Geschwätzige Zungen behaupteten, sie hätte sich in einen simplen Leutnant verliebt und wäre zur Heilung dieser Marotte nach St. Moritz geschickt. Was Gewisses weiß man nicht. Die vielen Verlobungen, die ihr angedichtet werden, sollen eben sämtlich auf Erfindung beruhen. Freundinnen erzählen ihr von dem Gerede und machen sie ganz ärgerlich, so dass sie durch den »Papaa« in den Zeitungen dementieren lässt. Ich bin neugierig, ob dieses Buch bald vom fortgesetzten Unterricht oder von der Verheiratung unseres Königkinds erzählt. Für sie und ihr reichlich bewegtes Leben hoff' ich auf das Eheglück, wenn irgend sich etwas Glückliches bietet.

Und mit dieser offenen Frage schließe ich fürs Erste das Kapitel meiner Hofmemoiren.

Schülerinnen

Mit meinen weniger hoch gestellten Schülerinnen habe ich natürlich ein noch intimeres Verhältnis gehabt. Anfänglich wandten sie sich nur in kunstgeschichtlichen Sachen an mich. Später aber machte mich die Eine oder die Andere schon zu ihrer Vertrauten. Mein lange ersehnter Wunsch, Menschenherzen helfen zu dürfen, ging auf diese Weise endlich und beglückender, als ich je gedacht, in Erfüllung.

Männerfreundschaften

So will's beinahe scheinen, als hätt' ich nur in der Mädchenwelt gelebt, seit Kiesel und Karl N[eresheimer] mein Herz in Bewegung setzten. Aber ich muss gestehen, dass neben all diesen weiblichen Freundschaften auch Beziehungen viel aufregenderer Art hergingen, Beziehungen, die auf mein Innenleben naturgemäß einen weit größeren Einfluss geübt haben.

Das Kränzchen

Wie der Frühling [1909] kam, entspann sich eine Freundschaft zwischen mir und Eduard Gr. Sie war im »Kränzchen« gewachsen und angeschwollen, in dem »Kränzchen«, das mir noch so manche eigene Beziehung verschaffen sollt'! Keine nettere Form der Geselligkeit hab' ich in Berlin gefunden. Mit meinen näheren Bekannten: Annie Russel, Gierkes, Agnes Harnack, Annette von Siemens war ich darin vereinigt, und um uns scharten sich ein Kreis von jungen Männern unserer Lebensverhältnisse und Interessen. Alle drei Wochen traf man abendlich zusammen, und es gab ein Streichtrio, ein Theaterstück, einen Lichtbildvortrag, einen Circus, eine Vorlesung – alles Leistungen aus unserer Mitte. Im Sommer fand man sich auch nachmittags beim Tennis, das ganze Jahr hindurch an schönen Sonntagen auf Spaziergängen durch die Mark [Mark Brandenburg].

[Am Schluss des Tagebuchs ca. 25 herausgetrennte Seiten]

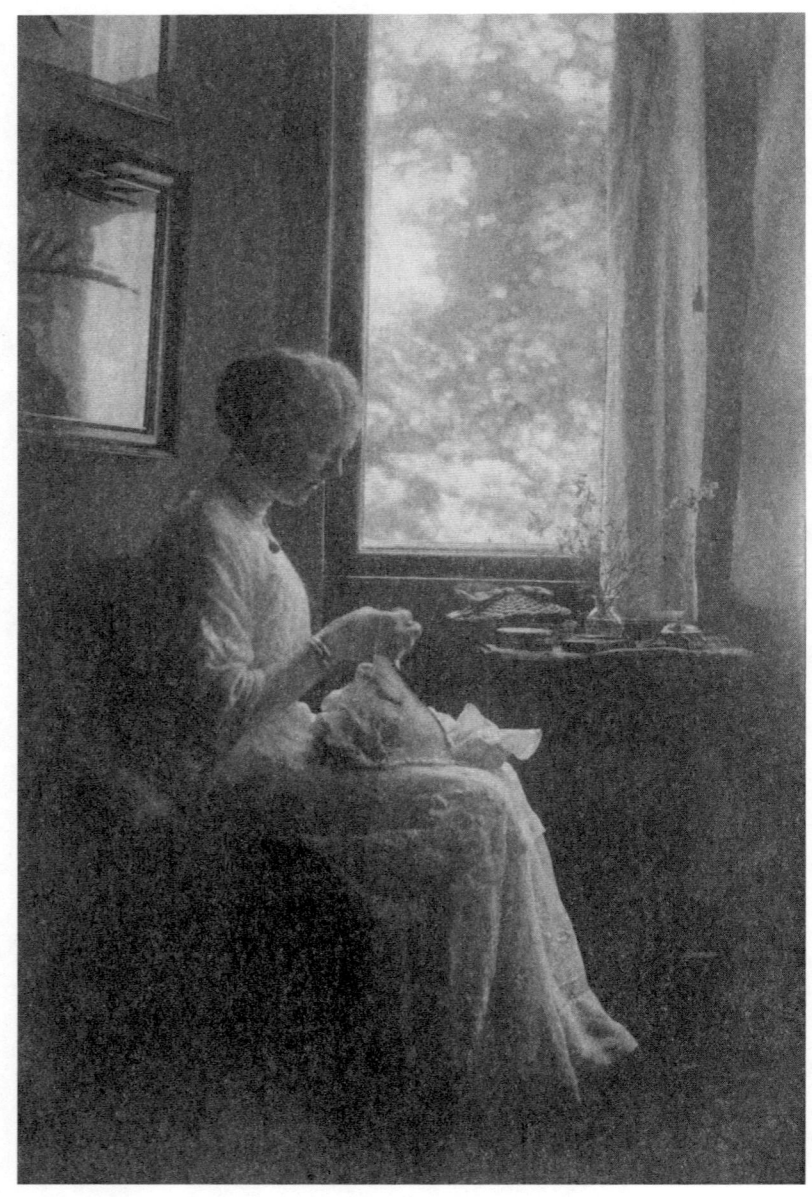

Marie Bode, 28-jährig in Berlin-Charlottenburg, Uhlandstraße.

Neues und Altes aus Italien

April 1910 [mit ihrem Vater zu Besuch auf Burg Duino bei der Fürstin Marie von Thurn und Taxis, die von Wilhelm von Bode ihre Kunstsammlung schätzen lassen wollte]

Wir erfuhren, dass sie die gefeierte Schönheit des Wiener Hofs sei, aber dass sie keine Macht der Welt bewegen könne, auszugehen; sie mag nur ihrem Mann und ihren Kindern leben. Sie stammt einerseits von den böhmischen, andererseits von den ungarischen Königen ab.

Am dritten Abend unserer Ankunft wurde die Tafelrunde durch den Dichter Rilke erweitert. Wir hatten ihn schon mit Spannung erwartet; denn wir Schlingel (Elisabeth *[Rimpau]* und ich) verglichen die Fürstin mit Isabella d'Este, die an ihrem Hof alle Musensöhne versammelte. So scharte Fürstin Taxis den Humanisten *[Rudolf Kaßner]*, den Kunstgelehrten *[Wilhelm von Bode]* und endlich auch den Poeten um ihre Person, damit sie ihr Licht leuchten lassen konnte. Würde Rilke ein zweiter Tasso sein? Ach nein, solch loderndes Gemüt war Rainer Maria Rilke nicht, – vielmehr ein stiller beschaulicher Geist, der um Entschuldigung bat, dass er am Leben war, dessen Muse ich mir nur als Aschenputtel denken kann. Ich habe sie nachher kennengelernt, dank meiner Kusine Elisabeth, die ihre Ergüsse in einem Buch moderner Lyrik aufgegabelt hatte. Hier sind die Gedichtlein, zum ewigen Andenken an den Tasso der Fürstin Taxis:

Volksweise
[aus: Larenopfer, 1895]

Mich rührt so sehr
Böhmischen Volkes Weise;
Schleicht sie ins Herz sich leise,
Macht sie es schwer.
Wenn ein Kind sacht
Singt beim Kartoffeljäten,
Klingt Dir sein Lied im späten
Traum noch der Nacht.
Magst Du auch sein
Weit über Land gefahren,
Fällt es Dir doch nach Jahren
Stets wieder ein.

(Schwachmütiges Lied! Solch gereimte Prosa würde selbst in Prosa besser unterdrückt als ausgesprochen.)

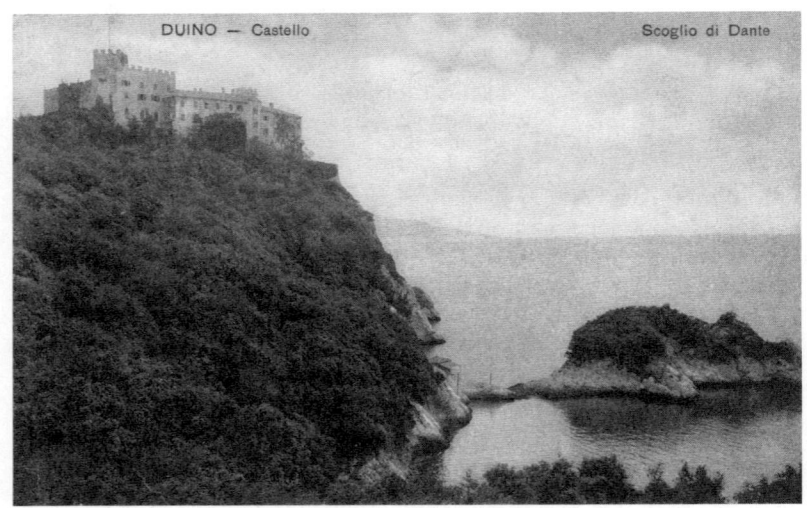

DUINO — Castello
Scoglio di Dante

Schloss Duino, zeitgenössische Postkarte.

(Nun kommen noch trivialere Reime:)

Die Mädchen singen
[*Aus der Sammlung »Gaben an verschiedene Freunde«,
später in »Erste Gedichte«, 1913*]

Alle Mädchen erwarten wen,
Wenn die Bäume in Blüte steh'n;
Wir müssen immer näh'n und näh'n,
Bis uns die Augen brennen.
Unser Singen wird nimmer froh,
Fürchten uns vor dem Frühling so:
Finden wir einmal ihn irgendwo,
Wird er uns nicht mehr erkennen.

(Im Folgenden steckt wirklich Poesie:)

Die Mühle
[*in »Erste Gedichte«, 1913, spätere Überschrift: I mulini*]

Du müde, morsche Mühle,
Dein Moosrad feiert Ruh' –
Aus der Olivenkühle
Schaut Dir der Abend zu.

Der Bach singt wie verloren
Menschenlieder nach, –
Tiefer über die Ohren
Ziehst Du Dein trutziges Dach.

Das war die Tafelrunde im Schloss de la Torre.

Tagebuch Sommer 1913 – Sommer 1914: Lehrerin für Kunstgeschichte bis zum Rauswurf aus der Schule

Als Lehrerin an einer katholischen Schule

Als externe Lehrerin (in einer katholischen Stifts-Schule) *[s. u. dazu die Briefe dieser Jahre]*, die wöchentlich nur zwei Kunstgeschichtsstunden gab, war ich keine zu befürchtende Macht. Aber die Liebe der Kinder zu mir, ihre Begeisterung für meine Stunde (die ja doch zum größten Teil dem Thema zugeschrieben werden muss) wurde den Lehrerinnen ein Ärgernis. Ich habe einen Fall erlebt, in dem mich eine Kollegin – den Tatsachen entgegen – bei der Oberin anschwärzte. Wenn ich sie beim Spaziergehen traf und befragte, so bekam ich nur kurze und sehr gespitzte Antworten – ja in der letzten Zeit ist es mir passiert, dass sie mich gänzlich schnitt. Auch Frau Oberin schien mir, trotz äußerer Liebenswürdigkeit, infolge meiner Popularität zu erkalten – meine Stellung wurde daher von Monat zu Monat unbehaglicher! Wenn sie eine Sache an mir finden, so dachte ich oft, »dann fliege ich raus!«

Und so kam's! Ich hatte die Unvorsichtigkeit begangen, auch religiöse Fragen meinen Schülerinnen schriftlich zu beantworten. Die armen seufzten unter dem Dogma, das ihr Seelsorger als schweres Joch auf die zarten Schultern gelegt hatte! Es ist mir vorgekommen, dass ich kaum die Gewissensangst einer Schülerin, ihre Furcht vor dem jenseitigen Gericht beseitigt hatte, als Pastor Krummacher schon wieder mit Hinweis auf die Verdammnis neue Panik in ihrem Herzen erregte. Manche unter den Schülerinnen sind nicht dahinter gekommen, dass ich in religiöser Hinsicht einen ganz anderen Standpunkt einschlug als die Stiftsautoritäten.

Ende November brach das Unglück über mich herein. Die Oberin ließ mich durch den Portier telefonisch ins Stift zitieren. Dort empfing mich besagter Portier mit der Miene eines Schergen und führte mich die Treppe hinauf. Augenscheinlich fürchtete man, ich könnte ausbrechen. Warum tat man mir eigentlich nicht Handschellen an? Im Zimmer der Oberin erfuhr ich dann, dass einer meiner Briefe über religiöse Dinge an Irma Leguis gefunden worden und der Oberin ausgeliefert war. Irma – ein heißblütiges, ungezügeltes, dabei sehr frühreifes Mädchen und mein besonderer Liebling – hatte sich durch die Dogmatik des Anstaltsgeistlichen ganz vom Christentum abtreiben lassen. Sie erklärte mir brieflich, den Glauben an ein Fortleben nach dem Tode nicht teilen zu können und darum dem Christentum ganz zu entsagen. Ich dachte mir: halt, diese Seele gewinnst du wieder! Leider brauchte ich krasse Ausdrücke, wie sie mir sonst nicht entschlüpft sind – ich wählte das Wort »Auferstehungsmärchen«. Natürlich mussten die Augen der Lehrerin gerade auf d a s Wort des verbummelten Briefes fallen und, wie begreiflich, dass sie weiter las!

[Die Oberin hat dann] alle Schülerinnen, an die ich Briefe schrieb, vorgenommen und ihnen meine ganze religiöse Korrespondenz abgefordert. Außer dem Zweifel am Fortleben im Jenseits gab es nun noch meine skeptische Auffassung der biblischen Wundertaten zu beanstanden, denen ich die wahren Wunder in der Natur und im Seelenleben entgegensetzte. Meine Entlassung wurde mir dann in einem höflichen Brief des alten Generals [Exzellenz Seebeck, Kurator des Stifts] bestätigt.

Sie h a t t e n mal ein Ventil für ihre jugendlichen Wünsche – das hieß Marie Bode, und es ist verstopft. Der Hof wird keinen Finger rühren – ist doch die Kaiserin eine alte Frau, die für das Herzensbedürfnis von werdenden Mädchen kein Verständnis haben kann. Was sollte sie auch tun? Etwa die Oberin entfernen, die ihren orthodoxen Glauben – wie sie meint: zum ewigen Heil – in die Kinderherzen einzupflanzen sucht? Sollte sie diese Oberin, die fleckenlos vor jedem irdischen Richter dasteht, um der Entschuldigung einer Ketzerin willen, gehen lassen? Oder ihren lieben Kr. [Pastor Krummacher], – die persona gratissima am ganzen Hof – durch einen freisinnigen Prediger ersetzen? Sie wird verfügen, ihre Augen nun weit offen zu halten! Was hilft's? Kann sie hinter die Kulissen sehen, wenn die Schülerinnen in ihren weißen Kleidchen mit angstgeröteten Backen als Bilder des frohen, gesunden Lebens vor ihr Gavotte tanzen oder mit Pathos patriotische Lieder hersagen? Nein, I.M. [Ihre Majestät] sieht niemals hinter die Kulissen, sie macht nur Theatermatinees mit, sie wohnt wohl einstudierten Galavorstellungen bei!

Wenn die Oberin nicht vorzeitig in ihr geliebtes Jenseits gerückt wird, dann haben die jungen Mädchen eben fünf schöne Entwicklungsjahre ihres Lebens im Gefängnis zuzubringen. Der starke Geist wird aber auch dort nicht ganz geknechtet, der freie Geist nicht in Ketten gelegt werden – er hat seinen eigenen Himmelsraum in der engsten Haft! Die frische, freimütige Frau von Quadt hat mir sehr wohl getan. Ich klagte ihr beim Abschied, dass ich schon so oft vergebens versucht hätte, meinem Herzen die Kandare anzulegen – es sei mir doch immer wieder durchgegangen! Sie lachte hell auf: »Sollten Sie etwa zu den Menschen gehören, die wohl Erlebnisse

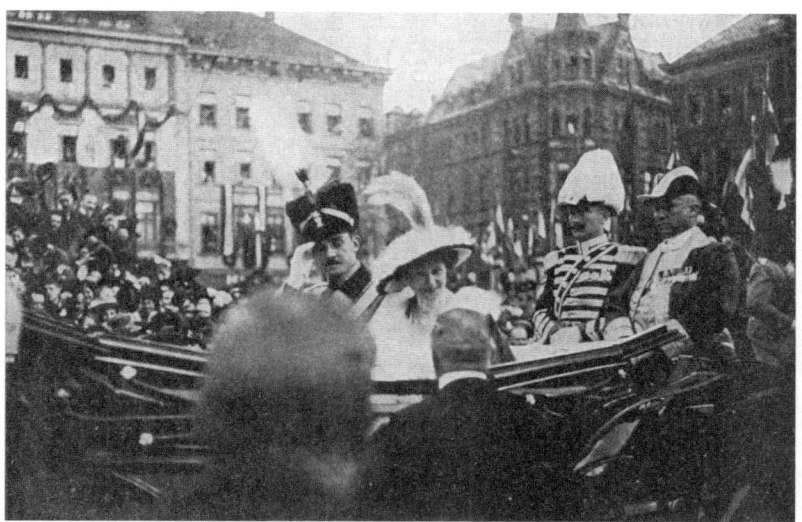

Einzug von Viktoria Luise nach ihrer Hochzeit als Herzogin von Braunschweig-Lüneburg in ihre Hauptstadt, 1913.

haben, aber niemals Erfahrungen machen?« Aus Höflichkeit gegen mich selbst ließ ich die Frage offen.

Sissis [Prinzessin Victoria Luises] Hochzeit

Ich hatte der Prinzess einen Farbenlichtdruck von Terborchs »Konzert« zur Hochzeit geschenkt. Bereits am neunten Tag nach der Hochzeit bekam ich aus Gmunden folgenden Dank:

»Liebes Fräulein Bode,
von ganzem Herzen danke ich Ihnen für das reizende Bild, welches ich immer so besonders liebte. Auch für Ihren Glückwunsch tausend Dank. Wir sind jetzt nach all' dem Trubel in einen himmlischen Bergfrieden übergegangen und wünschen, wollen oder sehnen uns nach n i c h t s. Einfach göttlich schön! Verzeihen Sie mir bitte, dass mein Brief so spät kommt, aber auf der Hochzeitsreise fliegt die Zeit davon, ehe man sichs versieht.

Mit vielen Grüßen und innigstem Dank für all' die schönen Stunden

bin ich Ihre
herzlich ergebene
Viktoria Luise

Als nun Ernst August mit seiner Sissi als Herzog und Herzogin von Braunschweig-Lüneburg in die Stadt seiner Väter einziehen konnten, da glänzte die junge Frau froh und glücklich nach allen Seiten hin.

Das Kränzchen

Sonnabend, 2. Mai, in Fürstenberg

Und am anderen Tag fuhr das Kränzchen nach Fürstenberg. Am Himmel fegten mächtige Wolken, die ein eisiger Wind von Stunde zu Stunde mehr zerfetzte. Immer freundlicher glänzte die Sonne, immer friedlicher spannte sich das Himmelsgewölbe über dem jung begrünten Feld, über den Häusern der märkischen Ortschaften, die in einen Blütenkranz gebettet lagen.

Als wir in Fürstenberg den Kaffee bestellten, fand sich der größte Teil des Kränzchens ein. Verschiedene kamen auch mit den Abendzügen, aber Schloh [*Spitzname für Gottfried Dryander*], den ich nun über sechs Wochen nicht gesehen hatte, fiel mit freundlich kecken Augen und viel Appetit mitten in unsern Kaffee hinein.

Also so hübsch war er doch und so herzgewinnend. Ich vergaß meine Freitagstränen und sah mit stiller Sympathie zu ihm herüber.

Bald war ein Trupp zum Spaziergang gerüstet. Voran schritt Herr von Moeller mit Comtesse Westarp und Magdalene Körte, hinterher gingen gemächlich Schloh und ich. Von dem Städtchen ging es ins freie Feld, dessen zarter Flaum in den warmen Abendstrahlen smaragden leuchtete. Ein Bauer kam uns entgegen. Schloh redete ihn auf mecklenburgisch an und bedauerte die Trockenheit der Felder. Dann kamen wir in den Wald. Auf einem Teppich von hellem Heidelbeergrün kauerten wie Zwerge wunderliche Wachholderbüsche und schossen hohe Kiefern empor; ein seltsam gurgelnder Ruf erklang – wir standen vor einem kleinen See, auf dem Wasserhühner umherschwammen. Aus dem trockenen vorjährigen Schilf, das wie ein reifes Roggenfeld leuchtete, flogen Wildenten auf. Die Kiefern hielten mit ihren dunklen Kronen über der Waldeinsamkeit Wacht. Jung-Schloh stand ergriffen vor dem Bild. Dann rief er: »Hier ist wohl seit tausend Jahren nichts verändert! Freilich: der Wald ist aufgeforstet – aber dieser Teich, die Tiere – ganz wie vor Jahrhunderten!«

Dann gingen wir weiter über eine Brücke, die von dem kleinen Bach an den Waldessaum führte. Eine Birke stand am Ufer und hielt ihre zarte Krone gegen den goldüberfluteten Himmel. Heiter lächelnd spiegelte er sich in dem sonst fließenden Wasser. Wie der Sonnengruß immer herzlicher wurde, sandte auch meine Seele immer wärmere Strahlen aus. Ich sah nicht mehr, was um mich so blühte, grünte und spross. Ich fühlte nur unbestimmt Sonnenglanz, Abendfrische und Frühlingslust. Die schönen

Naturbilder begleiteten mich auf einer Wanderung in ganz andere Gebiete. Literatur, Kunst und allerlei Menschenleben berührten wir in unserem Gespräch, und es war, als umdrängten mich Wogen der Seligkeit. Ich könnte nicht mehr alles niederschreiben, was er mir gesagt, fast möchte ich sagen, es war mir gleich, wovon er redete, denn der Klang seiner Stimme – so tief metallen und kraftvoll –, der rüstige Schritt und freie stolze Gang nahmen mich ganz gefangen. Er wirkte auf mich wie ein Stück Natur, wie mehr als diese Natur, die uns umgab, aber erfrischend und beglückend wie sie. Er drängte sie zurück und schien doch aus ihr emporzuwachsen. Denn jeder wahre Mann ist wie der Duft nordischer Wälder, und jeder kluge edle Geist gleicht der Seele der Natur – ihrer Tiefe, ihrer Weisheit!

Diesen Mann habe ich für beschränkt gehalten? Hatte gemeint, er könne nie ein Erlebnis für mich werden? Und jetzt war ich neben ihm genauso gering wie einst neben Bodenstein!

Aus dem kleinen Flusstal gelangten wir an den großen Tümen-See. Hier sahen wir eine menschliche Siedlung: zwischen blühenden Pflaumenstauden ein paar Häuschen mit Strohdächern auf grüner Wiese – ein Idyll inmitten dieser schlicht-großen Natur!

Auf dem Rückweg kamen wir an einen Zaun. Leichtfüßig waren Magdalene und Emma hinübergehüpft. Aber mich hinderte mein enger Rock. Besorgt, dass mein Ritter mehr von meinen Strümpfen sehen möchte als mir angenehm war, hielt ich auf der Höhe besorgt inne. Aber da sagte eine ermunternde Stimme neben mir: »Bitte stützen Sie sich ganz auf mich!« (Und im Herzen gab ich zur Antwort: ›Ja, g e r n – fürs L e b e n !‹ Es war wirklich eine Schäferei, zu der mein Schäferhut nicht schlecht passte. Auch an »Hermann und Dorothea« musste ich denken, als ich ihm die Hand nur leicht gab und den kühnen Sprung wagte.) Aus Angst, er möchte zu viel von mir sehen, sprang ich besonders ungeschickt und warf noch meine Tasche hin. »Ach, ich bin ungeschickt für zwei« sagte ich verlegen – er lachte leise.

Und dann gingen wir quer übers Moor, so, wie uns das Irrlicht, Herr von Möller, führte. Hie und da stieg ein Nebelstreifen auf; ich hätte Erlkönigs Schleier fangen können. Ein Duft von feuchter Scholle, klarem Wasser und Kiefern drang uns in die Nase – Schloh musste an Holstein denken und feierte Erinnerungen.

Eben war die Mondsichel aufgegangen, die ersten Sterne blinkten durch die Dämmerung, und die Fürstenberger Häuser machten Licht! Tiefschwarz ruhten die Wälder, und mit schnellem Schritt gingen wir vom Wald unserer Herberge entgegen. Schloh erzählte, dass man ihm im Zivilkabinett eine Schrift vorgelegt habe, die den Tod der Königin Luise schildere. Und er sprach mit Begeisterung von dieser wunderbar heiligen Stunde. Ich meinte, die Königin sei früher doch recht leichtsinnig und kokett gewesen – »umso bewundernswerter« sagten wir darauf beide in einem Atem.

Wie die Nacht so sanft ihre Schwingen ausbreitete, wurde ich kühn genug, an die Predigt seines Vaters in der Silvesternacht zu erinnern, die auch für unsere teure Königin gelten konnte. Er hatte sie nicht gehört – und so erzählte ich ihm vom jungen Palmenbaum mit dem Stein auf der Krone.

Er ging wenig darauf ein, wie er überhaupt, trotz aller Lebendigkeit, selten persönlich wurde. Aber er verteidigte die Glücklichen, Erfolgreichen. Er meinte, dass doch z.B. eine früh erreichte, glänzende Stellung auch viele Pflichten mit sich brächte und dadurch das Verantwortlichkeitsgefühl stärkte.

Sonntag, d. 3. Mai, am Stechlin

Mir war aber vom gütigen Schicksal noch mehr zugedacht. Als ich mich am nächsten Morgen mit Agnes Harnack langsam anzog, hörte ich Schritte auf der Treppe und eine tief metallene Stimme rief: »Ob wohl jemand von den Damen schon unten ist?«

»Nun eben fix, Mariechen«, sagte Agnes, die vom Kränzchenball ganz gut über ihn und mich Bescheid wusste. – Ich flog in mein Kleid, zog Gürtelnadel als Brosche und Brosche als Gürtelnadel an, war aber doch nicht eher fertig als Agnes. Wie wir nun die Treppe hinunter kamen, stand dort schon Schloh in sehr wartender Stellung. Ich nahm am Frühstückstisch ihm gegenüber Platz, wie ich denn in größerer Gesellschaft am liebsten diesen Auslug wählte. Aber nun stand eine Vase mit Buchenzweigen unserer Aussicht im Weg.

Mit Energie schob sie Schloh zur Seite. Dann kam Krüß und fand den Strauß vor seiner Nase, auch er wollte mich sehen und setzte die Vase auf den anfänglichen Platz zurück. Ein Handgriff, ein Bums, ein Blick zu mir herüber – und die Vase stand wieder vor Krüß, der jetzt keine neue Platzveränderung mehr wagte! Wie hüpfte mir das Herz, wenn ich auch glaube, dass Schloh jeder Dame gegenüber so gehandelt hätte! Mittlerweile waren zwei Jagdwagen vorgefahren. Soweit die Gesellschaft schon mit Frühstücken fertig war, stieg sie in den vorderen Wagen ein. Es traf sich, dass ich Schloh gegenüber Platz nahm.

Wie gern stößt man auf Fragezeichen bei den Männern, wenn es auch etwas Aufregendes an sich hat. Meist sind sie so durchsichtig wie Glas! Am fesselndsten war mir seine Schilderung von Kinkels Flucht und den Zeitverhältnissen, in die das Ereignis fällt. Er stockte nie und stellte das Ereignis mit größter Plastik dar. Ich habe ihn so manchen Buchinhalt und viele interessante Episoden aus der Geschichte gleich klar und fesselnd erzählen hören. Gewiss hat er diese Zungenfertigkeit von seinem Vater!

Leider sollte ich nun auch mal von ihm getrennt werden. Nach einer kurzen Rast plauderte er mit Emma von Westarp; ich musste bei Hilde

Gierke anbeißen, und da ich zu keinem weiblichen Gespräch so recht Lust hatte, fragte ich schließlich nach Treudels Braut, die sie persönlich kannte.

Nach dem Mittagessen, als wir am Ufer des Sees Ruhe suchten, erlebte ich eine entsetzliche Stunde. Schloh hatte nicht gleich nach dem Essen aufbrechen wollen, weil er für ungesund hielt, den Kaffee so rasch herunterzustürzen. Fräulein Busch und er blieben also allein vor ihren vollen Tassen sitzen. Sie folgten so langsam nach, dass ich sie nicht einmal sehen konnte. Nun kam mir das Manöver vor wie eine List. Schloh kannte Frl. Busch und ihre Familie schon lang; er war ihr noch vor kurzem im Beruf gefällig gewesen. Das hübsche und seelenvolle Mädchen verdiente wohl seine Aufmerksamkeit – jetzt, ja jetzt würden sie sich aussprechen!

Indessen lag ich fern von den andern, an Agnes Harnacks Seite. Sie schlief so ruhig, und ich starrte in den blauen Himmel, sah die Buchen ihre Äste in den See hängen – »von der eigenen Schwere gezogen«, wie Fontane sagt, hörte ein leises Wellenplätschern auf den Uferkieseln – und glaubte mit einem Mal, der Himmel sei schwarz und die Blätter hingen welk an ihren Ästen! O, wie mir nach all der übergroßen Lust die Einsamkeit das Herz abpresste! Wo die beiden nun stecken mochten? Mit bleiernen Knien erhob ich mich, als die Kolonne aufbrach – nun konnte ich Gewissheit erlangen. Gewiss würden sie uns schon Hand in Hand entgegen kommen – Wut, Wut!

Aber da saß sie ja ohne ihn neben ihrer Cousine und deren Freundin. War er eben fort gegangen? Plötzlich kam er vom Ufer herauf und traf gerade mit mir zusammen. »Das war ein herrliches Bad«, sagte er mit Begeisterung, »nur die spitzen Kiesel stachen uns verwöhnten Städtern stark in die Füße! Es dauerte ganz lange bis man die richtige Tiefe zum Schwimmen fand – der See ist am Ufer sehr flach!« Mit jedem seiner Worte atmete ich leichter. Während er in der besonnten Flut plätscherte, erschien meinem tränenvollen Auge das Verlobungsgespenst. Es war zu lächerlich! Nun konnte ich seine Unterhaltung noch mehr genießen als zuvor – wenn eine Steigerung überhaupt möglich war!

Gierke haben wir es zu verdanken, dass die Heimfahrt sich noch sehr klangvoll gestaltete. Wir fuhren dritte Klasse, und nur ein fremder Mann – aus dem Volke, ohne Hemdkragen – saß mit dabei. Im Nebencoupé kicherten Schülerinnen, die dem »Wandervogel« (n i c h t Wundervogel) angehörten! Auf einem Mal rief Gierke in die schlafende mundfaule Gesellschaft herein: «Übrigens eines muss ich bemerken: wenn das Kränzchen jemals dem Untergang entgegengeht, so ist die Steifheit daran schuld, die sich jetzt hier immer mehr breit macht. Über einen Tag sind wir unterwegs – und haben kein einziges Lied gesungen!« Da zeigte sich die ganze Unternehmenslust meines Schloh. Er rief in seinem väterlichsten Ton zu den Wandervögeln herüber:»Kinder, wir wollen doch jetzt alle mal singen ›Der

Mai ist gekommen!‹ Ihr müsst mitmachen, nicht?« Wir – Sänger und Nichtsänger – stimmten mit ein. Schloh war natürlich der reine Caruso, aber er konnte die Texte nie recht, und so hörte er meistens mit kindlichem Entzücken zu, taktierte mit Wucht und freier, tiefer, klarer Stimme mitunter dem Refrain zu.

Wir sangen Frühlings- und Kinderlieder, Soldaten- und Studentenlieder – und immer waren die Schülerinnen am sichersten und wussten – als echte Berliner Gören – allemal vom Schatz einen Vers mehr als uns bekannt war. Unser Nachbar ohne Hemdkragen half dem oft mangelnden Gedächtnis aus, indem er den »Zupfgeigenhansel« aus der Tasche zog und uns anbot. »Was sind wir Deutschen doch ein h e r r l i c h e s Volk«, flüsterte mir Schloh zu; dort die Schülerinnen, die alle Lieder singen können, und hier der einfache Handwerker, der einen Band Volkslieder in der Tasche trägt!« – Ja, Schloh, Du warst ganz außem Häuschen und fandest diesen sangesreichen Beschluss des Abends das Schönste von der ganzen Tour! Wärst Du nur nicht so taub gewesen, als in einem Liede die Zeilen kamen:

»Sollst nicht länger in Holstein sein!
Such dir bald mal ein Lieb. Ein feins...«

So etwa ging der anzügliche Text!

Das Lebewohlsagen auf dem Bahnhof wurde mir mächtig schwer. »Adieu, m e i n gnädiges Fräulein«, sagte er – ministerielle Phrase! Und ich: »Auf Wiedersehn!«

Wer am nächsten Tag auf dem Wilhelmsplatz gesichtet wurde, wie er mit schiefem Zylinder und weithin strahlendem Gesicht seinem Amt zuschritt, das war freilich Schloh! Dachte er an den »Zupfgeigenhansel«, an Frl. Busch, an den Stechlin und die herrlichen Buchen, an das Mittagsbad und an die Weiße mit Schuss – oder dachte er auch ein ganz klein wenig an mich??? Das hat mir der Wilhelmsplatz leider nicht verraten. Doch such ich seither an dem lieben Ort die Spuren jenes breiten, strahlenden Lachens! –

Schloh braucht mich wieder

»Suchet, so werdet ihr finden!« Ja, Alt-Schloh, deine Bibel hat doch öfters recht! Dein Sohn ließ sich diesmal von mir finden – ja, er sagte gleich mit höchst wichtiger Miene: »Gnädiges Fräulein, ich hab Ihnen was zu erzählen!« – »Was denn?« – »Ich hab Sie neulich als Eideshelfer benutzt!« – »Eideshelfer? Muss ich vor Gericht?« – »Nein, so schlimm ist die Sache nicht: ich erzählte dem Prinzen August Wilhelm von dem neuen Rembrandtfund in Colmar, über den Sie mir berichtet hatten. Da machte er ein ganz ungläubiges Gesicht und meinte: »Na, da müssen wir doch erst mal Bode fragen!« »O, königliche Hoheit«, sagte ich, »Fräulein von Bode hat mir die Sache erzählt« und der Prinz: »Nun, dann ist es was anderes!« Alles lachte und fand die Geschichte herrlich – ich aber fand Schloh noch viel herrlicher als diese Geschichte!! Hatte er mich doch beachtet.

Und nachher, als wir »Räuber und Prinzessin« spielten, fuhr Schloh aus dem Dunkeln auf mich los; suchend mich am Ärmel erwischte, verhöhnte ich Schloh und rief »Ich dachte, das ist Gierkes Hand – aber es war Herr Dryander. *Wie* er da lachte! Nachher brach ich mit einer Prinzessin auf, da fühlte ich Schlohs Tatze auf meinem Arm! Es war als wollte er mich nie wieder loslassen! (Warum auch?!!)

Doch »Panther« befreite mich. Das Spiel schien zu Ende, Räuber und Prinzessinnen standen friedlich beisammen. Mit süßem Lächeln bot mir Schloh einen Korbsessel an. »So, jetzt können Sie höflich sein«, sagte ich arglos und setzte mich. Da auf einmal baumelten meine Füße in der Luft: Schloh hatte mich ganz allein mit dem Sessel etwa 1 ½ m hoch gehoben; Möllerchen griff zu und die beiden schleppten mich eine Strecke! Na, ich sag es ja: Pastorensöhne!! Aber war' s nicht lieb von ihm, dass er gerade mich so anführte? Ich kam mir ganz geehrt vor und meinte, als ich nachher den Gierkeschen Teckel auf dem Schoß hatte, seine Blicke (die von Schloh, nicht die des Hundes) auf mir ruhen zu fühlen! O, meine Seele hat alles Begehren verbannt. Aber sie lacht, wenn Schloh nur menschenfreundlich ist, und wäre sie ein Kater, dann würde sie schnurren vor Behaglichkeit unter seinem sonnigen Blick!

O, welch eine Unendlichkeit des Gefühls, ich möchte tief in den Schoß der Erde dringen, in Meerestiefen tauchen und wieder emporschweben, beflügelt die Luft durchkreuzen bis hinauf zum sternfunkelnden Himmelsthron. Dort möchte ich die Süße des Höchsten umfangen und Ihm danken, danken für dies Feuer in der Brust, danken für die Seele von Liebe, die Er mir entgegengeführt, und dann möchte ich die Hand des Geliebten ergreifen und den Herrn aller Liebe bitten: segne uns!

Aber ich greife dem Schicksal wieder vor. Kann ich schon so besitzestrunken sein bei der Unsicherheit meiner Zukunft?

Die Museumsführung des Kränzchens

Schloh hatte seinerzeit auf dem unseligen Mondscheinspaziergang im Mai die Anregung zu einer Führung im Kaiser-Friedrich-Museum gegeben. Dem nochmaligen Drängen des Kränzchens war ich gefolgt und hatte mich angeboten, diese Führung eines Montags mit anschließendem Tee im Bodeschen Garten vorzunehmen.

Den ganzen Morgen des Tags war ich vor Angst beinah vergangen, Schloh könnte nicht mitkommen. Aber gegen Mittag ließen Herr Landrat Dryander anfragen, »ob seine Schwester mit ins Museum kommen könnte.« Hilde Kähler! Nun war ich ganz verrückt vor Freude.

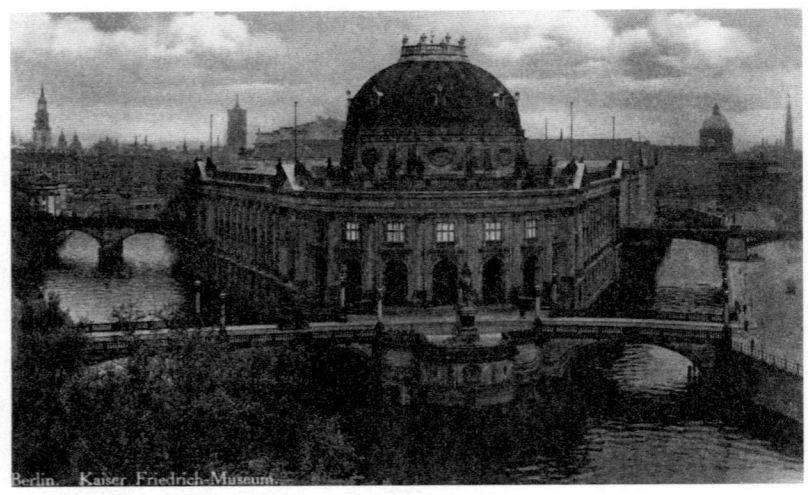

Zeitgenössische Postkarte des Kaiser-Friedrich-Museums, heute Bode-Museum.

Selbstverständlich fand ich vorher nicht ein Stück Garderobe; Kleid, Strümpfe, Unterrock –, alles wollte nicht passen. Das Haar saß absolut nicht fest – konnte ich auch einen vernünftigen Handschlag tun?

Im Museum ging ich betäubt umher, wollte vor den Bildern repetieren, repetierte aber nur:»Schloh, Schloh, Schloh!«

Hilde und Bruder kamen und waren beide sehr freundlich. Mutvoll begann ich bei Frans Hals, hüpfte aber vor Aufregung immer von einem Fuß auf den anderen. Es muss ausgesehen haben wie der Tanz eines komischen Vogels. Die Jugendzeit von Rembrandt wurde mir leicht. Später aber versagte mein Erinnerungsvermögen, ich verlor den Faden vollständig und reihte die Bilder ganz sinnlos aneinander. Mich verwirrte außer der hohen Gegenwart die Unruhe unter den Zuhörern bei anziehendem Unwetter, einige der Herren benahmen sich wie Hühner bei Gewitter. Trotzdem erntete ich aufrichtigen Beifall. Schloh war unter den Befriedigtsten. Als wir nachher in unserem Garten miteinander lustwandelten, wollte er mich zur Fortsetzung dieser Führung in allernächster Zeit bereden. Wie das nicht ging, musste ich mich für den Frühherbst binden. Mit Interesse fragte er mir ab, wann ich fortreiste, und stellte fest, es gäbe ja immer noch das Bubnersche Kränzchen! Kurz: Er hielt sich treu zu mir. Er machte es sogar möglich beim Tee neben mir im Wintergarten Platz zu nehmen, trotzdem ich ihm sagte, der Tisch sei schon komplett.»Da steht ja noch ein Stuhl«, meinte er, und – schwupps saß er an meiner Seite! Zur Führung waren mehr Herren als Damen erschienen.»Da sieht man, wie

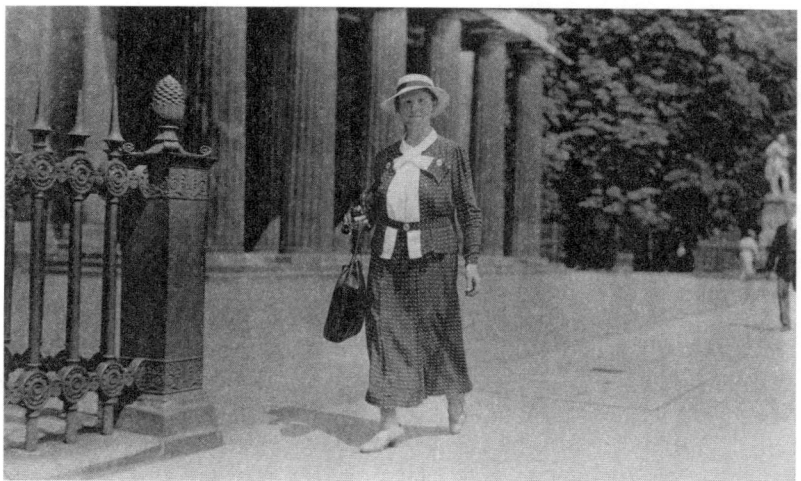

Marie Bode auf dem Weg zur Museumsführung.

viel mehr Streben in den Herren steckt als in den Damen«, behauptete
S c h l o h . »Da sieht man, wie viel mehr die Damen zu arbeiten haben als
die Herren«, behauptete i c h . Übrigens konnte ich mich manchmal so
vollständig in seine wundervollen Augen versenken, dass ich förmlich
darin ertrank und seine Worte kaum mehr hörte. Und nun bin ich schon
23 Stunden von ihm getrennt – abscheulich!

Mutter ist sehr erbaut von ihm: »Er gefällt mir ausgezeichnet: gütig,
ruhig, liebenswürdig, ein Gentleman durch und durch!«

Schloh macht Besuch

Gestern hat Schloh seinen Antrittsbesuch nachgeholt. Er kam mit Riesen-
schritten, den Kopf ½ m voraus – wie mir Ilse berichtet; er ging langsam
und gemessen, als schritte er in einer Prozession – wie ich selbst verstohlen beobachten konnte. Unser Gespräch drehte sich, mit Mutters starker
Beteiligung, um Museen und Ausstellungen. Kein verdächtiges Wort, keine
innigen Blicke – ich darf mir wohl immer noch gar nichts einbilden, aber
ich genieße seine Gegenwart bereits, als sei er mein. Seine Augen scheinen
mir immer weiter zu werden. Liegt in ihnen nicht die Erde und der Himmel mit allen Gestirnen? Kämen sie übrigens so ruhig, wenn eine Flamme
für mich in seinem Herzen brennt?!

Doch blieb er eine gute halbe Stunde. Und Elisabeth Kühn soll er beim
Tennis die ganze Zeit von meiner Führung vorgeschwärmt haben! Mitten-
drin hat er gesagt, es war sehr gut, dass ich meine Schwester mitge-

bracht hatte; denn es wären sonst zu wenige Damen gewesen! In dieser Entschuldigung liegt manches, das zu meinen Gunsten sprechen könnte!

Ich achtete drauf, was ich die erste Nacht träumen würde, und es war etwas sehr merkwürdiges: ein kleiner schwarzer Sarg stand vor mir, viel zu klein für einen Kindersarg. Da ein Begräbnis nun allemal eine Hochzeit bedeuten soll, dacht' ich bei mir, es würde vielleicht nächstens eine Elefantenhochzeit geben, und als ein solches Paar könnte man Schloh und mich wohl ganz treffend bezeichnen. Nun Traum, lass meine Deutung nicht zu Schanden werden! –

Wir traten unsere Fahrt mit dem Kränzchen bei göttlich schönem Wetter an. Aber ich hatte nur Viktor Bruns neben mir, der andauernd Kirschen mit ihren Kernen herunterfutterte, um ein Gegengewicht gegen Gefühle zu schaffen und im Übrigen reichlich auf das armselige Deutschland schimpfte, dem er am liebsten den Rücken kehren wollte. Indessen bemerkte mich Schloh überhaupt gar nicht – bis ich neben ihm zu stehen kam und er ein Gespräch mit mir einging. D a s war eine h e r r l i c h e Stunde! Von der Römerschanze bis Wannsee sprach er mit mir allein; um uns her gleißte das Wasser und warf seinen sonnigen Widerschein auf alle sommerlich hellen Gestalten im Schiff. Schloh sprach und sprach immer weiter; mein Herz weitete sich und flog über den glitzernden See und strich durch die klare Luft und kehrte wieder zurück zu ihm, der neben mir stand und Sonne und Himmel und Wasser für mich war!

Wie lieb' ich ihn um dieser Menschenliebe, um dieses regen Interesses für alles und alle willen! Er sprach auch mit so viel Gerechtigkeit über die sozialdemokratischen Bestrebungen – dann lenkte er zu einem neuen Thema ein: Ritterlichkeit in England und Deutschland.

Was soll ich nur beginnen? Noch eine zweite Museumsführung veranstalten und probieren, ob Du mir dann wieder grün wirst? Ich weiß ja, es ist immer nur ein Rausch – aber, wenn Du mal zum »Gewohnheitstrinker« an mir würdest? Ach, ich fürchte, Du bist ein viel zu eingefleischter Junggeselle! Und den armen Stiefel trittst Du noch breiter und ungeschickter als er schon ist!

Herbst in Italien 1913 mit Wilhelm von Bode

Schon hatte ich meine Winterarbeit in Angriff genommen, als mir eine Reise nach Italien in den Schoß fiel!

Zum ersten Mal begleitete ich Vater ganz allein nach Italien – insofern glich unsere Reise der Amerikafahrt von 1911, und wie damals wurde ich auch jetzt von den Kellnern als gewichtige Frau angeredet. Zweifellos hielten sie mich für die schon etwas verblühte Gattin [*Marie war damals 28-jäh-rig!*] dieses jugendlichen Mannes! Auch unser kameradschaftliches Verhältnis konnte als das schöne Glück eines reifen Ehepaares gedeutet werden.

Wie köstlich es für mich ist, nicht nur die Kunstgebiete an Vaters Hand zu beschreiten, sondern auch alle Erlebnisse der Reise, kleine wie große, komische wie ernste, mit seinen Augen zu sehen – das weiß niemand besser als ich allein!

Fahrt nach Florenz

Montag, den 6. Oktober

Als wir am Sonntagabend in unserem Hotel ausgestiegen, tönte plötzlich Gesang von der Piazza zu uns herauf. Wir sahen einen Zug weißgekleideter Kinder und Jungfrauen mit Schleier im Haar aus Santa Maria Novelle heraustreten und singend den Patz umschreiten. Ihnen folgten Priester in Prachtgewändern, die eine goldsilberne Statue der Maria umgaben. Die Gottesmutter wurde hoch über allen Häuptern getragen. Es kam mir vor, als säße sie auf einem Geburtstagstisch – es war wohl ein leichter Altar, der von Kerzenschein flammte. Chorknaben hielten heilige Banner in die Luft, und über dem allen schwebte der Gesang aus jugendlichen Kehlen. Es war ein entzückendes Bild, an dem sich auch Vater erfreute – immerhin meinte er: das ist doch eigentlich Götzendienst! Ich sah am nächsten Morgen aus einem Anschlag in den Kirchen, dass der ganze Monat Oktober Maria geweiht ist. Gewiss bildet das Rosenkranzfest die Einleitung zu diesen Feiern.

Als ich (am nächsten Tag) auf den Palazzo Strozzi stieß, fuhr ich beinah zusammen. Ich kenne ihn nun seit dreizehn Jahren, hab' ihn fünfmal seit meiner ersten Bekanntschaft wiedergesehen und seine Architekturformen unzählige Male an Schulen durchgesprochen, und doch kann ich noch immer vor ihm erschrecken! Welch' Geist der Stärke hat einen so gewaltigen Bau ersonnen?! Jeder Stein scheint für die Ewigkeit geschaffen. Er ist mit feinster Kultur verbunden, und wenn von der ganzen Renaissance nur dieser Palast noch vor mir stünde – ich könnte die Riesengröße und die künstlerische Genialität seines Geschlechtes ermessen.

Dienstag, den 7. Oktober

Am Nachmittag waren Vater und ich zum Tee bei Herrn von der Gabelentz [*siehe Wilhelm von Bode: Mein Leben, Bd. II, 1930, S. 135*] gebeten. Seit Gabelentz Direktor des Florentiner Instituts für Kunstgeschichte ist, sind die Räumlichkeiten von Viale dei Colli in den 2. Stock des Palazzo Guadagei verlegt worden. Er hat seine vornehme und zum Teil künstlerisch schöne alte Einrichtung für die Privatzimmer mitgebracht. Es weht ein Adelsgeist in diesen Stuben und nebenbei noch der anheimelnd häusliche Geist, den

Junggesellenwohnungen sonst entbehren müssen. In den Vasen entfalteten sich Narzissen und eine altchinesische Bronzevase enthielt in besonderer Anordnung Hagebutten und weiße Disteln.

Mittwoch, den 8. Oktober

Die Sonne hatte alle drückenden Gewitterwolken verscheucht und füllte die Luft mit belebender Sonnenwärme. Wir nahmen denn auch mittags eines der vielen Autos, die uns zur Verfügung standen, und fuhren nach Impruneta. Der kluge Dr. [Georg] Gronau kam mit; am Institut holten wir noch Herrn [Hans] von der Gabelentz ab.

Durch die engen Straßen von Florenz, deren knoblauchgewürzte Kellerluft an solchem Sonnentage fühlbar ist, kamen wir rasch zur porta romana; dann ging's durch schmutzige und langweilige Vororte bergan. An der Straße hockten Frauen mit ihren Kindern. Ich sah die lebendigen Raffaels vor mir!

Fahrt nach Rom

Donnerstag, den 9. Oktober

Nachmittags reisten Vater und ich nach Rom. Die Sonne ging orangefarben hinter blauen Bergen unter – genau wie in den Bildern von Palma Vecchio.

Am Freitag, den 10. Oktober war mein erster Eindruck das Pantheon. Was ich beim Eintritt in das Gebäude empfand, war wesentlich tiefer als hernach in St. Peter. Luxus und Wucht und freier glücklicher Lebensgenuss spricht aus dem heiteren, hohen Gebäude. Die goldbronzene Strahlensonne mit dem Gewimmel lieblichster Engel von Bernini, die am Hochaltar das Glasgemälde der heiligen Taube umgibt, schließt triumphierenden Geist in sich ein wie die gewaltige Basilika! Ich kenne kein Gebäude, in dem die Brust so frei atmen und sich der Geist den Gedanken der Toleranz so willig erschließen könne wie im Pantheon!

Für den Nachmittag wurde Vater und mir noch eine große Freude zuteil. Der Kunsthändler Barsanti hatte Vater seine elegante Equipage für den ganzen Tag zur Verfügung gestellt; wir beschlossen nun nach Tisch eine weite Ausfahrt zu machen.

Dienstag, den 14. Oktober

Vielleicht kann ich mir auch schmeicheln, dass mich der – Papst [Pius X.] noch in Italien zu sich lud. Er schickte am Abend unseres letzten Tages seinen Privatsekretär mit einem Auftrag zu Vater. Es handelte sich natürlich um Kunst; aber Monsignore ließ doch einfließen, dass der Heilige Vater sehr glücklich über einen gelegentlichen Besuch Seiner Exzellenz sein würde. Unter dem Vorwand, dass sich so gemeine Protestanten nicht vor

Seiner Unfehlbarkeit zeigen sollten, winkte Vater ab und machte schelmische Bemerkungen über die Kurie – Monsignore warf übrigens manch ein kräftiges Lästerwörtchen mit ein!

Ich beobachtete den interessanten Besucher von meinem Schreibtisch aus und fand, dass auch Monsignore mal freudig zu mir herüberblickte. Er sah so fein, so klug und so liebenswürdig aus. Das musste mir, musste Vater jetzt besonders auffallen, da wir von unseren Esstischen aus täglich zwei schmutzige Bonzen ihren dicken Wanst füllen sahen! Sie hoben sich so pechkohlrabenschwarz von der weiß getünchten Wand ab, dass Vater meinte, der liebe Gott habe in einer schwachen Stunde mal seine Füllfeder ausgespritzt – und da seien diese »Tintenkleckse« daraus geworden!!! Wenn die beiden aßen, schoben sie die Speise regelmäßig mit der Gabel zusammen und schlängelten sie dann mit dem Messer auf, das sie möglichst breit durch den Mund zogen!

Mittwoch, den 15. Oktober

Hatte mir doch eine Freundin geschrieben, ich möchte »Sonne aus Italien mitbringen«; denn – »wir brauchen ja für's Leben so viel Sonne!« Und das will ich versuchen. Die alten Ägypter haben von einer Sonne geträumt, deren Strahlen mit Gnadenhänden die Welt segnen. Wie oft hab ich solche lichten Hände in Italien auf meiner Stirn gefühlt, und was sie mir gaben an hellen Gedanken, an reinem Gefühl, das will ich in meinem Inneren fühlen, will die Flamme schüren, dass sie hell gen Himmel leuchtet, und jeder, der mir begegnet, Glanz von ihrem Licht im Herzen spürt!

Tagebuch 1915–1919: *[Ehe im Ersten Weltkrieg]*

[Vor und nach ihrer Heirat am 27. Juni 1915 in Berlin besuchten Marie und Viktor Bruns seine Eltern in Tübingen: Geheimrat Paul E. von Bruns (1846–1916), Professor der Chirurgie und Generalarzt der württembergischen Armee, und seine Frau Marie Auguste Bruns, geb. von Weizsäcker (1857–1939), die »Omu«.]

Zum 14. April 1916
Dir, lieber, einz'ger Viktor:

Dein Elternhaus

Eine schöne milde Frühlingsnacht breitet ihre Fittiche aus. Im Schutz meiner neuen Eltern trete ich durch das Tor. Wir steigen den Weg hinan.

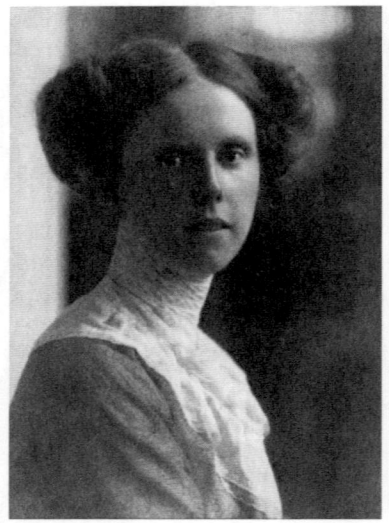
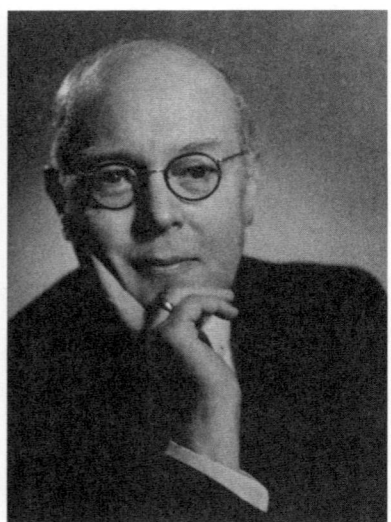

Die Eheleute Marie und Viktor Bruns.

Durch eine girlandengeschmückte Tür trete ich ins Esszimmer. Die alt-deutsche Stube mit dem »Lüsterweiberl« *[Kronleuchter mit einer weiblichen Gestalt]*, den geschnitzten Ulmer Buffets und dem matt glänzenden Zinn, die Seitentreppe mit der Ritterrüstung in der Nische muten bei der Abend-beleuchtung erst recht seltsam und doch gleichzeitig behaglich an. Auf dem Tisch steht ein kleines Nachtessen bereit. Dazwischen liegen Zweige von Immergrün und weißen Blüten, kunstvoll zum Namenszug des Braut-paars gefügt. Meinem Platz gegenüber erhebt eine Palme ihre Wedel, da-neben stehen Myrtenbäumchen von weißen Schleiern umwoben und Sträuße mit Frühlingsblumen – wie ein Bouquet schließt diese Busch- und Blütenfülle das Tischende gegen die übrige Stube ab.

Geborgen in einer Liebe, die mir das fremde Haus zur Heimat macht, schlafe ich sanft und ruhig die Nacht hindurch. Wenn es möglich wäre, dass dem Herzen einer Braut noch freier und leichter würde – dies licht-durchflutete Höhenschlösschen brächte es zuwege! Mit Mama beginne ich eine nähere Besichtigung. Die Wände sind reich an stimmungsvollen Landschaften schwäbischer Maler, wie sie nur ein feiner Kunstgeschmack und sicherer Naturblick wählen kann. Die alten Möbel geben allen Zim-mern was Behagliches, auch denen, die etwas voll sind infolge von Patien-tengeschenken aller Art.

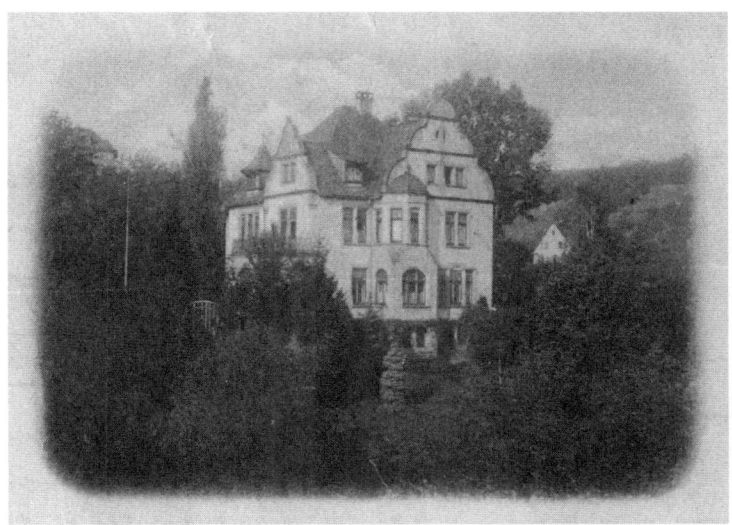

Fotografie von Viktor Bruns' Elternhaus, Tübingen, Brunsstraße 19, abgebildet auf dem Briefkopf der Familie.

Ahnherren mit feinem Gesichtsschnitt sehen von den Wänden auf die Bewohner herab und beweisen, dass Feinsinn und Geist in dieser Familie schon seit Generationen nichts Neues mehr ist.

Mehrere wonnige Frühlingstage verfliegen wie im Rausch. Ich habe den warmherzigen Freundeskreis der Schwiegereltern kennengelernt, zu einer alten Dame, die mir ihre Arme weit öffnete, mit Wonne wieder »Großmama« gesagt – zum ersten Mal seit frühesten Jugendtagen –, und nun stehe ich im Reisekleid auf der Schwelle des Hauses, das ich als Braut nicht wiedersehen werde. Über dem Garten liegt ein Duft von weißen und goldenen Frühlingsblüten und von tausend Liebkosungen, die Du und ich in den schönen Mondnächten an jeder Wegbiegung, unter jedem Baum miteinander getauscht haben!

Und wir kommen wieder, Du und ich, als Eheleute nach der Hochzeitsreise. Alle zwei bis drei Wochen fahren wir von Stuttgart [*wo beide wohnten, weil Viktor Bruns im Presseamt des württembergischen Militärs beruflich tätig war*] über Sonntag herüber, und jedes Mal haben wir das Gefühl, unser Glück sei noch gewachsen, weil die Eltern so herzlich daran teilnehmen.

Der Eindruck von Papas Wesen ist für mich aufs Engste mit seiner Studierstube verknüpft. Papa fasst, glaub' ich, seine Pensionierung so auf, dass er nun endlich mal recht ungestört arbeiten könne. Am Stehpult sieht

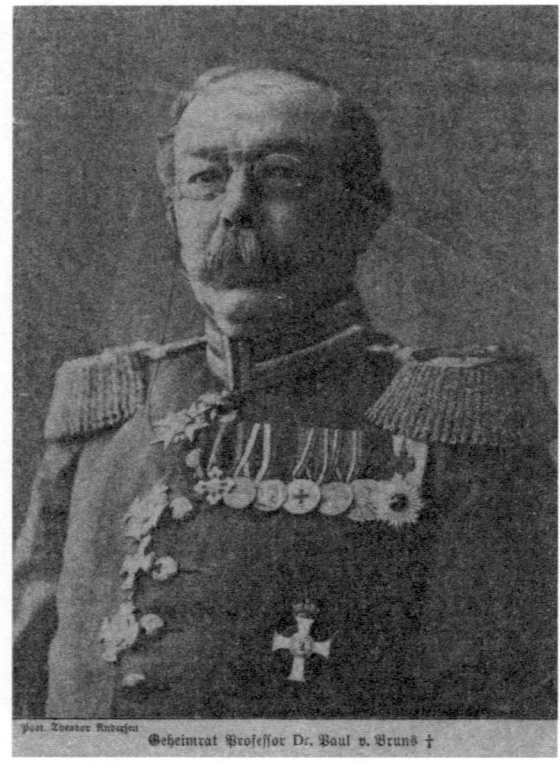

Geheimrat Professor Dr. Paul v. Bruns †

Geheimrat Prof. Dr.
Paul von Bruns, Viktors
Vater.

er Korrekturen durch und schreibt chirurgische Aufsätze. Aber, so emsig er ist, darf man ihn doch immer unterbrechen, um sich guten Rat zu holen. Den haben wir oft genug nötig gehabt. Mal sind wir ihm mit einer medizinischen Frage gekommen, mal haben wir ihn für rein menschliche Dinge zu Hilfe gezogen.

[Erkrankung und Tod (2. Juni 1916) von Viktors Vater Geheimrat Prof. Paul von Bruns. Dann beschreibt sie den Abschied seiner Familie von ihm:]

Bald kamen die Freunde des Entschlafenen und versammelten sich in allen Zimmern des unteren Stocks, um der Hausandacht beizuwohnen. Der Domchor, der sich zum Singen erboten hatte, trug die zwei letzten Verse des Liedes »O Haupt voll Blut und Wunden« ohne viel Kunst, aber mit innigem, zu Herzen gehendem Gefühle vor. Die mannigfaltige Zusammensetzung der Stimmen machte den Gesang sehr reich, und es klang zuweilen, als schluchzte ein Mensch in den schönsten Tönen und sänge uns die Trauer aus dem Herzen. Dann kam die Ansprache von Pastor Frommel. Wir werden seine Worte gedruckt besitzen wie die Reden am Grabe.

Langsam setzte sich der Zug nach dem Friedhof in Bewegung. Dazu spielte Militärmusik das Lied: »Es ist bestimmt in Gottes Rat«. Als Generalarzt à la suite wurde Papa mit militärischen Ehren begraben. Als die Pferde den Leichenwagen ziehen sollten, konnten sie zunächst nicht recht von der Stelle. Es ging wohl schlecht den Berg hinab, und die Gäule waren durch die Kriegskost schmal und arm an Kräften. Mir war es aber, als könne sich Papa noch nach dem Tode von seinem Garten, seiner geliebten Scholle nicht trennen. Endlich zogen die Pferde an. Statt eines Wagens mit Kränzen folgten Scharen von Schwestern aus den Tübinger Kliniken, deren jede einen Kranz trug. Das Bild wirkte, von oben gesehen, ganz wunderschön und feierlich. Alle waren schwarz gekleidet und trugen weiße Hauben. Es sah fast mittelalterlich-nonnenhaft aus. Vier Kompanien standen auf dem Weg zum Friedhof Spalier. Auch Veteranen beteiligten sich am Begräbnis. Es war ein gewaltiger Zug von Leidtragenden, der sich zum Friedhof begab – seit Uhlands Beerdigung soll es keine so »große Leiche« mehr gegeben haben.

Ich blieb im Hause mit Mama, Großmama und verschiedenen Damen. So konnte ich mir nur erzählen lassen, wie schön die elf Grabreden gewirkt haben. Es sprachen zum Teil rhetorisch ungewandte Männer; der Dekan, der Dr. Lasser, blieb mehrmals stecken. Aber alle redeten aus warmem aufrichtigem Herzen. Überhaupt wird wohl selten bei einem Begräbnis so ganz und gar nicht gelogen oder wenigstens beschönigt worden sein. Berührend war es, dass manchem schlechten Redner die warmen Gefühle für Papa plötzlich zündende Worte eingaben. So sprach der nüchterne und befangene Perthes wie mit Feuerzungen. Was gänzlich aus dem Rahmen fiel: die Rede des Generalarztes Burk war vielleicht am aller erschütterndsten. Er vertrat keine Korporation, fühlte sich nur gedrungen im Namen seiner Familie zu bekennen, was Papa an ihr getan hatte. Später gestand er, dass seine Frau habe reden wollen, wenn er es unterlassen hätte.

So kamen denn die Verwandten sehr ergriffen und gleichzeitig erhoben vom Friedhof zurück. Wir hatten vom Bergfried aus nur den Gesang, das Läuten der Tübinger Glocken und die drei Ehrenschüsse gehört. –

Mama war voller Dank für das schöne und reiche Leben, das Papa hatte führen dürfen. In zahllosen Briefen und in den Worten teilnehmender Freunde klang es wider, was er der Welt gegeben hatte. Aus dem Feld kamen Briefe über Briefe von ehemaligen Schülern, die Mama versicherten, dass ihre jetzigen Leistungen nur durch die gründliche Schulung beim Papa ermöglicht wären. Und was dem wunden Herzen wohler tat als die

Wertschätzung Papas als Gelehrtem, das war die persönliche Liebe zu dem Entschlafenen, die klein und groß, jung und alt, König und Handwerker für ihn empfand. Ganz Tübingen war von der Trauer ergriffen. In allen Läden wurde der Tod besprochen. Es war als sei ein Landesvater gestorben.

27. 6. 1916

Ich las nach einem stillen Mittagessen, bei dem ich mich an Bubis [Viktors] mitgebrachten Feldblumensträußen freute, die Niederschrift über Papas letzte Tage und seine Beerdigung vor. Das regte uns beide sehr auf. Aber wir wollten nun einmal im weihevollen Gedenken an ihn den Tag zubringen. Beruhigend wirkte am Abend das Adagio cantabile aus der »Pathétique«, bei dessen Vortrag ich alle versöhnlichen Gefühle schmerzvollen Erlebens auszudrücken suchte.

König und Königin bei Mama

Möglichst jeden Sonntag fuhren wir nach Tübingen. Auch den 2. Juli – der Eltern Doppelgeburtstag – verlebten wir dort. Mama war schon so weit, dass sie sich an allem Schönen und Guten in ihrem Leben von Herzen freuen konnte. Die Tübinger Freunde waren so taktvoll an dem Geburtstage nur in sehr kleiner Auswahl zu erscheinen. Dadurch kam nichts Gehetztes in die Stimmung. Herr von Soden erschien schon um ½ 10 und brachte einen Rosenstrauß, den die Königin [von Württemberg] selbst für Mama gepflückt hatte. Die Majestäten sind überhaupt voller Aufmerksamkeiten. Die Königin war einmal gemütlich zum Tee bei Mama, nachdem sie eine offizielle Kondolenzvisite mit ihrem Mann gemacht hatte.

Viktor und ich durften damals auch zugegen sein und konnten uns nur wundern, mit welcher Gewandtheit Mama die Unterhaltung führte. Der König [Wilhelm II. von Württemberg], der sehr freundlich war, kam über die verlegene Situation nicht ganz hinweg, dass er zum Tode eines A l t e r s - g e n o s s e n kondolierte. Aber er s p r a c h ; die Königin dagegen, der Mama auf dem etwas eingesessenen Sofa ein Kissen untergeschoben hatte, musste sich große Mühe geben, um in ihrer schwankenden Lage ihre sehr majestätische Haltung zu bewahren und guckte im Übrigen meist stillschweigend an den Wänden herum. Sie ist aus anderem Holz geschnitten als der König und schweigt am liebsten in seiner Gegenwart.

Von beiden Majestäten hatte ich den Eindruck, dass sie kluge und gute Menschen sind; aber die Königin wirkte hochmütig. Ein sehr warmes Lächeln, das manchmal über ihre Züge huscht, straft diesen Eindruck Lügen.

Die Verlobung [von Marie Bruns' Halbschwester Ilse] hatte schriftlich stattgefunden und war von den beiden Elternpaaren – trotz großer Jugend der Brautleute (23 und 18!) – scheint's von Anfang an gern zugegeben worden!

Es ist mir ein so lieber Gedanke, dass meine natürliche, gute, reine Ilse in die Familie meiner Mutter *[Rimpau]* heiraten wird, die so reich ist an lauteren Herzen und frischen, tätigen und lebensfähigen Naturen. Ich fühle mich der Ilse dadurch auch wieder näher vereinigt und denke mir, dass ein Leben auf dem Lande für ihre Gesundheit und ihr inneres Gleichgewicht das denkbar Beste sein wird. Durch mich hat sie einst das Land kennen gelernt, durch mich ist sie frühzeitig in meiner Familie heimisch geworden. So maße ich mir auch einen Anteil an ihrem jetzigen Glücke an und meine Liebe zu ihr, die fast so stark war, wie zu einem eigenen Kinde, weckt in mir Gefühle, als verlobte ich mich von Neuem. –

Fliegeralarm

Eines Mittags, als Viktor vom Amt bereits nach der Seestraße *[ihre Wohnung in Stuttgart]* unterwegs sein musste, gingen die Sirenen und sehr bald wurde auch geschossen. Frieda und ich begaben uns in den Keller, wo sich die meisten Mitglieder des Hauses einfanden. Freilich fehlten einige Kinder, die auf der Straße gespielt hatten und dann bei Beginn der Alarmierung in den Keller des nächsten besten Hauses gelaufen waren. Nun schluchzte aber die Mutter herzzerbrechend und dazu dröhnten die Schüsse der Abwehrkanonen so laut und hallend, dass wir sie meist für Bombenexplosionen hielten. Als die Sirenen endlich schwiegen, hieß es auf der Straße, die feindlichen Flieger seien überhaupt nicht da gewesen. Bubi, der in der Charlottenstraße den nächstliegenden Keller aufgesucht hatte, kam zu meiner Beruhigung auch bald heim – gänzlich unversehrt. Durch Viktor erfuhr ich tags darauf als Amtsgeheimnis, dass der ganze Alarm auf einer Falschmeldung beruht habe, die von Ludwigsburg ausgegeben sei. Viel Lärmen und Herzbeben um Nichts!

So kann uns das Ereignis noch bevorstehen. In Rottweil wurden neulich Bomben niedergeworfen, die in der Pulverfabrik einigen Schaden anrichteten. Da wir scharfe Maßnahmen für das Vorgehen feindlicher Flieger veröffentlicht haben, müssen wir ihrer Besuche jetzt doppelt gewärtig sein. »Qui vivra, verra!«

Das rote Buch
[Viktor Bruns (Hg.): Württemberg unter der Regierung König Wilhelms II., Stuttgart 1916]

Gegen Ende des Aufenthalts musste uns Viktor auf einen Tag verlassen, um dem König sein Jubiläumswerk zu überreichen. Die langjährige Arbeit, deren Schwierigkeiten und Ärgernisse in der letzten Zeit recht zugenommen hatten, war nun abgeschlossen, und Viktor begann die Früchte seiner

Tätigkeit zu ernten. Kurz vor dem Druck hatte er ein Vorwort geschrieben, das mit wenigen Worten alles Nötige in warmherzigem Ton zum Ausdruck brachte – ein »Kabinettstück« ersten Ranges! Für die Audienz beim König hatte sich Viktor nun eine kleine wirkungsvolle Rede ähnlichen Inhalts ersonnen, die er Mama und mir in Freudenstadt (wo wir Urlaub gemacht hatten) fleißig vordeklamierte. Der König war ganz verwundert, so feierlich angesprochen zu werden, freute sich aber von Herzen und zog Viktor noch in ein viertelstündiges Gespräch.

Und nun folgte die Bücherverteilung im Freundeskreis, die uns eine Menge netter Briefe einbrachte. Es war reizend zu sehen, wie die Schwabenherzen höher schlugen beim Anblick dieses wahren Volksbuches, dessen kultureller Wert von allen sehr anerkannt wurde. Auch die Zeitungen brachten ausschließlich günstige Kritiken, zum Teil sprachen sie in höchsten Tönen der Bewunderung von Viktors und der Mitarbeiter Leistung. Es war uns eine besondere Freude, dass sie auch die sachliche Behandlung des Gegenstandes, das Freisein von allem Byzantinismus bereitwillig anerkannten. Welch einen Eindruck Viktors Vorwort gemacht hatte, wie klar und anschaulich das Programm des Buchs darin gekennzeichnet war, lässt sich am deutlichsten aus der Tatsache erkennen, dass die Zeitungsschreiber samt und sonders den größten Teil seines Textes fast wortgetreu wiederholten. Die Stifter des Werks, ohne deren pekuniäre Hilfe das Buch niemals so billig in den Handel gekommen wäre: die Daimler-Werke wurden in allen Kritiken dankbar lobend erwähnt. So kam jeder auf seine Rechnung.

Das Buch war noch nicht 6 Tage im Buchhandel erschienen, als bereits alle 10.000 Exemplare vergriffen waren. Ein Erfolg, mit dem wir nicht im Entferntesten gerechnet hatten. Mehr als der Erfolg unseres Buches freute mich die Befriedigung, die Viktor in dieser Tätigkeit gefunden hatte. Das vom Vater ererbte Talent zum Herausgeber hatte sich zum ersten Mal entfaltet, in der Kritik aller einzelnen Aufsätze, im Zusammenhalten des Gesamtwerks, im Umgang mit den verschiedenartigsten Menschen als kräftig erweisen können. Diese Erfahrung warf ihr Licht in die Zukunft. Neben der oft so trockenen juristischen Lehrtätigkeit könnte ganz behaglich die Redaktion irgendeines interessanten, etwa politischen oder allgemein wissenschaftlichen Blattes weitergehen und die brachliegende praktische Gabe meines Mannes, seine Freude an einer Wirksamkeit in weiteren als den rein fachmännischen Kreisen, nähren und unterhalten. Damit sank ein Stein von unseren Herzen! Wie oft hatte ich mit Viktor bedauert, dass er an solch beschränktes Gebiet gefesselt war [im *württembergischen Kriegs-Presseamt*] – ein Mensch von so unbeschränkten Gaben! Und nun kam uns das Leben zur Hilfe und wies uns einen Weg zu der ersehnten Entfaltung der Kräfte.

[Schwangerschaft mit Hella]

Oft ist es mir, als klängen Lieder in meinem Herzen: Melodien nie gehört, Gedanken nie gehegt, Gefühle nie geahnt weben durcheinander. Von meinem Viktor, den ich inniger liebe denn je, hatte sich mein Körper abgewandt, wie zum Schutz des zarten Lebens. Ich mochte ihn nicht mehr küssen; die zarteste Umarmung schien etwas in mir zu ersticken. Und dafür lebte ich in Träumen, die geheiligt waren durch meine große unendliche Liebe zu ihm. Ich habe sie zum Teil in Worte gefasst, aber noch immer quellen Lieder nach und wollen heimlich von mir gesungen werden, dem schlummernden Liebling zum Heil.

Meine Gaben für ihn [Viktor Bruns] waren sehr mager. Doch hatte ich sie größtenteils eigenhändig gearbeitet: So zwei Selbstporträts [s. oben in Bilderreise S. 5] und einige Aufsätze über unser Stuttgarter Erleben.

Bubis [Viktors] Geburtstag [am 30.12.1916] und Jahresende verbrachte Mama bei uns. Im Salon hatte ich einen Tisch mit rosa Begonien bestreut, Töpfe mit Frühlingsblumen; allerhand Haushaltssachen, Bücher, Schlipse und dergleichen darauf verteilt und als liebstes Geschenk ganz vorne hin dieses unser Ehe-Tagebuch gelegt, in dem die ersten Gedichte an unser Kind standen. Auch einen Vortrag über französische Malerei hatte ich ihm auf seinen Wunsch niedergeschrieben. Mamas Gaben fanden auf einem Nebentisch Platz.

Nahrungsmittelnot

Ach, wie viel Möglichkeiten stehen den Reichen überhaupt noch offen; sie haben nur ihren Geldbeutel weiter zu öffnen. Am Schlimmsten sind die Schwächlinge unter den Armen dran, die nicht gerade im Krankenhaus liegen. Sie magern zu Gerippen ab und der Staat bewilligt ihnen jetzt nur noch Milchzuschuss, wenn sie Nierenkrankheit oder fiebrige Schwindsucht nachweisen können.

In Berlin sind selbst unter den Reichen die zarteren Naturen in böser Lage. Mein armer Vater [Wilhelm von Bode] hat 30 Pfund abgenommen und musste wegen Unterernährung im Januar auf den Weißen Hirsch! –

Die Kohlennot

Der starke Frost hat auch noch einen neuen Missstand gezeitigt: die Kohlennot. Gerade als die ärgste Kälte einsetzte, fehlte es an Wagen zum Transport der bereits im Lande befindlichen Kohlen. In Folge von Truppenverschiebungen, Munitionsanlieferungen und dergleichen waren nicht genügend Waggons frei. Man versuchte alles. Waren zwei Lazarette nur teilweise belegt, so schloss man eines zu und brachte die Kranken dieses Hauses in das andere. Theater, Kinos, Konzerte wurden geschlossen. In dem großen Berliner Restaurant Kempinsky wird seit längerem nicht geheizt, und die Besucher trampeln sich während der Essenspausen auf der Straße die Füße warm. Die Meinigen in Charlottenburg hatten mal 2 Tage keine Kohlen und suchten für die Zeit Wärmehallen auf: Museen, Kirchen, Konzerte, Tees bei guten Freunden.

Volksstimmung

Die moralische Wirkung solcher Verhältnisse auf's Volk ist natürlich eine äußerst ungünstige. Die verlassenen Kriegsfrauen, die ohne ihre Männer meistens unselbstständig und schutzlos sind, müssen zu großem Teil auf Gelderwerb ausgehen und dazu noch Ewigkeiten in den Läden herumstehen, bis sie ihre paar »Teigwaren«, ihr Mehl, ihren Zucker und was es sonst ist, aufs Lebensmittelbuch zusammenhaben. Außerdem fehlt es ihnen an warmen Sachen: für Wollwaren müssen sie sich erst Bezugsscheine holen, kriegen dann nur sehr wenig bewilligt und bekommen in den Läden meist die dünne unhaltbare Ersatzware. Wenn man bedenkt, dass dabei so viel seelisches Leid zu tragen ist, so begreift man die Bitterkeit, die in vielen armen Familien Wurzel gefasst hat. Macht dem maßlosen Elend, der seelischen Verdüsterung ein Ende, ihr kühnen U-Bootsleute!

Zum 18. April 1917

Neue Wiegenlieder

[Hier nur die Lieder II, V und IX]

II
Oh, werde wie Dein Vater,
So fest, so klar, so rein!
Der darf dann ein Berater
Von allen Schwachen sein.
Du hältst, was sich verloren
In wirrer Leidenschaft;
Was noch nicht ausgegoren,
Klärt sich an Deiner Kraft!

V
Noch bist Du ein junger ein quellender Keim –
Einst wirst Du zum schattenden Baum,

Und Vögelein gründen im Laub sich ihr Heim,
Voll Sang ist der himmlische Raum.

Dann sprosst es am Boden, weit, weit um Dich her,
Von drängendem Leben ein Wald! –
Einst warst Du der Tropfen, jetzt bist Du das Meer,
Der einzelne Kämpfer – das mächtige Heer,
Den Menschen Beschützer und Halt. –

Ich stand in den Grenzen der endlichen Zeit.
Da reichte mein Freud mir die Hand:
»Mit Kindern und Enkeln weit und breit
Erstreck ich Dein Leben zur Ewigkeit
Und segne dies trauernde Land!«

IX

Mein Kind, Du kommst in eine böse Welt:
Sie brach den blütenreichen Völkerfrieden!
Und mancher Arm, von Mut und Kraft geschwellt,
Ruht in der Erde, gleich den Lebensmüden.
Zertreten sind die Fluren, mühsam bringt
Der Boden Frucht den Hungernden und Alten,
Kein Haus, das nicht mit Not und Hunger ringt
Und kaum ein Herz, in dem nicht Sorgen walten.

Zum Ende neigt der Krieg, doch nicht die Not.
Schwer wird der Mangel lange Zeit uns drücken.
Wie grausam wütete im Feld der Tod:
Und erst im Frieden spüren wir die Lücken! –
Mein Kind, Du wirst in trübe Augen sehn,
Und manchen köstlichen Genuss entbehren.
Dein Fuß kann nur gehemmt durchs Leben gehen;
Dein Herz wird sich am Leid der Welt versehren.

Sei guten Muts! Es macht Dich stark und kühn,
Du lernst die Arbeit heißen Herzens lieben;
In Deinen Händen wird das Leben blühn
Die kleine Sorge wird Dich nie betrüben.
Groß sollst Du sein und frei von Eigensucht,
Die sich verzehrt mit Wünschen und Bedenken.
Dann hältst Du fest in dieser Zeiten Flucht
Dein ew'ges Teil, das Not und – Götter schenken!

Amerikas Kriegserklärung

Amerika hat uns den Krieg erklärt; wir merken bisher nichts davon, ebenso wenig wie von der chinesischen Kriegserklärung. Onkel Carl Weizsäcker [*Württembergischer Ministerpräsident*] sagt mit Recht: Es ist gut, dass noch keine Verbindung mit den Marsbewohnern hergestellt werden konnte; sonst träten die auch noch unter die Reihen unserer Feinde!

Meine Aufpäppelung

Rasch wie die Natur in diesen heißen Tagen zur schönsten Blüte entfaltet wurde, ist meine Besserung [*von einer Mandelblutung*] fortgeschritten. Aber wie viel liebe Hände haben sich unter mir ausgebreitet, um mir Ruhe zu verschaffen! Wie eifrig haben liebe Hände gewetteifert, um Nahrungsmittel für mich zu erhaschen und mein Blut dadurch immer mehr aufzubessern! Emmy Wahl, die aus ihrem eigenen Hühnerstall 50 Eier lieferte, schrieb an ihre Mutter, die daraufhin die halbe Rimpausche Familie zur Nahrungsmittelversorgung mobil machte! Ich bekam aus Schlanstedt, Querfurt, Kunrau, Langenstein, Hallersleben Zucker, Speck, Marmelade, Spargel, ja sogar Perlhuhn-Eier. Am rührendsten waren aber die Gaben, die mir von armen Leuten zuflossen: z.B. die Zwiebäcke und Zuckerstücke von der Friseurin Fräulein Rexer, die Eier-Sendungen von Papas Patientin, der Blumenhändlerin Woerlen, die Hühnereier von dem Kutscherkind Anna Genge. In solcher Zeit kann man recht erkennen, welche Menschen der Aufopferung am fähigsten sind.

Viktors Güte zu seiner Ordonanz Ziegler machte sich auch reichlich bezahlt. Der arme elende Mann holte bei Nacht Reis, Gries und Mehl von einem Müller und bei Tag Wurst und andere Fleischwaren von einem Metzger und Eier, wo er irgend Hühner herumlaufen sah. Letzteres war noch eine wünschenswerte Unterstützung für meinen Aufenthalt im Karl Olga-Krankenhaus. Ich träumte infolgedessen auch eines Nachts, der heilige Michael stehe in Müllers-Tracht vor der Tür und habe einen Sack Mehl für mich abgegeben.

Geistig suche ich mich für mein Kind durch eifriges Lesen von Biologie vorzubereiten. Ich möchte das Leben der Natur, mit der ich mich nun seit etwa 10 Jahren beschäftige, soweit klar in mich aufgenommen haben, dass ich dem Kleinen die Augen öffnen kann für die Wunderwerke der Natur. Ich kann es gar nicht mehr erwarten, bis ich mit ihm loswandere hinaus ins Freie, in die Wiese, in den Wald!

Gedicht über die Mandelblutung

Von meinen Lippen floss das warme Blut,
Schwach ward der Sinn und schwach der Lebensmut.
Schon schmiedete mit Fingern ernst und steif,
Der Tod für meine Stirn den Eisenreif.

Da brach ein lichter, himmelswarmer Schein
Hindurch zu mir ins kalte Kämmerlein,
Und aus der Höhe griff, mir wohlbekannt,
Ein Arm entschlossen nach des Doktors Hand.

Er hat sie sicher, hat sie recht geführt,
Des Schülers Hand, die ihren Meister spürt!
Das Blut versiegte und mit finstrem Blick
Wich der bezwung'ne Tod vom Bett zurück.

[Ihr Arzt war Dr. Reich, Schüler ihres Schwiegervaters Prof. Paul E. von Bruns.]

Du wandelst teurer Vater, lang im Licht,
Und doch vergisst Dein Herz die Seinen nicht. –
Wir halten fest im Leid, das uns gesandt,
An Deiner allbereiten Segenshand.

Symbolische Vorzeichen der Geburt

Ende August [1917]
Weiter bin ich *[mit dem Schreiben von »Gedichten über die Mandelblutung«]*
nicht gekommen. Die Erwartung des Kindes stimmte mich unproduktiv,
und seit ich mein Töchterchen besitze, liegen die Empfindungen vom letzten April um Jahre zurück.

Mir war damals, als führten Leben und Tod ein Zwiegespräch, und das
Leben siegte in dem Wortkampf, da es die Gattenliebe und die Liebe zu
dem kleinen, ungeborenen Geschöpf auf den Plan führen konnte. Wie ich
noch in Gefahr schwebte, war es uns, als hielte ein mächtiger Gott seine
Hand über mir ausgebreitet. Ich fragte mich damals, warum verbirgt der
Gott sein Antlitz in den frohen oder alltäglichen Stunden meines Lebens?
Warum offenbart er sich mir in der Not? Und dann schien es mir, als sei
dies seine Erhabenheit, als wolle er seine Geschöpfe stolz und frei und nur
wenn sie seines fühlbaren Schutzes bedürften, träte er aus seinem Dunkel
hervor.

Als ich mich hernach im Olga-Spital von meiner Krankheit zum Nichts-
tun verdammt sah, schien es mir, als schwebten die Stunden zu mir herein
und böten mir alle ihre Schätze an, ich aber müsste sie von mir weisen. Im

Innersten verletzt erklärten sie mir, dass ihre Gaben für mich verloren seien, worauf ich ihnen versicherte, ich lernte dafür mich dem Schicksal fügen, und solch ein Gewinn wöge den Verlust reichlich auf.

Ein Anderes, so träumte ich von einer Gottheit, die meinem Ahnherrn ein Feuer in der Seele entzündet habe, mit der Mahnung, es zum Segen der Menschheit wohl zu hüten, dass es nie als entfesselte Macht auftrete. Der Ahnherr tat wie ihm geheißen, aber schon sein Enkel ließ das Feuer schon zu heftig lodern, und in den späteren Nachkommen wurde es zur verzehrenden Seelenflamme. Als aber in mir die Glut das ganze Sein zu zerstören drohte, kam mein Viktor und baute ihm einen Altar, auf dem es freudig lodern, aber nicht mehr überhand greifen konnte. Auch in den Tagen der Krankheit hat er mein Seelenfeuer zurückgehalten, wenn es gar zu wild in mir flackerte.

Zu diesen Gedichtmotiven gesellten sich noch viele andere, als mein Kind seinen Eintritt in das Leben vorbereitete. Ich hätte gerne damals meine Gaben verzehnfacht, das Gute in mir verhundertfacht, um dem Kind eine rechte Mutter zu werden. Und wenn ich sein Drängen fühlte, dann schien mir das Leben – dieses vom Krieg verfinsterte Dasein – mit einem Mal so begehrenswert, weil es von dem kleinen Wesen ganz ungestüm gefordert wurde.

Wie ich noch so dachte, begann schon die Reise meines kleinen Weltbürgers. Am Sonnabend, den 25. Juni (einen Tag vor der Geburt), hatte ich vom Lustenauer Balkon aus ein herrliches Schauspiel. Blaue, schwere Gewitterwolken standen am Himmel, und ein doppelter Regenbogen von seltenem Farbenglanz baute seine Brücke vor dieser dunklen Wand von Lustenau bis nach Tübingen weit über den Oesterberg hin. Ein blendend helles goldgelbes Licht lag über den Höhen ausgegossen. Ich jubelte: dies ist der Vorabend großer Ereignisse. Und still im Herzen sagte ich mir, mein Kind werde auch als ein helles Licht in dunkler, gewitterschwerer Zeit erstrahlen.

Mit Illi schlenderte ich (am Tag der Geburt) gemächlich durch das reizende Elysium, das Tal der Freude. In den Gemüse- und Obstgärten wurde fleißig gearbeitet. Ein süßer Duft von Flox, Lilien, Nelken und Rosen, von Sonnenblumen aller Art umschmeichelte mich, Kohlweißlinge flügelten durch die Luft, Kinder spielten auf dem Wege und all die sommerliche Lieblichkeit drang mir ins Herz und gab mir süße Träume ein von einem wunderholden Kinde, so sonnenfroh und glücklich wie dieses stille Tal.

Mitten in die warme Freude hinein stach mich ein Schmerz, wie ein Pfeilschuss, der in den Rücken trifft und das Gehen beschwerlich macht. Zuhause angelangt steigerte es sich und wurde bei einem Telefongespräch mit Viktor sehr heftig. Wie verabredet ging ich zum Übernachten wieder in die Frauenklinik. Kaum war ich im Bett, so begannen die regelrechten Wehen. Da ich Vorwehen gehabt hatte, ohne es zu ahnen, setzten bald Eröffnungswehen ein. Seit meiner Kindheit erinnere ich mich nicht, je wieder ein Gefühl so überwältigender Freude verspürt zu haben. Wenn sich die Tür des Weihnachtszimmers öffnete und der helle Lichterglanz des Christbaums in mein Herz drang, war ich ähnlich froh, ähnlich durchdrungen von Glückseligkeit. Während dieser Stunden habe ich hergesagt, was noch aus der Schulzeit in meinem Gedächtnis war, besonders Goethesche Liebeslieder haben mir geholfen, den Geist vom Körper loszulösen und heiter zu bleiben.

Was sich nach dem Geheimnis der Narkose ereignete, meldet ein anderes Buch; denn unser kleines Mädchen muss ein eigenes Tagebuch haben [Tagebuch Hella I, von ihren ersten beiden Lebensjahren handelnd, ist verloren]. Was aber Elternfreude bedeutet, kann ich nirgends niederschreiben. Es muss erlebt werden, dieses Gefühl, das so reich und glücklich, so demütig und still macht.

Mama [Marie Auguste Bruns, geb. von Weizsäcker] hat uns eine wunderschöne Zeit auf dem Bergfried [Teil ihres Tübinger Hauses] bereitet. Nach der Übersiedlung von der lieben Frauenklinik, wo ich 2 ½ Wochen aufs Treueste verpflegt wurde und Viktor öfters zu Besuch hatte, nisteten wir uns auf dem Bergfried an. Die Luft war herrlich milde und sonnenwarm. Im Duft der Lindenblüte genoss meine Kleine den Garten und blühte dabei wie ein Röschen. Kein Wunder, dass ihre Haut fest wurde und ihr Aussehen kernig!

Vierzehn Tage hat sich Viktor an ihr erfreut. Während dieser Urlaubszeit arbeiteten wir an dem Nekrolog von Papa; zu Spaziergängen war ich noch nicht reif. Aber ich sah prächtig aus und konnte fabelhaft gut stillen – wer hätte das gedacht nach der schweren Mandelblutung?! Und vielleicht war gerade deshalb solch wohlige Stille in mir, weil all' meine Hoffnungen und mein eigenes Leben im Frühling auf dem Spiel gestanden hatten. Dieser Gegensatz gab dem Glück erst das richtige Relief.

Ich behandle unser Ehetagebuch jetzt recht stiefmütterlich: da die Kleine doch im Mittelpunkt unseres Lebens steht, werden die täglichen Ereignisse doch in ihr Büchlein eingetragen und Außerordentliches haben wir bisher nicht erlebt. Aber ich hoffe, dass uns eine Reihe von schönen Sonntagen bevorstehen werden, an denen Viktor und ich das Ländle mit seinen vielen hübschen Städten kennen lernen können.

Berufspläne Viktors

Seit August bewegt unsere Gemüter Viktors zukünftige Laufbahn. Mitte Dezember (1917) ist Klärung eingetreten, und die bangen Fragen sind befriedigend beantwortet worden.

Schon im Juli während der Tübinger Ferienzeit fühlte sich Viktor gedrückt von Zweifeln, auf welche Art er sich im Frieden betätigen sollte. Im August weihte er mich in seine Kämpfe ein. Je mehr der Frieden heranrückte, desto klarer wurde er sich, dass die rein wissenschaftlich-juristische Tätigkeit ihn ebenso wenig befriedigen würde wie der Lehrberuf. Hatte er sich doch von Anfang an in der Professorenlaufbahn unglücklich gefühlt. Jetzt wo das Kriegspresseamt ihm praktischere Aufgaben gestellt hatte, und wo Onkel Carl [von Weizsäcker] ihn zur Mithilfe in politisch-diplomatischen Dingen heranzog, wurde ihm das Spintisieren immer verhasster, das praktische Arbeiten immer lieber.

Aber was sollte er in Berlin beginnen? Die Professur schuf ihm alle erdenklichen Annehmlichkeiten des äußeren Lebens und manche andere des inneren Lebens: große Einnahmen, lange Ferien, uneingeschränkte Freiheit in der Wahl des Lehrstoffes und der Buchthemen, Verkehr in gebildeten Kreisen mit innerlichen und originellen Menschen.

Wenn er diese Laufbahn verließ, musste er etwas Gutes, etwas Ausgezeichnetes dafür eintauschen – sonst verlor er mehr als er gewinnen konnte. Wie war das möglich? Er sah zunächst drei Wege: Entweder er suchte in ein Reichsamt oder Ministerium zu kommen, das Kultusministerium und das Reichsamt des Inneren lockten ihn besonders. Auf solchem Posten würde er zwar ein abhängiger Beamter werden, aber praktische Arbeit in Hülle und Fülle zu erledigen haben und an sehr zentraler Stelle stehen. Wenn er es voranbrachte, würde er als Ministerialrat eine ihn durchaus befriedigende Tätigkeit finden und keinerlei weiteren Ehrgeiz verspüren.

Die zweite Möglichkeit war die Übernahme der Redaktion einer politischen Zeitschrift – wie sie ihm bereits mehrmals angeboten war – als nebenamtliche Tätigkeit unter Beibehaltung des Professorenamtes. In der Auswahl der Artikel, in ihrer Korrektur, in der mit der Redaktion verbundenen Korrespondenz würde ich Viktor Hilfe leisten können, und dann wäre für mich ein Ehe-Ideal erfüllt, von dem ich schon als Mädchen geträumt hatte.

Die dritte Möglichkeit war der Übergang in die diplomatische Karriere. An diesen Gedanken haben wir drei uns am meisten gehängt. In einer Zeit, wo die Männerkraft selten geworden war, durfte sie nicht verschwendet werden, und jeder musste sehen, dass er sein bestes Talent dem Staate zur Verfügung stellte. Nun war ja Viktors bedeutendste Veranlagung zweifellos die diplomatische. Wer konnte, wie er, mit den Menschen umgehen, sie seinen Wünschen gefügig machen, während sie ihren eigenen Willen durchzusetzen meinten? Wer wusste allen Dingen so die Spitze abzubrechen, wie er? Wer verstand es, wie er, verfahrene Verhältnisse wieder gangbar zu gestalten, in schwierigen Verwicklungen einen praktischen Ausweg zu finden? Wer dachte so politisch und weitsichtig? Wer hatte überhaupt die Fähigkeit des Überblicks? Wer im deutschen Philister-Staat sah den Zusammenhang der Dinge und bedachte bei allem gegenwärtigen Tun die Wirkung auf die Zukunft?

Wenn ich mir vorstellte, wie ungeschult die Deutschen im politischen Denken und im diplomatischen Handeln sind, so gewann Viktors Begabung so recht erst an Wert. Schließlich spielt auch die Persönlichkeit im diplomatischen Dienst eine besondere Rolle und ein Mann von Viktors Charakterstärke (bei größter äußerer Biegsamkeit) kann sicher Deutschlands Interessen dem Auslande gegenüber weit besser wahren, als ein charakterloser, taktloser, degenerierter Adliger. Bei Entfaltung seiner größten Gabe würde Viktor auch zur inneren Befriedigung gelangen, wie sie ihm eine theoretische Tätigkeit nie bieten könnte.

In Erfassung all dieser Tatsachen war ich Feuer und Flamme für die neue Idee. Ich werde nie vergessen, wie wir sie eines Sommerabends in Tübingen debattierten. Viktor hatte seine Pläne einem durchreisenden Freund und Kollegen, Professor *[Martin]* Wolff, mitgeteilt und war von ihm in seinem Vorhaben aufs Äußerste bestärkt worden. Wolff kannte einen alten Herrn, der als juristischer Professor gar nicht unerhebliche Erfolge erzielt hatte, aber dennoch – aus ganz ähnlichen Gründen wie Viktor – der Ansicht war, seinen Beruf verfehlt zu habe. Auch bestätigte Wolff Viktors Befähigung für eine Beamtenlaufbahn und riet ihm ab, einen halben Schritt zu tun: Professur und Redaktion vereinigen zu wollen.

Aber in ihm selbst gewannen die Bedenken überhand. Unzählige Male in den folgenden Herbstmonaten haben wir die Angelegenheit besprochen, am eifrigsten als Viktor mit Onkel Carl *[von Weizsäcker]* über seine Pläne geredet und das Versprechen einer Fürsprache bei *[Richard von]* Kühlmann *[damals Staatssekretär des Äußeren, später Außenminister]* erhalten hatte. Die erste Entscheidung war also eigentlich schon getroffen – es blieb noch die zweite Entscheidung, wenn es sich darum handelte, ob Viktor auf die Vorschläge des Auswärtigen Amtes eingehen wollte und konnte. Zu Onkel Carl als Berater gesellten sich Mama und Carl Bilfinger. Keiner unter ihnen war von dem Plan so erbaut wie Professor Wolff.

Maßgebend schien mir einzig und allein die innere Stimme meines Mannes. Rief sie ihn gebieterisch auf das neue Feld der Tätigkeit, so lag darin ein Schicksalswink, so musste er sich trotz aller Bedenken in dem Beruf durchzuringen suchen. Viktors Hauptbedenken, die namentlich sein Onkel und Vetter *[Carl von Weizsäcker]* in ihm verschärft hatten, waren äußerer Art. Zunächst fehlte es uns an dem großen Vermögen, das für die rechte Ausfüllung der diplomatischen Posten Vorbedingung ist. Die geselligen Verpflichtungen würden uns beide den Kindern häufig entziehen, und wenn wir im Ausland wären, müssten diese das frohe, frische, für die Charakterbildung so nötige Schulleben entbehren, und zwischen Eltern und Kinder schöbe sich obendrein noch die Scheidewand von Gouvernante oder Hauslehrer. Arme Kinder: vaterlandslos, elternlos!

Ich wollte, ich wäre meinem Vorsatz, Viktor durch keinerlei Bedenken die Seele zu beschweren, treu geblieben. Ich war es nicht; ich sagte ihm, dass ich mich einer höheren diplomatischen Stellung als Herrin großer Dienerschaft nicht gewachsen fühlte und gestand ihm, dass mir eine enge Beschränkung der Kinderzahl aus pekuniären Gründen ungeheuer schwer fallen würde.

Vaters [Wilhelm von Bodes] Ratschläge gingen nun dahin, dass Viktor erst einmal eine Arbeit veröffentlichte, die sein Interesse an politischen Dingen und seine diesbezüglichen Anschauungen bekannt machen könne. Daraufhin werde sich gewiss ein Weg finden, in das Kultusministerium oder das Reichsamt des Inneren einzudringen, wozu ja Bodenstein oder Graf Rantzau gern Tür und Tor öffneten. Dieser Vorschlag leuchtete Viktor sehr ein. Er kam ganz erleichtert von Berlin zurück, plante ein Übergehen vom Privatrecht zum öffentlichen Recht und dachte sich Themen für eine juristische Arbeit aus, die durchaus aktuell sein und von Verfassungs- und Wahlrecht handeln würde – ein Beitrag zu den Reformen, die für Preußen bevorstehen.

Mit unsagbar leichterem, glücklichem Herzen sahen wir nun das liebe Weihnachtsfest kommen. Hellas Zukunft war nicht mehr bedroht durch unsichere Verhältnisse, und in die Freude an unserem Kind mischte sich jetzt keine bange Sorge. Der Besitz unseres Töchterchens, das mit solcher Freude und so warmem Interesse an allem teilnahm, machte diese Weihnacht natürlich zu der schönsten unseres Lebens. Näheres berichtet Hellas Lebensgeschichte. Ich hatte den bereits abgeschlossenen ersten Band Viktor geschenkt und ihm außerdem einen Tisch mit 47 Skizzen unserer Kleinen belegt, die ihn herzlich freuten.

Viktors Tätigkeit als Leitartikelschreiber

[1918]

Im Januar und Februar folgte eine hochinteressante Zeit gemeinsamen Arbeitens. Onkel Carl [von Weizsäcker] hatte den Wunsch ausgesprochen, dass Viktor einen anonymen Artikel gegen die Ernennung des bayerischen Vertreters in Brest-Litowsk schreiben möchte. Wir machten uns schnell an die Arbeit, und es entstand im Handumdrehen ein Meisterwerk juristischen Scharfsinns, mit dem »Körnlein Salz« feinster Ironie gewürzt. Gleichzeitig soufflierte Viktor den übrigen württembergischen Zeitungen genau, was sie zu schreiben hatten und leitete dadurch ganz allein die schwäbische Offensive gegen Bayern. – Der übergriffige Bundesbruder veröffentlichte nur zwei Mal amtliche Gegenäußerungen, die für sein Verhalten in höchst ungeschickter und würdeloser Weise fadenscheinige Gründe anführten. Obwohl sämtliche deutsche Zeitungen sich mit der Frage befasst hatten und das Stuttgarter Neue Tagblatt in der Reichspresse durchaus keine bedeutende Rolle spielt, erwähnte der amtliche Münchener Artikel ausdrücklich Viktors Darlegungen als grundlegend für einen größeren auch von Viktor inspirierten Artikel der Frankfurter Zeitung. Ja, wir erlebten den Triumph, dass der »Figaro« Viktors Artikel mit kurzen Worten anführte.

Onkel Carl, der mit der Anerkennung sehr zurückhält und auf die Leistungen anderer junger Männer als seiner Söhne [Carl-Friedrich und Richard von Weizsäcker] doch mit etwas scheelen Augen blickt, war aufs Höchste befriedigt und regte Viktor bald zu weiteren Artikeln an. Vom 18. Januar bis zum 22. Februar erschienen im Stuttgarter Tagblatt:

Der bayrische Vertreter in Brest-Litowsk,
Lloyd Georges rednerische Offensive,
Österreich-Ungarn und wir,
Die Kriegsziele der englischen Arbeiter,
Noch einmal Graf Podewils,
Aus der Ukraine,
Lloyd George (I u. II)

Die Klarheit, die plastische Kraft und Formenschönheit seiner Darstellung verlangte nur ganz geringfügiges Feilen, das wir meistens besorgten, wenn Viktor des Morgens aufstand.

Das Genussreichste bei all dem Arbeiten war eigentlich die Erkenntnis, dass Viktor jetzt das Rechte gefunden hatte; wir betrachteten dies Artikelschreiben als Vorübung für eine künftige, nicht mehr anonyme, politische Schriftstellertätigkeit, die Viktor neben seinem Berufe ausüben konnte.

Wie sich bei günstiger Gelegenheit Eines ganz natürlich und ohne Zutun aus dem Anderen ergibt, ging es auch hier. Onkel Carl hatte Vertrauen zu Viktors Behandlung politischer Fragen gewonnen und bestellte sich bei ihm ein Gutachten über die Ernennung des bayrischen Vertreters. Zu dem Zweck stellte er ihm eine Reihe von Aktenstößen und mehrere Bände gedruckter Sitzungsberichte zur Verfügung, nach denen er historische Studien über den bayrischen Geheimvertrag machen konnte. Nun ging es mit Dampf Tag und Nacht hindurch an die Arbeit. Ich war ganz erstaunt, wie rasch und geläufig Viktor mir dieses durchaus heikle Gutachten in die Feder diktierte. Onkel Carl nahm das Gutachten kurz vor seiner Abreise nach Berlin freudig in Empfang. Dort angelangt brachte er es mit in die Hauptausschuss-Sitzung für Auswärtige Angelegenheiten des Bundesrats. Während der ganzen Zeit hatte er es aufgeschlagen vor sich liegen. Herr von dem Busche interessierte sich lebhaft dafür und bewunderte die schöne Handschrift (dies zu meiner Genugtuung!!), durfte es aber nicht näher beriechen. Als die Frage des Geheimvertrags aufs Tapet kam, zitierte Onkel andauernd aus unserem Gutachten und so schloss sich daran eine längere Debatte. [Vgl. *die spätere Veröffentlichung Viktor Bruns: Sondervertretung deutscher Bundesstaaten bei den Friedensverhandlungen, 1918*].

Die Schuld unseres Kaisers am Weltkriege

Könnte unser Kaiser die Situation recht erfassen, so hätte er längst abgedankt. Aber er merkt noch immer nicht, was die Stunde geschlagen hat. Und doch wächst im Volke der Hass gegen ihn. Die Wahrheit sickert allmählich durch, dass Deutschland ihm den Verderben bringenden Krieg in erster Linie zu verdanken hat. Wie ich aus Onkel Carls [*von Weizsäcker*] Erzählungen weiß, gibt es keinen deutschen Bundesfürsten, den der Kaiser nicht in seiner taktlosen, schnodderigen, unerzogenen Gardeleutnants-Art schwer beleidigt hätte – und genauso wäre er mit den gekrönten Häuptern Europas umgesprungen. Dem König Eduard hat er einst seinen unmoralischen Lebenswandel vorgehalten und dadurch die verhängnisvolle Feindschaft dieses gerissenen Diplomaten über unser armes Vaterland heraufbeschworen. Er ist auch Schuld daran, dass die zweimaligen Bündnisangebote von England abschlägig beantwortet wurden, er und Bülow, der nebenbei durch taktlose Reden das englische Volk aufs äußerste reizte. Vor allem war die Ruhmsucht und Eitelkeit des Kaisers unser Verderben. Er wollte durchaus der Schöpfer einer umfangreichen Kriegsflotte sein. Das bedeutete eine schwere Herausforderung von England, und als England erklärte, wir möchten mit dem Bau der Kriegsschiffe aufhören, sonst müsse es darin eine feindselige Handlung gegen sein Staatswesen erblicken, entstand lustig des weiteren Panzerschiff um Panzerschiff, Linienschiff um Linienschiff.

Kein Wunder, dass England, dessen Handelsinteressen eigentlich mit uns Hand in Hand gingen, zu unserem Feinde werden musste und dass aus dieser Feindschaft eine Kriegsrüstung der übrigen Entente-Staaten, die der Kaiser wieder in anderer Weise gegen sich verschnupft hatte, entstehen musste. Was soll sich denn Europa denken, wenn ein Volk in seiner Mitte rüstet, rüstet, rüstet – in einem Maß, das weitaus die Bedürfnisse eines Kriegs mit einem Nachbarvolke übersteigt? Deutschland will den Weltkrieg, einen Eroberungsfeldzug in ganz Europa – so folgerten die ausländischen Politiker, und es entstand ein großer Hass gegen den deutschen Militarismus. Traurig, dass nun ein Riesenvolk unter dem falschen Anschein leiden muss, den die eitlen Heeresrüstungen unseres Kaisers dem deutschen Charakter verliehen haben.

Onkel Weizsäckers Ansicht über den uneingeschränkten U-Boot-Krieg

Viktor ließ sich damals nicht beeinflussen durch die an Tobsucht grenzenden Wutanfälle seines Onkels [*Württembergischer Ministerpräsident Carl von*] Weizsäcker, der in dieser neuen Art der Kriegführung nicht allein eine unzulängliche Art der Verteidigung, sondern auch eine unmoralische Handlung, eine schwere Verletzung der Völkerrechte sah, wie sie in ähnlicher Weise nie da gewesen war und uns von den empörten Völkern nicht verziehen werden konnte.

Alle Ministerpräsidenten und Bundesfürsten von Deutschland mussten damals schriftlich ihre Ansichten über den uneingeschränkten U-Boot-Krieg kundgeben. Onkel Carl war der einzige, der ihn nicht guthieß und seine Ansichten darüber in scharfen Worten zum Ausdruck brachte. Umsonst – die scharfe Maßnahme wurde durchgeführt, und Amerika erklärte uns den Krieg.

Eine Tatsache brachte Onkel Carl besonders auf: [*Theobald von*] Bethmann Hollweg hatte bereits in Friedensverhandlung mit Amerika gestanden, als er gegen seine bessere Überzeugung den uneingeschränkten U-Boot-Krieg genehmigte. Gegenwärtig ist diese Sache sehr aufgebauscht in die Zeitungen geraten. Sie wurde bald widerlegt, und man sieht noch nicht klar, wie der genaue Sachverhalt war. Der Missgriff des uneingeschränkten U-Boot-Kriegs bliebe auch ohne diese Vorgeschichte groß genug. Meinem Onkel ist seine Meinungsäußerung gegen diesen Missgriff schwer verübelt worden. Ehe Graf Hertling [*Georg Graf von Hertling*] Reichskanzler wurde, war er mit diesem und dem Prinzen Max von Baden Kandidat für den Posten. Aber man sagt, dass er wegen der U-Boot-Affaire ausgeschaltet worden wäre. Bald genug zeigte sich, wie recht er gehabt hatte. Es wurden nicht annähernd genug Schiffe versenkt, um den Alliierten wirklich durchgreifend zu schaden, dafür versorgte Amerika die Truppen in Frankreich mit reichlichem Proviant und bildete seine Leute so rasch zum Heeresdienste aus, dass schon nach Ablauf eines Jahres Amerikaner an der Westfront erschienen.

Onkel Carl als Staatsmann

Solch ein Mann war Graf Hertling nicht. Wie anders hätte Onkel Carl [*von Weizsäcker*] auf seinem Posten wirken können! Es gibt wohl in Deutschland keinen auch nur annähernd so weitsichtigen Politiker wie ihn. Seit Jahrzehnten hat er auf Grund unserer diplomatischen Machenschaften den Weltkrieg prophezeit, und er ist genauso eingetroffen. Auch sein Ende prophezeite er richtig, als wir noch auf dem Gipfel unserer militärischen Erfolge standen. »Passt auf«, sagte er uns oft, »die Sache geht in eine Heulerei aus; dann wird die parlamentarische Regierung eingesetzt, und darauf folgt die Revolution. Nur durch schwere Unruhen im Inneren werden die Völker dazu bewogen werden, Frieden zu schließen.«

Dieser hoch bedeutende Staatsmann muss im Württemberger Lande sitzen bleiben, abseits vom Weltgeschehen. Es fragt sich eines: hätte sein Charakter ausgereicht, um wirklich Hervorragendes auf dem Reichskanzlerposten zu leisten? Er ist leider feige und hat wenig Initiative. Diese Mängel mag er fühlen und darum auch mehr Zurückhaltung gezeigt haben, als im Augenblick der vorjährigen Kanzlerwahl am Platz gewesen wäre. Immerhin hätte er Anderes geleistet als Hertling.

Die Gefahr des Bolschewismus

[Äußerung Viktor Bruns':] Die Fragestellung müsse für uns nicht die sein, wie verhindern wir einen ungünstigen Friedensschluss? Sondern: wie schützen wir uns vor dem Bolschewismus? Revolutionen sind eine ansteckende Krankheit. Von Osten her kommt die Infektion und hat schon Teile unseres Volkes ergriffen. Bricht die Seuche in Deutschland aus, so sind im Nu auch die Franzosen und bald darauf auch die Engländer von ihr gepackt. Aber natürlich: Ein baldiger Friede wäre die Vorbedingung für die Vermeidung der inneren Krise.

Allen graut vor der Heimkehr unserer Truppen. Durch Unterernährung, übermenschliche Anstrengung und Kriegsgebräuche sind auch die besten Soldaten demoralisiert. Finden die sehr Pflegebedürftigen bei ihrer Heimkehr unerquickliche Zustände vor, was ja der Fall sein m u s s , dann haben wir den Brand im eigenen Haus. Auch werden sie schwer an geregelte Arbeit zu gewöhnen sein. Onkel Carl hat wohl Recht, wenn er sagt, das Leben nach dem Friedensschluss würde weit ärger werden als das Leben im Krieg. –

Der Kaiser dankt nicht ab! Dagegen geht Onkel Carl!

Den 7. November *[1918]*
Auch den Onkel Carl hat die demokratische Welle weggespült. Württemberg will eine parlamentarische Regierung unter dem Präsidium des Abgeordneten *[Theodor]* Liesching. Viktor hat am Sonntag mit ihm gesprochen und herausgefunden, dass er von allerhand Verhältnissen – z.B. die Streik-Bewegung betreffend – gar keine Ahnung hat und auch sonst sehr kindliche Ansichten besitzt. Was ist das für ein Niedergang!

[Am 9. November 1918 wird die Abdankung des Kaisers bekanntgegeben und die Republik ausgerufen.]

Die verschiedenen Gruppen der Sozis

Den 19. November [1918]

Es ging erstaunlich rasch von statten. Die parlamentarische Vertretung wurde bis auf wenige Vertreter beseitigt. An ihrer Stelle nahmen Sozialdemokraten die Ministerposten ein, z.T. sogar ganz radikale. Man muss unterscheiden zwischen den alten Sozialdemokraten, den unabhängigen Sozis und der »Spartakusgruppe«. Die Herrschaft der alten Sozialdemokraten würde wohl dilettantisch sein, da ihnen Regierungsangelegenheiten etwas Neues sind, und müsste von Parteiinteressen geleitet werden. Aber sie würde dem Land auch viel Gutes bringen. Es sind sehr kluge Köpfe in der Partei – und welch eine Fülle von unverbrauchter Kraft steckt in diesen Männern des Volks! Man braucht nur unseren jetzigen Reichspräsidenten [Friedrich] Ebert mit seinem Vorgänger Max von Baden oder mit Bethmann Hollweg zu vergleichen. Solche degenerierten Leute passen nicht mehr an die Spitze unseres gärenden Staatswesens. Männer von eisernen Nerven, unbeugsamem Willen, durchdringendem praktischen Verstand tun uns Not – hätten uns längst schon Not getan. Solch ein Mann ist Ebert. Und sein warmer Patriotismus bewahrt ihn vor Parteilichkeit. Er hat vorzügliche Verordnungen erlassen, behält aber leider das Heft nicht in der Hand. Die Unruhe der Massen ist zu groß.

Die unabhängigen Sozis stellen viel extremere Forderungen als die alten Sozialdemokraten; sie sind für radikale Sozialisierung Deutschlands. Die Spartakusleute aber verlangen den Kommunismus. Man kann sie mit den russischen Bolschewisten identifizieren. Sie nennen sich nach dem Anführer unterdrückter Sklaven, die den Römern unter Pompeius viel zu schaffen machten.

Nun bestehen bereits die heftigsten Uneinigkeiten zwischen diesen verschiedenen Sozigruppen. Die alten Sozialdemokraten wollen die Regierung in etwa so erhalten, wie sie jetzt ist, die Unabhängigen wollen sie stürzen, die Spartakusleute verlangen die weitestgehende Arbeiterdiktatur. Die konservativen Elemente der Partei wünschen eine verfassunggebende Nationalversammlung einzuberufen, die radikal-liberalen sträuben sich aufs Äußerste dagegen, weil dann das Bürgertum neben dem Proletariat aufkommen könnte. Und doch brauchen sie alle die Bürgerlichen – die Beamten, die Ärzte, die Kaufleute. Als im ersten Bolschewikirausch hier überall Arbeiter-, Soldaten- und Matrosenräte gebildet wurden, hatte das Bürgertum alle Macht verloren. Jetzt ziehen dieselben Räte doch immer mehr bürgerliche Elemente heran, da sie ihrer nicht entraten können.

Der Kaiser hat endlich abgedankt – viel zu spät natürlich, erst, als er schon nicht anders konnte und alles drunter und drüber ging. Bei Nacht und Nebel ist er ohne seine Frau, mit seinem sauberen Sohn, dem Kronprinzen, nach Holland geflohen, wo er als Internierter gehalten wird. Wir sind nun Republik und auch viele unserer Fürstentümer haben aufgehört zu sein. Die Unabhängigen erklären einfach ihren jeweiligen Landesherrn für abgesetzt, aber nur eine Reihe der Fürsten haben dann auch wirklich abgedankt. Unter ihnen als erster – noch vor dem Kaiser – der Herzog von Braunschweig! (Sissi!)

Unmenschliche Behandlung der Mannschaften durch Offiziere

Wäre es ein Wunder, wenn die Mehrzahl der Heimkehrenden [Soldaten] ins Lager der Unabhängigen abschwenken würde? Haben sich doch auch viele über die ganz unmenschliche Behandlung von Seiten ihrer Offiziere zu beklagen! Was ist da im Krieg gesündigt worden! Und die alten Landsturmleute haben sich dasselbe gefallen lassen müssen wie die jüngsten Rekruten. Warum hat die Bergkaserne alle ihre Offiziere abgesetzt? Weil sie sich ganz unerhört aufgeführt hatten. Wo das Benehmen der Obersten ein Besseres war, sind auch die Mannschaften treu und anhänglich! Oh, es musste da mal Wandel geschaffen werden! Und es wird Wandel geschaffen – welch ein Wandel!

Man muss aber gestehen, dass der deutsche Militarismus auch seine guten Seiten hatte. Allenthalben hört man, dass sich die Soldatenräte durch besonders gute Zucht auszeichnen und dass sie treu zu der jetzigen Regierung stehen.

Den 7. Januar 1919

Man fragt sich des Öfteren: war es dem Bürgertum denn nicht möglich, rechtzeitig gegen die Revolution Front zu machen, sie im Keim zu ersticken oder ihr im leichten Siegeslauf Halt zu gebieten? Wie mir Onkel Carl neulich sagte, ist dies nicht gut möglich gewesen mit Rücksicht auf die heimkehrenden Krieger. Der Verkehr hätte gestockt, und infolge dessen wäre das Heer dem Feind in die Hände gefallen. Der Augenblick war also denkbar ungünstig. Und jetzt wird jede Art von Gegenwehr immer schwieriger.

Vaters Nöte

Der arme Vater [Wilhelm von Bode] hat jetzt einen schweren Stand. Aber trotz der traurigen Aussichten für sein Lebenswerk ist er äußerst aktiv und tritt so mutig auf wie ein Mann in den besten Lebensjahren.

Als die Republik sich gründete, platzte Vater eines Tages mitten in eine Ausschusssitzung des Arbeiter- und Soldatenrats im Reichstagsgebäude und verlangte, Mitglied zu werden. Als solches wollte er den Schutz seiner

Museen gegen etwaige Übergriffe und Ausschreitungen der Menge übernehmen. Die verblüfften Herren Räte – fast sämtliche blutjunge Juden, wie denn überhaupt die Revolutionen in Russland und Deutschland in der Hauptsache von Juden gemacht werden – räumten ihm sofort die gewünschte Stelle ein. Er wird gewiss in dieser Eigenschaft, wenn sich eine Gelegenheit bietet, viel Erfolg haben. Dem Feinde (der Entente) gegenüber sind seine Machtmittel, fürchte ich, sehr beschränkte. In Spa verhandeln die Franzosen mit den Deutschen bereits über die Entschädigung von Reims, Löwen und anderen Städten im einstigen Kriegsgebiet aus dem Kunstschatz der Berliner Museen. Der treffliche und geschäftsgewandte [Theodor] Demmler verficht Vaters Interessen. Auf der Gegenseite befindet sich ein M. Vitry, der einst seine kunsthistorische Arbeit Vater gewidmet hat. Zum Glück hat sie Vater ganz glänzend kritisiert. Man kann also hoffen, dass dieser Herr wenigstens nicht mit Malice an die Sache herangeht. Ein anderer Herr der Kommission soll sich aber umso feindseliger stellen. Wird der Genter Altar nach Belgien wandern, die Tizianische Venus nach Italien, die Fülle der Watteaus aus den königlichen Schlössern nach Frankreich und die Leonardosche Flora nach England? Es ist doch zu erwarten, da die anderen feindlichen Nationen sich auch auf Kunstgebieten entschädigungsbedürftig fühlen werden und nicht die fetten Bissen unseren westlichen Nachbarn allein überlassen!

Dann wäre ein großer Teil von Vaters Lebenswerk zerstört. Seine Forschertätigkeit ist ja zum Glück unvergänglich.

Wie mag es Vater gehen? Zu Weihnachten war er während der Schlosskämpfe im Museum und hatte zur Bewachung – Matrosen. Wie er schrieb, würden sie Museen als eine Art Brückenkopf in den Kämpfen benutzen. Er hat lebhaft bei Haenisch dagegen protestiert.

Zum ersten Mal haben wir Frauen mit gewählt; denn die neue Regierung hatte das allgemeine, gleiche, direkte und geheime Wahlrecht zu Beginn ihrer Tätigkeit eingeführt. Mir war sehr feierlich zumute bei der Wahl. Aber die Umgebung ernüchterte einigermaßen. Man steckte seinen Zettel in einem Abteil ein, das nur drei Wände hatte. Bequem konnten die Indiskreten über die Schulter gucken. Die Wahlurne war nicht eine Amphora von edelsten Formen, sondern ein scheußlicher grauer Kasten. Das einzige, was mir an der unzeremoniellen Zeremonie gefiel, war der Anblick von Viktor als Wahlkommissar. Mit ganz offiziellem Gesicht nahm er mir die Beglaubigungskarte ab und verlas meinen Namen!

Verfassungsänderung

Gleichzeitig mit den Wahlen bewegte die Verfassungsänderung alle ernst denkenden Menschen, vor allem Männer. In wenigen Tagen sollte für die

Einzelstaaten, wie für ganz Deutschland, eine Verfassung auf demokratischer Grundlage geschaffen werden, die für wer weiß wie lange Zeit Geltung haben würde. Natürlich war es ein Ding der Unmöglichkeit und wurde auch danach. An der Württembergischen Verfassung arbeitete ein Bekannter von Viktor mit, der Tübinger Professor [Wilhelm von] Blume, an der Reichsverfassung Viktors einstiger Kollege, jetzt Minister des Inneren, Professor [Hugo] Preuß.

Mit der Auflösung des Kriegspresseamts, dem Spartakus eines Tages die Akten weggenommen hatte, war Viktors Stuttgarter Tätigkeit ein Ziel gesetzt worden. Wir hatten daher Anfang Dezember unsere Zelte abgebrochen und waren mit Möbeln, Kisten und Kästen schwer zu Mama nach Tübingen gekommen. Dort wollte sich Viktor einige Zeit erholen, ehe er seine Berliner Dozentenarbeit wieder aufnahm. In dieser Frist fand er Muße, sich zu dem neuen Entwurf für die württembergische Landesverfassung zu äußern. Er diktierte mir eine Reihe von Artikeln, die an dem Entwurf Kritik übten, jene weise bescheidene Kritik, die nicht beleidigt sondern überzeugt. Er zog die praktischen Konsequenzen, die sich aus den neuen Vorschlägen ergeben müssten und ließ es nicht an Winken fehlen, wie diese und jene Zustände zu bessern wären. Die Artikel erschienen unter seinem Namen in der Württemberger Zeitung und soll die Regierung nicht unwesentlich beeinflusst haben. [Viktor Bruns: Württembergs künftige Verfassung, Stuttgart 1919].

Revolution

Jetzt liest man auch von wilden Schüssen im Westen. Ernst [von] Weizsäcker, der täglich aufs Amt muss, will nicht wieder ohne Stahlhelm ausgehen. Viktor selbst kann zuhause bleiben; denn die Universität ist geschlossen. Die Studenten wurden aufgefordert, als Freiwillige den Regierungstruppen beizustehen. Wie viel ruhiger könnte ich sein, wenn ich die bangen Tage mit Viktor teilte – für Hellas Gesundheit wäre es freilich nichts, längere Zeit das Zimmer hüten zu müssen. Die Verpflegung wird in solchen Tagen natürlich auch immer zweifelhafter.

Erste Ursache der Arbeiterrevolution?

In solchen Zeiten fragt man sich oft: wer hat eigentlich Schuld an der Arbeiterrevolution? Ganz gewiss nicht allein der Krieg; denn Streiks sind auch früher schon vorgekommen. Ich sollte denken, nach Erfindung der Maschinen und dem Beginn der Fabrikarbeit hätte eine Reihe von Unternehmern dem Reiz ganz neuer Reichtumsquellen nicht widerstehen können und durch Hungerlöhne die Arbeiter ausgesogen. Hauptmanns »Weber« halten solche Missstände literarisch fest. Man braucht auch nur daran zu denken, wie sündhaft billig im Frieden weiße Waschblusen gewesen sind, um zu verstehen, welch Elend unter den kleinen Näherinnen und Stickerinnen geherrscht haben mag. Dann waren die sanitären Einrichtungen zu Anfang der Fabrikarbeit noch sehr mangelhaft. Es kamen Unfälle vor, die das arbeitende Volk gegen ihre Brotherren erbitterten. Die schlechte Luft, der Maschinenlärm griff gewiss viele, die noch nicht daran gewöhnt waren, an. Handwerker, die bisher »Künstler im Kleinen« gewesen und große Selbstständigkeit besessen, mussten sich bei rein mechanischer Arbeit als Glied eines großen Ganzen unbefriedigt fühlen, und so hatten viele das Bedürfnis nach geistiger Erhebung. Das Zusammenarbeiten so großer Massen, die sich beim Hin- und Herweg und in den Pausen ausführlich sprechen konnten, führte, denk ich mir, wie in einem Hause, wo viele Dienstboten die Köpfe zusammenstecken und die Herrschaft durchhecheln können, zu regem Gedankenaustausch über ihre Nöte und Ärgernisse. So mag aus der Unzufriedenheit mit ihrer Lebenslage und ihren Brotherren, aber auch aus den geistigen Bedürfnissen heraus, der Wunsch nach Organisation der Arbeiter entstanden sein. Diese Gemeinwesen boten dann die Möglichkeit zur großen Arbeiterbewegung mit den immer mehr gesteigerten Umsturzideen.

Die Regierung sah ein, dass für viele Missstände im Fabrikwesen Abhilfe geschaffen werden musste. Deutschland ging mit seinen sozialen Maßnahmen – Unfall-, Invaliden-, Krankenversicherung u. dgl. – anderen Ländern voran. Wer weiß, wie friedlich alles hätte verlaufen können, wenn der Druck des Krieges und unserer Niederlage zusammen mit den ungesunden Verhältnissen allzu hoch gesteigerter Löhne nicht die Dinge bis zum Äußersten getrieben hätte.

Die Erfolge der Bolschewisten

Übrigens meinte Onkel Carl [*von Weizsäcker*], auch ohne Weltkrieg wäre die Revolution mit der Zeit gekommen. Der krasse Gegensatz zwischen Armut und Reichtum hätte bestimmt früher oder später zu einer großen Umwälzung geführt. Er könne nicht ohne gewisse Schadenfreude mit ansehen, dass es jetzt auch in England unruhig würde. Von den sieben Millionen Londoner Einwohnern lebten ja höchstens eine Million in menschenwürdigen Zuständen!! Tatsächlich nimmt die Gefahr einer Weltrevolution immer mehr zu. Die Bolschewiki haben mit ihren Ideen überall auf dem Erdenrund Anhänger. Leider wollen die Soldaten der Entente nicht mehr kämpfen. Es fragt sich also, ob unsere Feinde noch imstande sein werden, die Heere der Bolschewiki in ihrem Siegeslauf durch Europa aufzuhalten. Seit einiger Zeit werden die Truppen der Entente in Russland immer mehr zurückgedrängt. Stoßen die Bolschewiki aber erst zum deutschen Sparta-kus durch, dann sind wir, dann ist bald auch Frankreich dem Kommunis-mus ausgeliefert. Unsere Feinde beginnen daher auch die Vorbereitungen zu den Friedensverhandlungen mit einiger Hast zu betreiben. Deutschland wird etwas freundlicher behandelt als bisher – aber, wie Onkel Carl so tref-fend sagt, sie handeln wie die Ameisen an den Blattläusen, die ihren kost-baren Saft nur hergeben, wenn sie freundlich gekitzelt werden!

Der Völkerbund

Einen edlen und großen Gedanken haben die Schrecken des Kriegs gezei-tigt: den Plan zum Völkerbund. Es soll keine Bündnisse einzelner Völker mehr geben, die Gegenbündnisse und mit der Zeit kriegerische Konflikte hervorrufen. Sämtliche Nationen sollen in dem Bund vereinigt sein und ihre Interessen gemeinsam fördern. Wo heftige Meinungsverschiedenhei-ten oder sonstige Uneinigkeiten entstehen, hat ein Schiedsgerichtshof, gebildet aus Vertretern sämtlicher Mächte, die strittigen Fragen zu ent-scheiden. Auf diese Weise hofft man Kriege vermeiden zu können. Natür-lich würde sie als letzte Möglichkeit im Hintergrund bleiben, wenn alle anderen Einigungsversuche fehlgeschlagen hätten. Auch von einem inter-nationalen Parlament wird gesprochen. Am reinsten hat Wilson den Völ-kerbundsgedanken erfasst. Aber unsere erbitterten europäischen Feinde möchten den Bund zum Träger ihrer Rachepläne machen, die Mittelmäch-te erst nach ein paar Jahren guter Führung(!!) darin aufnehmen und uns, wenn ihnen unser Verhalten nicht passte, einfach boykottieren.

Viktor im besetzten Gebiet

Wenn die Friedensbedingungen abgelehnt werden, werden auch Viktor und ich persönlich sehr zu leiden haben. Seit Ende April [1919] sind wir getrennt nach den schönen dreiwöchigen Osterferien. Viktor hat die Stell-vertretung eines ordentlichen Professors für Staatswissenschaften in Bonn während des Sommersemesters übernommen. Einreise und Wohn-verhältnisse waren zu schwieriger Art, als dass Hella und ich mitgekonnt hätten. So sitzt er allein bei seinem reizenden Freunde [Prof. Martin] Wolff im besetzten Gebiet und unsere Briefe unterliegen der englischen Zensur in Köln. Freilich hat mich der Gedanke an diese Kontrolle nur anfangs im Ausdruck persönlicher Gefühle gestört; aber es ist ganz eigen, dass wir politische Dinge nicht erzählen dürfen und das welterschütternde Ereignis dieser Friedensbedingungen von zwei Menschen, die sich am nächsten stehen, nur in einem Schmuggelbrief besprochen werden kann. In 5 Wo-chen haben wir je einen dieser Art durchgebracht, aber ohne dass der eine

den anderen beantwortete. So kann man also auch nicht von einem Gedankenaustausch reden.

Weit schlimmer wird es, wenn Deutschland den Frieden ablehnt. Die
Franzosen werden zwar Tübingen nicht besetzen – es heißt, sie hätten es
nur auf Stuttgart abgesehen – aber die Postverbindung zwischen Württemberg und dem Rheinland wird aufgehoben werden, so dass wir ohne
Nachricht voneinander bleiben müssten und Viktor vielleicht nicht einmal
in den großen Ferien heimreisen könnte. Die Hungerblockade wird sich
nicht auf Bonn erstrecken, und für uns in Tübingen befürchte ich nichts,
da wir uns mit Vorräten eingedeckt haben! Nur im Fall von Plünderungen
wären wir übel dran. Immerhin bin ich patriotisch genug, nicht zu wünschen, dass ein für Deutschland vernichtender Friede unterzeichnet würde – w e n n es einen besseren Ausweg gibt.

28. Juni [1919]

Am Rhein hielten verschiedene Klinikärzte schon seit langem ihre Koffer
gepackt, um zu fliehen. Ob Viktor wohl ausharren müsste, auch wenn der
größte Teil seiner Hörer ging? Und ob wir dann Jahre hindurch getrennt
sein müssten?

Abschied der Königin von Schwaben

Der König von Württemberg ist mit seiner Frau auf seine Schweizer Besitzung Seefelde geflohen. Man wollte ihn einer Begegnung mit den Franzosen nicht aussetzen. Am Tag vor der Abfahrt kam die Königin mit ihrem
alten Hofstaat zu uns. Sie war harmlos heiter in der Unterhaltung, sehr
frisch und natürlich im Wesen, als wenn sich seit Jahren nichts für sie
verändert hätte. Die Trennung von Mama schien ihr schwer zu werden;
das Haus war für sie in ganz anderem Sinne ein Heim gewesen als Beben-
hausen. Sie verweilte lange. Beim Umtragen eines Tisches legte sie kräftig
mit Hand an. Als sie durch den Garten hinunterging, sah sie mit wehmü-
tiger Freude auf die blühenden Bäume und sagte: »Wie herrlich ist die
Natur zu dieser Zeit – und welch ein Kontrast zum Menschenleben! Nun,
man muss es innerlich tragen!«

Den 7. September [1919]

Genug der Politik! An herrlichsten Sommertagen habe ich die böse Welt
mal ganz vergessen können. – Endlich, endlich kam Viktor heim! Anfang
August waren wir wieder vereinigt und fuhren zusammen nach Freudenstadt. Das Kind [Hella] hatten wir mitgenommen, doch unter Obhut von
Fräulein Säugling, damit ich mal frei von Arbeit sei und ganz für Viktor
leben könne. Wir lagen und lasen im Walde oder tauschten die vielen

Erlebnisse aus, die ungeschrieben geblieben waren. Viktor hatte in Bonn ganz köstliche Streiche ausgeführt. Besonders schön war die Geschichte vom »Hammelsprung«.

[Es folgt eine halbe leere Seite, in die wohl ein Dokument oder Zeitungsartikel mit dieser Geschichte geklebt werden sollte.]

[Ende des Tagebuchs, ohne Ausrisse von Seiten]

Tochter Hellas Tagebuch 1919–1923: Hellas Ansichten und Leidenschaften

Hella entwickelt ihre Ansichten über den lieben Gott

Ihre Weizsäckersche Respektlosigkeit zeigt sich jetzt sogar dem lieben Gott gegenüber. »Man kann ihn nicht sehen«, sagte ich, »aber er ist immer da droben im Himmel.« »Ich steige rauf und mach ein Fenster auf«, meinte sie kurz entschlossen – »dann kann ich ihn sehen«. Eines Morgens war sie nun allein in der Essstube, da ich mit Viktor im Nebenzimmer etwas zu besprechen hatte. Plötzlich schreit sie auf und läuft mir entgegen: »Ich bin vom Stuhl gefallen.« – »Ja, Hella, ich denke Du spielst mit dem Baukasten!« – »Ich hab doch dän Kaffee gerührt!« Voll Entsetzen seh' ich lauter kleine Butterstückchen in meiner Tasse herumschwimmen. »Dass Dir der Kaffee besser smeckt«, erläutert Hella sehr niedlich. Aber ich durfte doch aus pädagogischen Gründen den Streich nicht als Liebesdienst ansehen. »Hella, ich hatte Dir doch verboten, die Sachen auf dem Tisch anzufassen. Der liebe Gott hat gesehen, dass Du unfolgsam warst und hat Dich zur Strafe hinfallen lassen.« Daraufhin war sie entrüstet. Etwa 10 Minuten später sagte sie mitten in einem Spiel: »Där Gott is zu dumm – är hat mich hingesmissen!« Sie würde ja auch beileibe nicht »der liebe Gott« sagen; wenn sie ihm mal ein Attribut gibt, so heißt er »beess« *[schwäbisch für böse]*!

Mal hatten wir, als sie mit der Arche Noah spielte, ein Gespräch über die Sintflut. Ich sagte ihr: »Weil viele Menschen ungehorsam waren, hat der liebe Gott die Sündflut geschickt, und die bösen Menschen mussten ertrinken.« – Da schlug ihr das Gewissen: »Aber ich bin noch da«, sagte sie profitlich. – Ich benutzte ihre Gewissensregung zu einem Moralgespräch: »Ja, leider bist Du auch recht unfolgsam!« – Nun meinte sie, es ginge ihr an den Kragen. »Aber ich will doch ein Läben haben!« – »Ja, der liebe Gott lässt Dir's«, lenkte ich ein, »damit Du recht folgsam wirst!« Ganz biblisch erwiderte sie »Ich soll doch nicht in Sünde pleiben!«

Das religiöse Thema ist für unsere Gespräche jetzt geboten, da Hella schon moralisch-philosophische Reden führt und gerne ein Anrecht auf Lausereien konstruieren möchte. »Warum soll ich nicht unartig sein?« – »Der liebe Gott wünscht es nicht!« – Hella sah seelenruhig zum Himmel auf: »Där kann nicht herunter, där muss oben bleiben!« »Aber der liebe Gott wohnt nicht nur im Himmel, er wohnt auch in Deinem Herzen!« Das erstaunte sie, aber mit ihrer blitzschnellen Fassungskraft begriff sie die Allgegenwart des Höchsten und fragte: »Ist är überall?«

War diese Bemerkung fast über ihre Jahre hinaus reif, so wirkte eine Bemerkung von ihr beim nächsten Mittagessen umso kindlicher. Sie bekam ein Waffelherz vorgelegt und fragte: »Wohnt da der liebe Gott drin?«!!

Sie entwirft gerne Fluchtpläne, wenn wir mit ihrem Benehmen nicht zufrieden sind oder wenn sie etwas essen soll, das ihr nicht schmeckt. Dann hat sie's immer eilig mit einer Reise nach Tübingen, wo sie nicht so verkannt wird!! –

Die vielen religiösen Unterhaltungen haben doch ihr Verantwortungsgefühl recht gehoben. Eines Tages lief sie aus der Essstube in die Küche, machte aber bald kehrt mit der Bemerkung »Ach, ich habe solch sslechtes Gewissen, im Esszimmer ist noch Unordnung!«

Einen merkwürdig frühen Beweis überlegener Ironie hat sie mir neulich geliefert. Ich sagte zu ihr, weil sie unartig war: »Nun bin ich aber sehr traurig!« Darauf griff sie mir munter ins Gesicht und sagte, halb mitleidig, halb spöttisch: »Lass' die Tränchen laufen!«

Januar 1921

[Ediths Geburt]

Wie es nun soweit war, dass ich mich auf die Storchenwiese begeben musste, war Hella in höchster Aufregung. Sie lief mit der Reisetasche herum und erklärte, sie müsse notwendig mit, weil sie den Storch selbst sprechen wolle. Es kostete mich Mühe, sie am Einsteigen ins Auto zu hindern.

Der Storch machte allerhand Schwierigkeiten, und so besuchte mich Hella noch mehrmals in dem stillen Haus, das sich der scheue Vogel ausgesucht. Wie sie zum ersten Mal eintrat und die Nonnen in ihrer mittelalterlichen Tracht sah, erinnerte sie sich wohl an Märchenbilder und fragte: »Ist das hier verzaubert?« Vom 3. Stock sah sie in einen Schacht herunter und meinte: »Das ist der Storchensumpf, aber er ist jetzt trocken geworden!«

Als am 9. Januar abends die kleine Edith das Licht der Welt erblickte, wurde Hella nichts davon verraten. Sie kam also ahnungslos zu mir ins Sanatorium und fragte: »Warum bist Du noch nicht auf, Mama?« Darauf sagte ich: »Guck Dir mal den Korb an!« Hella sah hinüber und machte ein

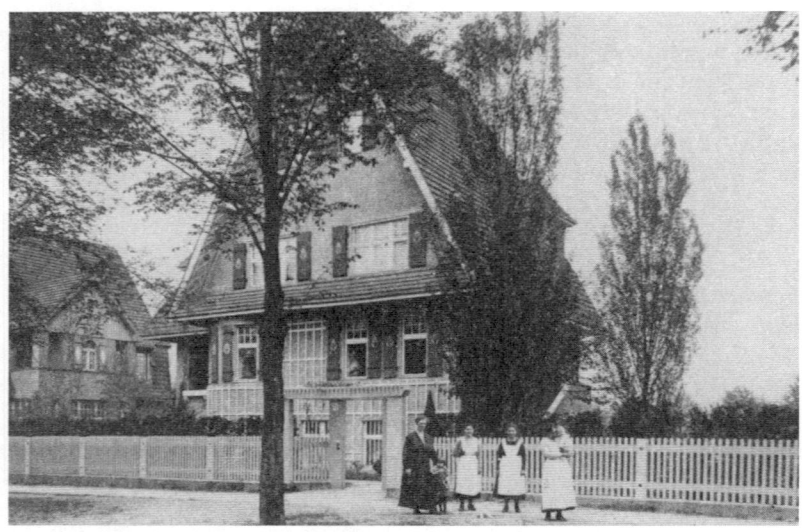

Marie Bruns mit Hella, zwei Hausmädchen und einer Amme mit Edith vor dem neuen Haus in der Sven-Hedin-Straße 19, Berlin-Zehlendorf.

ganz verlegenes, strahlendes Weihnachtsgesichtel. Ich ermunterte sie: »Geh' doch näher heran!« Sie kam näher und fragte: »Ist das das Brüderle?« – »Nein, Hella, es ist ein Schwesterle geworden!« Sie war wieder sprachlos.

Auch am Wickeln und Baden des Kindes hatte sie eine riesige Freude. Am zweiten Tag brachte sie ihr selbstaufgezogene Perlenketten. Die mussten wir Edith auf die Bettdecke legen. Hella hatte auf Anraten ihres Vaters kurz vor der Geburt ihrer Schwester ein Stück Zucker vors Fenster gelegt, damit der Storch nun endlich das Geschwisterle brächte. Am nächsten Morgen fehlte das Stück Zucker, und Edith lag im Korb. Nun nahm sich Hella vor, sie wollte dem Storch »zur Belohnung« noch mal ein Stück Zucker hinlegen. Das führte sie dann auch zuhause aus; aber nach einer Weile holte sie's wieder, erklärte: »Der Storch hat geklappert: ich mag nichts mehr« und aß es dann selber auf!!

Übersiedlung nach Zehlendorf

März 1921

Am 1. März siedelten wir aus der Rußluft unserer Schlüterstraße in ein reizendes Häuschen über, das uns Viktor nahe dem Schlachtensee in Zehlendorf gekauft hatte. Es war höchste Zeit für Hella, denn sie erkältete sich immer von neuem, fieberte, schlief schlecht und aß immer weniger. Hier röteten sich langsam ihre Backen. Sie hat bisher kein Fieber gehabt, und ihr Appetit nimmt zu.

Wie sie den schönen Waldsee in unserer Nähe zum ersten Mal sah, sagte sie:»Das ist där Storchenteich. Da bin ich gemacht!« –

Oktober – Dezember 1921

Anfang Oktober starb der einstige König von Württemberg. Der Tod bewegte alle Gemüter, und auch das Kind beschäftigte sich in Gedanken mit dem König. Ganz unvermittelt faltete sie im Garten ihre Hände, blickte zum Himmel auf und sagte:»Lieber König, wenn Du jetzt im Himmel bist, behüte doch bitte den lieben Gott, dass ihm nichts geschieht!« Eine Monarchistin vom reinsten Wasser! Mehrere Tage drauf stellte sie Betrachtungen über die Behandlung des Königs bei der Revolution an:»Die bösen Menschen, die den König fortgejagt haben, die wird aber der liebe Gott klapsen. Är wird ihnen eine Krankheit ssicken, dass sie stärben!« Ich erzählte ihr darauf vom Kaiser, der wie eingesperrt in einem kleinen Haus lebe und nicht hinaus dürfe. Da sagte das liebe Kind:»Aber, gelt, in den Himmel darf er doch kommen?!«

[Gut und Böse]

Für Johannes den Evangelisten freut es sie, dass ihm Jesus den Schutz seiner Mutter anvertraut hat; denn »ihm wird ja sein Judas Ischariot sehr fehlen!« Für sie gibt es keinen Abgrund zwischen den Guten und den Bösen. Die verirrten Kinder des Lichts müssen alle einmal heimfinden zur ewigen Sonne. Könnte die Welt ihren Herzschlag haben – es gäbe keinen Versailler Frieden, keine Niedertracht und Knechtung, keinen Hass und keine Rachsucht! Es steigt mir oft heiß in der Kehle auf, wie ganz anders das Leben ist, als es sich dies freundliche, lautere Kindergemüt malt!

In der Schweiz, Juli – August 1925

Ihren lieben Kindern Hella und Edith zum Rückblick auf gemeinsam verlebte Wochen im romanischen Graubünden.

Ankunft in Brigels

Wer bei einer Omu *[Marie Auguste Bruns, geb. von Weizsäcker]* zu Gaste ist, dem fliegen die Tage davon, als sei es Weihnachtszeit – und doch ist jeder Tag vom Morgen bis zum Abend mit Freude schwer beladen.

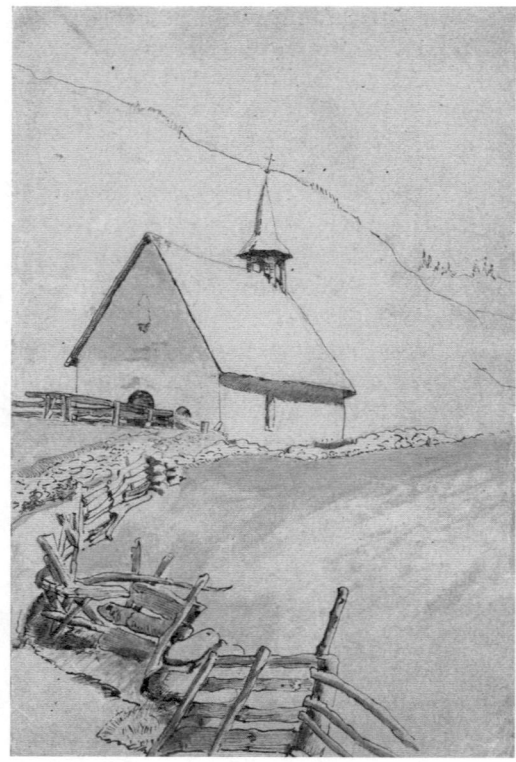

Marie Bruns: Kapelle in
der Schweiz. Umschlagbild
des Schweizer Tagebuchs,
Sepia-Tusche.

So dauerte es gar nicht mehr lange, bis ein leicht gebautes Pferd von
starken Muskeln den Weg von Tavanasa nach Brigels herauf schritt. Drin-
nen saß eine Puppe mit feuerroter Mütze und rotem Kleid, die neugierig
am Wiesenhang zu den Felsenkuppen emporguckte. Sie hatte es sehr bequem und weich; denn ihr Plätzchen war der Rucksack mit seinen vielen
Decken und Kissen, aus dem sie nur mit Armen und Köpfchen hervorragte.

Der Rucksack hatte es nun seinerseits auch bequem; denn er saß auf
Ediths Rücken, der breit ist und gar nicht wackelt. Schlechter ging's dem
anderen Rucksack, den Hella umgeschnallt hatte! Es war nur ein Glück,
dass sie ihren geliebten Säugling, die herzige Heidi, vom Steckkissen treu
umschlossen, im Arme hielt; denn bald rückte sie nach rechts, bald nach
links, bald fuhr sie hoch wie der Teufel im Kasten, bald fiel sie, von einer
Biegung des Wagens an der Wegecke gestoßen, quer über Omus Schoß.

»Nach Onkel Carls [von Weizsäcker] Beschreibung müssen dies die Bri-
gelshörner sein. Und ich meine, wir sind jetzt bald angelangt.« Und wirk-

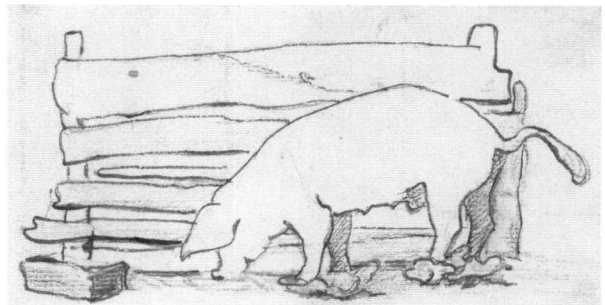

Schweinestall,
Zeichnung von
Marie Bruns, 1925.

lich tauchte über den Wiesen, die das Pferdchen durchschritt, ein hohes schmales Gebäude auf, das eine Inschrift trug: »Hotel Kisten-Pass«. Hella und Edith liefen schnell herauf in ihr hübsch getäfeltes Schlafzimmer, wuschen sich die Hände und ließen sich die Haare überkämmen. Hella bemerkt dabei, dass ein mit Honig bestrichenes Band von der Decke herunterhängt. »Was ist das?«, fragt sie erstaunt. »Das ist ein Fliegenfänger.« Hella sieht nun, dass einige arme Tierchen bereits mit den Beinen strampeln und mit den Flügeln schlagen, um sich aus der verhängnisvollen Falle loszuarbeiten – es gelingt ihnen aber nicht.

»Können sie sich gar nie befreien?« fragt Hella bekümmert.

»Nein, sie müssen mit dem Geruch ihrer Lieblingsspeise in der Nase Hungers sterben!«

»Und warum hängen die grausamen Menschen solche Fliegenfänger auf?«

»Weil die Fliegen ihnen sonst die Nachtruhe stören, ihnen in Ohren und Nase kriechen, und auf keine Weise wegzukriegen sind.«

»Ja und wir«, ruft Hella ganz entrüstet, »w i r stören dem lieben Gott die Ruhe bei Tag! Wenn er nun auch solche Bänder am Himmel aufhängen täte, um uns los zu sein!«

»Dazu hätte er wohl auch alle Veranlassung«, meint Mutti, »aber es gibt noch einen tieferen Grund, weshalb wir die Fliegen, wenn sie unseren Körper belästigen, vertilgen müssen: sie lassen sich auf allerhand Unreinigkeiten wie auf toten Tieren nieder und verbreiten dadurch Krankheiten; ja, sie können sogar Vergiftungen herbeiführen, wenn sie sich z.B. nach Besuch eines Aases auf dem wundgekratzten Mückenstich eines Menschen niederlassen.« –

Hella war nun mit der Handlungsweise der Menschen wieder ausgesöhnt, aber Mutti beobachtete doch in den nächsten Tagen, dass sie frisch gefangene Fliegen wieder befreite und entweder in die blaue Luft losließ

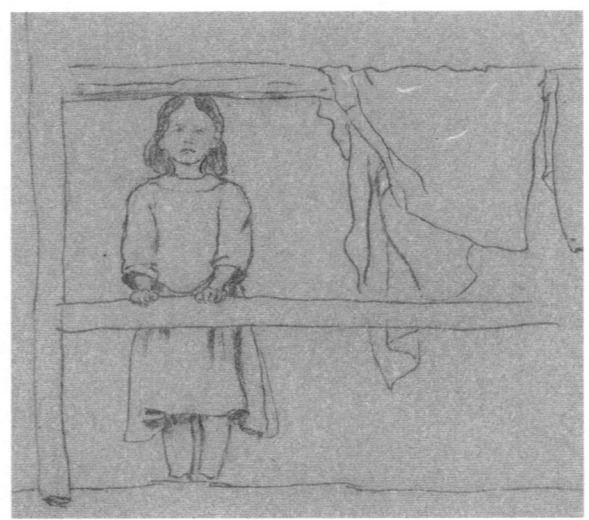

Hella in einem Stall,
Zeichnung von Marie
Bruns, 1925.

oder dem Frosch zu fressen gab. Das war dann immerhin ein schnellerer
Tod, und sie erfüllten noch einen Daseinszweck.

Die Vettern aus Degerloch

Am nächsten Tag hatte das tapfere Pferdchen Tante Gretchen und Onkel
Carl Bilfinger heraufgebracht, ihre Söhne Adolf und Carlchen waren aber
zu forsch zum Fahren. Sie kamen auf dem abschüssigen Fußwege nur kurze Zeit nach ihren Eltern in Brigels an.

   Das war ein frohes Ereignis für Hella und Edith! Gleich am nächsten
Morgen zogen sie mit den Vettern los. Adolf führte Hella an der Hand und
Carlchen Edith. Adolf suchte mit Hella und Carlchen mit Edith einen Felsen als Wohnburg aus. Dort waren sie natürlich Mann und Frau, suchten
sich ein bequemes Lager und verlangtem nach einem Mittagessen. Die
kleinen Mädchen hatten Körbe mit und stiegen von ihren Heimstätten
herunter, um mit den Vettern Beeren zu sammeln; zunächst gingen die
Kavaliere gutwillig mit. Dann erklärte Adolf: »Jetzt müssen wir aber aus-
reiten, wir kommen natürlich bald wieder«, und so schritten sie eiligst
fort. Hella und Edith suchten lange Zeit Heidelbeeren bis ihr Körbchen voll
war. Erdbeeren fanden sie nur wenige in diesem Wald, aber Mutti, die etwas unterhalb ihrer Burg saß und die Aussicht zeichnete, überreichte
Edith ein Sträußchen besonders großer, reifer Erdbeeren.

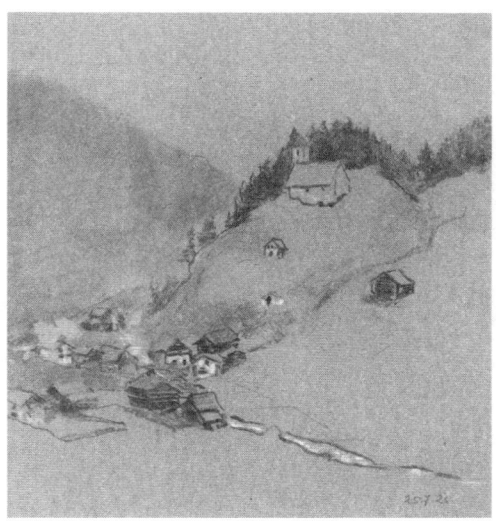

Blick über das Rheintal zu den
Gotthardbergen, Zeichnung
von Marie Bruns, 1925.

Die Kinder ließen sich eine Weile neben Mutti nieder. Vor ihnen dehnte
sich ein Tal aus, in dem ein Nebenfluss des Rheins rauschte. Dahinter stiegen die Almen zu hohen Bergen auf. Hella und Edith wurden nun aber recht
ungeduldig über das Fernbleiben ihrer Männer. Sie riefen – und nur ein viel-
faches Echo vom Val Frisale her war die Antwort. Mutti tröstete sie: große
Jungen wollten eben auch mal tüchtig ausschreiten; darum hätten sie ihre
kleinen Frauen doch nicht vergessen. »Habt ihr denn den Tisch gedeckt?«
setzte Mutti hinzu. Nein, das hatten sie noch nicht. In fliegender Eile suchten sie Blätter zusammen und richteten ihre Beeren auf der Felsenburg an.

Dann riefen sie laut: »Es ist angerichtet! Adolf! Carlchen! Zum Essen!«
Der Zauberruf wirkte. Schon kamen sie spornstreichs auf die Burgen zu
und schütteten die Beeren voll unruhiger Hast in ihren Hals.

Das Bundesfest

Knaben der verschiedensten Altersstufen können nicht lange feierlich und
andächtig bleiben. Vetter Adolf hatte nun das Schweizer Vaterland und
den Graubündner Frühling reichlich satt. Ganz verstohlen ließ er (Knall-)
Frösche unter die Zuhörer springen, ganz böse Feuerfrösche. Mit einem
Mal hatte ein junges Mädchen Feuer in ihrer Bluse, und bei einer Frau fing
der Rock an zu leuchten. Rasches Zugreifen löschte die zuckenden Flammen, und Adolf machte das unschuldigste Gesicht der Welt!

Die Musik zog weiter; der Menschenstrom verlief sich mit Lampions und Fackeln. Die Landstraße lag mit einem Mal stumm und tot. Da fiel Edith ihre Waschschüssel mit Raketen wieder ein, und übermüdet, wie sie war, ließ sie nun ihrerseits in hohem Bogen und unter großem Getöse Raketen los!

Mariä Himmelfahrt

Wieder ging die Sonne über der Bergstufe von Brigels auf. Schon früh hörte man es auf der Straße summen und surren, und nur festlich gekleidete Menschen gingen am Hotel Kistenpass vorüber. Bald waren auch Bilfingers und Bruns in ihren besten Anzügen unterwegs; denn heute feierte ja das Dorf und mit ihm die ganze katholische Christenheit Mariä Himmelfahrt.

Wie wir vor der Hauptkirche in Brigels anlangten, war die Feier im Innenraum schon beinah zu Ende. Man hörte Predigtworte durch die geöffnete Tür, an der sich die Gläubigen drängten, die der Kirchenraum nicht mehr fassen konnte. Und auch auf dem kleinen, mehrere Jahrhunderte alten Friedhof davor knieten die Gläubigen zwischen den Grabkreuzen. Alles, alles lag auf den Knien bis hinaus auf den Kirchplatz, wo wir mit einigen anderen Fremden als müßige Zuschauer herumstanden.

Plötzlich erhoben sich die Gläubigen, aus der Kirche traten langsamen Schritts einige Bauern, die Reliquien trugen. Mutti erklärte der Hella, dass in diesen bunten goldgeschmückten Köfferchen Knochen von besonders heiligen Menschen lagen, die bei dem Volk noch nach ihrem Tode Verehrung genossen. Die Bauern hielten diese Heiligenschreine mit Tragestangen auf den Schultern, und Hella freute sich, welch reizend andächtige Engelpuppen auf den Köfferchen knieten und beteten.

Nach den Bauern kamen Chorknaben mit weißen Hemden, die sie nicht wie andere Menschen unter ihrem Anzug, sondern erst recht darüber trugen. Sie hielten Kirchenbanner in der Hand, herrliche alte Banner (fahnenähnlich), die auf farbigem Seidendamast heilige Gemälde zeigten. Da thronte Maria als junge glückliche Mutter mit dem Jesuskind auf dem Schoß. Auf einem anderen Banner aber war sie älter geworden, und ihr Glück hatte sich in tiefen Schmerz verwandelt; denn auf den Knien hielt sie nun den toten Erlöser der Welt mit Wundmalen an Brust und Hand und Fuß. Dann kam ein Banner mit der Himmelfahrt Mariä: die Gottesmutter hatte ihr Leiden überwunden, und nach Jahren der Sehnsucht ward ihr ein seliges Wiedersehen mit dem geliebten vor ihr verklärten Sohne. Und diese Seligkeit ihres Herzens durften wir heute alle mitfeiern.

Es wurde noch vieles Schöne aus der Kirche herausgetragen. Da brachten sie Halbfiguren von Aposteln an aus bemaltem Holz. Auch Statuen von

Heiligen wurden vorübergetragen. Da kam der heilige Sebastian, der so standhaft die Durchbohrung von zahlreichen Pfeilen ertrug, da erschienen gar die heilige Ursula und der heilige Placidus mit ihren eigenen Köpfen in der Hand. Eigentlich war es scheußlich, wie das Blut als roter Springbrunnen aus ihrem Halse spritzte und der Kopf ruhig wie etwa eine Boccia-Kugel in ihrer Hand lag. Aber man sollte weder lachen noch sich davor fürchten. Man sollte nur denken, wie heiß diese frommen Menschen ihren Herrn Jesus und seine Mutter geliebt hatten, dass sie lieber in früher Jugend einen grausamen Tod erleiden als ihren Glauben lassen wollten.

Und nun kam Sie, die heute alles beherrschte: die heilige Maria in herrlichem Festgewand. Sie trug ein weißes Seidenkleid mit reicher Goldstickerei. Ihren blauen Himmelsmantel hielten goldene Engel weit auseinander; einige lugten auch unter dem Saum des Mantels neugierig hervor; die kleinen Lakaien wollten für ihre Dienste durch den Anblick der hehren Schönheit belohnt sein! Maria hielt in der einen Hand das gleich ihr gekrönte Christkind, in der anderen einen Strauß von goldenen Lilien. Vier jugendliche Träger mit scharlachrotem Kragen hielten einen Baldachin über ihr Haupt, der von gewundenen, mit roten Rosen umrankten Säulen getragen wurde. Und auf dem Dach des Baldachins, genau über jeder der vier Säulen, erhob sich eine Spindel mit Flachs darauf.

»Sieh Hella« flüsterte Mutti, »auf den Spindeln wurde vor einem Jahrhundert Garn gesponnen, und wenn die Dorfleute wollten, dass auf den vier Ecken des Baldachins goldene Spindeln saßen, so taten sie's, weil Maria wohlgefällig auf die Arbeit der Frauen und Mädchen herniedersah, weil die Mutter Gottes eine Beschützerin des häuslichen Fleißes war!« Hella nickte und sah bewundernd zu dem Baldachin auf. Aber gleich wurde noch ein zweiter, nicht weniger prächtiger herbeigetragen. Unter diesem kostbaren Dache schritten drei Priester in weißen, mit bunten Blumen gestickten Gewändern.

Der Zug stand still, und der Priester in der Mitte sprach einige lateinische Worte, auf die das Volk antwortete. Dann zeigte er die Monstranz, worin der Leib des Herrn verborgen war. Das schöne Gefäß war ganz von Silber, und wie er es hochhielt, funkelte es so blendend hell in der Sommersonne, dass man nicht hinüberblicken konnte und dass man wirklich meinte, es stamme aus einer anderen Welt.

Wie der Priester die Monstranz hochhielt, sank wieder alles Volk in die Knie. Die Sonne gleißte und funkelte über dem farbenherrlichen Bilde; in Papas Augen schimmerten Tränen, und Hella zog Mutti fest am Arm mit den Worten: »Ach, ich möchte so gern katholisch werden!«

Indes ertönten Böllerschüsse von einem nahen Hügel. Die Musik setzte ein mit Blasen und Trommeln. Sie durfte an der Spitze des Zuges marschieren, nach ihr folgten die Schützen unter Führung des Schützenkönigs, dann wurden die Heiligen und die Jungfrau Maria vorübergetragen. Darauf kamen die Priester, die Dorfjungfrauen mit weißen Blumenkränzen, die Mädchen in ihrer bunten und die Frauen in ihrer würdigen, schwarzen Tracht und dem eigenartigen Kopfputz, der aussah wie ein schwarzer Heiligenschein. Hinter ihnen gingen die Dorfkinder unter Führung des Lehrers. Es schloss sich nun wild durcheinander an, was noch mit wollte – ein Stück weit auch die beiden Familien Bilfinger und Bruns. Diese zweigten bald von der Straße ab und gingen den Hügel hinan, von dem früher die Böllerschüsse losgelassen worden waren. Die kleine Anhöhe gewährte freien Ausblick auf Dorf, Wiesen und Berg.

Mitten in der Bewegung hielt der Zug, die Musik schwieg still, und der Priester zeigte die funkelnde Monstranz – nur noch ein Lichtpünktchen für unsere Augen – der knienden Gemeinde. Auch die Natur verlangte nach Entsühnung durch Jesu Blut und brauchte den Segen des Priesters, um frische kräftige Grasblumen zu treiben. Nach dem großen Umzug durch Dorf, Wiese und Feld kehrte Maria mit den Heiligen in die Kirche zurück.

Jeder habe das Volk lieb, in dem er geboren sei, und die Religion, in der er erzogen sei. Wir sollten uns nicht wünschen, katholisch zu werden, wohl aber könnten wir alle füreinander hoffen, so stark und treu im Glauben und so andächtig in der Verehrung des Göttlichen zu werden, wie diese Brigeler Bauern es sind.

Mit Hellas Andacht war es aber fürs Erste vorbei. Sie musste den Kutscher suchen, der sie einst im behaglichen Einspänner nach Brigels hinaufgefahren hatte und der nun als Schützenkönig einen stolzen Hahnenschweif am Hute trug. Überall sah man die Hahnenfedern wedeln; sein Träger war Hahn im Korbe heute, und Hella mochte noch so gern in seine Nähe geraten – es verstellten ihr doch viele hübsche Mädchen und schmucke junge Burschen den Weg zu ihm!

Der Zug hatte sich in Gruppen aufgelöst, in stehende, in wandernde Gruppen, auch in sitzende und trinkende Gruppen. Die Musikanten brachten hier und dort den angesehenen Männern des Dorfes ein Ständchen. Dabei schlürfte sich der rote Landwein so süß! Wie wir in unser Hotel zurück wollten, versperrte uns ein junger Mann den Weg an der Haustür. Er dachte nicht daran, zur Seite zu gehen – musste er doch auch gerade die hübsche Kleine im grünen Rock mit der Blumenschürze in die Backe kneifen! Mit einiger Mühe schlängelten wir uns an ihm vorbei; er hatte einen hochroten Kopf und zweifellos schon viel über den Durst getrunken! Wie mochte es erst in den Schenken hergehen!

Aber ich denke, die schöne Maria in ihrem goldenen Festtagskleide wird gnädig auf diese allzu fröhlichen Menschenkinder herabgesehen haben; denn sie weiß, wie sauer verdient solch ein Feiertag für Jung und Alt im Dorfe war, und die dicke Madame, die im schwarzen Kleid mit den

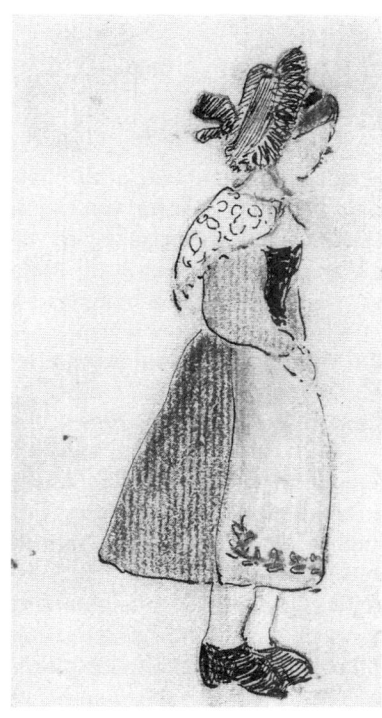

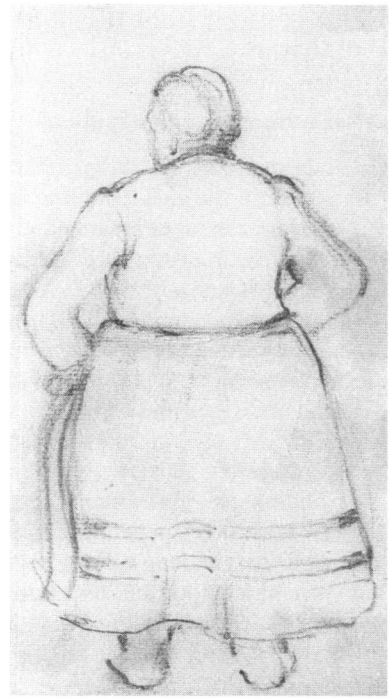

Die hübsche Kleine mit dem grünen
Rock, Farbstiftzeichnung von Marie
Bruns, 1925.

Die Mutter des Priesters, Kohlezeichnung
von Marie Bruns, 1925.

samtenen Bändern am Rock die Dorfstraße sperrte, hatte Grund, stolz auf
ihren Sohn, den segnenden Priester, zu sein, der heute mehrere hundert
Seelen im Dorfe Brigels mit vielen Gästen aus hohem und niederem Stande
zu frommer Einkehr und lodernder Glaubensbegeisterung entfacht hatte!

Aber durch diese Blätter ist die schöne Reise vielleicht wieder lebendig
in Euch geworden, Ihr Lieben – ja?

[Zwischen 1924 und 1929 klafft eine Lücke von fünf Jahren bei den Tagebü-
chern. Offen ist, ob Marie Bruns in dieser Zeit keine Tagebücher geschrieben hat,
oder – wahrscheinlicher – ob es sich um einen kriegs- und umzugsbedingten
Verlust handelt.]

Ehetagebuch 1929–1935: Internationale Prozesse, das Völkerrechtsinstitut von Viktor Bruns und die NS-Zeit

Unser Auto und seine Freuden

Oskar [Bruns] hatte Viktor den Vorschlag gemacht, sich ein Auto anzuschaffen. Er meinte, die vielen beruflichen Pflichten mit der Hetzerei von einem Ministerium zum anderen brächten ihn schier um. Wirklich gelangten wir Ende Mai in den Besitz einer eleganten graublauen Limousine, die Platz hatte für 6 Erwachsene und 2 Kinder und als »Horch 8« den schwierigsten Bergbesteigungen und den längsten Tagestouren gewachsen war.

Am folgenden Sonntag unternahmen wir vor lauter Neugierde eine viel zu weite Fahrt. Wie kann der Mensch Eberswalde, Chorin, Werbellinsee, Hubertusstock und Freienwalde an einem Tag in sich aufnehmen? Wir waren die richtigen Autoparvenüs!

Das Liebste bei all unseren Ausflügen war mir nicht eigentlich unser Ziel, sondern die Fühlungnahme mit dem Landleben, die Beobachtung des Felderwachstums von Sonntag zu Sonntag. So hatte ich auf der Fahrt nach Rheinsberg die Sauerampferblüte in den Wiesen besonders genossen, deren vornehmes Rotbraun in breiten Streifen die Landschaft belebte. Das Korn stand schon hoch in Ähren, die aber noch jung und biegsam waren. Wenn es im Winde wie das Meer auf und nieder wogte, entstanden helle Flecken in dem grünen Feld. Der zart lila Ton der Ähren gab jedem Acker seine besondere Schönheit. –

Die märkischen Dörfer sind kein Ausbund von Schönheit, aber sie haben ihre Eigenart, wenn nicht ihre Drolligkeit. Meist gabelt sich die Straße, und zwischen den zwei Wegen liegt der Dorfanger mit einem Teich hin und wieder, mit Enten und Gänsen, mit schattenden Kastanien oder Linden, mit der vierschrötigen Dorfkirche. Manchmal gleicht solche Kirche einem Stall, besseren Falls einer drallen Märkerin. Immer sind die Türme breit und haben keinen Mut, in die Höhe zu wachsen. Die einstöckigen, grau gestrichenen Dorfhäuser umgürten ihre Nüchternheit nur selten mit einem blumenreichen Garten. Doch begegnet man öfters uralten Fliederbäumen und Schneeballbüschen.

Vielleicht sind märkische Dörfer das Poesieloseste, was man auf dem Lande sehen kann. Aber sie sind wenigstens echt. Ganz lächerlich wirkt es dagegen, wenn uns mitten im Dorf ein einstöckiges Gebäude von korinthischem Stil begegnet! Die langweiligen und gelangweilten Akanthus-Ranken, die sich unter dem Dach oder über Tür und Fenster entlang ziehen, stammen wohl ebenso wie die korinthischen Pilaster aus den 60er, 70er Jahren des vergangenen Jahrhunderts. Wie ausgeschnitten und aufgeklebt wirken die Ornamente; sie haben nichts mit dem Bau zu tun. Gewiss glaub-

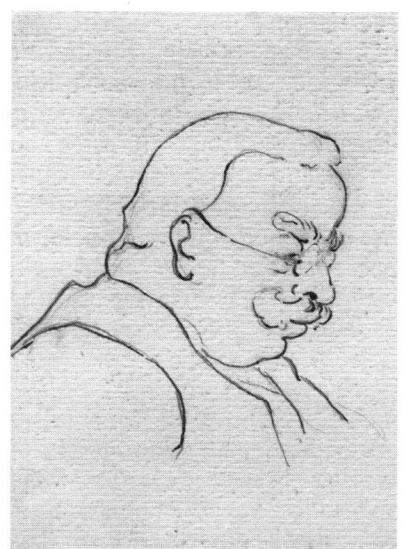

Skizze eines Mannes aus dem Spreewald,
Zeichnung von Marie Bruns, undatiert.

ten die Erbauer zu den besseren Leuten zu gehören, wenn sie sich des klassischen Stils bedienten.

Ich spürte gleich, was die Spreewaldgegend bei Eva Stort und anderen modernen Malern so beliebt macht; es ist ja die Ideal-Landschaft der Plein-airisten: hell, weit, sonnendurchglüht, windbewegt, in allen Schatten licht. Solch einem Motiv gegenüber kann kein Ateliercharakter (mit Kellerlicht) zur Geltung kommen. Corot würde geschwelgt haben in den weichen Umrissen der Büsche und Bäume, auch Dupré und Millet hätten ihre Motive gefunden. Carl Bilfinger und ich bestimmten das Material, mit dem die an uns vorüberfliegenden Bilder ausgeführt werden sollten. »Hier ist eine Radierung«, sagte er und wies auf ein Rembrandtsches Gehöft, von zeichnerisch feinen Bäumen umgeben. »Siehst Du das schöne Pastell?« sagte ich und wies auf einen Flussarm mit Kähnen und alten Weiden am Ufer bei stumpfer Färbung hin. Wir fanden für jede künstlerische Ausdrucksweise Motive und gestanden uns, dass wir in der Welt keine ganz ähnliche Landschaft kannten und selten irgendwo solche Fülle von Bildern in der Natur gesehen hatten wie hier.

Es sollte noch eigenartiger kommen. –

Wir hielten in Burg. Das war schön getroffen: die Kirchgänger verließen gerade die Kirche. Wie große bunte Bauernblumen leuchteten die frohen Trachten auf. Da waren ziegelrote und grasgrüne Röcke, hellblaue und lila, schwarze und gelbe. Die Jungen prangten in zarten Farben mit reich ge-

stickten Kopf- und Brusttüchern, die nicht selten hart oder süßlich wirkten. So habe ich ein junges Mädchen mit himmelblauem Rock und rosa
Brusttuch gesehen. Die weißen Seidenhauben und Tücher waren unangenehm kalkig. So trachtete die Jugend nach Eleganz und vernachlässigte
den guten Geschmack. Die alten Frauen dagegen mit ihren furchigen, wet-
tergebräunten, kraftvollen Gesichtern, die mitunter schön waren, zeigten
umso mehr Farbensinn. Ich entsinne mich an die Zusammenstellung eines goldbraunen Kopftuches mit einem lila Rock. Ihre Schürzen waren
über leuchtend farbigen Röcken oft beigefarben, grau oder schwarz. Hier
war die Tracht noch in ihrer alten Schönheit erhalten – die Moderne hatte
andere Ideale und für mein Gefühl keine schönen.

Das indische Gutachten

Der Herbst brachte Viktor leider ganz unheimlich viele Arbeit, und es rächte sich schwer, dass er nur 2 ½ Wochen Sommerurlaub genommen hatte.
Selbst diese kurze Zeit hindurch arbeitete er an einem Buch über Völkerrecht, das die Wissenschaft auf eine neue Basis stellen sollte [*Viktor Bruns:
Völkerrecht als Rechtsordnung, Berlin 1929–33, 3. Auflage 1962*]. Es war recht
traulich, wie er mir in dem Bauerngarten diktierte.

Dazu kam im Herbst das Angebot eines indischen Fürsten, ein Gutachten über die indische Verfassung für die Londoner »Round Table Confe-
rence« zu schreiben. Obwohl Viktor lieber sein Buch vollendet hätte, griff
er freudig zu; denn er konnte bei der Arbeit ungemein viel lernen. Da es
sich um ein bundesstaatliches Problem handelte, ließ er seinen Vetter Bilfinger an der Arbeit teilnehmen, denn Carl hatte in der Sache durch seine
Doktordissertation über den deutschen Föderalismus auch Vorkenntnisse.

So gelang es ihm, innerhalb von etwa 3 Wochen ein Gutachten fertig-
zustellen, das die Frage bei aller Knappheit erschöpfend behandelte. Die
Arbeit war rechtzeitig abgegangen, und er las in den englischen Zeitungen
mit Interesse, dass einige Hauptpunkte seines Gutachtens in die Eini-
gungsvorschläge zwischen England und Indien aufgenommen waren.

Er hatte nach Kräften versucht, beiden Parteien gerecht zu werden;
denn so sehr er bestrebt war, den Indern ein gewisses Maß an Selbstän-
digkeit zu sichern, so fand er doch, dass die jahrhundertelangen Verdienste Englands um die Kolonie auch berücksichtigt werden müssten! Wenn
eine Einigung zu Stande kam – hatte Viktor sie nicht in die Wege geleitet?!

Es war zu erwarten, dass sich der Maharadscha von Baroda – so hieß
der indische Magnat, der das Gutachten bestellt hatte – auch erkenntlich
zeigen würde. Ging es doch um die Existenz seines engeren und weiteren
Vaterlandes! Auch besaß er ein Reich doppelt so groß wie Bayern und hatte in seinem Wesen einen gelassen-vornehmen, liebenswürdigen und sehr

gebildeten Eindruck gemacht. Er sollte zu den reichsten Menschen der Welt gehören. Sein Ministerpräsident hatte auch etwas von Honorierung gemurmelt. Von London aus bestellten die Inder 150 Exemplare nach, die in der Reichsdruckerei auf Viktors Kosten hergestellt wurden [*Memorandum relating to the proposed Constitution of a federal union of all India, Berlin 1930*]. So viele Fürsten waren natürlich nicht versammelt, die Engländer hatten natürlich auch aus Viktors Schrift Nutzen ziehen wollen!

Mit Carl [*Bilfinger*] scherzten wir oft über all die Sprünge, die wir mit dem indischen Gelde machen wollten! Carl stand es fest, dass er mit seiner Frau nach Spanien reisen würde. Wir redeten auch viel von den Elefantenjagden, die wir in Indien mitmachen wollten; denn wir waren von dem Fürsten zum Besuch eingeladen. Und hühnereiergroße Diamanten oder Perlen als Angebinde für die beiden Gattinnen der Verfasser schienen uns als Gruß aus Indien nach der Rückkehr des Fürsten durchaus angemessen.

»Chateaux aux Indes«! Der Herbst verging, es wurde Weihnachten – die Inder ließen nichts von sich hören.

Endlich schrieb Margrit Wolff in Viktors Namen und stellte eine angemessene Forderung auf. Sie machte geltend, wie viele Menschen wochenlang an der Sache gearbeitet hätten, oft zu mehreren die Nächte hindurch, und welche Unkosten auch sonst noch durch Anschaffung von Büchern und durch das Drucken der vielen Exemplare entstanden seien.

Die Antwort war ein erstauntes Schreiben, dass solche amtliche Tätigkeit überhaupt zu honorieren sei. Im Übrigen sei der Ministerpräsident gesonnen, die Unkosten zu ersetzen. Es erfolgte in einiger Zeit ein Scheck mit einer ganz lächerlich geringen Aufrundung der Unkostensumme. Viktor nahm sich vor zu antworten, er habe das Plus zu öffentlichen Zwecken verwandt – als Honorierung könnte er es aber niemals ansehen. Leider ist dieser Brief bisher, nach bald einem halben Jahr, noch nicht geschrieben worden. Viktor erfuhr mittlerweile, dass man mit Orientalen immer genaue Summen im Voraus ausmachen müsste – schofle Gesellschaft!

Das deutsch-polnische Schiedsgericht

[*Paris*]
Ich begleitete Viktor in sein Schiedsgericht. Das war einmal Eigentum einer vornehmen französischen Adelsfamilie. Dann gelangte es in den Besitz der österreichischen Botschaft. Nach dem Frieden von Versailles wurde es einfach durch die Franzosen konfisziert; seit es dem deutsch-polnischen Schiedsgericht zur Verfügung gestellt ist, werden Unsummen auf seine Erhaltung verwendet, und es gerät ständig mehr in Verfall.

Zu Mittag hatte Viktor seinen Präsidenten Lachenal und den polnischen Gegner Namitkiewics in den »vert galant« eingeladen. Beide Herren waren von den Weinen sehr angegeigt und liebenswürdig. Der Pole sieht wie ein Lakai aus, ist auch nicht von guter Herkunft, hat aber etwas Lustiges und Gutmütiges. Zu Viktors Kummer ist er viel klüger und auch als Charakter viel anständiger als der Präsident. Sein glühender Patriotismus macht ihn zu einem gefährlichen Gegner für Viktor, aber gerade durch diese Eigenschaft imponiert er ihm sehr. –

Nach dem Mittagessen fuhr Omu nach Haus, und wir machten noch eine Spazierfahrt nach Malmaison. Ich saß neben dem Chauffeur, der mich lebhaft unterhielt. Wir kamen auch auf den Weltkrieg zu sprechen, und er zeigte mir ein Loch in der Schläfe – die Folge eines Einschusses in der Marneschlacht. Nach dieser Verwundung sei er zwar nur wenige Wochen im Krankenhaus gewesen, aber er hätte noch jahrelang an furchtbaren Kopfschmerzen gelitten.

Rührend waren dabei seine pazifistische Gesinnung und die Freundlichkeit, mit der er auch über Deutsche sprach. Er war dafür, die Grenzen zwischen den einzelnen Nationen abzuschaffen und meinte dadurch den friedlichen Verkehr herzustellen.

Ich wäre sehr gern früh ins Bett gegangen, aber Viktor gab nicht Ruhe: er wollte noch die »Viscosa« sehen. Dies Stück ist voller Witz für alle, die aufmerksam die Zeitung lesen. Ich habe also nur wenig davon begriffen. Der Spekulationsschwindel, der Paris zu Zeiten ergriffen hat, wird als amerikanischer Nebel dargestellt. Man sieht ihn, eine Wolke mit Sternenbanner der United States über die Straßen der Stadt hinziehen. Wer unter solche Wolke gerät, wird wie von Raserei ergriffen. Eine schöne Halbweltdame stellt das Aktienpapier »Viscosa« dar, das jedermann kauft. Ich denke noch mit Entzücken an die vollendete Gestalt der Viscosa, die namentlich in einem Pyjama hinreißend schön war. Die Tracht werde ich nicht vergessen. Eine orangefarbene Samtweste ließ Hals und Magen frei. Die langen, nach den Fußgelenken zu weit werdenden Hosen à la turque aus schwefelfarbener Seide (so viel ich noch weiß) hatten lange Schlitze, durch die ihre Haut weiß schimmerte. Das ergab ein reizvolles Muster.

Im Übrigen wurde in der »Operette« über alles und jedes gespottet. Von der Kolonialausstellung hörte man, dass da kein echter Schwarzer sei, alles seien verkleidete Franzosen. Wenn dem (verkleideten) Präsidenten ein Minister während seiner Diskussion mit ihm lästig wurde, drückte er auf einen elektrischen Knopf und sofort erschien ein riesiger Schupo-Arm, um den Unbequemen zu entfernen. So war binnen kurzem das ganze Kabinett beseitigt!

Was ist den Franzosen heilig? Sicher nicht die Religion, auch nicht die Regierung. Die Französische Revolution hat wohl jede Spur von Respekt in dem Volke ausgerottet. Allenfalls werden ihm gloire, Schönheit und Anmut noch etwas gelten.

Die Eröffnung der Museumsneubauten

[*Berlin, Herbst 1930*]

Die Schilderung meiner Erlebnisse hatte mich in nächste Nachbarschaft der Gegenwart geführt, wie mir plötzlich einfiel, dass ich vom vorigen Jahr das allerwichtigste und für mich herzbewegendste Ereignis vergessen hatte, nämlich die Einweihung von Museen, um derentwillen Vater so gerne 1 ½ Jahre länger gelebt hätte!

Am 1. Oktober fand eine Universitätsfeier statt, am 2. Oktober wurden die Bauten vom Kultusminister [*Dr. Adolf Grimme*] und Generaldirektor [*Prof. Dr. Wilhelm Waetzoldt*] der Öffentlichkeit übergeben, die zunächst aus einem geladenen Publikum bestand. Die Redner äußerten sich sehr ungleich. Ich habe Waetzoldts Ansprache mit seiner Darstellung der Museumsgeschichte als gut und sachlich, aber etwas zu lang, in Erinnerung. Meines Vaters gedachte er, wie manche der anderen Redner, mit ehrfurchtsvollen und dankbaren Worten. Während der Kultusminister Grimme sprach, musste ich mal wieder denken, dass oft ein geheimnisvoller Zusammenhang zwischen dem Namen und Wesen des Menschen besteht. Sein Verhältnis zur Kunst schien ein durchaus ingrimmiges zu sein – in Wirklichkeit war er wohl viel zu ungebildet, um überhaupt für Kunst etwas zu empfinden. An diesem Tag fürchtete er vor allem die Sozis. Er redete große Worte von der Zeiten Not und ließ durchblicken, dass es eigentlich ein Verbrechen am Volk sei, so viel Geld für das überflüssige Schöne auszugeben. Aber das Volk wolle auch seinen Feiertag, und wenn man bedenke, dass es sich nun in Mußestunden an der Kunst dieser Museen erfreue, so seien sie nicht umsonst gebaut!!

Diese feige Verbeugung vor den Roten ärgerte mich in einem Maß, dass ich den werten »Kultus«-Minister am liebsten ausgepfiffen und mit faulen Eiern beworfen hätte! Übrigens soll man ihm gesagt haben, dass eine solche Rede unmöglich sei. Infolgedessen nahm er sich tags darauf bei der Eröffnung des Pergamonmuseums mehr zusammen.

Wirklich erhebend sprach nur [*Prof. Dr. Ulrich von*] Wilamowitz[*-Moellendorff, Altphilologe*]. Seine Greisengestalt schien schon jenseits des Lebens zu stehen. Wie ein Seher hob er die zarten, ganz durchgeistigten Hände und führte uns alle in den Tempel der Kunst. Ich weiß nicht mehr, was er gesprochen hat – »Gefühl war alles« und priesterlich weihevolle Stimmung.

Zum Schluss traten noch allerhand auswärtige Herren auf die Rednerbühne, meist handelte es sich um Erteilung von Ehrendiplomen. [*Theodor*] Wiegand, der Direktor des Pergamonmuseums, wurde zum Ehrendoktor verschiedener Universitäten ernannt. Sein volles Gesicht glänzte von Selbstbefriedigung. Ganz anders der arme [*Theodor*] Demmler [*Direktor der*

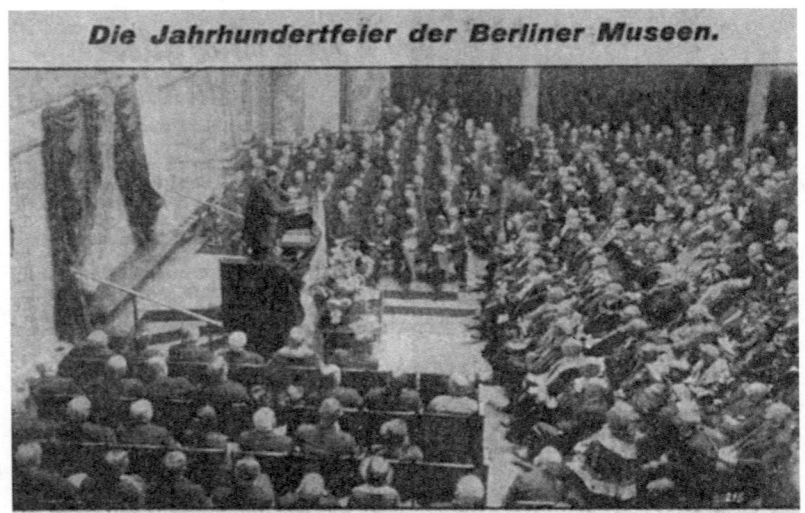

Die Jahrhundertfeier der Berliner Museen.

Der Generaldirektor der preußischen Sammlungen, Geheimrat Prof. Dr. Waetzoldt, bei der Festansprache in der Aula der Universität.

Ins Tagebuch eingeklebter Zeitungsausschnitt.

Skulpturensammlung]! Für ihn war doch auch mit Eröffnung seines Deutschen Museums ein Ehrentag angebrochen. Aber da er am Nachmittag seine einzige Tochter begraben musste, liefen oft Tränen über seine Backen. Für ihn hatte man kein Ehrendiplom. Seine Schöpfung blendete und überraschte nicht wie der Riesensaal des Pergamon-Museums, der größte Kunstausstellungsraum der Welt. Und was hätten alle Ehrungen der Menschheit jetzt über sein zerrissenes Herz vermocht! Die »Lux«, sein sechzehnjähriges Mädchen, war von Rubens'scher Kraft und Gesundheit gewesen. Mit einem Mal hatte sie furchtbare Leibschmerzen bekommen. Der sachkundige Arzt ging tagelang nicht her. Sein Stellvertreter behandelte das Bauchweh als Verdauungsstörung und gab Riesenmengen von Rizinusöl. Das arme Geschöpf, das schwere Blinddarmentzündung gehabt hatte, starb an Blutvergiftung. Zum Schmerz über den Verlust kamen wohl die nagenden Vorwürfe, sie wäre bei rechtzeitiger Erkenntnis durch Operation zu retten gewesen! Das Schicksal hat den armen Demmler später noch sehr viel mehr mitgenommen. Seine Frau, die sich zu einer derben Palluntsche ausgewachsen hat, behandelt ihn kalt und gleichgültig. Sein Schwiegervater gibt ihm Schuld an dem Tod der Tochter. So hat er die Hölle zu Haus! Mir war ganz antik zumut': als hätte der unglückselige Museumsbau zu allen andern Opfern auch noch das eines blühenden Menschenlebens verlangt!

So sehr das Glück meines Vaters Lebensbahn begünstigt hatte – vor den Neubauten schien es Halt zu machen. Erst war der geniale Architekt, [*Alfred*] Messel, schwer erkrankt, so dass er seine Entwürfe nicht ausführen konnte. Dann starb er, und sein Nachfolger [*Ludwig*] Hofmann erwies sich als viel unbrauchbarer und vor allem als träge in der Ausführung, da er viel Geld verdienen wollte und nebenher andere Aufträge ausführte.

Wie der Unterbau gerade fertig war, stürzte er ein, da die Tiefbaugesellschaft das Terrain nicht genügend durchforscht und ein G l e t s c h e r - l o c h übersehen hatte! Viel Arbeitszeit und eine halbe Million an Geldern waren buchstäblich von der Erde verschluckt. Das Bummelsystem ging weiter, und der Bau, der vor dem Weltkrieg hätte fertig werden können, steckte 1914 noch im Anbeginn. Nun fehlten die Maurerhände, dann fehlte das Material, dann das Geld. Nach der Revolution zermürbte mein Vater seine Kräfte im Kampf mit dem Kultusministerium. Zwar wurde weitergebaut, aber vieles ganz anders, als mein Vater es geplant hatte. Die schwere Enttäuschung belastete seine hohen Jahre! Und er musste sterben, ohne die Vollendung seines Werkes zu erleben!

Aber am 2. Oktober 1930 empfand ich nichts mehr von den Misserfolgen der vergangenen Jahre; zwar führte uns keine Brücke über die Spree zu einem Prachthof mit der Reiterstatue Kaiser Wilhelms II. in den mittleren der drei Neubauten, das Pergamon-Museum, an das sich zur Linken und Rechten das deutsche und asiatische Museum anschlossen! Der kostspielige Brückenbau hatte unterbleiben müssen, und man kletterte hinter der Nationalgalerie eine kleine Dienerschaftstreppe herauf. Aber Lorbeer und andere immergrüne Büsche schmückten die Treppenabsätze, und beim Eintritt in den antiken Neubau stand man überwältigt und fast erschrocken vor dem Tor von Milet. Welch eine Pracht entfaltete sich da! Durch dieses Markttor waren Eselstreiber gezogen! Und doch fand das Rom der Kaiserzeit, dass es eine Handelspforte seiner Provinz schmücken dürfte wie einen Palast!

Langsam wanderte ich mit den Meinigen zum Pergamonsaal herüber. Wir standen mit wenigen Anderen als die Auserwählten dicht bei der Altartreppe, während uns eine dicke rote Schnur von der Menge weniger bevorzugter Geladener trennte. Grimme und Waetzoldt sprachen wieder; es war kurz und schmerzlos, so dass wir bald zur Besichtigung der drei Museen schreiten konnten.

Mir war zumut' wie einer Nike, die ihre Flügel ausbreiten und über allem schweben konnte! Sieg, Sieg, endlich Sieg nach allen Kämpfen! Und Vollendung, soweit sie dem Menschen beschieden und – das kann ich wohl hinzusetzen – ohne Vaters Leitung noch möglich war.

Ich fragte Frau Sarre [*Maria Sarre, Ehefrau des Direktors der islamischen Abteilung Friedrich Sarre*], die Tochter von Humann [*Carl Humann, Entde-*

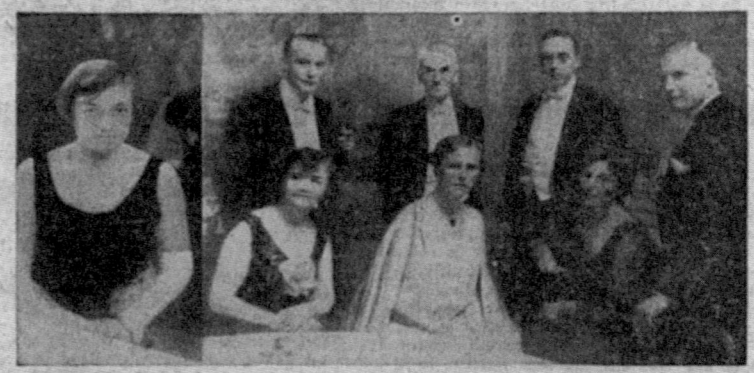

Museums-Schlußfeier im Schloß

Stehend: Direktor Schmidt vom Berliner Schloßmuseum; Ministerialdirektor Hendschel aus München; Museums-Direktor Zimmermann, Nürnberg; Dr. Reidemeister. — Sitzend: Frau Grimme, die Gattin des Kultusministers; Frau Schmidt; Frau Geheimrat Bruns (Bodes Tochter); Frau Direktor Sarre (Bodes Nichte)!

Zum Abschluß der Museumsfeier hatte die preußische Regierung im alten Schloß einen Empfang veranstaltet, der im Weißen Saal und den anschließenden großen Sälen und Galerien annähernd tausend Eingeladene vereinte.

Die Museumsdirektoren aus dem Reich und dem Ausland, Kunsthändler, Kunstfreunde und Mäcene bildeten die Mehrheit der Eingeladenen, zu denen sich das diplomatische Korps und die Mitglieder des preußischen Kabinetts und der Reichsregierung gesellten, eine erlesene Schar bester Köpfe. Die Schutzpolizei hatte die Kapelle gestellt. Der Empfang war auf Einfachheit eingestellt, wie es ernsten Zeiten zukommt, doch tat dies der ungezwungenen Stimmung nicht den geringsten Abbruch.

Ins Tagebuch eingeklebter Zeitungsausschnitt.

cker und Ausgräber des Pergamon-Altars] an dem Gesellschaftsabend im Schloss, ob die Ausstellung von ihres Vaters Ausgrabungen sie befriedige; da meinte sie: ja, durchaus. Schließlich sei jede Einschließung eines Freilichtkunstwerks Gefangensetzung – da käme es nicht so sehr darauf an, w i e sie geschähe – wenn nur einige Wirkung erzielt würde!

Und das Ganze hat tatsächlich eine gewaltige Wirkung. Der ganze Altar mit Treppe und Arkaden ist in der großen Halle aufgebaut, aber die Reliefs von Norden, Osten und Süden mussten vom Altar losgelöst und an den drei übriggebliebenen Saalwänden angebracht [werden]. Sonst würde nicht der für die richtige Betrachtung des Kunstwerks nötige Abstand erreicht. Die Wände sind hellblau gestrichen, so dass die Plastiken wie von Himmelsluft umgeben scheinen, und die riesige Glasdecke (die mein Vater, um mehr Schattenwirkung für die Skulpturen zu erzielen, etwas kleiner haben wollte) erhöht den lichten Charakter des Raumes.

Nachdem die rote Schnur entfernt war und die Menge sich über die Treppenstufen ergoss, hielt ein Fotograf die Szene für die Zeitung fest. Boshafte Leute nannten das Bild in Anbetracht der vielen Judengesichter »Börse im Pergamon«. [Im Berliner Judentum gab es viele der für die Museen bedeutendsten Mäzene.]

Seither sind Tausende und Abertausende von Menschen in diesen Ausstellungssaal gepilgert, und der Museumsbesuch hat sich dadurch sehr gehoben. Ich selbst bewundere die Anordnung in den umliegenden Räumen noch mehr. Immer sind die Architekturfragmente, die wunderbaren, mächtig hohen Säulen, die Portiken, Tribünen, Kranzgesimse an den Wänden angebracht als Rahmen für die Plastik dazwischen oder im Innern des Raumes. Von antiker Erhabenheit kann man nicht leicht im Norden einen so gewaltigen Eindruck bekommen. Ich begreife schon die Wiegand-Ehrungen!

Das deutsche Museum liegt, da die Spreebrücke immer noch nicht gebaut ist – sehr abseits und wird von vielen Menschen überhaupt nicht entdeckt. Die Räume mit den altniederländischen Kunstjuwelen, den Werken der Eycks, des Hugo van der Goes, Rogier, Bouts, Memling sind stark verbaut. Der Architekt wollte Magazine daneben legen; mein Vater wünschte Seitenlicht, der Architekt gewährte nur Oberlicht. Das vernichtete leider alle Feinheiten. Friedländer [Max Jakob Friedländer, Direktor der Berliner Gemäldegalerie] wählte auch für diese und die anstoßenden Kabinette einen hässlichen kalten Anstrich und ließ die Türen mit widerlich lehmiger Farbe tönen. Die Hauptsäle des Obergeschosses sind aber meisterhaft in Aufstellung und Beleuchtung.

Vom asiatischen Museum konnten nur zwei Säle mit eröffnet werden, die in der Hauptsache das Tor zu Babylon, die Prozessionsstraße des Gottes Marduk und Wandteile des Nebukadnezar-Palastes enthielten. Imponierend die dekorative Wirkung von bunten Ziegelreliefs! Kindliche Anschauungsfreude, nicht ein hoher konstruktiver Sinn nach Art der griechischen Antike, lebt in diesen Mauern! –

Von den übrigen Unternehmungen der Museumsfesttage nahm ich nur noch an dem Schloss-Abend teil, wo ich viele alte Freunde der Kunstwelt wiedersah und mich sehr wohl fühlte. Zur Galaoper schickte ich Hella, die sie natürlich sehr genoss und sicher nicht, wie es in dem Zeitungsartikel heißt, ohne jede andere als gemessene oder konventionelle Gefühlsäußerung blieb! – Aber die schönste Erinnerung an all' diese Tage sind mir die Worte des Rijksmuseumsdirektors [Amsterdam] [Frederik] Schmidt-Degener, der mir (vielleicht auf dem Tee im Auswärtigen Amt) sagte: »Ich habe nie einen so bezaubernden Menschen gekannt wie Ihren Vater, es wird auch nie wieder einen solchen geben!«

Viktors Plädoyer vor der Haager Cour für die deutsch-österreichische Zollunion, Juli 1931

Nachdem Viktor in Paris und mehr noch in Lustebuhr seine lästigen Herzbeschwerden losgeworden war und hoffte, sich vom Juli an gründlich erholen zu können, bekam er eine neue Arbeit aufgebürdet, die seine Juli-Ferien glatt verschluckte und neue große Anstrengung für Juni und Juli bedeutete.

Das Auswärtige Amt, das sich von ihm durchschaut fühlte und auf seinen Scharfsinn, wie auf seine Erfolge eifersüchtig war, hatte sich in der Not herablassen müssen, ihm die Interessenvertretung Deutschlands in Angelegenheit der deutsch-österreichischen Zollunion zu übertragen. Bisher war er dem Auslande nur als Richter entgegengetreten – jetzt sollte er deutscher Agent werden und als Rechtsanwalt fungieren. Er nahm sich aber vor, keinerlei advokatische Mätzchen zu machen, sondern sich einfach auf den Boden des Rechts, der Wissenschaft, zu stellen.

Eine gründliche Vorbereitung begann, wieder streikte seine Gesundheit, so dass er sich in der Universität einfach krankmeldete und Fräulein Greinert die dem Plädoyer vorausgehende Denkschrift zuhause diktierte. Er saß dann meist mit ihr im Garten, gönnte sich eine Nachmittagsruhe mit halbstündigem bis stündigem Schlaf und machte abends bei Zeiten Schluss. Herr Schmitz musste solange das Institut leiten. Bei dieser Lebensführung besserte sich die Gesundheit, und er gewann vor allem die Herzensruhe für seine Haager Arbeit, die ja nur bei voller Konzentration durchzuführen war.

Die Denkschrift wurde ins Französische übersetzt und bei Zeiten abgeschickt. Seine Herren, auch der kritische Schmitz, hatten sich sehr befriedigt geäußert Er selber freute sich, einen Rechtsgrund gefunden zu haben, durch den er die Argumente seiner Feinde gründlich zunichtemachen konnte. Alles was die Gegner an Gründen aufführen konnten, hatte er sich durch den Kopf gehen lassen und seine Argumente so gestaltet, dass sie zu der gegnerischen Ansicht Stellung nahmen [*Viktor Bruns: Régime douanier entre l'Allemagne et l'Autriche, Leiden 1931*].

Viktor möchte sich an einem schönen Ort in der Mark erholen. Er wählte den Stechlin. Am Nachmittag schlief Viktor recht ergiebig, und darauf lagerten wir uns nicht weit von Neu-Globsar am Ufer. Auf meine Bitte hin erfüllte Viktor Hellas Wunsch, ihr einiges über seine Arbeit zu erzählen. Er holte weit aus und stellte uns die ganze Vorgeschichte der Zollunion vor Augen, die schon mit dem Vertrag von Saint Germain begann. Viktor war sehr dagegen gewesen, dass man diese Einigung zwischen Deutschland und Österreich jetzt herbeiführte; denn nach seiner Ansicht wäre sie ganz von selbst gekommen. – Nun aber musste er alles Erdenkliche zu ihrer

Verteidigung anführen, und er meinte auch, den springenden Punkt gefunden zu haben. Die Feinde sprachen immer von der Selbstständigkeit, die Österreich im Vertrag zu Saint Germain gewährleistet sei, und die, wie sie behaupteten, durch die Zollunion gefährdet wäre. Viktor wies nach, dass zur Selbstständigkeit von Österreich auch der freie Wille, Verträge zu schließen, gehöre. Wie sehr aber die Feinde letzthin in verschiedenen Verträgen, die sie selbst geschlossen, gegen das Recht gehandelt hätten, darauf wolle er nur hindeuten, und wenn sie frech würden, könnten sie's noch stärker unter die Nase gerieben kriegen.

Die drei Hauptbekämpfer der Zollunion – Frankreich, Italien und die Tschechoslowakei – hatten gleichzeitig mit Viktor und Kaufmann (dem Agenten von Österreich) eine Denkschrift verfasst. Bisher waren sie noch nicht eingegangen.

Die Denkschriften waren (am Tag darauf) da. Man kann sich vorstellen, wie Viktor über sie herfuhr! Italien und Tschechei hatten sich kurz gefasst; Viktor fand beide belanglos. Aber Frankreich hatte die Sache eingehender behandelt und sehr gut geschrieben. Es fand sich, dass Viktor alle Argumente der Franzosen vorausgeahnt hatte und in seiner Denkschrift schon auf solche Ansichten eingegangen war. Welch Triumpf und wie günstig für sein Plädoyer! Nun konnte er die Disposition entwerfen!

Unser Hotel hatte Kaffee, Milch, Brot, Butter, Marmelade und Aufschnitt in einem Korb verpackt. Gegen 8 Uhr morgens setzten wir uns (ohne Viktor) in ein Ruderboot; Schwimmsachen und Bücher wurden auch mitgenommen. Dann landeten wir wieder an dem gegenüberliegenden Ufer unter den hohen Buchen. Hungrig wie wir waren, warfen wir uns gleich in die Flut, um bald zu unserem Frühstück zu gelangen.

Die Haager Zollunion

Es war auch dringend nötig, dass ich ihm alles wirtschaftliche fernhielt, denn trotz frühzeitiger Vorbereitungen und Gedankenblitzen am Stechlin musste er bis zum Schluss fieberhaft arbeiten, und es ging immer bis in die Nacht hinein! Das Plädoyer diktierte er im Gegensatz zur Denkschrift gleich auf Französisch. Das erwies sich als eine große Zeitersparnis. Wie der Zeitpunkt der Abreise herangerückt war, fehlten noch etwa zehn Seiten vom Plädoyer. Sie mussten im Zuge diktiert werden. Viktor und seine Paladine ergaben etwa ein Coupé voll, ich bemerkte den Belgier, der das Französische abfeilen muss, Dr. Schmitz, Graf Stauffenberg und Frl. Greinert. Graf Mandesloh war, glaub ich, auch noch dabei.

Mittags fuhr der Zug nach den Haag ab, und ich reiste noch in der Nacht nach Tübingen. Von dort habe ich dann nur aus der Ferne die Haager Ereignisse verfolgen können. Aber es sickerte doch allerhand durch.

Die erste Nachricht brachte Viktors Telefon. Er meldete uns den Verlauf seines Plädoyers: er habe die Nacht noch bis 4 Uhr arbeiten müssen, sei um 6 Uhr eingeschlafen und um 8 durch ein Telefon von Smend geweckt worden. Nur zwei Stunden Schlaf – und viele Stunden Plädoyer. Aber der Erfolg war durchschlagend. »Von allen Seiten Elogen und Glückwünsche«, wie Frl. Greinert schrieb. Man habe, erzählte Viktor, behauptet, es sei eines der besten Plädoyers, die je am Haager Gerichtshof gehalten wären.

Viktor hatte die Gelegenheit nutzen wollen, um manche Sünde der Entente gegen Deutschland aufzudecken. Wenn es ihm trotzdem gelang bei dem wenig deutschenfreundlichen Holland eine sehr gute Presse zu bekommen und selbst in den Zeitungen der Gegner gut rezensiert zu werden, spricht es gewiss dafür, dass er eine geschickte und vornehme Form gewählt hatte! Auf Erfolg rechnet er nicht. Die Zusammensetzung der Cour scheint ihm keine Hoffnung auf ein für Deutschland günstiges Resultat zu garantieren.

Erst in Mergentheim, wohin Viktor nach Abschluss der Haager Arbeitszeit zur Erholung gereist war, erfuhr er den Verlust des Prozesses um e i n e Stimme! Vielleicht wär auch diese eine Stimme noch zu gewinnen gewesen bei größerem diplomatischem Geschick des deutschen Richters [*Walther Schücking*]. Aber die starke Minorität war schon ein großer Erfolg, und der moralische Sieg durchaus auf unserer Seite.

Aber auch in unseren Zeitungen sickerte der Eindruck von Viktors Repliken durch. Er hatte die Gegner abgeführt, wie es glänzender nicht geschehen konnte. Das Weglassen einer Klausel seitens der Franzosen deutete er mit feinem Sarkasmus an, wobei die zwei Lügner ihre Köpfe beschämt auf die Bücher senkten, und in seinen Schlussworten geißelte er den Italiener Scialoja, der mit Krieg gedroht hatte, einer Blasphemie in diesen Hallen des Friedens! Beifall tobte durchs Haus! Ganz fremde Menschen schüttelten ihm die Hand; ein Chinese, der in Paris Völkerrecht studiert hatte, wollte bei Viktor in Berlin nochmal damit beginnen. Die Kraft der Gedanken, der Mut der Überzeugung, die Kühnheit des Vortrags hatten das ganze Haus bezwungen. Die Gegner, denen er gegenüber immer die Form gewahrt hatte, waren von ausgesuchter Höflichkeit.

Ganz allein hatte ich noch hinreisen dürfen, nachdem die Verhandlungen vorüber waren und ich den bisherigen Höhepunkt im Leben meines Mannes verpasst hatte.

Dann zwang uns das schmaler werdende Gehalt, Auto und Chauffeur abzuschaffen. Es war echt Viktor, zu Rodacker zu sagen: »Ohne das Auto kann ich mich schließlich behelfen, aber es wird mir schwer, Sie zu entbehren!« –

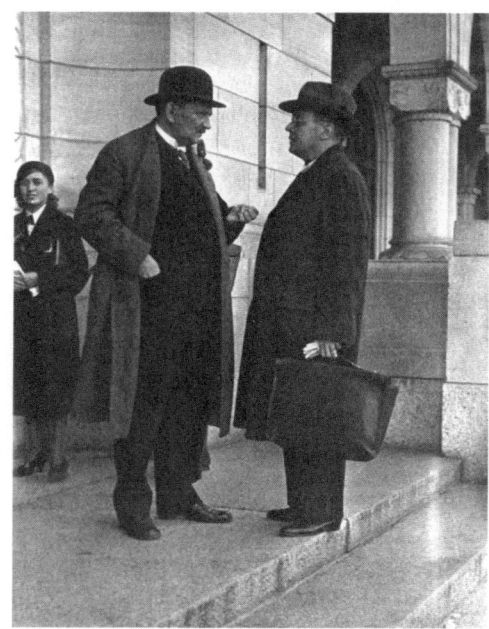

Viktor Bruns (r.) mit Walther
Schücking vor dem Internatio-
nalen Schiedsgerichtshof in
Den Haag.

Die Prozesse um Danzigs Leben

[1932]

Im Winter wurde Viktor zum »judge ad hoc der Freien Stadt Danzig« ernannt. Es handelte sich um zwei Prozesse *[in Den Haag beim Internationalen Schiedsgerichtshof]*, deren Verlust den Untergang von Danzig im polnischen Staat bedeuten würde. Hier möchte ich einige Briefstellen anführen.

Er selbst *[Viktor Bruns]* berichtet am 16. Januar (1932): »Die Woche, die
diesmal hinter mir liegt, ist bei weitem die aufregendste und anstrengends-
te gewesen, die ich hier erlebt habe. Von Montag bis Sonnabend hat die
Beratung gedauert, je ungefähr 3 Stunden vor- und 3 Stunden nachmittags.
Da ich gewöhnlich vor der Sitzung irgendwelches Material in der Bibliothek ausfindig machen und diesen oder jenen Richter vorher sprechen
muss, so gehen Schücking und ich schon frühzeitig in den Friedenspalast.

Die kurze Mittagspause muss meist zu einer Überlegung für die Stellungnahme zum Nachmittag dienen und gestattet kaum je ein Schläfchen,
das ich manchmal gerne machen würde. Das einzige Erfrischende ist der
viermalige Gang durch den Bosch.« »Die Stunden nach dem Abendbrot
dienen teils der Durchsicht des mitgebrachten Materials, teils dessen, was
während der Verhandlungen erörtert, vor allem aber der Überlegung der

Gründe, die man der gegnerischen Partei vorhalten kann und dem takti-schen Verhalten bei Beratung der Fragen: denn gerade der letztere Punkt ist von außerordentlicher Wichtigkeit. Wir sind ja leider gerade nicht ein Gremium, in dem sich alle Mitglieder das Ziel gesteckt haben, eine Ent-scheidung zu finden, die möglichst gerecht ist, sondern wir sind ein Kol-legium, in dem ein Teil in der unverhülltesten Weise politische Zwecke verfolgt, durch unzulässige Auslegung von gegebenen Bestimmungen Po-len neue Rechte zu geben, auf die es sicher keinen Anspruch hat. Und doch sind die Bedingungen des Versailler Vertrages ja gerade von dieser Seite ausgearbeitet, ohne dass sie sich durch irgendwelche Erwägungen hem-men ließen, zum größtmöglichen Vorteil Polens und Frankreichs. Gewiss bewegt mich das Schicksal des kleinen deutschen Staats Danzig als Deut-scher, aber was als Jurist mich empört, das ist das ganze illegale Gebaren einer skrupellosen Politik, das in den Mantel des Rechts eingehüllt wird und nichts anderes als eine Entweihung des höchsten Gutes, das den Men-schen neben der Religion gegeben ist, nämlich des Rechtsgedankens als der Verwirklichung der Gerechtigkeit, bedeutet. Dieses Gefühl lässt einen im Zustand größter Ermüdung immer wieder die neue Frische zum Kampf finden.«

In einem Brief vom 22. Januar schreibt er: »Als einer der Gegner meine Ausführungen mit der Berufung auf die entgegenstehende Praxis des Völ-kerbundsrats, in dem er jahrelang tätig war, abtun zu können glaubte, konnte ich als Erwiderung sofort den Wortlaut einer Reihe von Ratsberich-ten ihm entgegenhalten und die Erwiderung mit einigen Sätzen aus einem Zeitschriftenartikel des Vertreters von Polen – Prof. de Visscher – schlie-ßen, die, obwohl erst vor einem Jahr erschienen, das genaue Gegenteil von dem enthielten, was er in seinem Plädoyer vorgetragen hatte. Nach diesen Ausführungen griff der Präsident (Adatschi) [*heutige Transkription aus dem Japanischen Adachi, Mineichiro*] zum ersten Mal in die Debatte ein und be-gann mit den Worten: »Ich bin sehr glücklich, die Ausführungen von Herrn Bruns gehört zu haben.«

An meinem Geburtstag – zwei oder drei Tage vor Viktors Rückkehr – kam von Frl. Greinert folgender Brief: »...Ich wünsche Ihnen sehr herzlich alles Gute, Ihnen und allen ihren Lieben. Leider müssen Sie diesen Tag ohne Ihren Herrn Gemahl verleben, aber a n e i n e r g r o ß e n G e b u r t s -t a g s f r e u d e f e h l t e s j a n i c h t, und ich freue mich unbeschreiblich für Sie. Am Freitagabend hatte Ihr Herr Gemahl Stauffenberg, Frl. Klaaßen und mich ins Royal eingeladen. Wir waren alle sehr vergnügt, tranken Sekt und hatten viel Spaß an dem märchenhaften Essen. Ob es Leute gibt, die täglich solche Menüs aufzunehmen im Stande sind? Eine ungarische Kapel-le spielte in unserer nächsten Nähe ununterbrochen feurig und schmelzend dazu. Kurzum es wurde – wie der Russe sagt – mit allen Glocken zugleich geläutet.« Am Schluss steht der Satz: »Ich finde meinen Brief allerdings sehr diskret; trotzdem möchte ich Sie bitten, ihn, wegen der Schlüsse, die man aus dem Anfang ziehen muss, vertraulich zu behandeln.«

Beide Prozesse, der weniger wichtige vor Weihnachten und der weitaus wichtigere nach Weihnachten, waren gewonnen. Nachdem die Polen schon in einer öffentlichen Versammlung verkündet hatten, Danzig sei jetzt polnisch geworden, hatte Viktor den freien Staat den Polen entrissen. Mir war, als sei ich die Frau eines großen Generals, der eine Stadt vom Feinde entsetzt hatte. Aber nicht mit Schwertgewalt, sondern mit den friedlichen Waffen des Geistes, mit seinem persönlichen Mut allerdings, der Kraft und Gesundheit, wie der Soldat sein Leben einsetzt, war dies erreicht.

Welch eine Riesenarbeit Viktor geleistet hatte, beweist der Umstand, dass er aus einer kleinen Minorität für Danzig eine stattliche Majorität gemacht hatte!

[Viktor Bruns hatte einen Zusammenbruch durch »Herzkrampf« gehabt.]

Erst das ungebundene Landleben in Klein-Kuhren mit systematischer Abhärtung des Körpers nicht nur durch Sonnen- und Schwimmbad, sondern auch durch leichte Kleidung bei jeder Temperatur gab Viktor wieder Lebensfrische und Arbeitskraft. Aber erst vor Weihnacht verloren sich seine gelegentlichen Herz- und Armschmerzen bei jeder Anstrengung!

Von Nidden aus traten wir die Heimreise an. Viktor hatte sich von seinem Herzkollaps 4 Monate erholt, und wenn er auch noch bis in den Dezember hinein beim Tragen seiner Büchermappe nach dem ersten Frühstück Schmerzen in der Brust spürte, konnte er doch seine Arbeit ohne Ermüdung leisten.

Am Scharmützelsee

Im Spätherbst hatten wir noch eine kleine Erholung am Scharmützelsee, wo wir mit Ernst Weizsäcker das Pieskower Schlösschen ein paar Tage lang bewohnten. Anfangs war es diesig über dem See, aber umso feiner wirkte der Horizont hinter den hohen, fast ganz entblätterten Pappeln, die ich mit der Füllfeder festgehalten habe.

Einen Tag lang regnete es, und es war gut, dass wir mit Ernsts so schön harmonisierten. Man schrieb, teilte Bucherfahrungen mit und hörte Urteile an. Dann aber, am nächsten Morgen, schien die Sonne aus allen Löchern, so dass Viktor und ich eine lange Seewanderung machen konnten. Freilich – ans Wasser kamen wir nie. Da war's immer abgezäunt; man konnte froh sein, wenn man nicht fortwährend auf Villen von reichen oder reich gewesenen Berlinern mit der Anschrift »zu verkaufen« stieß. Meist waren diese Häuser in anspruchsvollem Stadt- oder Schloss-Stil erbaut. Kurz, die Ber-

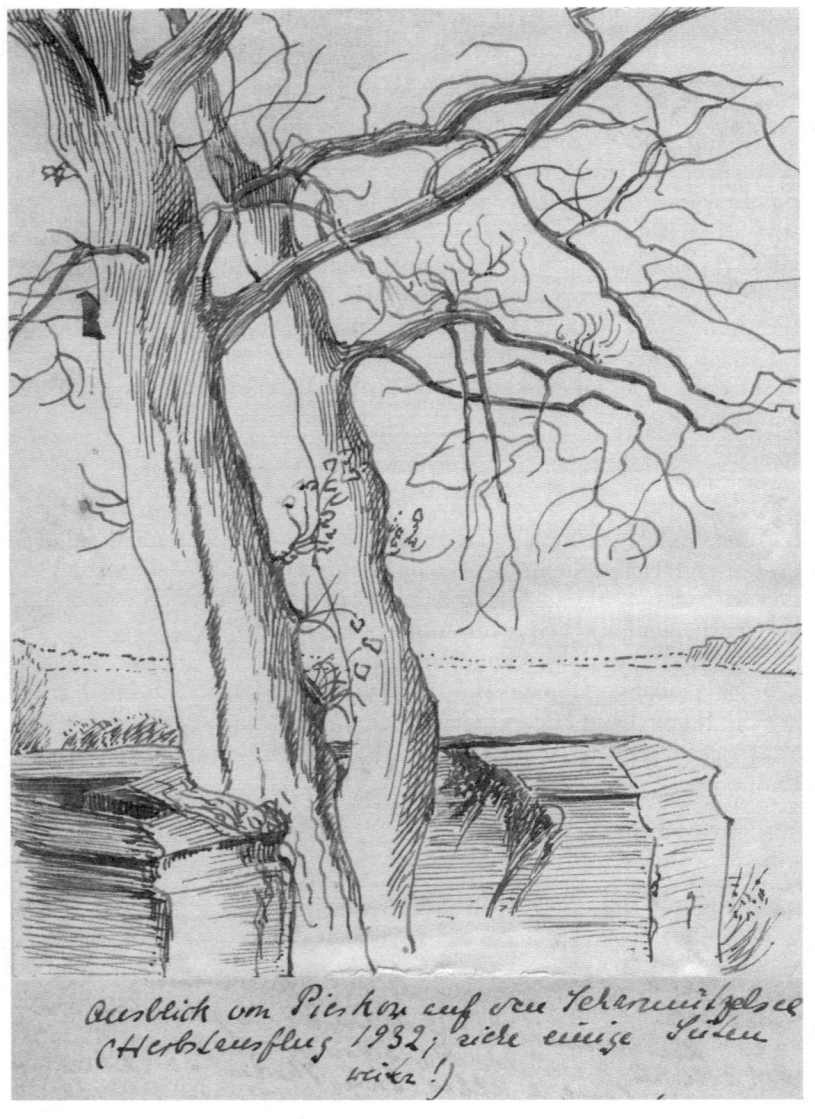

Blick von Pieskow auf den Scharmützelsee, Zeichnung von Marie Bruns, Herbst 1932.

liner hatten diesen wundervollen See an seinen Ufern schon gründlich verdorben, und man sehnte sich nach reiner, freier, unbegrenzter Natur – nach dem Stechlin!

Viktors Vortragsära

Still und bescheiden hat Viktor sein wissenschaftliches Urteil in Wort und Schrift jahrelang zurückgehalten. Er wollte erst praktische Erfahrungen sammeln, nachdenken und reifen, ehe er neue Gedanken vor der Öffentlichkeit formulierte. Jetzt kam die Stunde, wo er seine Teilnahme an den deutsch-polnischen Prozessen, am Haager Schiedsgerichtshof und seine Erfahrungen als Institutsleiter auswerten konnte – und mit der Stunde die Gelegenheit! Innerhalb von 7 Monaten hat er 7 Aufforderungen zu öffentlichen Vorträgen erhalten: im Herbst für Genf, im November für Berlin, im Januar für Königsberg und Danzig, im März für Weimar, im April für Stockholm und Uppsala.

In Genf sprach er über Richter und Diplomat. Der Erfolg muss hinreißend gewesen sein. Er meisterte die deutsche Sprache so gut, dass nachher behauptet wurde, im Deutschen könne man seine Gedanken viel klarer ausdrücken als im Französischen! Welch ein Irrtum! Ein unklarer Kopf kann in jeder Sprache quasseln, ein klarer Geist wird das Sprachorgan immer zu einem kristallhellen Ausdruck seiner Gedanken machen!

In sehr gehobener Stimmung kehrte Viktor heim. Es folgte der Vortrag in der Kaiser-Wilhelm-Gesellschaft [*Vorgängerin der Max-Planck-Gesellschaft*] (Harnack-Haus) über den internationalen Richter [*Viktor Bruns: Der internationale Richter, Berlin 1934*]. Viktor musste ein wissenschaftliches Niveau einhalten, da er u. a. vor den Direktoren der Kaiser-Wilhelm-Institute sprach. Diese waren aber Nicht-Juristen. Seine Ausführungen mussten ihnen zugänglich sein, aber auch weniger geschulten Laien, Frauen und jungen Mädchen, die erschienen waren, deutliche Begriffe geben. »Ich muss so reden, dass mich meine Köchin versteht«, war seit langem seine Devise. Unsere Berta würde diese Probe ja nicht gerade bestanden haben – aber eine Köchin mit Hirn hätte schon manches begriffen!

So waren in Viktors Rede die Fachausdrücke und schwierigen Fremdworte nach Möglichkeit vermieden. Der Kanzelredner Weizsäcker [*Viktors Großvater, der Theologe und Kanzler der Universität Tübingen, Prof. D. Karl Heinrich von Weizsäcker*] war lebendig in ihm. Das Publikum konnte nicht umhin, ihm mit Spannung zu folgen. Begeisterter Applaus lohnte ihn; er hätte wohl noch länger gedauert, wenn nicht [*Max*] Plancks Erscheinen auf der Rednerbühne Ruhe verbreitet hätte.

Langes [*Marie de Lange*] fanden es besonders fein, dass er persönlich so sehr hinter seinem Vortrag zurückgetreten war. Nicht ein Wort darüber, dass er selber internationaler Richter gewesen wäre! Vor allem hatte Viktor aber den Menschen allen Mut gemacht. Ich kann es nicht besser ausdrücken als es Suse Stort tat in einem Brief an mich: »Wir möchten Dir und Deinem Mann noch mal sagen, wie sehr uns der Vortrag gestern Abend interessiert und erfreut hat. Das Thema war bei aller Sachlichkeit und Klarheit an Behandlung auch unserm Verständnis nicht nur ganz nahe gebracht, sondern außerdem spiegelte diese Behandlung eine im besten Sinne optimistische Anschauung, einen absoluten Glauben an das Recht in der Welt, der einem in diesen verwirrten Zeiten bisweilen verloren zu gehen droht. Bitte sage doch Deinem Mann unsern herzlichen Dank für diese jetzt so besonders erfrischende Erfahrung!«

Die Vortragsreise nach Danzig, Januar [1933]

[*Tee beim Danziger Präsident Crusen:*] Sehr viel Spaß machte uns eine Anekdote von Siegfried Wagner. Er hatte es sattgehabt, nach dem Dirigieren immer einen Lorbeerkranz entgegenzunehmen. So verbat er sich diese Sitte. Aber was tun? Man wollte sich doch erkenntlich zeigen. Da kam man auf den guten Gedanken, eine materielle Neigung von ihm zu benutzen und ihm einen Kranz aus langen fetten Spickaalen zu überreichen. Siegfried Wagner war einfach selig. Für Viktors Erfolge wäre natürlich ein Kranz von sauren Gurken das richtige gewesen!

[*Der Vortrag in Danzig:*] Mit gespannter Aufmerksamkeit hörten alle zu. Viktor trug seinen »Diplomat und Richter« mit gewohnter Wucht und Leidenschaftlichkeit vor. Manchmal wurde ich an die Würde und Feierlichkeit Shakespearescher Sprache erinnert. Nie habe ich einen Redner so sprechen hören. Viktor erlebt alles, was er sagt. Die Abhängigkeit vom Papier, das vor ihm liegt, ist nie mehr fühlbar. Einzelne Sätze heben sich als Aphorismen heraus. Das Besondere des Vortrags empfanden auch die Geladenen. Der äußerst kritische Herr von Hagen sagte zu mir: »Ganz abgesehen vom Inhalt war der Vortrag schon rein äußerlich ein ästhetischer Genuss.« Frau von Hagens wiederholte staunend die Worte: »Kultur ist Achtung vor der Natur!«

Viktors und meine Reise nach Stockholm (5.-13. April 1933)

[*Schon im April 1932 hatte Viktor Bruns in Stockholm zwei Vorträge halten sollen, die er aber absagen musste.*] Aber die Schweden hatten seine Absage nicht übelgenommen, und der einstige Ministerpräsident Hjalmer Hammarskjöld [*Vater von Viktor Bruns' Freund im Haag*] wiederholte seine Aufforderung zu Anfang April dieses Jahres.

Da Viktor nun zwei Vorträge bereit hatte, mit denen er reisen konnte, war die Vorbereitung nicht mühsam: »Der internationale Richter« [*Viktor Bruns: Der internationale Richter*] und »Recht und Politik« [*Viktor Bruns: Völkerrecht und Politik, beide Berlin 1934*].

[Mit der Eisenbahn von Malmö nach Stockholm:] In den Dörfern standen große, stille Kirchen mit lichtgrünem Dach mit stark patinierter Kupferumkleidung. Ziehbrunnen standen neben den Häusern wie vor Hunderten von Jahren, und man hatte das beruhigende Gefühl: wie das Land war, so ist es und wird es sein. Auch gab es weder in den Dörfern noch in den Städten ein auffallendes Gebäude. Überall herrschte ein schlichter, gesunder Stil. An den Seen standen schöne Landhäuser, einfach in der Linie. Gärten hatten die Häuser fast nie; nur zuweilen standen auf der Wiese davor einige Obstbäume. Der Schwede geht eben gerne vor der Haustür aufs Feld, in den Wald, auf die Wiese oder an den See. Die Zivilisation, die in Deutschland durch Amerika so stark gefördert wurde, hat hier noch nicht Einfluss gefunden; dafür hält sich die Urkultur.

Die Städte mit ihren kleinen bescheidenen Häusern machen den Eindruck von vergrößerten Dörfern. Sie sehen nach zufriedenen Bewohnern aus, die sagen dürfen: »Hier bin ich Mensch, hier darf ich's sein!«

Eigentlich meinte Reuterskjöld *[der Veranstalter der Vorträge]*, müsste das Gebäude viel größer sein: denn jeder der Abgeordneten hätte gern sein eigenes Zimmer zum Schlafen. Vermutlich pennen sie hier bei den Beratungen genauso gern wie in unserem Berliner Reichstag. In einem der Beratungsräume hingen Bildnisse in ganzer Gestalt von Minister- oder Reichstagspräsidenten – das habe ich nicht mehr so genau in Erinnerung. Einer der früheren schwedischen Könige hatte sich über seinen Präsidenten geärgert und nach dem Bild geschossen. Reuterskjöld zeigte uns die geflickten Löcher.

[In Uppsala:] Um 6 Uhr (abends) fand ein Essen für uns im Hotel statt. Auf dem Balkon war uns zu Ehren zwischen zwei schwedischen die schwarz-weiß-rote Flagge gehisst. Man machte uns auf diese Ehrung aufmerksam und fragte schüchtern, ob man auch die rechte Fahne gewählt habe *[Schwarz-Weiß-Rot der Kaiserzeit oder die Hakenkreuzfahne mit denselben Farben, aber nicht mehr die schwarz-rot-goldene der Weimarer Republik!]*. Es ist ja wohl für Ausländer nicht immer ganz leicht zu wissen, welche Fahne gerade in Deutschland weht! *[Im Jahr 1933!]* Zum Essen waren wir acht, darunter ich die einzige Dame. Man entschuldigte sich sehr; ein Ehepaar sei gerade nach Italien abgereist, einige der Herren seien Junggesellen, einer auch Witwer – mag sein, dass die Schwedinnen aus Deutschenhass im Hintergrund blieben! Mag sein, dass die Angaben stimmten! Aber jedenfalls war ich goldfroh, nur unter Männern zu sein.

Der übermüdete Viktor begann seine Vorlesung leicht beschwipst vor etwa 32 Hörern. Ich fand ja diese Zahl nicht ermutigend. Die deutsche Sprache wird von früh auf an den gebildeten Schulen Schwedens gelehrt, also verstehen konnten sie deutsch. Aber ein Deutscher wurde zu der Zeit in Schweden sehr verächtlich angesehen, und es hatte Viktor auch Angst

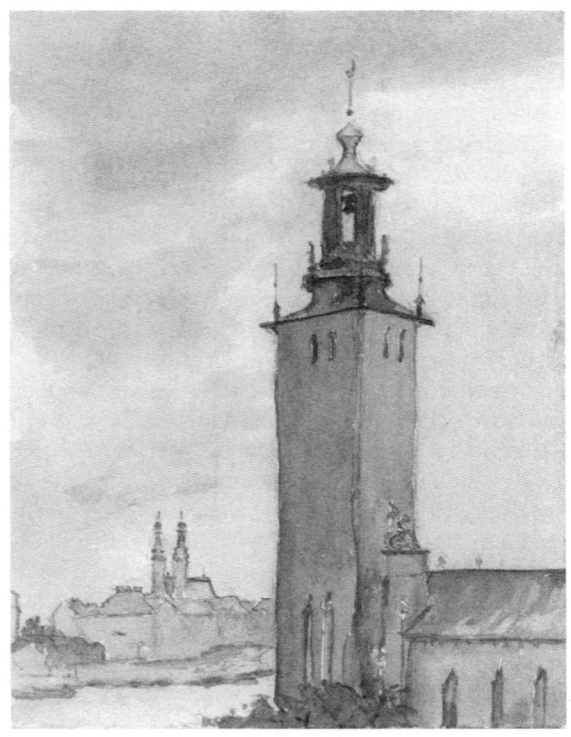

Stockholm, Aquarell
von Marie Bruns, 1933.

vor einer frostigen Aufnahme seines Vortrags. Wie von Reuterskjöld in seiner liebenswürdigen Einleitung von »unserm großen Vaterland« sprach, musste ich mir sagen: warum jetzt diese Worte? Spöttisch meinte er sie zum Glück nicht, aber man ist sehr empfindlich in dem Punkt. Viktor begann, und bald hatte er die Herzen der Hörer gewonnen und sie von seinen Ansichten überzeugt. Das Thema war: Politik und Recht. [*Viktor Bruns: Völkerrecht und Politik. Berlin 1934*]. Lebhaftes Klatschen lohnte seine Worte, und der Führer der Studentenschaft bat ihn sogar, am darauf folgenden Dienstag noch ein privatissimum für die Studenten zu halten. Das sagte er gern als Dreingabe zu.

Frühstück beim Präsident Hammarskjöld

Ich war hochgeehrt durch meinen Platz zwischen dem Präsidenten Hammarskjöld und dem früheren Außenminister, Präsidenten des schwedischen Oberlandesgerichts Friherrn Marks (sprich Märks) von Würtemberg.

Er erzählte, dass ein Ahnherr von ihm in Reutlingen gelebt habe und dann von Gustav Adolf mit nach Schweden genommen worden sei.

Ich legte nun auch meinem Tischherrn die Fragen vor, die mir bisher keiner so recht beantworten konnte: woher kommt es, dass ein Teil der Schweden ganz dunkel ist? Auch er versagte: die Schweden seien Urgermanen. Von diesem Lande aus habe die Einwanderung in andere Länder Europas stattgefunden. Nun war mir aufgefallen, dass neben dem klassisch schönen blonden Typus mit gerader Nase und schmalem Gesicht zwei andere häufig begegneten: der blonde mit aufgeworfenen Nasen nach Art der Slaven und ein weiterer blonder mit ganz dicken Backenknochen. Bei Betrachtung der Volkstypen im Nordischen Museum am nächsten Montag sollte mir das noch deutlicher werden. Marks sagte, man nehme an, dass an der Ostküste Schwedens mal Slaven gesessen hätten – vielleicht waren sie von Russland herübergekommen, aber sonst verlaute nichts von Einwanderung. Meine negativ geäußerte Frage, dass sich die Schweden wohl nie mit Finnen oder Lappen (im Norden des Reichs) vermischten, wies er mit leise geäußerter Entrüstung zurück. Ich merkte, wie er sich bei dem bloßen Gedanken förmlich in sich zusammenzog! Trotzdem glaube ich: die dicken Backenknochen sind malaiisch und können nur von diesen etwas untergeordneten Völkerschaften eingeführt sein. Bliebe noch das Rätsel der schwarzen Schweden zu lösen. Ich sah einige unvergesslich schöne dunkle Männer. Mal auf der Straße, wie ich in meinem Griebenplan ein bisschen ratlos herumsuchte, blieb ein junger Schwede stehen mit dunkelbraunem Haar und schwarzen Augen, um mir Bescheid zu sagen. Seine Schönheit verschlug mir fast den Atem. – Dass ihr Teint dabei »weiß wie Schnee« ist, macht sie noch besonders reizvoll. Sollten nicht seit der Zeit, wo das Königshaus Bernadotte herrscht, Heiraten mit Franzosen und Französinnen stattgefunden haben? Dies scheint mir eine Mutmaßung, die nicht ohne Wahrscheinlichkeit ist!

Am Abend folgte Viktors erster Vortrag in Stockholm. Reuterskjöld holte uns im Auto ab und geleitete uns zur »Bürgerschule«. Fast gleichzeitig traf auch der alte Hammarskjöld, der rührende Assistent des neuen Völkerrechtsinstituts ein (auch einer der schönen Schwarzen, aber kein atemberaubender), schätzungsweise nehme ich an, dass es 22 Leute waren. Reuterskjöld fühlte sich doch etwas bedrückt und sagte: 200 Menschen könne der Raum fassen, 400 Einladungskarten habe er versandt, und das sei der Erfolg!!

Hammarskjöld führte Viktor als einen Mann von bedeutendem Wissen und berühmter Rednerkunst ein – war er durch seinen Sohn ausführlich über die Zollunion unterrichtet oder hatten die Uppsalaer schon berichtet? Die »fontes juris gentium« *[vom Berliner Völkerrechtsinstitut herausgegebene Buchreihe der Quellentexte des internationalen Völkerrechts]* erwähnte er als grundlegendes Werk der Völkerrechtswissenschaft – kurz, er war voller Erwartung und teilte dies gewiss auch den Hörern mit. Das konnte Viktor anspornen. Und so begann er mit gewohnter Wucht über den »internationalen Richter«. Ich konnte bemerken, dass die wenigen Hörer wie die Schießhunde aufpassten. Sie spendeten dann auch lebhaften Beifall. Der Präsident sagte hernach in hamburgischem Tonfall: »Wenn Sie das von einem alten Mann gern hören wollen: ich denke in Allem ganz wie Sie!«

Zum Frühstück waren wir beim deutschen Geschäftsträger Meinert eingeladen. Er selbst führte mich zu Tisch, untadelig in dem breitschulterig gearbeiteten Anzug mit der ganz schlanken Taille und strahlend vor Freude über seine eigene Persönlichkeit. Die junge sehr natürliche Frau war mir angenehmer. Von den beiden Attachés gefiel mir der baumlange Graf Rantzau, Neffe unseres Kammerherrn, mit dem ich mich lange unterhielt. Er erzählte mir, dass die Schweden uns Deutsche jetzt gar nicht verstehen könnten. Für ein Volk von so ruhigem Entwicklungsgang sei es eben unmöglich, sich in die Handlungsweise eines seit Jahren gemarterten Volkes herein zu versetzen. Das leuchtete mir ein. Die Engländer werden es auch nicht können.

Am Abend sprach Viktor wieder in der Bürgerschule, diesmal über »Recht und Politik«. Sein erster Vortrag muss sich herumgesprochen haben, denn es waren jetzt über 50 Leute erschienen, darunter eine Reihe Männer von Gewicht. Wirklich hatte sich auch der deutsche Geschäftsträger herbeibemüht, aber die beiden Attachés fehlten – aber das schwedische Auswärtige Amt hatte sechs Herren geschickt. Wenn man annimmt, dass vielleicht 15 im Ganzen dort arbeiten, so ist das ein hoher Prozentsatz. Viktor war mit einiger Besorgnis hingegangen. Wenn nun diesmal nur drei oder vier Leute kämen?! Der Anblick der zahlreichen Versammlung belebte ihn gleich sehr. Er sprach daher mit besonderem Schwung. Lebhaftes Klatschen.

Brittas Hochzeitstag in Königsberg

[Britta von Zezschwitz, Tochter von Viktors Bruder Oskar Bruns]

29. Dezember 1933

Am Morgen war Glatteis. Als wir mit dem Auto vor der herrlichen Krönungskirche der preußischen Könige hielten, stand Sauerbruch am Wagenschlag und half, besonders den älteren Herrschaften, beim Aussteigen. Er meinte, dass er froh sein würde, keine Schenkelhalsbrüche heilen zu müssen. In der Kirche schimmerten Adelswappen von allen Pfeilern. Die hochgestellten Familien hatten das Sinnbild ihrer Ehre Gott geweiht. Brennende Weihnachtsbäume standen zu beiden Seiten des Altars. Ute streute mit Freundinnen Blumen, Britta sah wie ein Schneewittchen aus. Die sehr alltägliche Rede konnte den Stimmungszauber nicht zerstören.

In bewegter Rede hatte Sauerbruch darauf angespielt, dass Britta eigentlich schon vor ihrer Geburt einem seiner Söhne versprochen wäre, dass er tief gekränkt sei ob des gebrochenen Wortes und sich nur trösten könne, wenn sich sein Sohn Friedel mit Uta verloben würde. Er ließ beide kommen, Uta auf einen Stuhl stellen und so, die ungleichen Größen zu einer Größe vereinigend, fügte er ihre Hände ineinander. Das Brautpaar strahlte!

Der Fotograf, der die ganze Gesellschaft mit Blitzlicht aufnehmen sollte und gar keinen Humor besaß, wurde von ihm, wenn ich mich recht erinnere, als Gerichtsvollstrecker angeredet. Fast hätte er an mir zu einem solchen werden können; denn wie er kurz vor dem Knipsen Gudrun *[Bruns, Brautmutter]* einen herzhaften Kuss aufdrückte, sagte es hinter ihm: »Mir auch einen!« Wie ich das herausgebracht habe, weiß ich wirklich nicht mehr. Aber das Wort saß plötzlich in der Luft. Eine rasche Wendung und mein Wunsch war erfüllt! Zum Glück kam er nicht mit aufs Bild. Aber ich hatte das Gefühl, alle fünf Sauerbruchs hätten es bemerken müssen.

Nun, der Zusammenhang blieb ihnen wohl schleierhaft, und diese eine Kussepisode ging unter in so vielen anderen mehr. Denn Ferdi *[Sauerbruch]* war unbeschreiblich freigiebig. Alle jungen Mädchen hatten einen auf Nacken, Stirn oder Wange sitzen. Gudrun, deren Schmerz über Brittas Fortgang ihr im Gesicht geschrieben stand, musste gründlich getröstet werden. Ich glaube, sie zählte mir den Abend 19 Stück vor; ich hatte nur mit dreien aufzuwarten, bei deren letzten er aber besonders liebe Worte gesprochen hat. Ich bekam zu hören, dass ich meinem Mann »Alles sei«. Dass Frau Burger mit ihrem Alten nichts zu lachen habe, sah Ferdinand auf den ersten Blick. Also saß er ganz dicht an ihr, tanzte unsäglich oft mit ihr, machte ihr auf der Galerie der Diele, die so schön entlegen war, aufs Innigste die Cour und entschädigte sie so gründlich für ihre öde Ehe, dass sie völlig hingerissen war. Wir sprachen uns dann begeistert über den Held des Tages aus. Der alte Burger hatte auch viel getrunken und vertrug weniger als sein Rivale; also riss er beim Tanzen mit seiner langen Schlacksfigur, deren Kopf ständig überkippte, eine Reihe Mokkatassen zu Boden, was ihn gar nicht störte, mochten sie in Scherben liegen! Womöglich hatte er's durchaus nicht gemerkt. Aber weil seine Trunkenheit weder äußerlich noch innerlich die Anmut von Sauerbruchs Wesen besaß, wurde er schließlich von seiner Frau in ein Auto gepackt, wo er bis zu seinem Daheim mit dem eigenen Rausch allein war. Und sie tat, was Sauerbruch als Parole für die Festtage seines Lebens ausgegeben hatte: »Wenn ich mal ein Fest feiere, dann leere ich den Kelch der Freude auch bis zur Neige!«

Alles was ihm zusah, war beseligt. Viktor sagte einmal übers andere: »Der Mensch ist ja fabelhaft! Der Mensch ist hinreißend.« Dem Violinspieler riss er die Geige aus der Hand und improvisierte zum Tanz. Eine Weile dirigierte er das kleine Quartett mit höchster Grazie und Meisterschaft. Dann riss er wieder eine schöne Frau im Tanze mit fort. Viktor war auch in bester Stimmung. Er kränkte Gudrun ständig, indem er die Blumen aus den Vasen herausnahm und seiner Tanzdame verehrte. Das Wasser troff aufs Parkett! Und Gudrun hatte die Blumen noch so genießen wollen! Um 12 Uhr kam es Ferdi zu Ohren, dass Viktors Geburtstagsmorgen gerade anbrach. Nun bot er ihm das Du an (mir hatte er's auch schon angeboten und noch vielen anderen, die er sämtlich nach Wannsee einlud!!!) und hielt eine schwungvolle Rede, in der er als zarte Beziehungen zu unserer Familie anführte: »Deinen beiden Töchtern habe ich im Bauch herumgewühlt« (Blinddarmoperation!) – und so ging es weiter bis tief in den Morgen. Diesmal konnten die Alten nicht genug kriegen, und beim Katerfrühstück am nächsten Tage war Sauerbruch noch genauso aufgeräumt und toastete auf die Jugend. Köstlich, bemerkte er dabei, wenn man in seinem Alter sich noch selbst für jung hielte, sei das schon Alterseselei. Aber er war ja doch jünger als die Jugend. Als ich Sauerbruch einmal fragte, wie er sich so schnell von dem tiefen Ernst seines Berufs auf eine so ausgelassene Lustigkeit umstimmen könne, sagte er zu mir: »Die Kehrseite des Todes ist das Leben.«

Eine interessante Abendgesellschaft

[Berlin, zwischen Dezember 1933 und Frühjahr 1934]
Ich darf eine interessante Abendgesellschaft nicht zu erwähnen vergessen, in der es mir ermöglicht war, interessante Einblicke in das Neue Reich zu tun. Viktor lag an Grippe im Bett, ich vertrat ihn allein bei einem Kollegenehepaar. Der Herr Kollege hatte mich sehr dringend gebeten, doch schon vor der festgesetzten Zeit (um 8 Uhr), also um ½ 8 Uhr zu kommen. Mit Hilfe einer Taxe erreiche ich 10 Minuten vor 8 die Wohnung. Aber noch war kein Mensch da. Erst nach einiger Zeit kommt die Gastgeberin mit ihrer zweijährigen Tochter.

Die Kleine hat versprochen, für die »vielen schönen Tanten« Lieder zu »sin-ken«, wie ihre Mutter so niedlich sagt. Aber sie kann nicht: es ist nur eine Tante da. Wie mehrere kommen, heißt es, »ein Stuhl ist noch frei.« Nun droht ihr der frühzeitige Abgang. Rasch packt sie aus einem Portemonnaie ein kleines Hakenkreuz und andere Dinge, die lange gesucht wurden, aus. Sie ist viel zu beschäftigt, um zu hören, dass eine Tochter, die nicht singt, ins Bett gehört. Auch muss die Unordnung, die sie jetzt macht, unbedingt noch beseitigt werden. Die Gesellschaft ist vollzählig; sogar der Hausherr, der lange auf sich warten lässt, erscheint 10 Minuten vor ½ 9, die Tochter singt nicht. Aber während des Gesauses hört man vom Nebenzimmer, wo sie ins Bett gebracht wird, ganz richtig und klar »Die Fahne hoch!«

Zu meiner Linken sitzt ein Würdenträger des Reichs, der grundklug aus den Augen sieht. Jedes seiner Worte schneidet scharf wie Messer, seine Gedanken sind sonnenklar. Zwischen ihm und dem Hausherrn entspinnt sich ein interessantes Wortgefecht. Der Professor erklärt einen seiner Vorträge; wie er spricht, mit leuchtenden Augen, geröteten Backen und sanftem leise lächelnden Mund, wie er sich so fein und seelenruhig äußert, kommt er mir ganz seraphisch vor.

Man hat beinahe abgegessen, da ist ein protestantischer Bischof eingetreten. Unter buschigen Brauen, die sich berühren, glühen schwarze Augen hervor, sein Mund drückt Entschlossenheit bis zum Äußersten aus. Er kommt von der Sitzung der Sechzehn – 4 Deutsche Christen hätten gegen 8 Evangelische getagt. Hitler und Göring hätten die Sitzung geleitet. Vergeblich bietet ihm die Hausfrau Essen an. Er ist zu ergriffen; nur oblatendünne Kuchen bringt er zwischen die Lippen. Er erzählt auch nichts, denn sein Erleben muss und möchte er diskret bewahren. Aber er lässt in groben Zügen durchblicken, was doch bald bekannt werden wird: Man habe gemeint, der Führer werde Müller fallen lassen. Da täusche man sich sehr: Hitler stehe treu zum Reichsbischof. Er werde nicht dulden, dass die Uneinigkeit der Kirche das Dritte Reich zerstöre! Die Gegner sollten zerschmettert werden, habe er gesagt, um nie wieder aufzustehen!

Ja, der Führer sei prachtvoll gewesen, aber ihm, dem Bischof, gehe er immer noch nicht weit genug. Er könne sonst in 14 Tagen den Kampf endgültig beendet haben. Allerdings sah der Sprecher sehr fanatisch und extrem aus. Vielleicht hat er später auch aus solchen Gründen seine Stellung eingebüßt. Nach dem Essen begrüßt er seine Frau mit zärtlichen Handküssen. Sie ist wie ein Bild aus dem 19. Jahrhundert: lieb, still, von lächelndem Humor. Ihr Mann äußert:»Das Vorgefecht ist gewonnen; jetzt kommt der Kampf« – und sie schmunzelnd:»Das sagt Ihr nun schon seit Jahren.«

»Was macht denn [Pastor Martin] Niemöller?« fragt der Minister. – Der Bischof:»O, der hat sich ganz ekelhaft benommen. Er treibt Hintertreppenpolitik, stürmt die Reichskanzlei – aber er wird auch jetzt endgültig beseitigt werden!« Das Gespräch, das mich glühend interessierte, konnte ich nur brockenweise auffangen. Es nahm auch bald eine andere Wendung.

Beginn der deutschen [kunsthistorischen] Führungen 1934

Nach dreijähriger Pause hatte ich mich entschlossen, meine Führungen wieder aufzunehmen. Ich plante die Entwicklung des deutschen Wesens, das jetzt der Gegenstand so vieler Betrachtungen ist, an Hand von bildenden Künsten darzustellen. Da griff ich denn sehr weit zurück, nämlich zu den Zeiten der alten Babylonier und Assyrer, von denen so manches Motiv deutsch-romanischer Kapitele stammte. Ich verfolgte die Entwicklung weiter: durch die griechische und römische Antike, die islamische, christliche und mittelalterlich-italienische Zeit. Bis zu den großen Ferien hatte ich die deutsche Architektur der karolingischen, ottonischen, salischen Epoche in Lichtbildern und die Plastik, Malerei, dekorative Kunst in Originalen vorgeführt. Es war wohl anstrengend, aber ich genoss die Freude der Hörerinnen zu diesem Gebiet von Herzen, und wenn ich auch selbst der Sache gar nicht gewachsen war, so wuchs ich wenigstens an ihr und versuchte die Zusammenhänge der Kunst bei den verschiedenen Völkern ganz anders als früher zu begreifen.

Viktor hatte die Töchter noch am gleichen Morgen vor der Weiterreise je zwei Wollkleider aussuchen lassen, damit sie vor der zu erwartenden Einfuhrsperre an Wollwaren für den Winter und darüber hinaus versorgt wären. Edith bekam noch einen nötigen Gummimantel und einen Hut. Es gesellte sich also noch allerhand dazu.

Auf der Wies

(August 1934)

Die Nachricht von unserer Ankunft in Wies mit diesem ungewöhnlich großen Zubehör war sofort zum Pfarrhof gedrungen und hatte die Insassen auf uns neugierig gemacht. Ein Professorenehepaar aus Berlin mit zwei Töchtern und einem Berg von Koffern – und Herr Haas sagte sich: oh, Knorke! Die stark belastete (Pferde-)Fuhre kam natürlich nur langsam vorwärts. Bei Dunkelheit trafen wir in Wies ein. Aus einer Nische neben der Haustür begrüßte uns eine Christusstatue, die Hände in Ketten, mit leuchtenden Geranientöpfen davor. Im Hausflur standen Schnapsflaschen für durstige Pilger neben hängenden Rosenkränzen kaufbereit.

Die Stube der Töchter glich an Umfang einem Reitsaal. Auf dem Boden ausgebreitet zwei Felle der Seligen – der seligen Bernhardiner nämlich, Vorgänger eines stattlichen Hundes ihrer Art, der Max hieß und dessen Hauptbeschäftigung im Verscheuchen der Hühner vor dem Hause besteht. Über Ediths Bett baumelten Würste und Schinken. Daneben empfehlen zwei Sprüche den gläubigen Bewohner der Fürbitte der Allerreinsten und der Gnade Jesu!!

Am nächsten Morgen sollten wir erleben, dass Mosers [die Wirte] neben erlesenem Geschmack auch große Arbeitsamkeit besitzen, deren Früchte wir in vorzüglichem Essen genießen konnten. Herrlich die Tage, an denen es Pilze gab und Apfelstrudel. Natürlich auch sehr oft bayerische Wurst und andere Nationalgerichte! Alles rührend billig! Bei jeder Mahlzeit sitzen wir vor der Tür, Hella ein bis zwei junge Kätzchen auf dem Schoß, Edith mit einem Stück ihres Schweinebratens in der Hand für Max, Vater mit Zucker für das zwei Monate alte Fohlen, das sich öfters unserem Tisch nähert und »ganz schnell mal eben« eine blühende Ranke Feuerbohnen abfrisst!

Am meisten beglückt Viktor unser Schwimmbad, das niemand benutzt als wir. Man kann nur barfuß oder in Badeschuhen dorthin waten. Dann wird uns ein wahres Medizinalbad zuteil: goldbraunes Moorwasser mit Schwefelduft. Alpine Tannen umkränzen die Seefläche, Ausläufer des Hohen Bleichs blauen dahinter, und auf der anderen Seite sehen die Fenster des Kirchturms und Pfarrhauses herüber. So war es im Anfang. Später badete meist das sogen. »Pfarrhausgesindel« zu gleicher Zeit. Es bestand aus dem lustigen Messner Herrn Hindelang, seiner Schwester, der Sängerin: Frau Eschenbücher aus München, Herrn Dr. Schnell (dem Kunsthistoriker) und seiner Frau, an deren Schwimmteilnahme ich mich aber nicht erinnern kann, aus dem Organisten Hannes Haar und später auch seinem Nachfolger, dem Dozenten für Orgelspiel an der Münchner Musikhochschule Karl Höller. Sie dirigierten miteinander ein Floß und trieben auch sonst allerhand Unfug.

Zu Mariä Himmelfahrt stand schon um 7 Uhr ein Landjäger auf der Landstraße, um den Verkehr zu regeln. Trotzdem soll ein Bus auf der Fahrt zur Wies umgekegelt sein! Die Kirchenbesucher werden zunächst von Herrn Dr. Schnell mit beredten und reichlich schwärmerischen Worten in Geschichte und Geist der Kirche eingeführt. Verständnislos glotzen so manche auf die schimmernde Pracht, und das »schwingende Oval« haftet nicht in ihrem Herzen. Aber die meisten sind doch ergriffen, vor allem, wenn Dr. Schnell mit seinen Ausführungen zu Ende ist und Hanne Eschenbrüchers Sopran den Raum mit leicht vibrierenden Tönen im Geist des Rokokos füllt. Wie oft haben wir dann auf der Orgelempore gestanden und Regers Wiegenlied oder Bachkantaten gelauscht. Von allen Komponisten passt Händel am Schönsten in diesen Kirchenraum. Als Frau Eschenbrücher uns zur Freude das »Gethsemane« aus dem Messias von Händel sang, musste sich Viktor hinter der Orgel leise schnauben. Bach eignet sich in seiner gradlinigen Gesetzmäßigkeit nicht ebenso gut für die Maria Wies wie Händel, dem die Innigkeit, der Ernst und die leichte Beschwingtheit des Gotteshauses eigentümlich sind!

Nach dem Gesang erlebten die Besucher noch ein kurzes Orgelspiel von Karl Höller. Zunächst hatte uns auch schon Hannes Haas als Organist imponiert. Aber an Schwung und künstlerischer Größe war er nicht entfernt mit Höller zu vergleichen. Am meisten gab dieser sich der Musik hin, wenn er die Kirche leer glaubte!

Was wir auch an barocken Kircheninneren sahen, damals im Allgäu und hernach in München – es wurde uns bald klar, dass Marie Wies über allen stand. Aus schwärmerischer Andacht und begeistertem Glauben geschaffen, fasst es den Gläubigen und Ungläubigen ans Herz, und höchste Künstlerkraft lässt diese Gefühle in melodischen Rhythmen ausströmen. Seltsam bleich, Eisgebilden ähnlich, leuchten die Säulen des Ovals im Mondschein. Ganz geheimnisvoll wirkt der Raum bei der abendlichen »Kinderprozession«. Ihre Lichtlein in gelben, blauen, roten und grünen Hüllen hatten sich wie leuchtende Nachtblumen den Hügel hinaufbewegt. Vor der Kirche wurde Halt gemacht. Die Knaben sangen zu Geigenbegleitung; ein Schüler sagte aus tiefstem Herzen eine Dichtung her. Wir trauten unseren Ohren nicht: diese Verse mit dem Refrain »Zu uns komme Dein Reich« war eine trotzige Kampfansage gegen die bestehende Herrschaft. In der Kirche schwieg die Politik. Langsam verteilten sich die Leuchtkäfer der Lichtlein durch das Oval. Wie eine zauberische Grotte schimmerte der Altar. Gesang aus den vielen reinen jungen Kehlen strömte hell durch den Raum, Gebete stiegen auf – es war ein Treuegelübde der Jugend, das in dieser hehren Umgebung tief zu Herzen ging.

[Es folgt ein maschinenschriftliches kunsthistorisches Skript von Hans Hubel über die Wieskirche, ein Abschiedsgedicht von Marie Bruns auf die Wies und das »Pfarrgesindel«, Abschiedsabend mit Gedichten aller auf alle.]

Museumsführungen

In der zweiten Septemberwoche [1934] traten wir unsere Berliner Arbeit wieder an. Ich hatte für den Monat bereits eine Führung durch die islamische Abteilung versprochen und mich durch das Buch von meinem Vater [Wilhelm von Bode] und [Ernst] Kühnel dazu vorbereitet. Jetzt galt's, die Kunstwerke selbst besichtigen, und dann traute ich mich mit dem etwas fremden Thema vor mein Publikum. Es hat mir ganz besondere Freude gemacht, mich in die sinnenfrohe, märchenhaft phantastische Welt des Orients zu vertiefen. – Im November nahm ich dann den Faden der deutschen Führung durch unsere mittelalterlichen Säle wieder auf, zeigte aber auch viel Architektur und Plastik in Lichtbildern bei mir daheim. Es war oft nicht ganz leicht, Hauswirtschaft, Begleitung zu Hellas Gesang und Vorträge zu vereinigen, und die Ordnung im Haus hat manchmal Not gelitten, aber ehe die Beschwerden des Alters kommen, ist es doch beglückend, das Leben noch mal aus dem Vollen zu genießen.

Das Fest zum 10-jährigen Bestehen des »Instituts für ausländisches öffentliches Recht und Völkerrecht« in Berlin

Im Dezember [1934], ganz kurz vor Weihnachten, wurde Viktor mit der Einladung des Instituts zur Feier des zehnjährigen Bestehens seiner Schöpfung eingeladen. Wochenlange Vorbereitungen warfen so geheime

Schatten, dass es gelang, Viktor völlig zu überraschen. Im ersten Augenblick war er wütend – er mochte sich doch nicht »anfeiern« lassen. Aber dieser Abneigung des Chefs war schon Rechnung getragen und mehr eine Freundesfeier der Gesamtheit mit leichter Verulkung aller in Szene gesetzt. Omu *[Marie Auguste Bruns, geb. von Weizsäcker, die Mutter von Viktor Bruns]*, die Töchter *[Hella und Edith Bruns]* und ich durften natürlich auch teilnehmen, und wir freuten uns tagelang darauf.

Der Goethesaal war gemietet und füllte sich mit allen Geladenen, die voll Spannung auf die Bühne blickten. Ein Fräulein Engeln trat hervor und sprach sehr ruhig und seelenvoll den warmherzigen Prolog vom Hofrat Petrich. Dann folgte Vorführung von Musikstücken auf 2 Flügeln, ausgeführt durch Professor Makarov und Dr. Frieder *[beides Mitarbeiter des Instituts, ebenso wie die im Folgenden genannten Beiträger]*. Beide sind wohl dem Wesen ihres Spiels nach Künstler zu nennen. Wir waren in ganz feierlicher Feststimmung; nachdem aus dem ersten Stück allerhand Nöte, Zweifel und Kämpfe herausgetönt, brachte das zweite die sieghafte Freudigkeit. Ich erinnere mich nicht mehr genau an die Reihenfolge; soviel ich weiß, wurden die Bühnenstücke durch Musikeinlagen voneinander getrennt. Auch Bloch produzierte sich und zwar als Flötenspieler. Mit höchster Spannung aber sahen wir den dramatischen Werken entgegen.

Das erste Stück »Spuk im Schloss« von Fräulein Rapp entzückte uns durch ihre originellen Einfälle und die sehr witzige Darstellung. Alle Institutsmitglieder waren verhohnepiepelt, und manche erkannten sich nicht einmal, wie Gretschaninius. Wieder andere fühlten sich, was gewiss heilsam war, zu Unrecht getroffen. Da wir den Text aller Darbietungen besitzen, will ich hier nur den allgemeinen Eindruck wiedergeben. Fräulein Greinerts Schöpfung »Am Hof Carolus des Siegreichen« war ganz anderer Art und ungemein viel schwerer zu schreiben wie auch zur Wirkung zu bringen. Das erste Stück lebte von Überraschungen phantastischer Art, das zweite war eine geistreiche Plauderei im Stil der Rokokozeit. Mit wenigen Mitteln hatte die Intendantin und Dichterin die Bühne sehr anmutig hergerichtet. In geborgten Rokoko-Kostümen, deren Farbe und Art dem Charakter der Spielenden angepasst war, kamen die feinen Gestalten zu höchster Geltung. Ihre eleganten Verse sprachen sie lieblich und preziös; die Reden wurden von blumenhaften Bewegungen begleitet. Auge, Ohr, Verstand und Herz hatten ihren Hochgenuss an der Vorführung.

Nun folgte ein sehr gutes, kaltes Essen an langen Tafeln. Graf Mandelsloh hielt eine schöne Rede über den Kameradschaftsgeist des Instituts. Viktor dankte bewegt und schlicht, alles eigene Verdienst hinter der Hilfe seiner Mitarbeiter zurückstellend. Große Freude machte uns dann noch die Durchsicht der Festzeitschrift, die herumgereicht wurde und in Bild und Wort so viel Witziges und Geistreiches brachte.

Nach dem Essen führten Frl. Rapp und Cörnchen [*Cornelia Bruns, Institutsbibliothekarin*] den Mitgliedern des Instituts ein Lichtbild vor; dazu sprach Frl. Rapp die von ihr und Cörnchen dazu geschmiedeten Verse. An den gelungenen Karikaturen und den die Institutsleute knapp und treffend charakterisierenden Verschen hatten alle einen Riesenspaß.

Die allgemeine Freude klang sehr hübsch in Tänzen aus, wo jung und alt, Buchbinder und Sekretärinnen, Referenten und Köchin durcheinander tanzten. Eigentlich konnte man kein Ende finden. Es war so hübsch, sich eins zu fühlen und zu spüren, wie jeder mit ganzem Herzen dabei war. Schließlich stand das Auto für uns vor der Tür, aber meine Schlingel von Töchtern tanzten immer von uns weg und ihre Tänzer halfen ihnen aufs eifrigste bei der rhythmischen Flucht. Meine alten Knochen wurden bei dem Kreuz- und Quer-Chassieren gehörig drangenommen.

Unendlich viel Mühe, Kopfzerbrechen und Vorbereitungen hatte dieser eine Abend gekostet, aber es war dafür auch so wohl gelungen, alle Darbietungen hatten einen vornehmen Ton gewahrt, nichts von Lobhudeleien war in die Dichtereien eingedrungen, und sogar Monsieur Sussingy, der Frauenverächter hatte seine große Hochachtung vor der dichterischen Leistung der Institutsdamen geäußert und erklärt, Pariser Damen würden solche Leistungen nicht zustande bringen.

Ein solcher Festtag wirkt weit über ein paar Wochen hinaus. Er schmiedet Herzen und Geister zusammen und gibt der Arbeitslust neue Schwungkraft.

Die Ära der Jubiläumstage war eröffnet. Sie setzte sich im neuen Jahre fort. Am 30. Dezember wurde Viktor 50 Jahre. Aber leider hatte sich der hohe Jubilar auf dem Weihnachtsmarkt in der Liliputstraße vor dem Schloss erkältet und lag gleich nach dem Fest mit Bronchitis und Lungenentzündung danieder. Was man so »daniederliegen« nennt!

Die zum 30. Dezember geplanten Aufführungen hatten wir auf den 4. Januar verschoben. Eine Institutsdelegation von 7 oder 8 Personen wurde noch hinzu gedeckt, so dass wir, Schauspieler und Gäste und eigene Familien, 27 Personen waren. Dichtungen und Fotografien liegen vor. So kann ich nur sagen, dass mir mit Fräulein Greinerts starker Hilfe im Dichten der Architekturverse und im Abfeilen des (Mono) Prologs der Abend doch noch glückte. Zwar bemerkte das Festkind selbst, als Hella zu sprechen begann, ob nicht die Kerzen angezündet werden sollten; das hatte ich ganz vereselt. Ferner wies Cörnchen als Katze auf die zerkratzten Möbel hin, griff aber dabei ins Leere, da die Stühle hinter dem Vorhang geblieben waren. Das Übrige ging reibungslos vonstatten, und niemand blieb stecken. Der Wechsel von getragenen und humorvollen Versen wirkte recht hübsch; der Anblick ließ auch nicht zu wünschen übrig.

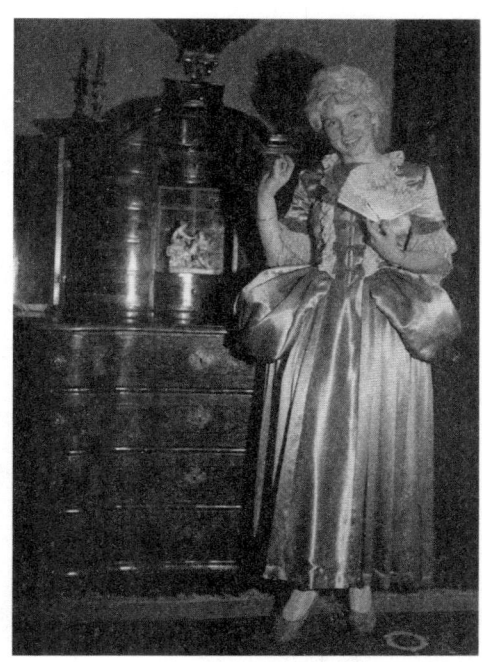

Hella bei einer Aufführung
zu Viktor Bruns' 50. Geburtstag,
1934.

Um den Prolog zu sprechen, steckte Hella ihren Kopf mit der weißen Perücke durch den Vorhang und deklamierte die einleitenden Worte noch etwas befangen.

Dann kam Edith im schwarzen Atlaskleid als altholländische Malerei, ernst, würdevoll und nicht ohne Pathos. Der Beifall wurde reichlich gezollt. Zu meiner recht langsam gespielten Mozartbegleitung mit dürftigen Trillern tanzte Hella im apfelgrünen Rokokokleid anmutig und sang klar und zart ihre schelmischen Verse. Nachdem die Musikfreude zur Geltung gekommen war, ließ sich Cörnchen als Katze sehen – Victors Tierliebe wurde ein Denkmal gesetzt. Sie machte ihre Sache sehr lebhaft und drastisch; auch die Stimme schien mir modulationsreicher als sonst. Eine ganz erstaunliche Leistung für einen Menschen ohne Gehör!

Fräulein Greinert, im Gewand der Stiftskirche von Tübingen, war durch Hans Sauerbruchs, Ediths und Frau Noacks gemeinsame Bemühungen in Ölfarben eine sehr aparte und königliche Erscheinung geworden »Kreuzung zwischen einem Bischof und einer Nonne« nannte ich sie frivoler Weise! Ihre Dichtung schlug neben dem feierlich gemessenen Ton auch ein humorvolles Tönchen an:

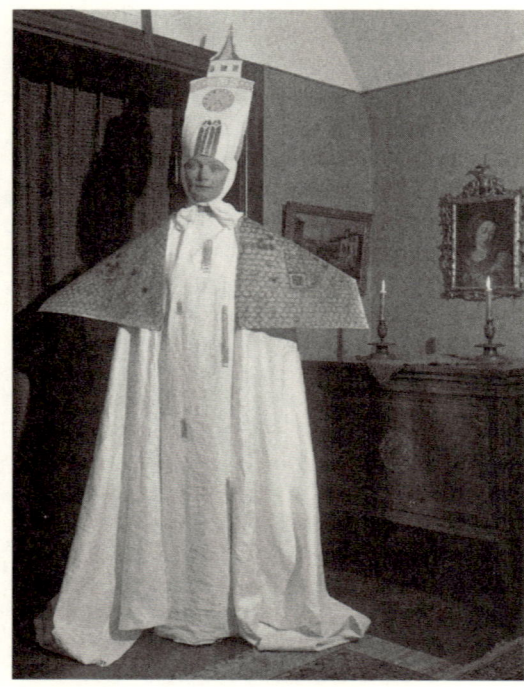

Fräulein Greinert im
Gewand der Stiftskirche
von Tübingen (gestaltet
nach Hugo Balls kubis-
tischem Kostüm im
Cabarét Voltaire, siehe
Dada in Zürich, Zürich
1985, S. 281).

»Es wirken die Wunder des Prado
Und Du – begnügst Dich mit Cladow!«

Den Abschluss brachte Edith als Gebelust. Viktors Gabenserien am »laufen-
den Band«: Blumenspenden, belegte Brötchen, Theaterbillets, Schmuck-
stücke, Autos, Bücher, Pralinenschachteln, Weinflaschen, die den Bühnenraum mit der Zeit ganz anfüllten, machten einen Rieseneffekt. Wie solch
Einfall dankbar zu verwerten ist! Die ganze Sache hat, glaube ich, 50 Minuten gedauert und wurde in allen Teilen lobend und begeistert aufgenommen. Es war solch nette, fröhliche Stimmung entstanden, dass unser
kaltes Buffet unter viel Lachen und angeregten Gesprächen gern verzehrt
wurde.

Kaum war dieser fröhliche Abend verrauscht, so mussten meine unglücklichen Kinder mit Cörnchens und Fräulein Greinerts Hilfe schon wieder m e i n e n 50. Geburtstag vorbereiten.

Der schöne Tag war so ausgefüllt, dass ich mich geradezu freute, noch
einen Teil der mir zugedachten Aufführungen eine Woche später zu erleben. Da war Hella wieder ganz auf Deck. Die Zuschauer nahmen im oberen

Flur Platz, und der Vorhang zur Wohnstube ging auf. Corn *[Cornelia Bruns]* saß am Klavier und begleitete Hella, die als eine Jugendfreundin von mir reizend altmodisch gekleidet das Werden meiner Liebe und Ehe und die Erscheinung meiner Kinder besang und manch ein Lapsus von mir war wieder hereingeflochten. Dann folgten einige Szenen aus meiner Ehe: Die lichte Morgenfrühe, während der ich im Bett malte und dichtete, während Viktor mit Schnirzel *[der Katze]* im Arm noch schlief, der morgendliche Turnunterricht, den ich Viktor so ganz erfolglos erteilte und ein Sonntagmorgen in der Studierstube, wo wir den hohen Gelehrten mit großer Mühe von seinen Büchern zu einem Schwimmbad in der Krummen Lanke weglockten. Ich habe das Lustspiel ja natürlich dem Wortlaut nach dediziert bekommen, so dass ich mich jederzeit daran freuen kann, aber auch ohne solche Auffrischung des Gedächtnisses wird mir die Komik der Szenen und das vorzügliche Spiel unvergesslich bleiben. Hella sah ihrem Vater in seiner braunen Samtjacke so sehr ähnlich und hatte eine so vorzügliche Perücke auf, dass mich für Augenblicke der närrische Gedanke durchfuhr: Sollte sie sich eine Tonsur geschnitten haben?! Ganz rührend wirkten bei der sonstigen Ähnlichkeit die dünnen zarten Handgelenke.

Ich glaube, kaum je im Leben so gelacht zu haben wie während der Aufführung. Auch Viktor und Georg *[Bruns]* schüttelten sich förmlich aus. Anmutige Verulkungen machen aber doch eine Riesen-Freude. Sie machten mich einfach restlos glücklich, und ich war allen so dankbar für die unentwegte Mühe, die sie sich auch noch nach den anderen, großen Feiern mit mir gegeben hatten.

Schweizer Reise (März 1935)

Im März fuhren Viktor und ich zu Ernst Weizsäckers *[damals Deutscher Botschafter in der Schweiz]* nach Bern. Da mich mein Gedächtnis immer so schnell im Stich zu lassen pflegt, will ich ein paar Briefe an die Meinigen abschreiben:

Bern, 17. März 35

Ihr Lieben daheim!

[Beschreibung des Inneren der Deutschen Botschaft in Bern, einem Schloss aus dem 18. Jahrhundert:] Das Innere birgt wahrhaft fürstliche Räume. Große, lichthungrige Fenster lassen so viel Sonne hinein, dass man wie im Freien sitzt! Ein kleiner, sehr sonniger Garten breitet sich hinter dem Hause aus. Dann senkt sich der Blick über ein Wäldchen zur Aare, deren Rauschen sanft empordringt. Jenseitig steigen Berge auf, die jetzt noch große Flächen mit Schnee tragen. Unser »Appartement« hat Aussicht auf die Berner Alpenkette, die uns schon vor der Einfahrt in die Stadt grüßte. Wie eine

Vision schwebt sie ganz unwahrscheinlich hoch in der Luft, durch Dunstschicht vom Horizont getrennt. Am leuchtendsten und kühnsten ragte das Schreckhorn empor.

Den 23. März.

Abends spielte Marianne [*von Weizsäcker*] mit einer Ministerfrau namens Stucki recht schön Mozart auf zwei Klavieren. Dann sang ein Professor Fehr: die humoristische Geschichte von Wilhelm Tell, allerhand Moritaten und von ihm selbst gedichtete Schelmenlieder über die medizinische und juristische Fakultät. Es war zum Totlachen! Bester Kabarettton! Dazu hat der Professor schon schneeweißes Haar und das Temperament eines Don Giovanni. Ich hätte Euch gern dabei gehabt!

Was für Möglichkeiten von Kraft durch Naturfreude gibt es hier! Es würde mir nur leidtun, so viel auf Tees zu müssen, wie es zu Mariannes Pflichten gehört.

Sonntag (Zürich 24. März)

Eine wundervolle Entdeckung machte ich im Kreuzgang am Münster. Der Kapitäl- und Bogenschmuck enthielt nämlich eine Fülle symbolischer Tiere mit großenteils babylonischem Ursprung. Einige hatten auch nach islamischer Mode miteinander verknotete Hälse. Ein Affe lauste den anderen, ich nehme aber an, dass dies keine symbolische Handlung war! Ich war im siebenten Himmel!! (Hier sehe ich Hella und Edith über die überstiegene Mutter grinsen. »50 Jahr gleich 15 Jahr ... !!!«).

Diese Ausschnitte aus meinen Briefen nach Hause will ich nur noch ergänzen durch einige Worte über unsere Gastgeber. Es lebte sich ganz besonders schön bei Ernst und Marianne [*von Weizsäcker*]. Man kann jederzeit Rat und Hilfe von ihnen haben, ist aber auch sehr sich selbst überlassen. Sie sind beide zurückhaltend, werden jedoch zunehmend warmherziger. Man spürt das Glück des Familienlebens. Die Söhne begegnen ihrer Mutter mit Achtung und Rücksicht. Heinrich kann nicht dafür, dass sein älterer Bruder viel klüger, sein jüngerer amüsanter und temperamentvoller ist als er. Darum versuchten wir besonders freundlich zu sein, und Viktor schenkte ihm, da sein Steckenpferd Geschichte ist, ein herrliches historisches Werk. Er hatte viel Leben in die Bude gebracht, indem er die Söhne aufforderte, mit geschlossenen Füßen ohne Anlauf auf den Tisch zu springen. Er, Carl Friedrich und Heinrich brachten es ohne weiteres fertig. Richard übte am nächsten Tag und konnte es den zweiten Abend auch. Ernst – na, soviel ich mich entsinne, haben es der Herr Minister auf keine derartige Probe ankommen lassen! Ich freue mich immer wieder, wie schnell Viktor Zungen löst und Herzen öffnet durch seine mutwilligen und jugendlichen Einfälle! Auch in der Hinsicht ist er Carolus der Siegreiche!

[Besichtigung eines Arbeitslagers des Reichsarbeitsdienstes]

Das deutsch-französische Komitee war mehrere Tage in Berlin zusammen. Die Herren aus Frankreich ließen sich die neuesten Staatseinrichtungen zeigen. Für Sonnabend war die Besichtigung zweier Arbeitslager geplant, an der ich teilnehmen durfte. Im ersten Lager konnten wir die zu weit entfernte Arbeitsstätte nicht sehen, wohl aber die Schlaf-, Wasch- und Wirtschaftsräume. Wie bei der Marine war der Platz vorzüglich ausgenutzt. Es herrschte große Ordnung und Sauberkeit. Sträuße von Wiesenblumen zierten die Tische; an der Wand ein Bild des Führers. Für den Speisesaal hatten die jungen Leute selbst Bilder geschaffen, wenn ich mich recht erinnere, waren es Silhouetten.

Zum Empfang kriegten wir an den sauber gescheuerten Holztischen Fleischbrühe und belegte Brötchen. Ein Vortrag führte uns dabei in das Gemeinschaftsleben des Lagers ein. Hernach versammelte sich der musische Teil der Mannschaft und vollführte ein Konzert. Es ist erstaunlich, mit welchem Rhythmus, welcher Freudigkeit und Kraft diese doch durchaus nicht künstlerisch vorgebildeten Leute musizierten. Wohl ein Sinnbild des Ineinandergreifens der Kräfte!

Noch größeren Eindruck machte mir das Rhinluch; denn hier konnten wir eine erst zweijährige Neuschöpfung aus völlig brachliegendem Sumpfboden kennen lernen. Es war eine Arbeit im Sinne des großen Friedrich! Die Gefahr der Überschwemmung ist in dieser Gegend sehr groß; sie kommt von außen. Aber bei richtig angelegten Abzugskanälen kann nichts passieren. Alle Pflanzungen waren noch sehr jung, die künftigen Bäume winzige Sträuchlein. Man spürte, wie schwer sich dieser Boden in Nutzland verwandeln ließ. Umso bewundernswerter die Freudigkeit und der zähe Wille, mit dem diese Arbeit in Angriff genommen war.

Das Mittagessen des Lagers durften wir teilen – es war ein sehr schmackhaftes Eintopfgericht: Hammelfleisch mit Bohnen und Kartoffeln. Dazu konnte man Selters und Bier trinken. Ich fühlte mich grenzenlos wohl; denn überall da, wo das Leben auf seine einfachsten Bedürfnisse zurückgeführt wird und die Arbeit unter freiem Himmel fern von den Städten sich adamgleich, im Urzustande, vollzieht, habe ich ein Heimatgefühl.

Reise nach Südtirol und Oberitalien im Juli 1935

Viktor hatte sich vorgenommen aus treudeutschem Herzen und völkerrechtlichem Bestreben heraus, die Südtiroler Zustände kennenzulernen und bei der Gelegenheit seiner Jugend auch Venedig und einige benachbarte Städte zu zeigen. Liselotte Rimpau schloss sich uns an, und Marilen Sauerbruch kam 10 Tage später nach. »Es kann gar nicht genug fröhliche

Jugend um mich sein«, hatte Viktor gemeint, und er verstand es auch, ihr die Zeit ganz besonders abwechslungsreich zu gestalten.

Am Montag, den 8. Juli fuhren wir morgens mit dem Auto nach Gries. Bald, nachdem Bozen aufhörte und in Weinpflanzungen überging, begann auch Gries. Wir ließen uns die Kirche aufschließen, in der sich ein berühmter Schnitzaltar des Tiroler Künstlers Michael Pacher befindet. Der heilige Michael ist gewissermaßen geschlechtslos aufgefasst, vereinigt das Wesen von Jüngling und Jungfrau. Heilige wie Engel vertreten denselben Typus: aufgeworfene Nasen, breite Backenknochen, schräg stehende Augen. Haben in dieser Gegend Leute gelebt mit magyarischem, also etwas hunnischem Einschlag? Oder sind die Bewohner des alten Gries slawischen Ursprungs? Wahrscheinlich handelt es sich um einen Einwanderertyp. Die meisten der jetzigen Tiroler dieser Gegend haben dunkle Defreggerköpfe, schön und regelmäßig im Schnitt mit geraden Nasen. Daneben sieht man Blondköpfe.

Neben der Kirche in Gries steht ein neues Schulgebäude. Dort lernen die Tiroler Kinder in italienischer Sprache: italienische Geschichte, italienische Geografie. Ihr Herz soll da dem Deutschtum entfremdet werden. Zwar sind Lehrer für Deutsch angestellt, aber nicht etwa Tiroler sondern Italiener, denen in aller Eile ein paar deutsche Brocken beigebracht sind – und man kann sich ja vorstellen, mit welcher Gesinnung sie ihren Unterricht erteilen! Tiefste Erbitterung erfüllt die Herzen der Einwohner – aber wie wird es mit den Kindern werden? Und die jungen Mädchen? Wir erfuhren hernach, wenn sie nicht ledig bleiben wollen, müssen sie Italiener heiraten; denn die männliche Jugend wird nach Möglichkeit aus Tirol entfernt. Viele haben für Italien in Abessinien zu bluten, andere wurden z.B. als Lehrer nach Italien versetzt, etwa nach Mailand oder so weit wie Neapel. Unglaublich soll die Handhabung der Justiz sein, wie Viktor auf der Rückreise von einem Bozener Rechtsanwalt erfuhr. Wenn einst Deutschland im Stande sein wird, Tirol von seinem schweren Joch zu befreien – wird es dann noch ein deutsches Tirol finden?! Und mit wahrer Gläubigkeit sind die Blicke der Tiroler auf Deutschland gerichtet; von der österreichischen Regierung erwarten sie gar nichts! Wie denn Österreich ja auch Andreas Hofer und seine Bergtruppen in Stich gelassen hat!

Es blutet einem das Herz von diesen Zuständen zu hören. Viktor hat erfahren, was er als Völkerrechtler hören wollte.

Sonnabend, den 27. Juli

[Venedig: Der Kaufmann von Venedig im Sternenschein]

[Max] Reinhardt hatte die besten Kräfte der italienischen Schauspielbühnen zusammengebracht und einen Freilichtraum ausgesucht, wie er ge-

schickter nicht hätte gewählt werden können. Es war ein kleiner Platz an einem Wasserarm seitlich vom Canal Grande, nach der Bahnhofsgegend zu: der Campo San Trovaso. Das Kirchlein mit seinem schlanken Rundgiebel erhob sich hinten in der linken Ecke. Davor war ein eisernes Gerüst für die Zuschauer errichtet. Unter einer Fülle von Engländern, Amerikanern und Deutschen saßen schöne, vornehme Venezianerinnen und Bewohner des Hinterlandes oder des noch ferneren Oberitaliens. Wir waren erstaunt über die Feinheit des Publikums und seine geschmackvoll elegante Kleidung!

Es war Neumond. Ich nehme an, dass diese Zeit gern für Freilichtaufführungen gewählt wird, da der Mond ihrer Regie nicht recht gehorcht und sie lieber einen Scheinwerfer benutzen. In den Pausen herrscht dann auch so angenehmes Dämmerlicht. Der Mondschein für die berühmte Szene zwischen Lorenzo und Jessica wurde also durch Reinhardt hervorgebracht. Die beiden saßen in der Gondel. Manche der Auftritte spielten sich zum Teil in Gondeln ab, oder die Schauspieler kamen in den Kähnen an. Es sah auch sehr schön und natürlich aus, wie sie vom Kirchenbau im Hintergrunde langsam über die Brücke gingen, im Gespräch stehenblieben und wieder weiter schritten. Allerliebste Zufälligkeiten erhöhten den Reiz der Aufführung. So wirkten die flatternden Fledermäuse im Licht des Scheinwerfers wie große weiße Vögel. Ehe die Vorstellung begann, sah sich eine allerliebste Katze, die regelrechte Gatta melata, auf der Brücke um und verschwand dann über die Brücke. In einer Pause hüpfte sie anmutig die Stufen zu Porzias Palast empor.

Die Aufführung begann mit einer sehr zarten und stimmungsvollen Musikeinleitung hinter der Bühne; auch sonst gab es hernach noch viele Musikeinlagen; das Gefolge der Freier führte geschmackvolle Ballette aus. Wenn es auch ein freies Schalten mit Shakespeares Stoff war, so empfand man es doch nicht als operettenhaft, sondern als naturnotwendige Ausschmückung des Stückes auf venezianischem Boden.

Die Schauspieler gaben sich mit der ganzen Leidenschaftlichkeit des italienischen Wesens. Nie habe ich die Gerichtsszene so dramatisch und zugleich so natürlich erlebt! Dass dabei jede Bewegung elastisch und anmutig war, erhöhte den Reiz des Anblicks. Am besten war Antonio, er wirkte wie ein Bildnis in ganzer Figur von Tizian. Seine vornehme Lässigkeit erschien als Ausfluss höchster Kultur bei einer Abwärtsneigung zur Dekadenz. Shylock war ein Vollblutjude; nach der Gerichtsszene wurde er zur tragischen Gestalt; so völlig verwirrt und gebrochen habe ich ihn noch nie gesehen. Es war erschütternd. Porzia stammte von Tizians Frauen ab. Sie war sehr fein, in der Gerichtsszene ganz sachlich, eine moderne Frau; die neckische Seite ihres Wesens erschien als selbstverständliche Auslösung nach starken inneren Spannungen und Erregungen ernsterer Art. Wie albern war dagegen Else Heim gewesen!

Reinhardt hatte sich bemüht, die Bühnenbilder alten venezianischen Gemälden anzugleichen. So erinnerten die Gerichtsszene und die Festlichkeiten der Freierwerbung an Paolo Veronese. Dass der Zuschauerraum in den Bühnenraum überging, dass die Umgebung so intim wirkte, die Akustik vorzüglich war, ließ uns das Stück wie etwas Eigenes miterleben. Wir standen in der Zeit, wir gehörten ihr an. Ergriffen und erhoben, wie wir alle waren, hätten wir eigentlich nicht klatschen dürfen. Aber Reinhardt wurde herausgerufen, und der Beifall, der ihm in so hohem Maße gebührt hätte, enttäuschte uns sehr. Die vornehme Gesellschaft klatschte nur sehr mäßig.

Vor mehr als einem Vierteljahrhundert habe ich Reinhardts Anfänge in Berlin erlebt. Er brachte völlig Neues; vielfach hat er den Dichtungen Gewalt angetan. Seine Wirkung auf die Sinne der Zuschauer hatte mich oft empört. Doch schien mir, dass er sich mit der Zeit vergeistigte. Dieser »Kaufmann von Venedig« war eine ganz reife und innerliche Schöpfung. Zu der Leistung passte seine Erscheinung. Er war schmal und grau geworden; im Gesicht lag ein feiner gebildeter Ausdruck.

[Ende des Tagebuches auf S. 329, da die anschließenden ca. 200 Seiten aus dem Lederband herausgerissen sind. Siehe dazu im Nachwort S. 293 f.]

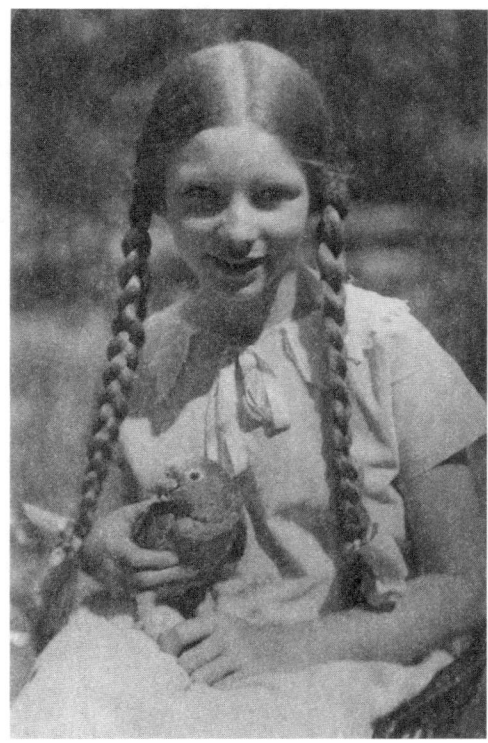

Hella Bruns.

Hellas Lebenslauf am Beginn der NS-Zeit: Vom 16. bis zum 19. Jahr [1933–36]

Hellas Konfirmation, 2. April 1933: Pastor Niemöller

Während dieser Krankheitsperiode fegte der Sturm der nationalen Erhebung durchs Land, die ich in späterer Zeit einmal schildern möchte *[vermutlich auf den herausgerissenen Seiten des Ehetagebuchs, s. Nachwort!]*. Für meine Nächsten griff H e l l a s K o n f i r m a t i o n besonders tief in die Gemüter ein. Diesem Kind mit den vielen Problemen hatte ich besonders stark eine Festigung des Herzens durch die Konfirmandenzeit gewünscht. Die Wahl Pastor Niemöllers in Dahlem, die Marie de Lange für Hellas nächste Freundin Brigitte traf, wurde auch für uns bestimmend; denn die beiden Cousinchen wollten zusammen vor den Altar treten. Anfänglich gewann Hella keine rechte Fühlung. Ja, ihre Ansichten wichen so sehr von denen des Pastoren ab, dass sie am Altar eine Lüge zu sprechen fürchtete. Ich habe ihr nicht freigestellt, ob sie sich konfirmieren lassen wollte oder nicht. Ihre Zweifel bezeugten mir, wie sehr sie bei der Sache war, und so ist sie dann auch ganz allmählich für das Christentum gewonnen worden. Niemöller hatte eine stille, feine Art. Bei aller Stärke eigener Überzeugung machte er keinen gewaltsamen Versuch, einer Menschenseele den Christenglauben aufzunötigen. Er erkannte auch die Vielheit der Köpfe, in denen sich eine Gotteserkenntnis bildet und die Verschiedenheit der Lebensstufen, die das Maß und die Art des Glaubens beeinflusst. Von der großen Ruhe und tiefen Freundlichkeit seines Wesens strömte etwas über in Hellas wogendes Gemüt, und wenn auch das stürmische Verlangen ihres Mädchenherzens nach dem Leben nicht gestillt wurde, so war ihr doch der Anker zur Versenkung in die Ewigkeit gegeben.

Die Einsegnung fand am Sonntag Judica in der Jesus Christus-Kirche zu Dahlem statt. Als Thema für die Rede hatte Niemöller die Verklärung Christi gewählt. »Wie gewagt«, dachte ich im ersten Augenblick. Aber mit der ganzen Schlichtheit und Wahrhaftigkeit seines Wesens machte er diesen mystischen Vorgang uns allen zum Gegenwartserlebnis. Und wie er jedem einzelnen Konfirmanden den Lebensspruch mitgab, wie er die Hand reichte und auflegte, ergriff uns wie ein Stück weihevollen altchristlichen Lebens. Noch stiller und intimer wurde die Feier des heiligen Abendmahls am folgenden Dienstag in der alten Sankt Annen-Kapelle, der gotischen Dorfkirche von Dahlem. E i n Geist der Hingabe hielt hier alle zusammen. Ich habe nie die Heiligkeit des Abendmahls so stark empfunden.

Als Hella nach der Einsegnung mit uns heimkam, war sie immer noch ganz entrückt und blieb so den Tag hindurch. Ja, unser Familienkreis, der 18 Personen umfasste, war ihr fast zu fidel. »Ich weiß nicht«, sagte sie nachmittags zu mir, »ob Pastor Niemöller einverstanden wäre mit diesem Übermut. Er möchte doch, dass der Tag in stiller Sammlung verginge!« Eigentlich hatte sie Recht. Sie blieb auch stiller und getragener Stimmung. Ich habe sie einmal unbeweglich im oberen Flur angetroffen mit geschlossenen Augen. Sie wusste nicht mehr, wo sie war. Wolfgang Freumels Gespräche über Freundschaften und den Eros der Mädchenseele verletzten sie aufs Äußerste.

Neben diesem Bild der lieblichen Konfirmandin genossen wir anderen noch einmal ein frohes Familienzusammensein. Die Zeiten der Einschränkung und wohl noch ganz anderer, bitterer Not, die uns bevorstanden, ließen uns dankbar den Augenblick ergreifen und die Verbundenheit der Familienmitglieder untereinander empfinden.

Das noch nicht beendete letzte Buch der Erinnerungen an Hellas Werdegang ist mir abhanden gekommen. Ich beginne ein neues – und weiß doch kaum, wo ich zu erzählen aufgehört habe.

Sie nimmt sich auch noch treu des Hundes und der Katze an. Wussi *[der Hund]* machte ihr keine geringe Mühe, als er im Januar an einer schweren Ausschlags-Krankheit hoffnungslos dahinzusiechen schien. Das Fell auf dem Rücken fiel ihm aus.

Da entdeckte Hella ein hochgepriesenes Hautmittel in ihrer Tierzeitschrift. Auf ihre Bitte hin ließ ich es aus Stuttgart kommen, sie wandte es mehrmals am Tage an, kochte Diät für den Hund und hatte ihn binnen 10 Tagen kuriert. –

Wie wunderbar verknüpfen sich in dieser Tierliebe die Eigenschaften und Begabungen ihrer Vorfahren! Die glückliche Hand ihrer Chirurgenahnen gehorcht vielleicht dem medizinischen Instinkt der Bruns, und damit verbindet sich die Tierliebe der Weizsäckers mit dem Natursinn, dem Forschertrieb und der Beobachtungsgabe des Großvaters Bode!

Ob sie wirklich Tierärztin wird, wie sie sich manchmal wünscht? Oder ob sie ein Katzenheim gründet, wenn sie ledig bleibt?

Eine sehr nette jüngere Freundin aus der Nachbarschaft, Renate Börner, hat Hella wieder ins romantische Fahrwasser gebracht. Die beiden haben miteinander auf dem Boden unter unserem steilen Dach eine Reihe von Rittergemächern errichtet. Höchst romantisch lehnt sich ein Helm gegen den Dachbalken. In der Nähe besehen ist es zwar eine Schornsteinröhre. Aber so darf man die Sache nicht auffassen! Es wirkt erhebend auf einer Wäscheleine die Garderobe der Burgfrau zu betrachten! Ach, und die schönen Winkel unter japanischen Schirmen!

Wie gut, dass nicht zu viel Zeit dafür bleibt, dass Turnen und Schwimmen den gesunden Sinn wacherhält und Gefühle nicht vorweg genommen werden, die, allzu emsig genährt, nur beunruhigend wirken können!

Bisher wurde Hellas Geburtstag meist mit Aufführungen auf dem Puppentheater begangen, in den letzten beiden Jahren durch selbstgedichtete Stücke: die Äffchen- und Bärchen-Komödie »Marotten« *[existiert noch und ein Puppen-Kinderbuch]* und das Lustspiel aus unserem eigenen Leben »Stiller Sonntag im Hause Bruns.«

Aus diesem Alter waren die Kinder nun herausgewachsen, und Hella selbst gab diesmal das Festprogramm an: 1.) Schwimmen im gefüllten Brunnen, 2.) Kletterpartie auf dem Kirschbaum und lange auch Kirschenessen, 3.) Aufführungen von Pantomimen aus Prosa und Dichtung.

Jedes Kind brachte Badezeug und einen Turnanzug zur Kletterpartie mit. Die Gewandtesten der Klasse, von denen die eine sogar im Stadion Unterricht hatte, übten auf dem Rasen Turnkunststücke.

Hernach blieb nur noch Zeit für zwei Pantomimen; ohne Probe ging auf dem Treppenabsatz vor der Haustür der »Ring des Polykrates« von statten. Den Griechenkönig gab Gretel Noisser, den Ägypter die nette Jüdin Ulla Loeb. Beide passten vorzüglich in ihre Rollen und spielten mit derselben

Gewandtheit, mit der sie vorher ihre Turnkunststücke zum Besten gegeben hatten. –

Ich bewunderte die Kinder, wie sie das Leben meistern: gleich rasch im körperlichen wie im geistigen Improvisieren, weltenweit verschieden von mir in meiner Jugend und so viel brauchbarer fürs Leben. Vielleicht fehlt ihrem forschen, rührigen, sportgewandten, schlagfertigen Wesen die Tiefe, die Fähigkeit, einsam zu sein. Das heutige Geschlecht hat Tempo und Richtlinien von Amerika. Etwas Schablone liegt in seinem Tun und Treiben – daher fehlt es ihm auch an Originalität.

Hellas Backfischbücher spuken ihr oft im Kopfe; so sagte sie zu ihrem Vater, wie er eine Liebkosung etwas zerstreut erwiderte, Du musst mich leidenschaftlich küssen, so wie Du junge Weiber an Dein Herz drücken würdest! Ich habe im Buch gelesen – da liegt es: »Bei seinen Küssen durchrieselte sie Wonne, und ihre Liebe zu ihm wurde wach!« Man denke sich Vati, »die jungen Weiber an sein Herz drückend!« Sie selbst denkt oft an eine künftige Ehe, die ihr aber manche Bedenken weckt. Sie fürchtet sich, mit dem Mann zu viel zanken zu müssen, da sie ja doch keinen Frieden halten könne.

Als wir – Viktor, Hella, Edith und ich – nach Abreise von Paul Theo (Bruns) auf den Brocken fuhren, hatte Hella Zeitschriften mit, die ihr Elfriede *[Klink, Freundin Hellas aus Tübingen, die sie in Berlin besucht hatte]* empfohlen hatte. Die Geschichten waren nicht nur z. T. filmhaft kitschig, sondern sie standen auch auf einer etwas schlüpfrigen Ebene. Schon der Titel von einer Erzählung mag genügen: »Drei Menschen wünschen sich ein Kind«. Ich sprach mit Hella über die Sachen, die sie mir geborgt hatte, erkannte an, was ich gut dran fand, äußerte aber auch meine Bedenken, für die sie durchaus zugänglich war. So wurde der ungünstige Einfluss von Elfriede bald überwunden.

Seit etwa einem Jahr schreibt Hella Tagebuch – ganz anders als ich in dem Alter. Schwülstig und überstiegen, schwärmerisch und sentimental war alles, was ich zu Papier brachte. Dies moderne Kind bewahrt in Urteil und Gefühlsäußerung immer eine gewisse Zurückhaltung. Sie will nicht lächerlich wirken, auch nicht vor sich selbst. Und sie schreibt treffend, amüsant, natürlich. Cörnchen *[Bruns]* und ich dürfen das Tagebuch lesen und haben viel Freude dran.

So kam es, dass sie letzten Sonntag zu mir sagte: »Wenn mich doch bloß mal jemand zum Tanze einlüde.« Eine halbe Stunde später läutete Evi Lambert an und fragte: Ob sie nicht gleich, um 7 Uhr, bei ihnen zu Abend essen könnte. Sie hätten ein paar Studenten bei sich und wollten nach dem Essen etwas tanzen. Das Wunschkind sagte natürlich mit Begeisterung zu. Um ½ 1 kam sie heim, von einem Studenten begleitet, hatte sich himmlisch amüsiert und, wie sie behauptete, in vier verknallt! (Fünf Herren waren es im Ganzen gewesen.) »Die Herren sind doch das höchste Vergnügen«, äußerte sie. »Woher kommt das wohl? Frauen sind doch eigentlich hübscher!« Sie geht dem Rätsel der Natur zu Leibe.

Dann kam auch Viktor (nach Wusterwitz), dann trafen wir in Küstrin Omu mit ihrer Marta und – Marilen [Sauerbruch], die Viktor zu Hellas größter Seligkeit für die Klein-Kuhrer Ferien eingeladen hatte.

Diese Freundin mit dem glücklichen Gleichgewicht ihres Charakters war mir für Hella besonders wertvoll; denn im ersten Jahr der Oberschule, wo Hella überanstrengt und aufgeregt war, sorgte ich mich wieder mal sehr um ihre Gesundheit und ihren seelischen Halt. Die Liebesneugier, wie ich es nennen möchte, wuchs an, und ihre Sehnsucht nach Küssen beherrschte oft jede andere Regung. Wir kamen nie überein: sie betrachtete das Küssen als Anrecht der modernen Jugend, ich erklärte, dass es gerade für ihre Jugend gefährlich sein würde und dass sie die Folgen nicht übersehen könnte. Aber die Freundinnen hatten ja behauptet, Küssen beruhige. So war also meine Ansicht verkehrt und altväterisch. Merkwürdige Welt, in der sich ein Mädchen geradezu geschändet vorkommt, wenn es noch nicht geküsst wurde!

Sie wird eine gute Frau und Mutter werden, wenn es nur der Rechte ist und er ihr Wesen ausfüllen kann. Unverheiratet, nur im Beruf aufgehend, kann ich sie mir noch nicht vorstellen. Aber ihre Natur wird sie schwerlich auf den Weg der alten Jungfern führen. Sie würde ihn auch nicht betreten. Schon im Sommer hat sie mir mal erklärt, dass sie zwar am liebsten heiraten würde, aber wenn das nicht möglich sei – wie so oft in unserer Zeit – dann ginge sie eben ein Verhältnis ein, ohne Liebe wolle sie nicht bleiben.

Onkel Oskar [Bruns] kam am 29ten, um Viktors Geburtstag mit zu feiern. Den Vorabend dachte er sich hübsch mit uns allen im Theater zu verleben. Er wählte die neue Große-Schauspielhaus-Operette »Ball im Savoy.« Mein Entsetzen war namenlos, sowohl über die ärger denn nackten »Balldamen«, wie über das Thema und seine Breittretung – Hella verstand alles nur zu gut und schwamm in Wonne. Die Liebesneugier wurde sehr angeregt und z.T. auch befriedigt beim Anblick der Chambres separées, die eine Drehbühne herbei rollte. Gitta Alpár sang in der Hauptrolle, die Bussoni trat auf, und auch sonst waren die ersten Operettengrößen in Tätigkeit – man konnte sich über die Besetzung freuen, und sie milderte zweifellos viel Hässliches. Aber ich konnte die gekünstelten Bewegungen der beiden Sängerinnen nicht ertragen, trotzdem ihr Temperament hinreißend wirkte.

Mein Entsetzen über die unanständige Aufführung der Bühnenleute reizte Hella natürlich dazu, mich in jeder Hinsicht steigen zu lassen. Sie behauptete, sie wolle sich mal mit einem guten Freund ins »Türkische Café« setzen (wir waren nach dem Theater ins »Café Vaterland« eingekehrt) und sich benehmen wie Gitta Alpár im Chambre séparée!! –

Wenn Hella nur nicht zu viel an ihre Verheiratung denken wollte! Abends muss sie vom Bette aus in die Sterne gucken und sich die Zeit nach der Hochzeit ausmalen. Wenn sie mir davon erzählt, strahlt ihr Gesichtchen in reinster Schönheit auf – es ist eine Wonne, sie anzuschauen. Aber wieviel besser wär' das alles etwa 5 Jahre später! Unzeitgemäßen Wünschen wie »ich möchte meinen Mann so gern mal ins Ohrläppchen beißen« begegnet Edith dann mit einer Antwort wie: »dann wird dir recht viel Schmalz entgegen spritzen!!«

Ende Mai 1933
Scherzeshalber will ich hier ein Gedicht abschreiben, das ich als Hellas »idealer Gatte« in brauner Samtjacke und blauer Schleife am Klappkragen mit Puppenkindern im Schoß während der Weihnachtsferien hersagte (Strümpfe stopfend!!!):

>»Ihr seht es gewiss meiner Tätigkeiten,
>Dass ich bin bei Hella ihr zukünft'ger Mann! –
>Was i s t meine Frau für ein tüchtiges Wesen!
>Drum führt s i e das Zepter – i c h führe den Besen!
>Den Tag über führt sie im Jugendgerichte,
>Wo sie klüger als Männer das Urteil spricht.
>Nach Amtsschluss ist sie dem Reitsport ergeben,
>Und dann erst beginnt ihr nächtliches Leben.
>Im Esplanade erntet als Eintänzerin
>Ihre anmut'ge Fußkunst viel Ruhm und Gewinn.
>Ich selber erliege dem Künstlerlos
>Und bin heutzutage ganz stellenlos!!

>Doch kann mir's an keinerlei Arbeit fehlen:
>So muss ich mich redlich mit Flicken quälen,
>Die Kinder hüten, das Haus versehen –
>Sonst ist's um den Fleiß uns'rer Mädchen geschehen.
>Das Gehalt meiner Frau erlaubt uns zwar eben,
>In freundlichem Häuschen bequem zu leben;
>So könnt ich uns gut eine Kinderfrau halten –
>Doch seh' ich nicht gern lauter Fremde schalten,
>Und weil schon die Mutter meist außerhalb weilt,
>Lebt der Vater den Kindern ganz ungeteilt:
>Legt trocken, kocht Breichen, führt täglich spazieren
>Und kann nebenbei noch den Haushalt führen.

Freilich – was hab ich von meiner Frau?
Dass ich sie nachts um 3 einmal schau',
Dass ich sonntags erklingen höre ihr Lachen,
Wenn die vielen Verehrer Besuche machen
Und Witze reißen bei Tisch und Tee!
Das tut meinem Herzen wohl manchmal weh!
Ich bin solche winzige Schattenblume
Und lebe einsam von ihrem Ruhme!

Doch bin ich heute sehr freudig erregt:
Wenn's nämlich am Sonnabend fünf Uhr schlägt,
Dann kommt meine Frau mich zum Kaffee besuchen.
Sie vertilgt dabei eine Unmenge Kuchen,
Den ich ihr selber gebacken hab',
Schlingt Schlagsahnenberge in sich herab
Und ist so munter und zärtlich und gut,
Dass mir's wohl bis zur innersten Seele tut.
Auch spielt sie dann so süß mit den Kleinen,
Die bei ihrem Fortgang ganz bitterlich weinen!! –

Ja, dieses Sonnabend-Nachmittagsglück
Verlieh mir als Schönstes ein gnäd'ges Geschick,
Und gern will ich angesichts solcher Freuden
Der langen Woche Entbehrungen leiden;
Denn Hella, die ich voll Liebe gefreit,
Ist – w i e sie auch ist – meine Wonne noch heut'!«

(Geht auf Hella zu, um sie zu umarmen.)

Die Zeit vor Ostern stand für Hella stark unter dem Einfluss des Konfir-
mandenunterrichts. Ich konnte die Überzeugung gewinnen, dass wir mit
der Wahl des Pastoren ganz das Richtige getroffen hatten. Niemöller, früher U-Bootsführer und Vater von 6 Kindern, drängte sich den ihm anver-
trauten Seelen nicht auf. Er ließ jede gelten, wie sie war. Hatte er doch
genug von der Welt und dem Leben gesehen, um die Mannigfaltigkeit der
Geschöpfe zu begreifen und zu bejahen. Seine bescheidene Klugheit und
sein Zartgefühl zogen Hella ganz langsam heran. Während sie sich anfangs
gefragt hatte, ob sie am Altar nicht eine Lüge sprechen müsse und deswe-
gen die Konfirmation nicht lieber aufgeben wolle, gingen ihr allmählich
die Wahrheiten des Christentums auf. Sie fuhr mit Brigitte viel in die Kirche und kam in eine sanft ruhige Stimmung. An ihrem Einsegnungstage
Sonntag, Judica, den 22. April – war sie vollkommen verklärt. Die Innig-

keit und Schlichtheit von Niemöllers Ansprache stimmten ihre Seele zu reinstem Klang. Alle Liebe, die ihr erwiesen wurde, nahm sie mit dankbarer Freude entgegen.

Nach der stillen Abendmahlsfeier in der St. Annen-Kapelle – zwei Tage drauf – reisten Viktor und ich nach Schweden [s. *Ehetagebuch*]; Hella und Edith genossen solange mit Britta zusammen unendliche Ferienvergnügungen.

Entfernung »jüdischer Elemente« aus der Schule

In Folge der Entfernung jüdischer Elemente aus den Schulen begann der Unterricht erst wieder am 2. Mai. Hellas geliebter erster und verehrtester Lehrer war wegen liberaler Gesinnung oder jüdischer Abstammung ausgemerzt. Hella trauerte tief, und ihre zweimalige Begegnung mit ihm, der schwermütige Blick seiner Augen, der Gedanke an die hoffnungslose Lage seiner noch so jungen Familie wirkte fort in ihr. Nun kam der Lehrer fort, Fräulein Eggert ging mit ihrer Klasse in die Obersekunda über: die Hauptreize der Schule fielen weg, die Schwierigkeiten blieben. Sie begehrte darum heiß nach baldigem Abgang. Aber es ist unendlich schwer, sich in der Zeit der »nationalen Revolution« für einen Beruf zu entscheiden. Hellas Gaben liegen hauptsächlich auf geistigem Gebiet. Auch bei körperlicher Ausbildung, wie in dem Maidenjahr als Vorbereitung für soziale Arbeit – oder bei Gymnastikkursen – kann ihre Natur Schaden leiden.

Nun trafen Viktor und ich die Entscheidung, Hella ganz von der Schule fort zu nehmen. Sie hätte ja doch die vielen Lücken, die durch ihre Ohrenentzündungen entstanden waren, ohne starke Nervenbelastung nicht mehr ausfüllen können! So war es am besten, gleich Schluss zu machen und sie, wie Viktor riet, mehrere Monate in England zu lassen.

Der sogen. »Flodur«, der Lehrer, den sie so verehrte, war plötzlich wieder erschienen – also doch nicht Jude oder ausgesprochener Demokrat, und ein Reizmittel mehr blieb der geliebten Penne!

Aber England winkte, und der Lebensweg lag nun auch schon klarer vor ihr. So planten wir einstweilen, Hella nach ihrer Heimkehr aus England private Stunden in Lieblingsfächern nehmen zu lassen und die 7jährige Vorbereitung zur »sozialen Fürsorgerin« Ostern mit einem Maidenjahr auf dem Lande zu beginnen.

Fahrt nach England

Der Tag vor der Abreise (29. Juni) nahte. Zufällig gab es gerade zu der Zeit, wo Hella über den Kanal wollte, einen Jugendtransport, an dem die beiden Schwestern Eggert, Käte Friehlinghaus, Nati Adolf teilnahmen. Zwei Wag-

gons Knaben und Mädchen fuhren – Böcke und Schafe streng getrennt –
für 34 Mark über Belgien-Ostende nach Dover. Nach der herrlich sonnigen
Überfahrt holte Daphne Hella in Dover ab.

Und nun folgten Tage der Offenbarung und Freude, wie Hella wohl
wenige im bisherigen Leben zuteil geworden sind! Ihre Briefe und Karten
atmeten Glückseligkeit! Vieles, was sie nur in kühnen Träumen ersehnt
hatte, traf dort zusammen: sie konnte ein vielseitigeres Sportleben führen
mit Schwimmen durch Klippen bei Sonne wie auch bei Mondschein, Tennis und Golf, und »Rounding« spielen. Außerdem hatte sie Gelegenheit
Sportfeste, ein Kricketwettspiel und Flugvorführungen mit anzusehen. Ihr
Hunger nach Menschen verschiedenster Berufe konnte befriedigt werden;
da ein Sohn des Hauses Schauspieler war, lernte sie eine Reihe seiner Kollegen, auch einen recht dicken Filmstar nach Art des Otto Walburg kennen. Außerdem hatte sie Verkehr mit Ungarn, Franzosen, Deutschen, die
als Pensionäre [= *Pensionsgäste*] im Hause wohnten, freute sich an den
Jungens der boarding-school, die auch zum Hause gehörten. Auf unsern
Wunsch half sie im Hause, so dass sie tägliche Pflichten hatte, die ihr, ge-
teilt mit Daphne, besondere Freude machten.

[Rückkehr aus England:] Wir waren Mitte Oktober zur Zoologischen
Garten-Station gefahren, um sie abzuholen. Ich suchte vorn am Zuge entlang, Viktor mit Edith weiter hinten. Plötzlich stoße ich mit den beiden
zusammen, die in Begleitung einer jungen Dame sind. Viktor macht eine
vorstellende Bewegung; ich will gerade sagen: jetzt habe ich aber keine
Zeit, sie zu begrüßen – ich möchte nämlich meine Tochter abholen – da
erkenne ich an den Augen der jungen Dame die alte Hella!

Sie steht vor mir im weiß-blau gemusterten, englischen Jacken-Kos-
tüm mit blauem Londoner à jour-Hut und Schleier, in schicken Londoner
Schuhen – ein Bild einer vornehmen Weltdame, zu dem der innige Ausdruck der Augen nicht passt. Ich war sprachlos und ganz verzaubert! Noch
zuhause konnte ich kaum fassen, dass dies meine Tochter sein sollte! Der
flotte Bubikopf machte ihr Gesicht weich und golden, die Backen sprühten
vor Gesundheit, die Zähne lachten, die Augen funkelten vor Freude und
Lebensglück! Wie war sie hübsch geworden, und wie genoss ich diesen
entzückenden Ausdruck! Mehrere Tage vergingen in eitel Seligkeit.

1936 im Arbeitsdienst

Zunächst strebte sie nach weiterer wirtschaftlicher Ausbildung, immer im
Hinblick auf einen zukünftigen weiblichen Beruf. Sie hatte an ein halbes
Jahr Haushaltungsschule gedacht; Viktor verlangte Arbeitsdienst. Da diese Tätigkeit für Nichtabiturientinnen noch eine freiwillige war, konnte ihr
die Sache für eine spätere Anstellung sehr nützlich sein, zumal sie nicht

im B.d.M. *[Bund deutscher Mädel]* gewesen war. So meldete sie sich in der zweiten Märzhälfte für das Sommerhalbjahr mit dem besonderen Wunsch nach einem Lager in der Nähe der Nordsee, zur günstigen Beeinflussung ihrer Ohren.

Am Tag nach der Konfirmation (ihrer Schwester Edith) bekam Hella einen Gestellungsbefehl, demgemäß sie am nächsten Abend, dem 1. April, in Moordorf bei Aurich antreten müsse. Nun hieß es Hals über Kopf aufbrechen. Noch war kein Name in Kleidungsstücke und Wäsche genäht. Am Nachmittag war Ediths erstes Abendmahl, und zum nächsten Morgen ging die Reise aufs Früheste los. Wir haben's geschafft, wenn auch mit sehr kurzer Nachtruhe. Glücklich und mutig fuhr Hella am Friedrichstraßen-Bahnhof ab, geleitet von ihren Eltern, Edith, Cörnchen und Inge ten Haff.

Viktor benutzte einen Urlaub, den er für Paris genommen hatte und wegen aufgeschobener Sitzung dort nicht verwerten konnte, für einen Besuch bei Hella. Er fand sie wieder in der Arbeit (nach einer Ohrenentzündung), wohl aussehend und ohne Schmerzen. Die Seligkeit bei seiner Ankunft war groß. Beide fuhren nun gleich zum Arzt in Aurich. Viktor freute sich, in ihm einen klugen, verständigen und gewissenhaften Mann zu finden, der sich freute, eine Patientin aus so bekannter Arztfamilie zu behandeln. Er wird sich jetzt besonders liebevoll ihrer annehmen. Das ist eine große Beruhigung für uns.

Alles in allem habe ich den Eindruck, dass ihr der Aufenthalt, wenn sie ihn körperlich durchhält, sehr gut tut. Sie hat Freude dran, ihre Kräfte wachsen zu sehen und sich in körperlicher Arbeit zu betätigen. Sie, die früher so ungern im Hause mit Hand anlegte, wird nun dafür gelobt, dass sie sich vor keiner Arbeit scheut. Als sie beim Siedler stundenlang Mist forkte, meinte er: »Fräulein, Sie müssen aber schon viel Landarbeit gemacht haben, dass Sie es so gut können und gar nicht ermüden!« Lob beglückt sie sehr. – An dem umwohnenden Friesenvolk hat sie große Freude, und beim Siedler arbeitet sie am allerliebsten. In einem Haushalt, wo die Frau bettlägerig war, hat sie vier Kinder erziehen, das Schwein füttern, drei Zimmer machen, waschen, kochen, stopfen müssen. Bei einem Siedler waren die Eltern mit 10 Kindern auf e i n e n Raum beschränkt. Das elfte Kind kam bald. Das neunte und zehnte Kind schienen ihr schwachsinnig. Dazu die verlausten Haare! Anfangs hat sie sich geekelt. Jetzt beherrscht sie nur noch der Wunsch zu helfen.

Viktor verbrachte die Nacht von Sonnabend zu Sonntag mit ihr in Emden. Den Tag drauf genossen sie herrlichstes Sommerwetter auf der Insel Norderney. Wie Viktor meldete, hatte es Hella am Nachmittag recht eilig, zu einem Stelldichein mit einem Ostfriesen zu gelangen. Als er, Viktor, von Norden gegen 5 Uhr abfuhr, war der Trennungsschmerz durch diese Aussicht sehr gemildert. Und sie meldete von einem herrlichen Spaziergang

durchs Land. Wir wissen wenig von ihm, d. h. ich – Edith ist genauer ori-
entiert. Er heißt Martin, und sie lernte ihn in Oberstdorf kennen. Sein Wesen erinnere sie sehr an Sauerbruch. Bei Emden muss er einen kleinen
Landbesitz haben; die Eltern treiben scheint's Überseehandel. Er ist jetzt
Freund Nr. 1, und seine Nähe macht ihr jede harte Arbeit in Moordorf
leicht.

Hellas Tagebuch Mai 1936 – 19. Januar 1938: Berufsfindung, Liebe und Hochzeit

Arbeitsdienst Sommer 1936

Wir sahen Hella am Tage nach ihrem Geburtstag wieder. Sie durfte uns
nach Aurich begleiten, wo wir für zwei Nächte wohnten, und hatte auch
am Sonntag schon frühzeitig frei. Da legte sie sich zunächst zwischen uns
auf die Betten, schmauste Erdbeeren, las Geburtstagsbriefe vor und genoss
noch einige mitgebrachte Geschenke.

Mehr als durch ihre Erzählungen konnte ich mir von Hellas Wirksamkeit einen Begriff machen, als uns am Sonnabend auf dem Weg von Moordorf nach Aurich ein Arbeiter begegnete, der vom Rad sprang und Hella
begrüßte. Eine geschlagene Viertelstunde blieb er bei uns stehen und
schüttelte Hella das Herz über seine ganze Familie aus. Es war zu niedlich,
dass dieses 19-jährige Mädchen die Vertraute des etwa 40-jährigen Arbei-
ters Gert Meyer gewesen war. Sie hatte in seiner Familie am allerliebsten
gearbeitet. Die Frau war solch rührend gute Mutter von fünf Kindern, die
alle sehr an Hella hingen, und ihr Vater sorgte treu für sie. Dabei waren sie
so schrecklich arm. »Wo andere einen Bauch haben, sitzt bei ihnen ein
Loch«, sagte Hella. Die große Not der Familie machte Hella ganz rastlos in
ihrer Arbeit für sie. Die Leute selbst redeten ihr immer zu, sich doch mal
auszuruhen und einiges erst am nächsten Tag zu erledigen, aber sie meinte, dann sei schon wieder neues zu schaffen, und war nicht zu halten. Aber
jeden Morgen zum zweiten Frühstück nötigten sie ihr ein weich gekochtes
Ei auf. Hühner waren ja ihr einziger Reichtum.

Auch in zwei anderen Familien war Hella noch sehr gern. Dann gab es
aber auch unangenehme Häuser. Diese Ostfriesen stammten zu großem
Teil aus einer Verbrecherkolonie. Friedrich der Große hatte entlassene
Sträflinge dort angesiedelt.

Sie hatte mit dem Siedler die schweren Schweinetröge umgetragen,
hatte Matratzen ins Freie geschafft, Jaucheeimer aufs Feld geschleppt,

Mist geharkt, auf den Steinfliesen liegend den Boden geschruppt. Alles [an ihr] war gut ausgewachsen. Wie verkümmern dagegen beim Studium die Organe!

Neue Berufswahl

Sie will, wenn auch in noch so bescheidenem Ausmaße, in absehbarer Zeit erwerbsfähig werden. Wer Krankengymnastik studieren will, muss das 20. Lebensjahr zurückgelegt haben und einen zweijährigen Kurs in München, Freiburg oder Dresden mitmachen. Im Mai müsste sie sich dafür melden. Ich bin gespannt, was Dr. Leopold in Mergentheim über ihre Körperbeschaffenheit äußern wird. Wenn die Seele besser wird, wächst bestimmt auch ihr Mut zum neuen Beruf. Und letzten Endes: das Ziel wird ja doch die Ehe werden, und für die kann Hella in ihrer Berufsausbildung viel lernen.

Unser Hausball

Der Vetter von Hanny Blaß, Jan Noltenius, scheute die Reise von Bremen nicht, um an dem Abend teilzunehmen. Nach bestandenem Architektenexamen hatte er sich gewünscht, am Abend der Feier bei Hanny Hella Bruns wieder zu sehen, und er war sehr glücklich gewesen in ihrer Nähe. Nun, wo er in seiner Heimatstadt eine Anstellung gefunden, schickten wir ihm eine »Aufforderung zum Tanz«, und er konnte wahrhaftig nicht widerstehen. Er war Hellas treuster Tänzer. Aber die Tanzlust erwies sich überhaupt bei den Herren als besonders groß. Es war eben viel Feststimmung, die Platten klangen durch Anschluss ans Radio besonders schön, und die Eltern empfanden mit Freude, welch höheres Niveau die Gäste dieses Mal einnahmen als beim letzten Ball. Da war Lilo doch sehr aus dem Rahmen gefallen. –

Die Freundschaft mit Jan macht uns viel Freude; denn er ist aus so guter Familie, so fein, so bescheiden und künstlerisch begabt, dass man erleichtert aufatmet – wie wenig Niveau hatten die meisten ihrer Freunde bisher besessen! Auch mit dem Grafen P., der sich bei Börners so leidenschaftlich in sie verliebte, hatte sie einen Griff in eine gute Familie getan.

Merkwürdig verschieden diese beiden: Jan die Zuverlässigkeit und Treue in Person, keine Spur von einem Blender, viel gehaltvoller, als sein Wesen ohne weiteres anzeigte, schlicht in seiner ganzen Art, etwas weich, begabt, von feinster künstlerischer Empfindung, wohlerzogen und gewiss sehr ordentlich im Großen wie im Kleinen. Der Typus nordisch, blond und blauäugig, wenn ich nicht irre.

Dagegen der Graf von leicht entflammter Sinnlichkeit, gewiss ebenso rasch wieder ernüchtert, unzuverlässig, vielleicht sogar gefährlich, wie die

Polen es sind, rasch sich entfaltend, lebhaft bis zur Leidenschaftlichkeit, von ungewöhnlich scharfem Verstand, gern auf Reisen, nach gewähltem Beruf noch ohne Stellung, glutäugig, dunkel, im Äußeren etwas schlampig – dabei voll Liebe zu Kindern und kleinsten Insekten (er füttert sogar Ameisen) und sicher immer eine neue Seite des Wesens zeigend, niemals uninteressant! –

Vergleich zwischen Hellas und meinen Verehrern

Wenn ich bedenke, wie wenigen Männern ich seit meinem ersten Auftreten in der Geselligkeit bis zu meiner Verlobung, in elf langen Jahren, nahe getreten bin und zähle Hellas Verehrer durch – es schwindelt mir! Freilich ging ich einigen ganz besonders tief, und es waren immer wertvollste Naturen – aber meinen wenigen kann Hella bisher 38 Verehrer entgegenstellen. Und sie ist gerade so alt, wie ich bei Beginn meiner Gesellschaftslaufbahn war. Dabei ging ich noch viel mehr aus und lernte eine größere Menge Menschen kennen als sie, vor allem mehr junge Leute aus unseren eigenen Kreisen.

Mir fehlte sex appeal, den Hella hat – und überhaupt das Wirken mit einem Schlage. Ich freue mich sehr, dass Hella kein bisschen eingebildet geworden ist – im Gegenteil, sie neigt ja sehr zur Unterschätzung ihrer selbst und denkt von der Frauenwelt durchaus nicht hoch, so dass sie auch die ihr dargebotene Huldigung nie überschätzt. Gewiss, sie wird immer hübscher und ihr Äußeres macht Eindruck, aber es wirkt doch auch ihr weibliches, zartes und inniges Wesen, das mehr und mehr zum Ausdruck kommt.

Hella und Jan

[*Jan Noltenius war über Ostern mit Familie Bruns in Mergentheim.*]
Als wir uns am Mittagstisch versammelten, kam Hella, die gestern sehr blass und verfroren ausgesehen hatte, blühend und rosig wie eine Sommerrose herein. Sie sagte wenig und strahlte nur. Übrigens blieb sie uns nicht sehr lange erhalten; denn um 2 Uhr wollte sie schon wieder »mit Herrn Noltenius spazieren gehen«. Er führe gegen Abend ab. Als sie vom Bahnhof kam, erzählte sie mir, dass er beim Abschied Tränen in den Augen gehabt hätte, aber sie habe gelacht und sei noch ein Stück weit winkend mit dem Zuge mitgelaufen, so dass der Stationsvorsteher sie geneckt hätte – ob sie denn bis Landa hätte mitlaufen wollen.

Aber Hella warf doch einige Bemerkungen hin. »Jan gibt zu, dass er weich ist, das sei sein Fehler. Ich finde aber, das geht keinen Dritten etwas an!« »Ohne die Fähigkeit zarten Empfindens, also ohne eine gewisse

Weichheit«, sagte ich drauf, »kann man sich aber auch nicht verstehen und nicht wohl tun. Ohne Verwandtschaft des Wesens gibt es kein Glück.« Dabei dachte ich: Die beiden müssen sich aber recht gründlich ausgesprochen haben, wenn sie schon ein Urteil über Jans Wesen diskutierten! Es wäre mir eine Kleinigkeit gewesen, Hella auf den Kopf zu zu sagen: Ihr seid ja verlobt! Vielleicht hätte sie es mir aber doch nicht verraten. Und ich wagte ja auch nicht, an eine fertige Tatsache zu glauben.

So reisten Viktor und ich am Dienstag nach Zürich ab, um die Hochzeit von Gundelena Wille und Carl Friedrich von Weizsäcker in Meilen zu feiern. Wir hatten die Absicht, drei Tage in Zürich zuzubringen und am Tag nach der Hochzeit in Bern bei Ernst und Marianne *[von Weizsäcker]* einzutreffen. Briefe sollten uns in der Berner Gesandtschaft erwarten.

[In Bern, in der deutschen Gesandtschaft:] Marianne sagte: »Ihr habt eine ganze Menge Post. Auch zwei Eilbriefe sind darunter.« »Hoffentlich geschäftliche Sachen«, sagte ich. »Nein, der eine wenigstens ist von Hella!« Entsetzt riss ich den Umschlag auf. Wir so weit in der Schweiz und das Kind vielleicht ernstlich erkrankt! Aber der Brief begann ganz friedlich, und schon klopfte mir das Herz bis zum Hals. »Viktor, die Bombe ist geplatzt!« – »Nein!!!« – Wie man doch solch tief greifendes Ereignis zunächst gar nicht fassen kann!

Weizsäckers hatten uns allein gelassen. Wir lasen alle Briefe: von Hella, von Jan, von Oskar *[Bruns]* und Gudrun auf unserem Zimmer, ohne die Worte völlig zu begreifen. Aber allmählich wurde es uns klar: Hella hatte sich nach dem Tänzchen mit Jan *[Noltenius]* verlobt und uns nichts gesagt, da sie ihm nicht »vorgreifen« wollte, da er selbst gern erst seinen Werbebrief an Viktor hatte schreiben wollen.

Es sollte nun gegessen werden und wir kamen mit aufgeregten Gesichtern herunter. Tante Paula sah uns verwundert an: »Was habt Ihr, hat sich eine Eurer Töchter verlobt?« – »Etwa Edith?« fragte Marianne voll Besorgnis in Gedanken an die Schwärmerei ihres Richard *[von Weizsäcker]*. – »Nein, Hella«, sagte ich lachend. Nun gab es ein Fragen und Erzählen, dass uns der Ruf zum Mittagessen unangenehm überraschte.

Die Sonne schien frühlingshaft warm, und Viktor und ich wanderten im Garten auf und ab, um die Verbindung zu besprechen. Dass Jan ein Mensch nach unserem Herzen war, stand uns völlig fest. Sein Brief an Viktor war so feinfühlig, so bescheiden und edel abgefasst, dass wir fühlten, wie viel mehr in dem Menschen noch verborgen war, als er uns bisher hatte erkennen lassen.

Die äußeren Verhältnisse waren freilich mehr denn bescheiden. Aber wenn Hella späterhin »bessere Partien« geboten würden – könnte man annehmen, dass die Persönlichkeit des Mannes dann ebenso anziehend und Vertrauen erweckend sein würde?! Wir schlugen alle Bedenken in den

Wind und meldeten ein Telefongespräch nach Mergentheim an. – Hella wartete schon etwa 24 Stunden auf das erbetene Telefon. Warum zögerten die Eltern? Sollten Tante Hennys Bedenken in Mutti wieder mächtig geworden sein?! Sie tat die Nacht kein Auge zu, die Ärmste!

Und so saßen wir nur noch kurze Zeit mit Weizsäckers zusammen. Aber hätten wir uns sonst eine Woche lang gesehen, würden wir uns nicht so nahe gekommen sein, wie in diesen wenigen Stunden. Eben hatte Marianne ihr ältestes Kind verheiratet [Carl Friedrich von Weizsäcker] – wie gleich gestimmt waren da unsere Seelen. Ihre, Ernsts und der beiden Großmütter herzliche und freudige Teilnahme gingen uns nah und taten uns sehr wohl. Aus der Tiefe dieser zurückhaltenden Menschen kam das Gefühl selten rasch und warm hervorgesprudelt.

Die Nacht im Zuge [zu einem geplanten Zusammentreffen von Viktor und Marie Bruns mit Hella und Jan] war nicht sehr schlafreich. Der erschöpfte Viktor hatte böse Stunden. »Wenn nun ein Krieg ausbricht und er fällt – dann sitzt Hella da und hat nichts gelernt, womit sie Geld verdienen kann. Wovon leben, wenn wir nicht mehr sind?!«

Wir Brauteltern fuhren an einem Sonnabendmittag Hella in Kassel entgegen, während sich Jan von Bremen aus unserem Treffpunkt näherte. Viktor und ich saßen an einem Tisch in der Halle, wie die beiden [Hella und Jan] eintrafen. Wir waren alle furchtbar verlegen, ich wohl am allermeisten; Jan merkte man's am allerwenigsten an. Er hielt meine Hand ganz lange und sah mir mit einem so tiefen, dankbaren und innigen Blick in die Augen, dass ich wegsehen musste. Ich guckte auf die wundervollen gelben Rosen, die er mir überreichte und drehte mich – nein, zu lächerlich – einmal um mich selbst. Nie hatte ich mir deutlich vorgestellt, wie es sein würde, wenn Hella sich verlobte. Wenn es der Rechte wäre, so hatte ich mir wohl gedacht, dass mich ein Gefühl dankbarer Freude ergreifen würde. Die maßlose Aufregung der ersten Stunden hatte ich nicht erwartet.

Was stürmt doch alles auf das Gemüt einer Mutter ein – neben der Freude über das Glück der Tochter – die merkwürdige Sehnsucht doch auch noch mal wieder ganz im »Anfang« stehen zu dürfen! Und wenn dann der Bräutigam an den eigenen Mann erinnert, hat der Volksmund wohl recht, wenn er behauptet, der erste Schwiegersohn sei die letzte Liebe der Mutter. Jedenfalls habe ich mich den Abend sehr lächerlich benommen. Die anderen Teilnehmer unseres Beisammenseins waren aber sehr lieb und vernünftig. Viktor stellte überhaupt keine Fragen an Jan, er erkundigte sich nicht mal nach der Höhe seines Gehalts. Auf Charakter und Gesundheit komme es an, wenn sich zwei Menschen fürs Leben verbinden wollten – alles andere sei Nebensache. Jan war ganz erstaunt, wie leicht wir's ihm machten. Gesundheitliche Bedenken hätten ja bestehen können: sein Vater hatte sich in einem Anfall von Gemütskrankheit das Leben genommen, dessen Eltern waren an Schwindsucht gestorben. Aber das frische Blut der kerngesunden Mutter hatte den Kindern einen guten Einschlag gegeben und Jans Untersuchung für die militärische Eignung war zu voller Befriedigung ausgefallen. Von Hellas Zartheiten hoffen wir, dass sie in der Ehe verschwinden. So konnten wir uns denn bedenkenlos am Glück der beiden freuen.

Wir nahmen ein sehr vergnügtes Abendessen ein. Viktor erzählte allerhand Schnurren aus meiner Verlobungszeit, so dass die Verlegenheit zwischen uns bald ein wenig abnahm. Aber wunderbar ist es, mit einem jungen Mann zusammen zu sitzen, der plötzlich Sohn des Hauses geworden ist und dem man bisher doch noch recht selten begegnete. Am nächsten Morgen schickten wir das Pärchen voraus zur Besichtigung der Stadt. Wir trafen uns später in der Kasseler Galerie. Dort übernahm teils Viktor, teils ich die Führung, und wir konnten uns freuen, welch seltenen Qualitätssinn für alte bildende Kunst unser Jan bekundete. Auch in der Hinsicht passte der neue Sohn ganz zu uns. Er gehörte, wie wir schon in Mergentheim empfunden hatten, ganz zur Familie; er brauchte sich gar nicht einzuleben, und wir brauchten uns nicht an ihn zu gewöhnen.

Verlobungsfeier in Zehlendorf

Am 18. April 1937 feierten wir mit den nächsten Verwandten die bereits veröffentlichte Verlobung in Zehlendorf. – Es kamen dazu Mutter Gertrud [Noltenius], die Geschwister Otto und Ursula Sattler, Mutter [Anna Bode, geb. Gmelin], Ännchen [von Bode], Hedi und Cörnchen [Bruns], Omu [Marie Auguste Bruns, geb. von Weizsäcker], Britta [von Zeschwitz] und Georg Bruns. So waren wir sechzehn mit dem Brautpaar.

Zu dem weiß-goldenen Geschirr aus Limoges prangte die Empireschale der Kaiserin auf dem Tisch, die Edith mit Forsythien gefüllt hatte. Vor dem Essen rief ich das Brautpaar herbei. Eine große Schar Nationalsozialisten zog an unseren Fenstern vorüber. Sie trugen ein Plakat mit der Aufschrift »Baut dem Führer Häuser!« Dazu spielte die Musik den Hohenfriedberger Marsch!! War es nicht wie eine Huldigung für Jan und seinen Beruf? Aber dazu die militärischen Klänge! War auch dies eine Vorbedeutung? O, dies ewige Zittern des Herzens im Unterbewusstsein vor der großen Glücksvernichtung Krieg!

Bei Tisch kreiste der Bode-Pokal. Viktor sprach lange und eindrucksvoll, erst neckisch, dann ernst und feierlich. Leider lobte er mich wieder über die Hutschnur, was ich immer etwas komisch finde – wie Anpreisen der eigenen Ware, aber es war lieb gemeint. Wie er vom guten Herzen seines Vaters anfing, stockten ihm beinah die Worte. Sehr schön und warm hieß er Jan und seine Mutter willkommen. Er weiß immer so tief ins Herz zu greifen, wir waren andächtig wie in der Kirche. Sehr fließend und herzlich dankte Jan aus dem Stegreif. Wie ihm doch die Worte zu Gebote stehen!

Pastor N.*[iemöller]*, der die Trauung (Hellas und Jans) vollziehen sollte, wurde verhaftet. Viktor machte sich durch einen Prozess in Bern gegen Litauen und durch 5 Vorträge an der Haager Akademie völlig zunichte. Am Hochzeitstag lag er eine halbe Stunde mit Herzkrampf und konnte sich nur noch durch starke Mittel aufrechterhalten.

5. Mai 1937: Hochzeitstag von Ursula *[Sattler, geb. Noltenius]*

[Trauung in der Bremer Liebfrauenkirche:] Seine Schönheit erhielt der Raum für mich aber vor allem durch die Gegenwart des ersten Brautführers und der ersten Brautführerin: Jan und Hella. Die beiden standen so andächtig da und zugleich so ernst versenkt in ihre eigene Zukunft, dass ich sie immerfort ansehen musste und den Zusammenhang der Traurede fortwährend verlor. Es war schade, denn der Pastor, ein einstiger *[Berlin-]* Dahlemer, sprach kluge, kraftvolle Worte – aber was will der Mensch machen gegen solch verführerische Ablenkung.

Nach dem Hochzeitsessen war die Jugend vergnügt beim Tanz. Ich genoss die Festtage vor allem, um Hellas neue Familie und ihren ganzen Kreis kennen zu lernen. Die meisten der Verwandten sind nicht waschechte Bremer, sondern eine Blutsmischung von Nord und Süd – daher auch, bei aller norddeutschen Haltung und hanseatischer Vornehmheit ihr wohltuend warmherziges, impulsives Wesen. Jans Stiefgroßmutter *[Elisabeth Noltenius]* ist eine Enkelin von Gustav Schwab. Jan war der Liebling aller besonders auch der alten Damen, was für sein ritterliches, aufmerksames, liebenswürdiges Wesen spricht.

Bei Tisch saß auf meiner rechten Seite Dr. *[Wilhelm]* Carstens, Jans früherer Vormund. Er hat mir ganz besonders gut gefallen. Über Jan sagte er mir ein schönes Wort, das mich nachdenklich stimmte: »Ich kenne Jan nicht genug, um beurteilen zu können, ob er ein Ü b e r f l i e g e r sein wird (ich glaube es nicht), aber das weiß ich, dass ich ihm die beste Frau von der Welt wünsche!« Also kein »Überflieger«! Guter Ausdruck! Ich habe einen Überflieger zum Vater gehabt und hab' einen zum Mann – ein Durchschnittsmensch hätte mir auch nie genügt. Mein Streben ging nach einer Größe, zu der ich aufschauen musste. Mit dem Weltruhm meines Vaters und seiner bezwingenden Macht über die Menschen war ich zu sehr verwöhnt. Brauchte Hella auch einen Überflieger? Ach nein; vielleicht würde ein solcher sie sogar unglücklich machen können. Freilich ist Hella durch Berührung mit echtem Künstlertum und durch die Berührung ihres Vaters verwöhnt. Sie hat Sinn für Größe und Weltweite, sie hat auch das Bedürfnis danach. Ein weites Herz wird sie bei Jan finden. Man mag mit ihm reden, was man will – er hat für alles Sinn. Nie ist er absprechend, immer geht er voll Verständnis mit, auch dann, wenn er persönlich für sich einen andern Standpunkt vertritt.

Hella ist tief religiös, aber nicht kirchlich. Jan, der Diakon, hält treu zur Kirche *[Jan gehörte zur »Bekennenden Kirche«, ging also nicht zu den »Deutschen Christen«]*. Aber es macht mir nicht den Eindruck, als wolle er in irgendeiner Weise auf Hella Einfluss oder gar Druck ausüben. Dafür hat er zu viel Achtung vor ihrem Wesen.

Hellas Hochzeit *[1937]*

Am Donnerstag den 5. August trafen Großmutter *[Sophie]* Noltenius und ihre Tochter, die von mir so geliebte Malerin Elisabeth, bei uns *[in Berlin]* ein. Ich hatte ihnen Viktors und meine Schlafstube eingerichtet, während wir oben im Gaststübchen hausten. Die 78-jährige Dame war etwas knieleidend. Mutter und Tochter machten es sich bald behaglich, und Elisabeth heftete einen Stammbaum an die Wand, den sie für Ursulas und Ottos Aufführung fertig zu malen hatte. Wie Edith und ich war sie also auch noch in fieberhafter Tätigkeit bis zum letzten Augenblick.

[Marie Bruns' Schwierigkeiten bei der Vorbereitung einer Festaufführung:] Kurz, ich kostete alle Nöte eines kleinen Schmierendirektors durch und wurde mir voll und ganz der Verwegenheit bewusst, wie *[Max]* Reinhardt und *[Gustav]* Gründgens Regie und eigene Mitwirkung im Schauspiel übernommen zu haben.

[Programmbeginn: Renate Börner: Gedicht über die gemeinsame Backfisch-Zeit der Freundinnen, vor allem ihr Ritterspiel auf dem Dachboden der Sven-Hedin-Straße.] Es folgte Ediths Deklamation meines Gedichts zu den von ihr sehr flott, witzig und treffend aquarellierten Bildern von Hellas Zukunftsplänen, die in der Vergrößerung durch das Epidiaskop eine starke Wirkung ausübten. Für die Uneingeweihten ging die Sache allzu schnell und ohne volles Erfassen der Situation vorbei. Die Nächststehenden haben es tief genossen, aber auch entferntere Verwandte waren stark beeindruckt von der Komik der Blätter und Ediths wirkungsvollem Vortrag.

Es folgte mein Angstkind: unser Lustspiel »Des Maines und der Liebe Wellen.« Kurz vorher hatte sich jeder am Buffet Essen und Trinken gesichert, das auch die Pausen ausfüllte. Diese fröhliche Stärkung machte wohl geneigt, die Schwächen unserer improvisierten Aufführung freundlich zu beurteilen. Von dem Schwung, der Natürlichkeit und Innigkeit von Ediths Spiel war jeder Zuschauer einfach hingerissen. Sie hatte Hellas Wesen mit ihrem leicht schwärmerischen Zuge täuschend wiedergegeben, und zugleich spürte man Ediths wenigstens leicht ironisches Lachen in ihrer Kehle! Wie sie mit Paul Theo zum Schluss der Aufführung in dem 5 Meter langen Paddelboot saß, das noch mit der Spitze aus der Bühne hervorstach, und sie sich nach rückwärts in seinen Arm warf, soll Blaß ganz verliebt gedacht haben: warum nützt der dumme Peter die Situation nicht besser aus?!

Die vierte Festnummer wirkte feierlich und witzig zugleich. Auf einer Leiter, die durch unsere geschickte rote Stoffdekoration der Bühne ins Unendliche zu ragen schien, stiegen Otto und Ursula Sattler als Ahnherr Kulenkampff und Ahnfrau Sieber vom Himmel nieder und tauschten ihre Meinungen über die Blutsmischung in dem Nachkommen Jan aus, wobei sie Elisabeths anmutig gemalten Stammbaum mit seinen hübschen Wappen und Emblemen prächtig unterstützte. Diese ihre köstliche Improvisation von der Eisenbahnfahrt brachten sie mit Humor und Würde zur Schau. Ottos Vogelgesicht wirkte sehr mächtig in der Allongeperücke, und Ursula stand ihr Badenser Kostüm vorzüglich. Diese Aufführung brachte eine ganz neue Note in unsere Darbietungen: das farbenschöne, ruhige Bühnenbild als solches mit rokokohaft feinem rhythmischem Spiel verbunden. Zum Schluss brachte Edith Brautkranz und Schleier.

Ein heiteres Intermezzo der Festmahlzeit war Cörnchens [Cornelia Bruns] Begleitung eines Schelmenliedes auf dem Klavier nach einer Mozartschen Melodie. Köstliche Begebenheiten aus Hellas Kindheit und Jugendleben hatte sie in Knittelversen zusammengestellt und jedem der Gäste zum Singen gegeben. Nach dem Essen begab man sich auf die Terrasse. In den Gräsern glänzte schon der Abendtau. Am Himmel zogen zarte rosa Wolkenstreifen entlang. Da fasste Jan mit einem Mal Hella an der Hand, und beide liefen mit jugendlicher Behändigkeit über den Rasen. Wie sie so dahinstieben und Hellas Schleier um sie wogte, fiel mir, die ich noch Mendelssohns Sommernachtstraummelodien im Ohr hatte, die Elfenkönigin ein. Tanzte sie mit Oberon über den Wiesenplan dahin?

Mein erster Besuch bei Hella [in Bremen]

Nun bin ich zum ersten Mal bei dem jungen Paar auf Besuch. Welche Wonne, bei dem eigenen Kind zu Gast zu sein! Man sieht, wie das Mädchen mit einem Mal zur Frau geworden ist, wie Eigenschaften, die bisher geschlummert hatten, erwachen und sich aufs Schönste entfalten.

In den ersten Tagen meines Bremer Aufenthalts sorgte ich vor allem für Hellas Erholung [von einer Grippe]. Nachdem sie Jan seinen Kaffee und die Frühstücksbrote fürs Amt bereitet hatte, ging sie noch mal ins Bett. Ich setzte mich zu ihr, und wir sprachen »so viel und so mancherlei«. Das Vertrauensverhältnis war ganz das alte geblieben, aber noch beglückender für mich geworden, denn als Frau war mir Hella entgegen gewachsen und dabei doch noch das liebe Spielkind geblieben. Wie viel haben wir mit einander gelacht und gealbert! Aber auch Sorgen hat sie mir mitgeteilt, die wenigen Sorgen ihres so glücklichen Lebens.

Den »Freimarkt«, der eine Woche lang Bremen auf den Kopf stellt, hatte sie an zwei Nachmittagen von ganzem Herzen genossen. Mit der vollen Kindlichkeit ihrer Seele gab sie sich dort dem Vergnügen hin – den Karussellfahrten, den Zauberkunststücken, dem Genuss von einer schaurigen, ganz giftig aussehenden Zuckerschlange für 5 Pfennige. Jan bezauberte diese Kindlichkeit, die Dankbarkeit für jede noch so kleine Freude, und sie erstaunte ihn in Gedanken an all das, was ihr in der Mädchenzeit geboten war, und was sie für ihn aufgegeben hatte. Ob sie sich ihm zuliebe so beherrschte und so anspruchslos schien? O nein, da konnte ich Jan beruhigen. Sie hatte eine unverwöhnte Seele; nach Liebe hatte sie gedürstet; in seiner großen, starken, weiten, immer aufmerksamen und verstehenden Liebe fand sie ihr Genügen. Nach dem ersten Besuch auf dem Freimarkt war sie ganz aus dem Häuschen. Sie zog sich abends ein weißseidenes Nachthemd an, tat eine Schleife ins Haar und tanzte und wirbelte und wirbelte und tanzte umher wie eine Bacchantin. Jan machte mit. Die bei-

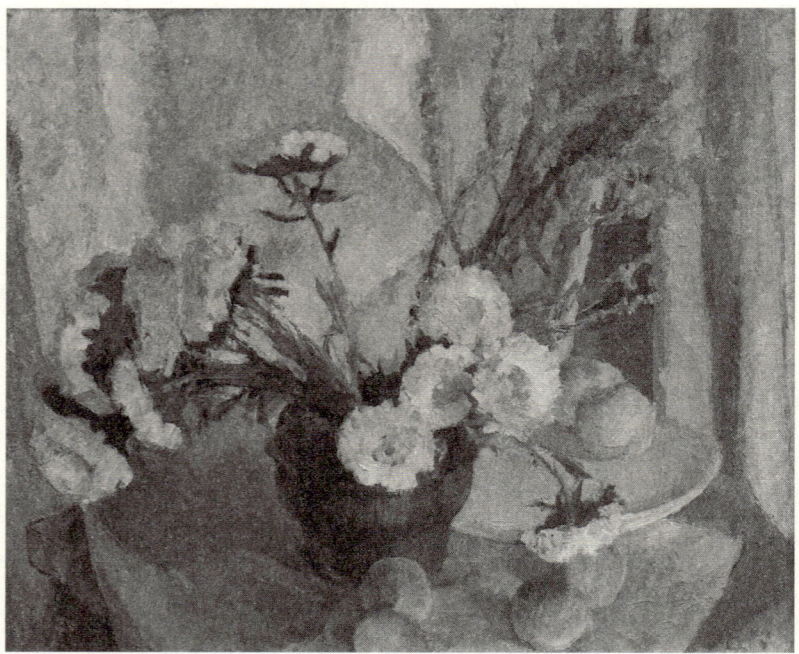

Elisabeth Noltenius: Stillleben mit Pfirsichen, Öl, 1937.

den flogen durch die Essstube, vergaßen alles um sich her, waren eitel Seligkeit im Rhythmus des Tanzes, den eine Muse ihnen eingab.

Den frühen Nachmittag brachte ich dann noch in Elisabeth Noltenius' Atelier zu. Ich hätte viele Stunden bei ihr sitzen mögen. Ihre frische Portraitkunst, der große Ernst, fast leidenschaftliche Charakterzug ihrer Landschaften taten es mir mächtig an, und ich genoss ihre forsche Zeichnung ebenso sehr wie die Freiheit und Eigenheit ihrer Farbenharmonien. Das Pfirsichstillleben, das Viktor ihr in den zwei Tagen seines Bremer Aufenthalts abgekauft hatte, ist ein ganz feiner Schmuck von Hellas und Jans Essstube geworden.

Schwer wurde mir auch der Abschied von Bremen, seiner einheitlichen Schönheit und stillen vornehmen Tradition, von den Leierkästen, die während des Freimarkts an jeder zweiten Straßenecke tönten und so schön unbekümmert Choräle mit Schlagern abwechseln ließen – wie das Leben, oberflächlich gelebt, ohne Verbindung oder Trennungsstrich aus einer Stimmung in die andere überführt.

Aber glücklich und dankbar fuhr ich heim; denn ich hatte erlebt, wie sich Hella bewährte – und das war weit über Hoffen und Erwarten, tief beruhigend und beseligend für ein Mutterherz!

24. Februar [1938]

Es ist mir in der Rückerinnerung so sehr schwer, dass Hella sich zu dieser Zeit durch Modellsitzen bei Elisabeth Noltenius besonders abgehetzt und dem schlechten Wetter ausgesetzt hatte. Unsere Kinder, die sich so einschränken müssen, wollen uns Hellas Bildnis schenken, obwohl sie dazu ihr Sparguthaben um mehrere hundert Mark verringern müssen – die Guten! Aber die Krankheit hat die Beendung des Bildes, das sehr ähnlich sein soll, leider verhindert. *[Siehe aber den Entwurf oben S. 17]*

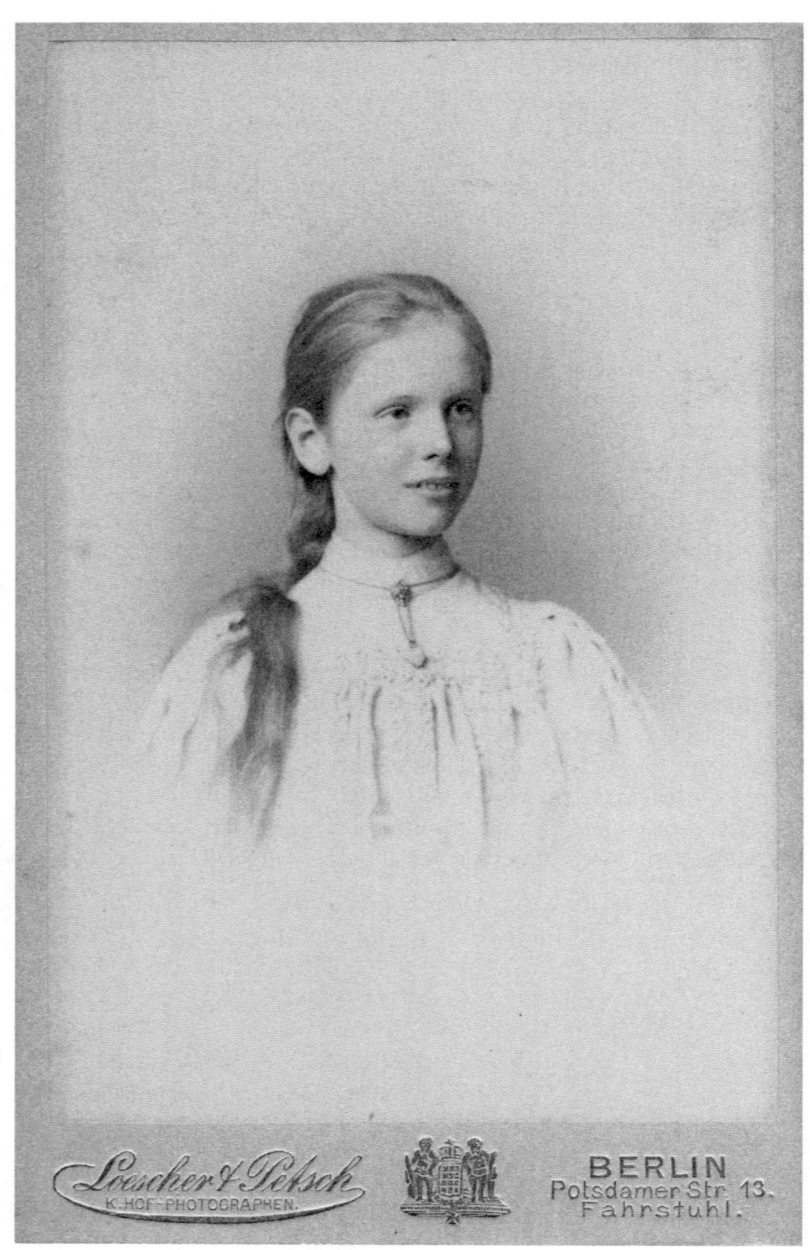

Marie Bode zwischen Kindheit und Jugend, zeitgenössisches Foto.

Briefe 1893–1951

Charlottenburg, 29.6.[1900], Uhlandstr. 4

Liebes Mariechen [*Freiin Marie von Gebsattel*],

ich habe das Zeichnen wieder mit aller Leidenschaft aufgenommen, übe mich einen Vormittag in der Woche in dem Atelier meiner Lehrerin an lebenden Modellen, und fahre mit ihr einen Nachmittag heraus nach Dahlem oder in den Grunewald, wo sich's in der Einsamkeit der Wälder und Felder beim Trillern der Lerche so herrlich zeichnet.

Gestern war ich auch 4 Stunden in Zoologischen Garten, um mich dort an Tieren zu versuchen, das macht mir nämlich so sehr viel Freude; denn ich finde, auch abgesehen von der guten Zeichenübung, lernt man die ganzen Sitten und Bewegungen der Tiere so herrlich kennen und schätzen. – Außer dem Zeichnen spiele ich auch sehr fleißig Klavier, übe mich matt und müde an dem »rondo cappricioso« von Mendelssohn, habe mit meinen beiden Schwestern Turnstunde und ferner Nähmaschinennähen. Daneben lese ich viel, mache Handarbeiten, gebe meinem ältesten Schwesterchen Stunde, spiele fast täglich mit den beiden Kleinen. Da legen wir im Gebüsch miteinander die allerschönsten Gärten an, errichten Windmühlen aus Blumentöpfen. Da werden Witze aufgeführt, die natürlich den Kleinen furchtbare Freude machen. – An diesen heißen Tagen steh' ich auch oft schon um 5 Uhr auf, und – aber das ist mein spezielles Geheimnis, das Du ja nicht verraten darfst – dann dichte ich gern nach Herzenslust, das heißt ich schreibe kleine Lustspiele so recht aus eigener Erinnerung und Erfahrung und lese sie dann meinen Freundinnen vor. – Und nun rüsten wir auch schon zur Sommerreise: am 15. Juli geh' ich mit den Schwesterchen auf 14 Tage nach Königsberg und später mit den Eltern höher herauf in den Harz. –

Doch nun endlich addio! Bald ist meine Tinte alle, und Deine Geduld, diese lange Epistel zu lesen. Also lebe wohl, mein Liebes! Es grüßt Dich herzlich Deine Dich liebende Marie Bode

Lieber Vater,

heute früh bekam ich die Karte von Mutter, in der sie mir schrieb, dass Du wieder aufs Museum gingest und sie mit den Kindern Dienstag reisen würde. Ich bin natürlich sehr glücklich darüber, hoffe, dass nichts dazwischen gekommen ist und Du recht bald nach Italien abreisen kannst! Schreibe mir dann bitte bald, wo Du bist, damit ich weiß, wohin ich meine Briefe richten kann. Grüße mir mein liebes Italien! Ich würde Sehnsucht danach haben, wenn ich hier nicht gerade genug anderes zu tun hätte!

Heute war ich zum Frühstück bei Dreyfusens (ist das nicht ein hübscher Plural?) und habe mir hinterher die schönen Skulpturen und Gemälde unter Monsieur Gustaves Leitung sehr genau angesehen. Ich habe ziemlich alle richtig taxiert, nur bei einem bin ich grenzenlos reingefallen! Denke Dir bloß – aber bitte erschrick nicht zu sehr – ich habe die famose Büste von Mino für einen Donatello gehalten!!! Ist das nicht haarsträubend? Zum Glück habe ich diese Weisheit bei mir behalten, denn ich wüsste nicht, wie ich eine ähnliche Schande überleben sollte!

Mit am meisten haben mich die Desiderios und die wundervollen Medaillen begeistert. Herr Dreyfus selbst hat mir gar nicht gefallen. Vielleicht fühlt er sich auch immer noch gekränkt, dass ich nicht gleich zu ihm gekommen bin. Er fragte mich nämlich ganz unverfroren, ob ich schon bei Rodolphe Kann (i.e. Rudolf Kann) gewesen wäre, und als ich das verneinte, fügte er etwas bissig hinzu: »Il sait que vous êtes à Paris!«

Was soll ich nun anfangen? Ich kann doch einem Junggesellen allein keinen Besuch machen?! M. Emile Michel hat mich schon einmal gefragt, ob ich mit ihm zusammen seine Sammlung besehen wollte, aber ich habe es dankend abgelehnt, da doch Mutter im Juni mit mir hingehen will. – Jetzt, wo R. Kann weiß, dass ich hier bin, ist ja die Sache anders. Soll ich M. Michel bitten, dass er mich hinführt? Aber eigentlich ist es überflüssig, wenn ich mit Mutter hingehe. Schreibe mir doch bitte, was Du für gut hältst.

Von Dreyfus' aus bin ich ins Louvre gegangen und habe mir die griechischen und römischen Vasen, die Tanagrafigürchen und Glassachen angesehen und war ganz entzückt davon. Neulich habe ich in einer Dreiviertelstunde alle antiken Statuen im Louvre besehen und hatte reichlich genug davon, aber bei diesen kleinen Sachen hätte ich stundenlang bleiben können. Ich finde auch, in den kleinen Statuetten ist viel mehr Abwechslung und Leben als in den großen Statuen.

Doch für heute addio! – Glückliche Reise!
Es küsst Dich Dein treues Mariechen

Lieber Vater,

willkommen in Venedig! Wie sieht's denn aus ohne seinen Campanile? Grüße es mir herzlich, besonders San Marco, die Accademia, San Giovanni e Paoló und Museo Corrèr! Hoffentlich bist Du glücklich dort angelangt und geht es Dir weiter so gut wie in Florenz! – Denke Dir nur, mit dem Landschaftszeichnen ist es vor Monat Juni nichts, aber da mir Dein Freund Michel solch vorzüglichen Zeichenkurs empfohlen hat, habe ich nicht widerstehen können, mich noch für den Monat Mai auf 2 Vormittage wöchentlich zu engagieren.

Ich war schon Freitag und Sonnabend dort und bin allerdings begeistert von der wundervollen Methode – Madame Mourier, die Lehrerin, hat sich meine Zeichnungen zeigen lassen und war sehr zufrieden mit meiner Kopie des Bronzino-Portraits, der kleinen Houdon-Büste und einer Mantegna-Zeichnung. Von meinen eigenen Sachen gefiel ihr mein Selbstporträt am besten, das ich für Amélie gemacht habe. Sie meint, ich hätte einen guten Bleistiftstrich und viel originelle Anschauung in der Beleuchtung, aber es ginge nicht an, dass ich die Köpfe so klein machte, und nun hat sie mich gestern vor eine Staffelei gesetzt und verlangt, dass ich den Kopf unseres schönen Modelles, einer düsteren Italienerin, mit Kohle in Lebensgröße aufs Papier brächte. Und denke Dir, ich habe es wirklich zu Stande gebracht! Nur ist das Ding gräulich schwach in der Ausführung. Aber ich glaube wirklich, dass ich in den 8 Vormittagen schon eine ganze Menge lernen werde und mehr als bei Fräulein Meeger. Die Methode ist zwar ähnlich: einfach und eckig, aber Madame Mourier verlangt mehr Sorgfalt in der Ausführung. Das erste Mal haben wir einen Fischer aus der Bretagne in ganzer Figur gezeichnet. Das war recht schwer; die weite steife Kleidung lässt den Körper so wenig durchschauen, und ich habe die Falten sehr schlecht gemacht. Da hat mir aber meine Lehrerin alle Fehler gezeigt und wundervoll erklärt, wie man den Stoff charakterisieren müsste; ich glaube, ich werde wirklich Fortschritte machen.

Ich erwarte jetzt Antwort von M. Michel; ich habe verabredet, mit ihm Rodolphe Kann zu besuchen, aber er will erst anfragen, wann es dem passt. Ich freue mich riesig auf die Sammlung; meine Liebe zur Kunst ist hier eine wahre Leidenschaft geworden! Ich muss mein Examen darin machen und dann unterrichten. Das ist jetzt mein heißester Wunsch!

Ich freue mich jetzt rasend darauf, Dich wiederzusehen, ich denke ja immerzu an Dich! –

Im Louvre bin ich jetzt ganz heimisch und habe fast alles gesehen; ich will jetzt den letzten Monat hauptsächlich dazu benützen, die Umgegend

zu besuchen (Versailles, Chartres, St. Denis), Amélie in den Museen zu führen und ein wenig in die Ausstellung zu gehen.

Für heute addio! – Hoffentlich findest Du einen Schreibtisch für Amélie,
es ist ja furchtbar schade, da sie das Sofa nicht brauchen kann, aber sie hat
einfach keinen Platz dazu. Wenn Du etwas suchst, was ich schenken kann,
wäre vielleicht ein bisschen alter Stoff auch was sehr Hübsches; den könnte ich dann als Kissen zurechtmachen!

Leb wohl und lasse es Dir weiter gut gehen!
Es umarmt Dich herzlich
Dein
treues Mariechen.

Charlottenburg, den 28. Okt. 1903

Mein liebes Herze [*Marie von Gebsattel*],

was bin ich grässlich, dass ich Deinen reizenden, intimen, herzlichen Brief
über 4 Monate unbeantwortet ließ! Ich habe ja oft genug an Dich gedacht,
mein Liebes, aber vor lauter Häuslichkeit bin ich nicht zum Schreiben gekommen.

Erst seit 4 Wochen bin ich Hänschen vom Lande wieder in der Groß-
stadt. Wie seltsam kam es mir im Anfang vor! Wenn ich auf der Straße
ging, dachte ich immer: Was ist das hier nur für ein unsinniges Getöse?
Was laufen die Leute so aufgeregt durcheinander? Und dann wieder guckte ich an den langen Wolkenschnüfflern, den Mietskasernen in die Höhe
und wunderte mich, wie es überall so fürchterlich eng war! –

Ja, es war golden schön, dieses halbe Jahr der Freiheit auf dem Lande!
[*Marie Bode war in Reifenstein auf einer Haushaltsschule.*] Ich hätte nicht
geglaubt, dass der Mensch so viel Arbeit leisten kann und dabei immer
noch Muße hat, im Freien nach Herzenslust herum zu streifen! – Denk'
aber nur nicht, dass ich an diesem genialen Gedanken, ein halbes Jahr die
Frauenschule zu besuchen, schuld gewesen wäre. Mutter hat die Idee gehabt, als sie hörte, dass eine mir befreundete Kusine dorthin abreisen würde und da kam es so ganz von selbst. Und wenn Du wüsstest, wie lieb uns
auch die allerkleinsten Pflichten des täglichen Lebens dort gemacht worden sind, so würdest Du ebenso für Reifenstein schwärmen wie ich.

Schon die Zeiteinteilung war so berechnet, dass wir nie zu arg ermüden und nie die Lust verlieren konnten. Um 6 Uhr wurde aufgestanden,
nach dem Frühstück machte jeder sein Zimmer, um ½ 9 begannen die
Stunden. Das waren nun entweder Kochen oder Plätten, Garten oder Hüh-

ner, häusliche Arbeiten oder Molkerei. Um ½ 12 oder 12 hörten wir auf, zogen uns zum Essen an und hatten nachher 2 Stunden frei. Nach dem Kaffee begann der theoretische Unterricht: Physik oder Chemie, Krankenpflege, Botanik, Nahrungsmittellehre und dergleichen. Um 6 Uhr, manchmal schon früher, war unser Tagwerk getan. Das Netteste an der Sache war, dass alles Theoretische mit dem Praktischen in innigstem Zusammenhang stand und wir die häuslichen Sachen auch vom wissenschaftlichen Standpunkte aus schätzen lernten.

Auch war für Zerstreuungen, oder besser gesagt, für allerhand Genuss des Abends gesorgt. Da wurde oft gesungen, gegeigt und Klavier gespielt, und alle 14 Tage hielt eine von uns einen Vortrag über ein beliebiges Thema. Ich habe mir Lichtbilder schicken lassen und über die »Maler des Helldunkels« [z. B. *Rembrandt*] gesprochen, was mir sehr viel Freude gemacht hat.

All diese Tätigkeit allein müsste mich schon sehr zufrieden und glücklich gemacht haben; dazu kam aber noch der Schauplatz, auf dem sich diese Szenen abspielten, der mir zeitlebens unvergesslich sein wird. Denke Dir, ein altes Kloster aus der Barockzeit, mit prachtvoller und zauberhafter Innendekoration im Stil des Rokoko! Dies riesenhafte Kloster (dessen einen Flügel wir bewohnten), von alten Fachwerkbauten (die entzückende Höfe umschlossen) umgeben und rings von einer Mauer umschlossen. Durch ein Tor gelangten wir auf die Landstraße, durch ein Pförtchen in den einsamen Wald. Da bin ich oft nach den Stunden mit meinen Freundinnen durchgeschlüpft, auf die Felsen der Altenburg geklettert und habe im Frühling die schönsten Veilchen und Anemonen, im Sommer die reizendsten Orchideen und im Herbst die herrlichsten bunten Ahornblätter als Beute heim in unsere Zelle geschleppt.

Des Abends bei Mondschein wanderte ich am liebsten durch die Felder, wenn sich im weißlichen Hauch die Ebene wie ein fernes Meer vor unseren Blicken ausdehnte und die felsigen Berge gespenstisch schwarz auf uns herniedersahen.

Du kannst Dir wohl denken, wie schwer mir der Abschied von diesem idealen Fleckchen Erde geworden ist! Ich hatte zum ersten Mal in meinem Leben das Getreide wachsen, reifen und schneiden sehen. Ich hatte es verfolgt vom ersten Flaum auf den Feldern bis zu den letzten öden Stoppeln; ich hatte vom Leberblümchen bis zur Herbstzeitlosen jede Blume im Walde wachsen sehen; durch die Botanik-Stunden mit nie geahnter Begeisterung für das Leben dieser kleinen und doch so großen Welt erfüllt, hatte ich sie alle so unendlich genossen – und nun hieß es Abschied nehmen!

Noch viel mehr schmerzte mich der Abschied von den lieb gewordenen Räumen, den herrlichen Gewölben, in denen ich so manches Mal beim Plätten gesengt hatte oder beim Backen das Feuer hatte ausgehen lassen. – Der Abschied von der lieben, so wohl geordneten Tätigkeit, von meinen Freundinnen, von den entzückenden Lehrerinnen – aber jetzt, wo ich ihn überstanden habe, da denke ich nicht mehr: Wie traurig, dass die Zeit schon vorüber ist, sondern: wie schön, dass ich im Kreise meiner Familie das Gelernte verwerten kann!

Im Leben war ich nie so gesund wie jetzt, meine schwachen Nerven sind gekräftigt, und ich habe nun doppelte Freude an der Arbeit.

Aber um mir die Gesundheit zu erhalten, die mir Reifenstein geschenkt hat, muss ich eines festhalten: ich darf nicht wieder Stubengelehrter werden, ich muss mir täglich Bewegung schaffen, und ich muss nicht wieder zu vielerlei wollen. Um das zu erreichen, habe ich als Erstes, wenn auch schweren Herzens, die Musik aufgegeben; dann habe ich bloß einige Vormittage mit Zeichenstunden besetzt, Kunstgeschichte will ich allein weiter treiben und den frühesten Morgen mir für allemal zur Hausarbeit bestimmt. Den Nachmittag halte ich allemal für die Kinder frei; denn seit Michaelis haben wir kein Fräulein mehr – und wollen auch keins mehr haben, und da kann ich dann mit den Kleinen spazieren gehen und ihre Schularbeiten beaufsichtigen.

Dadurch, dass Vater im Sommer wieder monatelang im Bett gelegen hat, sind Mutters Nerven auf dem Hund, und da ist es für sie dringend nötig, dass sie mindestens eine Stunde nach Tisch schläft und eine Stunde am Tage Klavier spielt; das für sie unter allen Umständen zu ermöglichen soll jetzt mein höchster Ehrgeiz sein.

In den letzten Wochen habe ich freilich diese schönen Pläne noch nicht regelmäßig ausführen können; durch die Feierlichkeiten der Einweihung, die zahllosen Besuche, die bei uns einströmten, und Verwandte, die hier logierten, war viel Unruhe im Hause.

Aber es war doch eine wunderschöne Zeit! Hast Du in Zeitungen von der Eröffnung des Kaiser-Friedrich-Museums gelesen? Für uns alle war das ein hoher Tag; denn seit 20 Jahren hat ja Vater für diesen Bau gesammelt, den er ganz allein nach seinem eigenen Geschmack eingerichtet hat, und der das gewaltigste Denkmal seiner Lebensarbeit bildet.

Da Vater bis kurz vor der Einweihung im Bett gelegen hat, konnte er an der Feier selbst nicht teilnehmen, aber er erwartete in einem der Säle den Kaiser, der ihm mit so warmer Begeisterung für sein Werk gedankt hat, dass wir alle hoch beglückt sind.

Als ich das neue Museum zum ersten Mal sah, da dachte ich: dieses Werk ist doch einzig und so künstlerisch, dass ein Leonardo es nicht geschmackvoller hätte einrichten können. Aber freilich sind ja die Augen der Liebe blind, und ich war mir nicht klar, ob das Museum wirklich so hervorragend wäre. Jetzt aber bei der Eröffnung, wo ich Kunstkenner von aller Herren Länder Vaters Werk rühmen hörte, wo ich Briefe und Zeitungen las, in denen unser Neubau als das schönste Museum der Welt bewundert wurde (den Bau an sich ausgenommen), da wusste ich denn, dass ich mich nicht getäuscht hatte, und das Hochgefühl des Stolzes auf meinen Vater trug mich tagelang wie im Rutsch dahin!

Du musst wirklich mal nach Berlin kommen, um Dir das Museum anzusehen; jeder Saal ist im Stil der Zeit eingerichtet, und besonders schön ist die Renaissance-Basilika, in der jedem Altarbild oder Bildwerk eine besondere Kapelle angewiesen ist. Wer Italien nicht kennt, lernt da erst begreifen, auf welchem Platz die alten Werke auf die Gefühle der Menschen wirken.

Nun lebe wohl, Geliebtes!
Es umarmt Dich von ganzem Herzen
Dein
Dich liebendes Mariechen

Rieden, den 30. April 1905

Herzenskerl [*Marie von Gebsattel*],

also Du zweifelst daran, dass ich weitherzig bin! Fürs erste habe ich mich darüber totgelacht; denn jedermann hält mir sonst als höchsten Vorwurf mein weites Herz vor!

Allerdings gibt es einen Mediziner, der darüber anders denkt; dieser gute Mann behauptet, ich sei zu rasch gewachsen und mein Herz habe nicht recht mitgekonnt! – Pah! Meine Erklärung für diese physische Engherzigkeit ist eine bessere: ich habe so viel gegessen, dass mein Magen unendlich weit geworden ist und das arme Herzchen ganz zusammengeknetet hat! Nun muss ich aber wohl noch ein anderes Herz besitzen, und dies ist ein Bienenhaus mit zahllosen Zellen und ebenso zahllosen Bewohnern! – In Paris war mein drittes Wort: »Oh, j'adore ça!«, worauf Herr Pelléssier erwiderte: »Mademoiselle Marie, vous êtes polythéiste!« Also beruhige Dich – mein Herz ist wirklich unendlich weit! Mir fällt es schwer, einen Menschen nicht gern zu mögen, und denkt er ganz ganz anders als ich, so interessiert mich gerade die mir fremdartige Meinung, und ich versuche mich ganz in sie hineinzuleben! Hierin könnte ich vielleicht einen Keim zur Objektivität entdecken; wenn aber der lausige Keim zum Baum heranwächst, so ist meine Willenskraft ein Herkules!

Du wirst wohl manches an diesen Vergleichen zu tadeln haben und mit Recht; aber sage: kann ich mein Quecksilber mir aus den Adern reißen?

Vielleicht tut die Zeit, die alles beruhigt, bis es auf ewig schweigt, mehr als ich selbst hierin vermag!

Dass Deine Nürnberger Freundin jetzt bei Dir ist, freut mich von Herzen; dann kann sie Dir etwas über den Anfang in Berlin hinweghelfen, der Dir übrigens nicht so arg schwer zu werden scheint, da Du meine Vaterstadt sogar mir gegenüber verteidigst! Ich weiß wohl, was ich an ihr habe, aber so recht heimisch ist sie mir nie gewesen, kann mir eine Stadt überhaupt nur selten werden, während ich mich an ein schönes Stückchen Land in kürzester Zeit mit wahrer Leidenschaft anschließen kann. Das fühle ich hier wieder mal recht gewaltig in der Gegend, die Dir so vertraut ist.

Über den Namen »Flegeljunge« habe ich mich sehr gefreut; er ist leider nur zu passend, und Du liebes Elfchen wirst in der Beziehung noch viel von mir auszustehen haben!

Dass ich Dich so bald wiedersehen werde, macht mich ganz wirr und noch nachlässiger, als ich sonst schon bin.

Zum letzten Mal umarme ich Dich aus der Ferne!
Dein getreuer Flegeljunge.

St. Hilda's Hall, Ceroley Place, Oxford 10.VII.06

Liebe Mutter!

Hoffentlich hast Du Dich nun von den Odysseus-Fahrten etwas erholt und kannst Dein Leben wieder genießen. – Ich bin gestern ganz berauscht von einem Ausflug nach Boars Hill zurückgekehrt. Mr. *[Arthur]* Evans *[Ausgräber auf Kreta]* hatte mich eingeladen mit Hülsens (aus Rom) *[Christian Hülsen]* den Sonntag bei ihnen zu verbringen. Das ist ein idyllisches Besitztum! Schon das Haus an sich ist ideal in seiner einfachen Vornehmheit, aber der Garten hat wohl nicht seinesgleichen. In einer Schlucht zwischen zwei bewaldeten Hügeln wachsen die seltensten tropischen Pflanzen, die Mr. Evans sicher von seinen Reisen her geschenkt bekommen hat. Es ist eine Wonne, sich unter den Triumphbögen duftender Rosen durch ein Labyrinth von blühenden Sträuchern durchzuwinden, bis sich der Blick nach einem reizenden Teich öffnet, auf dem farbige Wasserrosen schwimmen. – Mr. Evans selbst ist ein riesig interessanter Mensch, ich möchte fast sagen: genial. Er macht aber sehr wenig aus sich und spricht auch nicht immer nur wissenschaftlich, sondern erzählt viele Witze. Seine Erklärungen über die Ausgrabungen in Kreta waren wundervoll. Er zeigte uns farbige Reproduktionen, nach denen die Originale so ungefähr das Phantasievollste sein müssen, was griechische Kunst geschaffen hat. Seine

Gemmen-Sammlung ist wohl einzig in ihrer Art; wenigstens habe ich nie ähnlich schöne Stücke beisammen gesehen.

Zu schade, dass Du dies nicht mit mir genießen konntest. Den Nachmittagsausflug im Motor-car hättest Du sicher auch nicht verachtet.

Doch ich muss schließen. Willst Du diesen Brief an Vater schicken? Er interessiert ihn vielleicht, da er Mr. Evans Besitzung nicht kennt.

Danke den Kindern tausendmal für die lieben Karten und sei innigst umarmt
von Deinem treuen Mariechen.

[*Postkarte an*] Baronesse Marie von Gebsattel, Burg Gailenreuth, Post Morschreuth, Oberfranken

Charlottenburg, 28.8.06

Liebes Mädytier!

Eben fällt mir ein, dass Du am Ende einige meiner Bücher ganz gut für Italien gebrauchen könntest. Wähle bitte von Folgendem, und ich schicke es Dir nach Gailenreuth.

1. Cicerone (Malerei – Skulptur – Architektur. Register). Hast Du die schon?
2. Ein kleines Handbuch über Florentiner Bildhauer von Vater [*Wilhelm von Bode*].
3. Ein größeres Buch vom Vater über Florentiner Bildhauer (darunter »Donat als Architekt und Dekorator«) ungebunden. –

Ich könnte sie jetzt alle entbehren. Schreib nur, was ich schicken soll. Dein Mariechen.

Charlottenburg, den 3. Sept. 06

Mein lieber Hase [*Marie von Gebsattel*]!

Es scheint, als müsstest Du Dir immer etwas Besonderes ausdenken, um mich zu erfreuen, und das hast Du wieder in Deinem letzten Briefe getan. Ich kann ja eigentlich kaum daran glauben, dass ich auf Dich einen Einfluss haben sollte, aber wenn Du es Dir auch nur d e n k s t , so bin ich schon furchtbar glücklich darüber. Weißt Du, ich bin wirklich etwas herrschsüchtig; es freut mich zu sehr, jemandem nützen zu können! Aber lass Dir danken, dass Du mir das gesagt hast. Ich freue mich furchtbar, dass Du meine

Bücher gebrauchen kannst und schicke sie Dir daher gleich. Du wirst jedes noch extra angepriesen finden. Dank Dir auch für den Grimm; an den hätt' ich doch ein Leben nicht mehr gedacht.

Also natürlich müssen wir im Winter wieder zusammen Kunstgeschichte treiben; ich habe bis jetzt bloß Reiten und Italienisch vor. Unsere Stunden waren mir immer das Liebste im vorigen Winter. Auf Deinen Vetter bin ich neugierig; sagtest Du nicht mal, er sei genau solch verrücktes Huhn wie ich?

Über Clara Schuhmann will ich's mir noch mal überlegen – später vielleicht. Es ist furchtbar, was alle Welt immer an mir herumbildet!!!

Also: viel viel Freude zur italienischen Reise, wie wirst du es genießen können. Ich freue mich schon auf Deine Berichte. D.h. die mündlichen, von Italien darfst Du höchstens Karten schreiben.

[Zahlreiche gezeichnete Kuss-Kreise] von Deinem Mariechen

Charlottenburg, 12. Januar 1907

Meine liebe Mädy,

das Botticelli-Kostüm würde ich Dir sehr gern borgen, aber ich fürchte, es ist zu schlecht. Es war von einer Hausschneiderin angefertigt, die kein übermäßiges Verständnis für Botticellis Eigenart hatte. Ich wollte es auch nur als Kleid zu meiner Frisur haben, die nach einem Frankfurter Porträt von dem Künstler sehr nett zurecht gebaut wurde.

Es ist von dem Tanzen auch schon etwas ramponiert. Kannst Du nicht in diesen Tagen vorbeikommen, um es Dir anzuprobieren? Ich werde es hervorholen und den Mädchen und Mutter Bescheid sagen, dass sie es Dir geben, wenn ich nicht da sein sollte.

Entschuldige die Eile! Ich muss sofort in einen Vortrag.
Tausend Grüße und gute Besserung!
Dein Mariechen

Charlottenburg, den 5.IV.1907

Meine liebe Mädy,

hier bin ich wieder, aber leider außer Stande, die Rembrandtstudien mit Dir aufzunehmen, wenigstens solange Kaisers noch in Berlin sind. Ich muss mich ziemlich gewissenhaft für die Stunden vorbereiten, die ich dem Prinzesschen [*Viktoria Luise von Preußen*] vor ihrer Abreise nach Homburg geben soll. Die alten Ägypter ihrem Feinschmeckergeist nahe zu bringen, wird nicht leicht sein.

In der Hoffnung auf ein Wiedersehen umarmt Dich herzlich Dein Mariechen.

Traunkirchen, 16. Juli 07

Meine liebe Mädy,

weißt Du, dass Du mir einmal eine furchtbar große Freude gemacht hast, und ich mich nur genierte, es Dir ins Gesicht zu sagen? Du hast bei einer von den Rembrandtstunden, wo wir weitab von unserem Thema waren, behauptet, junge Mädchen möchtest Du eigentlich erst im Alter von 25 Jahren. Vorher seien sie doch recht alberne Küken. Und dann setztest Du hinzu: Bei Dir ist das ja anders, Du bist doch schon über Dein Alter reif. So hat mich noch nichts im Leben erstaunt. Ich dachte, ich hätte falsch gehört. Du hieltest mich doch immer für ein Baby. Hast Du Deine Meinung jetzt plötzlich geändert? Ich hoffe, Du hast es vom Wesen und nicht vom Verstand gemeint; denn der ist mir schnuppe. Aber wenn wirklich auch Du finden würdest, dass ich in den letzten 2 Jahren innerlich reifer geworden wäre – nichts könnte mich ja mehr beglücken als das. Annie Russel, mit der ich den größten Teil meiner Reise zusammen gemacht habe, hat mir neulich etwas Ähnliches gesagt. Ich muss Euch ja selber Recht geben; aber manchmal dacht' ich, ich bildete es mir nur ein.

Nun, da hast Du mal wieder ein kurioses Geständnis. Übrigens – ich hatte in diesen Tagen einen reizenden Brief von Karl. Sein Vater war gestorben, und da hatte ich es nicht lassen können, ihm zu schreiben. Nun antwortet er mir, mein Brief hätte ihm »maßlos« wohl getan. Das freut mich; ich hatte anfangs gezweifelt, ob es recht wäre, wenn ich schriebe. Ich glaube auch jetzt noch, dass ich, streng genommen, im Unrecht war. Aber man verliert doch nur einmal seinen Vater. Schreibe mir bitte nichts hierüber. Wir sprechen uns ja im Herbst.

Addio, mein Liebes! Grüße Deine Mama und sei herzlich umarmt von Deinem Mariechen.

Meine Mädy,

dein Schlusssatz: »Die glücklichen Menschen wie Du und ich sollten sich die Hände geben und die traurigen dazwischen nehmen« verfolgt mich täglich. So habe ich ja dies Jahr vor Weihnachten immerzu gefühlt. Ich habe versucht, anderen einen Lichtstrahl von Freude in ein trauriges Leben zu senden; ich habe Pakete gemacht, voll von Büchern, Bildern und Süßigkeiten, an einen Lahmen, an eine Rückenmarksleidende, an eine Schülerin, die Weihnachten in der Fremde feiert. Ich habe Lebensmittel und Kleidungsstücke an eine Frau in bedrängten Verhältnissen gesandt, die eben ihren Mann verloren hatte – dabei musste ich doch fühlen, w i e g l ü c k l i c h ich selber bin! Und stattdessen ist mir so traurig zu Mut diese Weihnachten, wie noch nie in meinem Leben. Warum nur diese Sehnsucht nach etwas, das ich nie besessen habe und nie besitzen werde?

Wie ich einmal so trostlos in meinem Bette lag und an das Leid anderer dachte, das ich nicht ändern kann, da hatte ich – einen Augenblick nur – einen wunderschönen Traum. Ich wurde plötzlich zur Nike von Samotrake. Du wirst über diese archäologische Wendung lachen; ich hatte in diesen Tagen eben viel von Antike gelesen! Jedenfalls fühlte ich mich wundervoll befreit, in einem Gewand, das den Körper nur wie leichte Wellen umgab, den Arm ausgestreckt in die Luft über mir und das Herz voll Siegesfreude! Tief unter mir lag die Erde in blauem Dunst, und hinter mir fühlte ich die Berge der Ewigkeit unermesslich hoch in die Lüfte steigen! Im nächsten Augenblick war das Bild verschwunden, und ich wachte wieder, aber ich fühlte die Mahnung des Traumes: über Dir wachen die Berge der Ewigkeit, darum freue Dich, Du wirst siegen, und Er wird siegen!

Diesen Traum versuche ich in meinem Herzen fest zu bannen, wenn trübe Stunden kommen, wenn der Wunsch in mir nagt nach zwei Strömen im Herzen: einem kalten und einem warmen. Der kalte müsste sich wie eine Eisdecke um mein Gemüt legen, wenn ich Leid sehe, wo ich nicht helfen kann, oder wenn ich, was das Ärgste ist, mir selber leid tue! Der warme Strom müsste aber mein Herz durchdringen, wenn es kühl ist und fühlen will, wo es helfen kann – dann wäre ich glücklich!

Warum ich Dir aber das alles geschrieben habe? Weil ich Dir eine Weihnachtsfreude machen wollte. Du lieber Menschenfischer glaubst, die Seele Deines Evchens verloren zu haben, weil sie flügge geworden ist; Du sollst zur Entschädigung meine haben, die noch ein rechtes Nestküken ist.

In Liebe dem Schutzengel Gabriel sein Tobias.

Meine liebe Mädy,

da ich morgen nicht zu Dir kommen kann, möchte ich auf diese Weise an Deinem Namenstage bei Dir sein und Dir von Herzen alles Gute wünschen! Und was soll das sein? Ich denke: viel Freude in Deinen schönen Stunden, Erfolg zum Unterrichten und eine Menge armer Seelen, die in Dein Netz gehen und als Deine Gefangene in Dein kleines Himmelreich befördert werden!

Vater legte sich mit heftigem Fieber ins Bett, sodass wir gar nicht wussten, was wir davon denken sollten. Zum Glück ist es nur eine verschleppte Erkältung, aber er darf immer noch nicht aufstehen, und Ende nächster Woche soll doch die italienische Reise schon vom Stapel gehen! Wenn das Fieber ihn nur nicht zu sehr geschwächt hat.

Ich bin in der Zwischenzeit bald Schwester, bald Coppenol gewesen. (Du weißt doch noch? Rembrandts Schreiber!) Nebenbei hab ich auch einen Fang gemacht: eine sehr liebe Schülerin ist ins Garn gegangen. Ich freue mich so, dass ich dieser armen verlassenen Waise etwas sein kann. Sie ist durch allzu frühe traurige Schicksale innerlich in der Entwicklung gestört und so unsicher.

In alter Liebe Dein Mariechen.

Meine liebe Mädy,

endlich kam Dein ersehnter Brief! Ich wollte mich schon in diesen Tagen daran setzen, Dir zu schreiben, aber 12 wichtige Briefe mussten vorher noch erledigt werden!

Augenblicklich bin ich dahinter her, Dickens kennen zu lernen; denn der ist mir fremd. Jedenfalls fühlst Du Dich in dessen spießiger Gesellschaft nicht wohl! Ich hab's aber gern, dass Dickens in allen, auch den uninteressantesten Leuten ein Korn von Originalität entdeckt. Ich muss dann oft beschämt denken: Wer Augen hat zu sehen, der sehe!

Ich habe in den 10 Tagen bei Frl. Spazier außer »Oliver Twist« endlich mal die »Renaissance« von Dir (d.h. Gobineau!) zu Ende gelesen. Ich muss Dir nochmal herzlich danken, dass Du mir dies Buch geschenkt hast. Mit welchem Geschick sind gerade die eigentümlichsten Typen zusammengestellt (wenn man von Typen bei der Fülle der Individuen überhaupt sprechen kann). In Gegenwart von P. Julius II. fühlte ich mich wie ein Herbst-

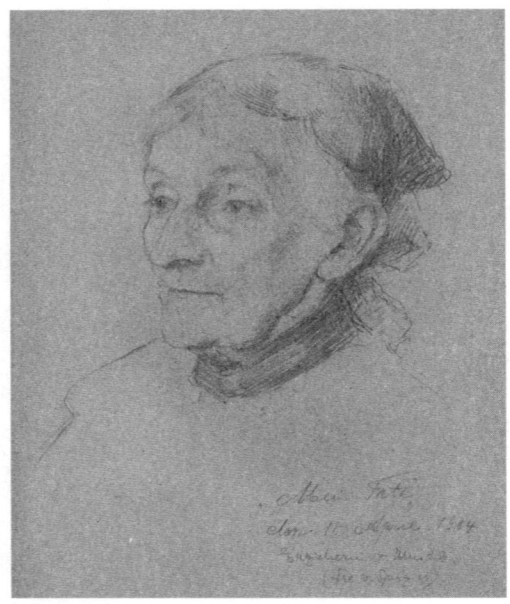

»Mei Tata«, Bleistiftzeichnung
von Marie Bruns, 1908.

blatt im Wirbelwind! Dass Cesare Borgia trotz seiner Scheußlichkeit uns
Bewunderung abnötigt! – Die Unverzagtheit in allen Wechselfällen des
Lebens ist eben doch etwas Großes! Auch die Entwicklung von Michel-
angelos Charakter und die sehr geschickt verbundenen Licht- und Schat-
tenseiten von Savonarolas Tätigkeit fand ich riesig interessant!

Aber es wird Zeit, dass ich die Bücher beiseite stoße; denn im Grunde
sind sie mir letzthin fast fremd geworden, so habe ich in Menschen gelebt!

Meine arme liebe Tata [Doris Spazier] ist so krüppelig geworden, dass
sie, wenn sie einen Augenblick auf 2 Stützen stillsteht, einfach vom Wind
fortgeweht wird. Dass ich in schöner Luft zusammen mit ihr sitzen und ihr
die Einsamkeit vertreiben konnte, war mir eine große Freude. Von dort
wurde ich im Wagen nach Langenstein abgeholt, wo Vater [Wilhelm von
Bode] angelangt war und mich auch noch zur Gesellschaft haben wollte.

Vater hat uns auch Sorge gemacht. Während der Ferien bekam er eine
Nervenentzündung im Arm, jetzt liegt er an einer leichten Blinddarment-
zündung. – Jetzt haben die Schulstunden begonnen; im Übrigen bin ich
Vaters Sekretär! Meine Hände wollen gar nicht mehr, darum addio!

Mein Liebes! Erhol' Dich recht und lass' Dich nach Deiner Rückkehr
bald wieder hier sehen. Du bleibst wohl aber bis in den Herbst?

Dein altes Mariechen.

Mein gutes Mädytier!

Ich freu' mich, dass Du Deinem guten Bruder wieder etwas aufgeholfen hast. Und nun kommt noch ein »junger Mensch« zum Bemuttern dazu. Du drückst Dich etwas ungenau über das Geschlecht aus. Wenn es ein junger <u>Mann</u> sein sollte, so hoffe ich nur, dass er bei seiner Abreise den Lungenfehler nicht mit einem Herzleiden wird vertauschen müssen! Im Übrigen Glückauf zu diesem neuen Fisch! Wie viele tausende wimmeln schon in Deinem Behälter?!

Ich lese jetzt übrigens mit Begeisterung Darwin und die Ilias; ich glaube bis Ostern schaffe ich's, und dann hole ich mir Deinen Grimm und sprech' mich brieflich oder mündlich mit Dir über unseren Homer aus.

Alles Gute wünscht Dir in herzlicher Liebe
Dein Mariechen

Charlottenburg, den 19.II.09

Meine liebe Mädy!

Meine kleine Sissi *[Viktoria Luise von Preußen]* wird mir von Woche zu Woche vertrauter. Neulich hörte ich mal, dass Kunstgeschichte ihre Lieblingsstunde wäre, wahrscheinlich weil ich so viel Unsinn mit ihr mache. Ich setze gewissermaßen den Gesellschaftsulk mit der Kleinen fort, und Hofnarren hat man immer gern. Über ihre Ausdrücke kann ich mich himmlisch amüsieren. Zum Beispiel sagt sie von den Seligen in der Rafaelschen Disputà (die so gesetzt sind, dass ein Vertreter des alten Bundes neben den des neuen Bundes kommt): »Die sitzen bunte Reihe«. Am David von Michelangelo lobt sie den »kolossalen Schneid« im Blick; Botticellis Madonna streckt in der Verkündigungsszene die Arme von sich, als wenn sie zum Engel sagen wollte: »Zehn Schritt vom Leibe!«

Im Grunde trifft sie mit diesen unparlamentarischen Ausdrücken aber immer den Nagel auf den Kopf!

So, nun weiß ich nichts mehr! »Halt' di gut!« Es küsst Dich
Dein Mariechen.

Mein geliebtes Mädylein!

Dein Brief war so herrlich, dass ich gleich darauf antworten muss! Du Liebes, es ist zu schön, dass Du so viel wohler bist [*Mädys Genesung in der Kur vor ihrer Rückkehr nach Berlin*]! Ich reise nicht vor dem 3ten [*nach Pommern zu Verwandten*]; also kann ich mich noch davon überzeugen. Deinen Plan, gleich zu mir hinzuwandern, finde ich zwar rührend, aber nicht ganz angebracht für Deine Kräfte! Telefonisch wollen wir uns darüber einigen.

Dass zu Deinem Gesundheitszustand ein Erlebnis Deines Herzens beigetragen hat, habe ich gar nicht geahnt. Ich hoffe, Du findest bald dafür den richtigen Arzt! Du glaubst nicht, wie innig ich Dir das wünsche!

Inzwischen hat sich mein Blättchen gewendet. Ich schrieb Dir von meinem Kleeblatt; von dem hat sich der Erste als zu jung erwiesen, der Zweite hat mein Herz, ohne meine Achtung zu haben. Ich möchte mehr Würde, mehr Vornehmheit in der Erscheinung von meinem Manne verlangen. Der Dritte – ach, am liebsten schwiege ich über ihn. Ich hätte nie geglaubt, dass einem modernen Mädchen ein Lohengrin erscheinen könne – ein Mensch, der so viel edler ist als seine Umgebung, dass man denkt, er sei aus einer anderen Welt. Stell' Dir einen jungen Mann vor von großer stattlicher Erscheinung, mit klaren schönen Gesichtszügen und ruhigen, vornehmen Bewegungen. Aus seinen Augen strahlt ein Lenz von Herzensgüte, und wenn er lacht, dann sieht er aus, wie ein glückliches, liebes, reines Kind! Kein Wort von ihm verrät, dass seine Gaben zu kühnen Hoffnungen berechtigen; er ist zu bescheiden, er hört lieber auf anderer Urteil. Aber wenn er um eine Ansicht gefragt wird, dann äußert er sie so freundlich, klar und offen, dass man fühlt, wie Charakter, Gemüt und Geist gleich groß und edel in ihm sind.

Wenn ich Dir nun noch sage, dass der junge Mann aus sehr guter Familie ist und meine Eltern beide unter seinem Bann stehen, dann wirst Du mir recht geben, dass ich die Augen nicht zu solch einem »Diamant« aufschlagen kann. Wer bin ich? Seine Gegenwart machte mich so glücklich, dass ich höchst übermütig mit ihm war, und einen feinen Menschen kann ich dann nur anwidern.

Jetzt ist er fort und kommt erst im Herbst wieder – sicher mit einer Braut. Die beiden anderen sind an sich auch Diamanten, so frei und bedeutend, so gut und energisch, so feinfühlend und ernsthaft! Aber in meinen Augen reichen sie dem Dritten doch nicht das Wasser!

Der Erstgenannte hat sich immer nur kameradschaftlich zu mir gestellt. Unser Verhältnis wird immer sehr nett und ersprießlich bleiben; denn er ist so vielseitig, dass ein paar Worte mit ihm die Augen für ganz unbekannte Dinge öffnen. Der Zweite macht mir Sorgen; denn er liebt mich und ist auch, fürchte ich, überzeugt von meiner Gegenliebe. Warum man nur so liebe Menschen verlieren muss? Alles kann ich ihm anvertrauen, über Gott und die Welt mit ihm reden, und nun ist es doch meine heiligste Pflicht, dass ich ihm meinen Standpunkt klarmache. Ich habe es schon zweimal versucht, aber er legt sich alles zu seinen Gunsten aus!

Trotzdem bin ich jetzt sehr froh und unverschämt hoffnungsfreudig geworden; auch habe ich mehr Ruhe, seit ich weiß, wen ich liebe. – Bitte, Liebes, sprich mir nicht von diesem. Ich kann nicht darüber reden, die beiden andern kann ich mit Dir durchnehmen. – Nun habe ich Dir gar nicht gesagt, wie ich mich über Deine zwei Fische, die Du in den französischen Seen gefangen hast, gefreut habe. – Also mehr mündlich. Weiter gute Besserung, mein Liebes, und einen innigen Kuss von

Deinem Mariechen.

Charlottenburg 23.III.09

Mein guter alter Käfer [*Marie von Gebsattel*]!

Kaum war mein Brief geschrieben, da liest mir Vater die Versetzung Deines Papan vor. Ich frage mich, ob er wohl glücklich darüber ist. Vielleicht hat er in der veränderten Stellung weniger zu tun als hier, und darum wird er auch seinen alten langen Schlaf wiederbekommen.

Deine Mutter ist ja auch gewiss froh, ihrer halben Heimat näher zu kommen, und Du hast tausend Beziehungen zu München. Da kann ich mich ja wohl herzlich für Dich und die Deinen freuen. Wenn Dein Bruder wieder nach München zurückkommt, findet er dort sein Zuhause – auch das ist schön!

Mit Deinem Seminar wird es mehr Schwierigkeiten haben, denn wenn Du erst wieder arbeiten darfst, so tust du's doch sicher sehr viel lieber in Deiner altgewohnten Schule unter Deiner geliebten Vorsteherin als anderswo! Aber das liegt ja noch weit ab! –

Weißt Du, ich rechne mir alle Vorteile Deiner Versetzung für Dich und die Deinigen so genau vor, damit ich nicht unglücklich bin und darüber jammere. Und ich habe ja allen Grund, dankbar zu sein. Wenn's auch nur ein paar Jährchen waren, die Du hier zugebracht hast und man sich recht selten sah, so bist Du mir doch viel gewesen.

Aber wir können uns ja auch schriftlich nahe bleiben.

Erstlich habe ich viel von unserem Gedankenaustausch gehabt. Wenn ich meinen Schülerinnen mal irgendwas Kluges gesagt habe, dann fällt mir ein: das weißt Du ja von Mädy!

Aber mehr, viel mehr noch ist mir Dein Charakter gewesen. So viel Reinheit, so viel Festigkeit und selbstlosen Sinn habe ich bei niemand anderem gefunden, wenigstens nicht bei der Jugend. –

Ich schreibe Dir heute gerade, weil der 25te Dein Namenstag ist. Da ich Dir keine Blumen bringen kann, wünschte ich, dass sie zu Deinen Füßen aufsprießen, wo Du hingehst; denn, jetzt wirst Du draußen schon etwas wandern dürfen, und das soll dann auch eine gute Vorbedeutung fürs ganze Jahr werden. –

In Liebe Dein Fisch.

Charlottenburg, den 3. September 09

Meine liebe Mädy,

abgesehen davon, dass Eltern nie recht haben, über die Verfügung des Geldes bei ledigen (wenn auch mündigen) Kindern zu urteilen, habe ich mich selbst noch mehr gebunden dadurch, dass ich nach Beschluss des 22. Jahres erklärt habe, dass Vater die Teile meines Vermögens *[Marie hatte – auf Bitten von Marie von Gebsattel eine größere Summe an die verarmte Frl. von Str. überwiesen und es ging darum, ob Marie ihr nicht noch eine weitere große Summe überweisen könne]* des Weiteren für Museumszwecke benutzen und mir nur jährlich einen Teil davon auszahlen möchte. Das war mein freier Wille, von dem irgendeine Testamentsbestimmung *[ihrer verstorbenen Mutter?]* die Benutzung des Geldes abhängig machte. Er gibt mir aber jährlich immer so viel, dass ich die Unterhaltung habe, einen guten Teil des Geldes anzulegen.

Da ich Mutters Ansicht kenne, nach der ich überhaupt niemandem über eigene Geldangelegenheiten sprechen sollte, habe ich auch Dir diese Sache nicht deutlich auseinandergesetzt. Ich tue es nun, im Vertrauen auf Deine Schweigsamkeit (deren ich ja vollkommen versichert bin) hauptsächlich, um Dir meine Abhängigkeit in Geldsachen zu erklären.

T r o t z dieser Sachlage glaube ich an ein gewisses Recht freier Verfügung. Ich habe mich ein über das andere Mal gefragt, ob ich jetzt nicht aus Feigheit oder Bequemlichkeit handle, wenn ich jede weitere Auseinandersetzung mit den Eltern vermeide. Wenn ich mich dazu aufraffte, würde ich aber nicht viel erreichen. Die Ansichten der Eltern sind zu bestimmt, und sie sind zu alte Leute, um sie mit den meinigen ausgleichen zu wollen. Ihre Gesinnung ist nicht geizig, das glaube mir, Vater setzt fortwährend Geld und Gut für sein Museum – ich möchte sagen: aufs Spiel, und Mutter tut unendlich viel für Vereine. Die Meinung der Eltern ist aber die, ich könnte mal mit einer großen Familie viel Geld nötig haben und sollte dieses daher in früher Jugend nicht zu viel fortgeben. Ich kann den Standpunkt ehren, wenn ich ihn auch nicht teile. –

Und was soll werden, wenn Frl. v. Str. mehr Geld braucht? Ich könnte allerdings etwas geben, worüber ich immer vollständig frei verfüge, das ist mein Stundengeld. Da ich unbemittelten Lehrerinnen eine Stelle raube, will ich ihnen wenigstens das Geld zukommen lassen, und so gebe ich es meistens in einen Verein für verarmte Lehrkräfte. Frl. v. Str. ist doch nun ein ähnlicher Fall; da könnte ich mein Selbsterworbenes spenden und würde es mit b e s o n d e r e r Freude tun. Viel wäre es freilich nicht. Privatcyklen zahlen nicht an mich direkt, sondern gleich in einen Verein, den ich bestimme, das ist ausgemacht. Also kommt Prinzess und die eine Schulstunde in Betracht. Ich könnte ab und zu mit 100 M oder etwas darüber helfen.

Nun, mein Liebes, tust Du mir einen g r o ß e n Gefallen, wenn Du mir nicht mehr schreibst! Mutter könnte wünschen, den Brief zu lesen, und das wäre mir in diesem Falle unangenehm. Wir sehen uns ja auch schon in 2 ½ Wochen wieder.

Addio mein Liebes! Recht viel Genuss für Deine Spritztouren und ein gesundes Wiedersehen in Berlin!
Von Herzen Dein Fisch.

Charlottenburg, den 4. Dezember 09

Mein liebes Mädylein!

Da Amtseifer und Gelehrsamkeit Dich zwingen, Deinen Freunden morgen den Eintritt zu verbieten, müssen sie schon durch den Briefboten bei Dir einschlüpfen. Ich bin immer wieder in Verlegenheit, was ich Dir wünschen soll, da Du das Beste hast: die Gabe, jedem Menschen in jeder Lebenslage wohl zu tun, und da kann ich Dir für das nächste Jahr nur wünschen, Du möchtest recht oft Gelegenheit dazu haben. Dein Examen bestehst Du, bei Deiner Auffassung und Ruhe und der freundlichen Gesinnung von Fräulein Kallenmorgen, natürlich mit Glanz; dazu brauche ich Dir also auch kein Glück zu wünschen. Dann kommt die praktische Verwertung Deiner Kenntnisse, und für diese wünsche ich Dir einige recht kluge Schülerinnen mit gerade so viel Unarten als Dir nicht unsympathisch sind und ein dankbares Feld für Deine Seelsorge bieten können. Findest Du nicht, dass es seine Reize hat, älter zu werden? Das Leben wird doch scheinbar reicher mit jedem Jahr, da wir es besser ausbeuten lernen und dann wieder einen guten Packen an andere weitergeben können. –

Was die »Festungstid« [*Fritz Reuter*] betrifft, so hatte es Schwierigkeiten, sie allein zu bekommen, dagegen sah ich eine nette Gesamtausgabe von Reuter, die wenig Platz einnimmt und daher für Dich gewiss die geeignete ist.

Einen herzhaften Geburtstagskuss von Deinem Dich liebenden »Fisch«.

Charlottenburg, den 13.VIII.1910

Meine liebe Mädy!

Da Frl. Keller ihre Schule aufgibt und ich dafür am Augustastift unterrichten werde, hat sich manches für mich verändert – doch nur in erfreulicher Weise.

Lebe herzlich wohl und grüß' Deine Eltern!
In Liebe Dein Fisch.

Charlottenburg, den 8. November 1910

Meine geliebte Mädy!

Ich kann Dir noch gar nicht recht sagen, wie ich Dein Buch [*Skizzen, Ravensburg 1910*] genieße und wie ich Dir danken muss! So viele Erinnerungen werden in mir wach: das liebe friedliche Gailenreuth taucht vor mir auf, und so manches Gespräch vor urlanger Zeit kommt aus der Vergessenheit wieder!

»Sie hat gekämpft« steht ja auch drin. Von allem, was Du mir je erzählt hast, war es mir das Liebste, und darum wusst' ich mich nicht zu lassen vor Freude, als ich es entdeckte! Das hätte Dante auch geliebt; seine Gedanken sind ähnlich.

Ich bin ja so froh, dass ich Dich in diesem Buche habe! Früher konnte ich Deine Gedichte nicht verstehen und nicht würdigen; jetzt gehen sie mir, zum Teil wenigstens, auf. Und doch sind Deine Gedanken oft höher oder tiefer als meine! Ich weiß nur, dass ich alles wunderschön finde und gar nicht skizzenhaft – in dem Zusammenhang! Gerade zur rechten Zeit kamen die Gedichte. Ich habe traurige, sehnsüchtige Gedanken bis um Mitternacht durch sie verscheucht – schämt' ich mich doch vor Deinem dankbaren, tröstlichen Herzen.

Immer voll Liebe und Dank
Dein Fisch.

Meine liebe Mädy!

Dank, tausend Dank, dass Du mir meine Bitte erfüllt hast. Von dem Erwerb des letzten Vierteljahrs hatte ich das Meiste übrig gelassen – also bekommst Du 190 M, und kannst sie ja dann nach Ermessen früher oder später, in kleineren oder größeren Raten weitergeben. O ich bin so glücklich und habe Dich so lieb!!

Im Übrigen wünsch ich Dir viel Glück zu Deiner nunmehr öffentlichen Schriftsteller-Karriere. Es wäre zu schön, wenn Du gleichzeitig einem großen Kreise Freude machen und Deiner Frau [s. *Nachwort*] Geld verdienen könntest – wie es die Pflicht eines braven Ehegatten erfordert!

Addio! Grüß' Deine geliebte Frau! Hast Du meine Adresse? Fürstlich Waldecksches Bad Pyrmont. Pension Waldtraut, Bismarckstraße. Vom 3. – 31. Juli.

In Liebe und Freude umarmt Dich Dein Fisch!

[Juli 1911]

Meine liebe Mädy!

Tausend Dank Dir und der verehrten Frau Gemahlin für die nette Karte. Wie wird das junge Paar in Gailenreuth schwelgen! Putzt es auch Klinken? Säubert es auch Wege?

Aus meiner Testreise zum Strohwitwer wird, fürcht' ich, nun wirklich nichts. Der Arzt hat mir hier noch 8 Tage länger zudiktiert, als ich erwartete, also bleiben mir nun noch 14 Tage der Nachkur, für die ich natürlich besonders starke Luft nötig habe. Er befürwortet gehen. Doch im Fall ich mich zu erschöpft fühle, ist Gailenreuth mein Rettungsanker. Bis jetzt geht es mir gut, und ich kann mich nicht satt sehen an diesen kostbaren Alleen, Wäldern, alten Kirchen, Bauernhöfen. Auch die Pension ist reizend.

Tausend Grüße an ganz Gailenreuth! Deine treue Marie.

Bad Pyrmont, Pension Waldtraut, 31. Juli 1911

Meine geliebte Mädy!

Dein Brief hat mich ganz weich gemacht. Ännchen von Sinneus behauptet immer, man müsste mir ein besonders liebes Vergnügen erst als Pflicht

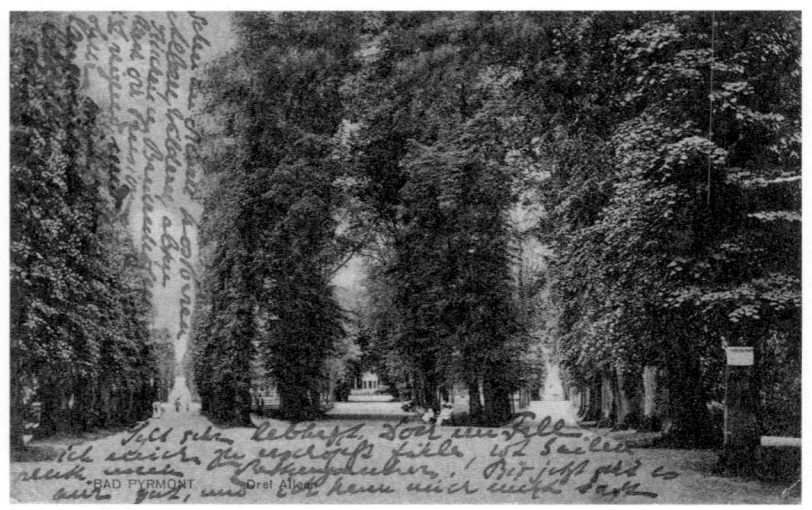

Postkarte aus Bad Pyrmont mit der Abbildung von »Drei Alleen«, Juli 1911.

vorstellen, damit ich daran teilnähme! Nun seh' ich Dich vor mir mit der Lücke im Herzen, weil Deine liebe Frau so fern ist – und wäre 's nicht da meine Pflicht, Dich ein wenig zu trösten?!

Was Du Deiner Frau Mangel an gesellschaftlichen Talenten nennst, das berührt mich ganz besonders angenehm. Ich hab es nicht gern, wenn man sogar lange Brücken bauen muss von einem Herzen zum anderen! –

Hör mal, das mit der Krankheit war wohl Ulk? Du hast Deine Frau doch nur prüfen wollen, und nachdem Du ihre aufopfernde Liebe erfahren, bist Du – 1, 2, 3 – wieder obenauf gewesen! Jedenfalls möchte ich das sehr gern glauben! Rapple Dich bald wieder völlig heraus! Ohnehin hast Du ja manches körperlich Anstrengende zu tun!

Nächsten Sonntag soll ich nach Sylt abdampfen – wenn nicht der Arzt zum Schluss noch ein anderes Dekret erlässt. Also gib nur lieber mit mir die Hoffnung auf und sei, auch aus der Ferne, geliebt

von Deinem treu-treulosen Fisch.

Charlottenburg, den 9.II.12

Meine liebe Mädy!

Ich habe Dir für so schöne, erhebende Worte zu danken. Mir ist, als wäre ich lange im Nebel gegangen, recht mühselig gegangen – und da hättest

Du mit einem Mal den Schleier weggezogen und ein weites Panorama gezeigt: »Sieh', so hoch bist Du gestiegen!«

Mädy – ein ganzer Mensch soll ich sein? Lieber wäre mir ½, ⅓, ⅒; denn als g a n z e r Mensch brauche ich ja keine E r g ä n z u n g , mit anderen Worten: keinen Mann. Und den hab' ich jetzt nötiger denn je. Aber ich muss eben Geduld haben, nichts Anderes hilft.

Natürlich wage ich Deinen aufgestellten Punkten nichts hinzuzufügen – sie lehren mich, wie i c h die Aufstellung machen sollte. Auch in der Beziehung bin ich eher zurückgegangen – ich ganzer Mensch, ich gesundes, starkes Weib! Ha, e r sollte so von mir denken, der edle Trotzkopf da am grünen Rhein. Ich ziehe nächstens los, im Harnisch, als Jungfrau von Orleans, und erobere die Festung – wetten, dass ich sie stürme! Wozu sind wir Frauen emanzipiert?

Für das zurückgesandte Geld danke ich Dir sehr. Die 60 M rechnen aber nicht extra; denn was ich von meinem Lehrerlös hergebe, das darf ich nicht wiedernehmen. Also zähl' das Geld von den 1000 ab!

Dein dankbarer Fisch.

[Brieffragment an Marie von Gebsattel, ca. 1912)

Zu Vaters Geburtstag in nächster Zeit schreib' ich ihm ein Traktat über meine »Eindrücke vom Jugendheim«. Darin will ich ihm (was in mündlicher Aussprache für mich nie möglich ist) auseinandersetzen, welche Beweggründe mich zu diesem Beruf getrieben haben und aus was für Pflichten er eigentlich besteht. Da Mutter keinen Tag vergehen lässt, ohne gegen das Jugendheim zu hetzen, tut es Not, dass ich Vater mal die Sache freundlich und vernünftig darstelle. Er ist im Grunde noch weicheres Metall als Mutter.

An sich macht die Sache ja so viel Freude; aber Mutters Haltung verbittert sie mir doch sehr.

Den zweiten Leseabend hab ich grad noch mitmachen können. Jeder las nach Wahl vor. Da gab's köstliche Baumbachs, einen witzigen Rilke, Verlaine schön vorgetragen – von mir Keller und *[Conrad Ferdinand]* Meyer; die Lieblinge, die auch aller Herzen erfreuten.

Dein Bekannter saß gleich den Abend neben mir. Er ist köstlich. Sehr sympathisch finde ich Herrn Grävenitz. Fräulein von Köller gefällt mir unter den Damen am besten.

In herzlicher Liebe Dein Mariechen.

Meine liebe Mädy!

Was bist Du für eine Würdenträgerin geworden! Ich staune ob solcher Größe! Das nennt sich sogar mit lateinischem Namen: ordinaria! Ich gratuliere Dir übrigens von ganzem Herzen! Nichts lenkt doch so erfolgreich von etwaigen andern Wünschen ab wie eine regelmäßige Tätigkeit!

Wie es mit meinem Jugendheim wird, ist noch unklar. Ich habe den Eltern meinen Wunsch ausgedrückt, die Stiftsstunden aufzugeben, damit ich 4 Vormittage für das Jugendheim reservieren könnte. Das wollte Vater nicht, er sagte durchaus nichts Definitives, sondern schnitt die Konversation ab, indem er das Zimmer verließ.

Ich bleibe nun ruhig am Stift und fange mit 3 Vormittagen im Jugendheim an. Wenn ich nicht dort wäre, würde ich von anderen Menschen außer dem Hause in Anspruch genommen, und die Hilfe, die ich Mutter leiste, ist ja doch nur eine illusorische. Alles liegt so unklar vor mir; ich möchte keine häusliche Pflicht versäumen, aber wie ich's auch mache, werden die Eltern immer unzufrieden sein; denn Mutter klagt bei Vater, dass ich nie für irgendeine Arbeit zu haben wäre. Dabei lässt sie sich in den meisten Dingen nicht unterstützen. Du weißt ja, ich habe den besten Willen; aber solang' ich denken kann, d.h. seit meinem 10. Jahr fühl ich mich zu Hause wie auf der Asche eines Kraters.

Nimm das nicht als Klage hin. Zuflucht zu solcher feigen Äußerung will ich nicht mehr nehmen. Bin ich doch auch »die Erste« nicht. Hunderte, Tausende kämpfen mit gleichen Schwierigkeiten und gehören doch noch zu den Begünstigten des Schicksals! Ich will tun, was in meinen Kräften steht, nämlich auf der Asche sicher gehen lernen! –

Also vor Allem muss ich Dir sagen, dass wir drei Gailenreuth ganz in einen Nebelschleier von Romantik hüllen. Immer wieder muss ich Ännchen und Ilse [Bode] erzählen, wie es w a r , damit sie sich ausmalen können, wie es sein w i r d .

Kannst Du Dir nun vorstellen, dass ich mich auf Deine weichen Arme freue und auf Dein liebes, alles verstehendes, großes Herz? – Bitte grüß' Deine Eltern sehr und Frl. Stempel, wenn Du sie noch genießen darfst! Bessere Dich, physisch, mein' ich!

[Ohne Unterschrift]

Charl.*[ottenburg]*, den 29. Sept. 12

Meine liebe Mädy!

Du hast mir so ausführlich über den Heiratsmarkt geschrieben und sicher in Deiner eigenen Beurteilung das Richtige getroffen, wenn Du mich auch nicht ganz verstanden hast. Bewusste Koketterie wäre ja widerlich – die wirst Du mir ja auch nicht zutrauen. Aber ich habe Dich in Momenten gesehen, wo ich denken musste: diese Sprödigkeit, diese Meinungsstarrheit muss einen Mann, der Dich noch so sehr schätzt und Deiner wert ist, vor Dir scheu machen. Und diese Eigenschaften hängen – das ist so traurig – mit den besten zusammen. Die Unsicherheit, die Charakterlosigkeit gewinnt mehr am Manne und gewinnt ihn leichter als Du.

Weißt Du, worüber ich mich furchtbar freuen würde? Wenn ich das »Verbrecher«-tum Deiner Kinder studieren könnte! Du Schäfchen! –

Du freust Dich so über die Besserung im Verhältnis zu den Eltern. Wenn ich nur über Eines wegkäme: die Scheu vor meinem Vater. Er ist jetzt in Italien, und ich fühle mich so erleichtert! Nun, es muss alles werden! Wie viel Freude habe ich an jeder Arbeit wiedergewonnen, wie kann ich mich ins Menschenschicksal von neuem vertiefen! Wenn ich nie eigentlich froh bin, so schadet das ja nichts. Man verlernt das Lachen durch solch ein Schicksal, aber gewinnt das viel Wertvollere.

Marie tausend Dank für ihre Rezepte, die ich bald einmal probieren will.

Weide, weide Deine Lämmer nach Herzenslust!

Innigste Dein treuer
Fisch.

Charlottenburg, den 3. Dezember 12

Meine liebe Mädy!

Die Erzählungen aus Deiner Klasse mit »Trottelchen« sind köstlich!

Ich muss schon in bescheidenerem Maßstabe wirken und habe nicht wie Du die Zustimmung meiner Eltern bei dem, was mich innerlich befriedigt. Aber ich hab' mir vorgenommen, jetzt auch über Kompromisse glücklich zu sein. Wenn Vater das Jugendheim als einen Nagel zu seinem Sarge betrachtet, so widme ich mich der Sache in einer Weise, die ihm nicht auffällt: ich hole mir Büroarbeit ins Haus. Da gibt es Linien zu ziehen – und bei der mechanischen Arbeit streifen doch die Blicke über die verschiedenen Überschriften – und Korrekturen an Aufsätzen vorzunehmen, die von

Speisung einiger 100 Kinder oder von Auslagen der Schulpflegerin handeln. Gerade diese praktischen Sachen sind eine vorzügliche Schulung für mich und lassen mich den großartigen Organismus bis in seine kleinste Ader erkennen!

Ich hatte mit Vater neulich eine lange Aussprache, die nun den Aufsatz übers Jugendheim unnötig macht und die, wenn sie auch kein bisschen Verständigung und Entgegenkommen auf seiner Seite mit sich gebracht hat, doch größere Wärme und Zärtlichkeit für unseren Verkehr geschaffen hat.

Ich bin eine ganz Andere geworden – so frei innerlich, und so sinnlos froh! Mich beglückt natürlich auch, dass ich mit den Eltern besser kramen kann!

Addio! Und einen guten, frohen, glücklichen Geburtstag wünscht Dir Dein Mariechen.

Charlottenburg, 5.2.13

Meine liebe Mädy!

Innigen Dank für Deine lieben Wünsche! Solch ein unausstehlicher Stimmungsmensch wie jetzt war ich in meinem Leben noch nie! Ich habe zwar viel erreicht: 1. dass ich meine Hoffnung auf eine befriedigende Tätigkeit im Jugendheim ohne besondere Trauer, den Eltern zuliebe, aufgegeben habe, 2. dass ich, von der Aussprache mit Vater an, unser Verhältnis wieder ganz ins Reine gebracht habe. Wir stehen jetzt so zärtlich wie nie zuvor. Ich mache Fortschritte auf der Schreibmaschine, indem ich Vaters Lebenserinnerungen kopiere, und so hoffe ich, dass er mir in nicht allzu ferner Zeit Briefe hereindiktieren wird. 3. ist Mutter mit mir sehr zufrieden, da ich ihr viel abnehme.

Aber meine Gesundheit fängt schon wieder an zu bröckeln, und die Geselligkeit hat mir Aufregungen und Enttäuschungen gebracht, wie seit langem nicht.

Leb wohl! Dein Mariechen.

Charlottenburg 2, Uhlandstraße 4, den 17.4.1913

Meine liebe Marie!

Im Jugendheim werde ich bei einer »Helferinnenversammlung« über »Schmutz im Bild« sprechen. Dazu hab ich mir eine kleine Blütenlese aus dem K.d.W. *[Kaufhaus des Westen]* geholt. Ich brauchte nicht lange suchen! Mein Referat soll eine Art Fortsetzung von meinem Vortrag über »Schundliteratur« sein. Pass mal auf, wie die Herzen und Gewissen beben werden, wenn der große Moralist auftritt!

Du hast recht: mir bietet mein Elternhaus in vielen Beziehungen mehr als die Berufe draußen! Und ich habe auch eingesehen, dass ich bei gründlicher Arbeit vieles vernachlässigen würde: all' die Menschen, die in mir ein Asyl finden, wenn sie es gerade brauchen, würden mich oft entbehren müssen, falls mich eine große Lebensarbeit absorbierte. Oft weiß ich gar nicht, was ich davon denken soll – diese ungeheuere Macht – woher kommt sie, wohin geht sie? Da versichern mir die Menschlein, ich hätte sie im Innersten umgekrempelt, und ich habe doch gar nichts getan.

Heute z.B.! Da meldet mir Gustel Lohnitz – die süße Blonde, deren Profilbild auf meinem Schreibtisch steht –, dass sie nun nach all' ihren Irrfahrten im Hafen des Liebesglücks angelangt ist. Noch ist die Verlobung heimlich, und sie wird lange warten müssen; aber es verlohnt sich der Wartezeit, dieses tiefe Glück, das es zu sein scheint! Und denk' nur, sie schreibt mir: »alles, was er in mir liebt, bist Du, meine zweite Natur. Ohne Dich wär' ich nie so geworden, und ich könnte mir nichts Schöneres denken, als wenn er Dich auch noch mit heiratete! Denk' mal, was für ein wunderbar harmonisches Leben wir dann führten!«

Solche Äußerungen machen mich immer ganz starr und stumm; hernach aber kommen mir die Tränen in die Augen, und ich falte die Hände! Bin ich nicht auf meine Weise auch manchmal ganz fromm?! Ätsch!

Mit Grüßen von uns allen an Dich und die Deinen küsst Dich herzlich Dein Mariechen.

Lustebuhr, den 15. Mai 1913

Meine liebe Mädy!

Ich muss Dir etwas erzählen, was Dich sehr befriedigen wird. Fritz Tr. hat sich in einem der letzten Kränzchen ganz lange zu mir gesetzt, und da merkte ich deutlich, dass alles gut ist, wie es gekommen ist. Sein Gesichtskreis, der immer etwas klein war, hat sich im letzten Jahr noch etwas verengert, und meiner ist durch unser Erlebnis gewachsen. Wahrscheinlich wären wir nie ganz glücklich miteinander geworden. Jetzt hat er die beiderseitige Entwicklung jedenfalls ganz unmöglich gemacht.

Denk', ich habe Vaters Selbstbiografie, soweit sie gediehen ist, fertig abgeschrieben. Er hat sich so furchtbar gefreut, und nun gibt er mir manchen Brief zu tippen!

Von Herzen einen glücklichen Kuss – Dein Fisch!

Charlottenburg, den 24. Juni 1913

Meine geliebte Mädy!

Findest Du's so unverständlich, dass man Dir vertraut? Als Siebzehnjährige vollends hat man ja gar nichts Besseres zu tun! Und was solchem Wesen fehlt, kann man ihm in dem Alter so leicht beibringen; denn Du hast recht: sie glauben alles. Auf einige Schwierigkeiten stoß' ich aber jetzt doch: meine Stiftsseelchen sind so konservativ erzogen, dass ihnen meine Auffassungen, die sie mir, ob ich will oder nicht, allmählich abzupfen, viel zu frei sind. Aber zu meiner Freude schrieb mir neulich eine, ich hätte sie, die Unselbstständige, ganz sicher und selbständig gemacht, weil ich nicht versucht hätte, ihr meine Ansichten aufzuzwingen, sondern sie nur gelehrt hätte, an Hand dieser Ansichten ihre eigenen zu bekräftigen. Ich war so glücklich über den Brief! Was Du eben da faselst über mein »marcher droit«, kann ich wirklich nicht unterschreiben. Ich helfe den Menschen, weil ich selbst so oft strauchele und dadurch ihre Fehler verstehen und sie für etwas ermutigen kann. Das ist auch alles!

(Was sagst Du dazu, dass ich für meine »Fische« aus dem Stiftsteich eine Schrift »über das Reich Gottes« verfassen will?!!!)

Viele Grüße Deinen beiden Eltern! In herzlicher Liebe Dein Fisch.

Langenstein, den 9. August 1913

Meine geliebte Marie!

Vater hatte eine schwere Bronchitis. Mutter war auf Rat des Arztes mit meinen Schwestern ruhig nach Juist abgereist. Zur Beunruhigung war auch kein Grund vorhanden; aber der Zustand zog sich mehr, als wir annahmen, in die Länge, so dass ich Vater drei Wochen allein pflegen konnte.

Es waren, glaub' ich, die schönsten Tage meines Lebens, und sie haben uns noch viel näher zusammengebracht. Padoz war rührend dankbar und liebevoll – wirklich, es gibt wenige bei äußerer Derbheit so herzensgute Männer wie ihn! Die letzten 8 Tage hatte ich dann noch einen reizenden kleinen Gast: Dr. Valentiner, den Direktor vom Metropolitan Museum, New York, dessen freundliche Hilfe in Amerika ich nun endlich wettmachen konnte. Ich habe den lieben Valentiner riesig gern. Als Persönlichkeit ist er etwas verschwommen; ihm fehlt alles mögliche, unter anderem die Gesundheit des Gemüts, um ein rechter M a n n zu sein. Aber er hat einen Zauber, der ihn in der ganzen Welt empfiehlt: eine so liebenswürdige, kindliche Unbeholfenheit. Ich taufte ihn darum still für mich: la bête de bon Dieu, flickte sein Mantelfutter, verkürzte seine Hemdärmel, schrieb ihm feine Aufsätze ab und dgl. m. Es war wonnig! Als er reiste, hatte ich eine Ehehälfte an ihn verloren – genauer gesagt: ein Eheviertel, und es war gut, dass ich durch unsere sofortige Abfahrt nach Langenstein auf andere Gedanken kam. Dem armen Kerl ist die weibliche Fürsorge wohl auch recht nah gegangen – soviel ich weiß, darf er nicht heiraten – und seine Mutter, die ihn betreuen könnte, ist im Irrenhaus!

In Liebe küsst Dich Dein Fisch.

Charlottenburg, den 31. August 13

Mein Geliebtes [*Marie von Gebsattel*]!

Zu Mutters Geburtstag planen wir einige Szenen aus dem »Tasso«. Nächstens wird es in Berlin heißen: die berühmte, von Freiin »von Gebsattel begründete Bode-Truppe«.

Meine Schülerinnen haben gar keine langen Gesichter gemacht – im Gegenteil: sie haben breithin gefeixt, vor Vergnügen mich wiederzuhaben – und so wär's auch gewesen, wenn ich ihnen den feurigen Ofen als Sitzplatz für meine Kunstgeschichtsstunde mitgebracht hätte! (»Not a bit conceited!«)

Denk' nur: was furchtbar Nettes! Als ich in Langenstein – so recht in Muße, wie Luther auf der Wartburg! – meine Schrift über das »Reich Gottes« vom Herzen schrieb, traf es sich, dass der Dorfpastor (den ich noch nicht kannte) so w u n d e r v o l l predigte, und ich viel aus seinen Lehren lernen konnte! Kaum hatte ich nun den letzten Federstrich getan und stickte ganz im Reichtum der Ideen, die noch nachquollen und so sehr nach einer Aussprache verlangten – da kommt auch gerade ein blutjunger Pastor für ein paar Stunden nach Langenstein. Sein Vater hatte mal um meine Mutter geworben – übrigens ohne Erfolg, wie Du an meinem Namen sehen kannst –, und der (offenbar erblich belastete) Jüngling geriet sofort in ein glühendes Gespräch mit mir, das über Dostojewski und Michelangelo schließlich in den Hafen der Religion herüberglitt. Der Ahnungslose fühlt sich mir besonders verbunden durch meine Religion – er kennt aber den »Schorfheiden« noch nicht (wie mich Elisabeth [Rimpau] nannte, da ich mit Schorfen an der Lippe in der Kirche zu sitzen wagte!). Na, Du musst nicht denken, dass wir über den lieben Gott herüber miteinander flirten. Gern möchte ich ihn befreien – und ich glaube ich kann's! Weißt Du, befreien zu größerer Duldsamkeit! Manches wirft er so köstlich jugendlich über Bord!

Unser beider Seelsorger beschäftigt uns besonders; er ist bereits Direktor von einem theologischen Studienseminar in Bonn. Wir korrespondieren über modernes Christentum und tauschen andauernd Bücher aus. Es ist einfach köstlich, wenn einem zur rechten Zeit der rechte Mensch über den Weg läuft! –

Mutter abonniert auf Deinen Besuch bei uns 1913–14! Merk uns vor! Wir wollen Dich sehr schonen, und ich werde sehr übermütig sein – bis Du ein schwaches Zwerchfell kriegst! – Seltsam, dass ungefähr jeder – Du, Ännchen, ich – mit den andern gleichzeitig s e i n e n Priester genossen hat!

Einen l i e b e n Kuss von Deinem [gezeichneter Fisch]

Charlottenburg, den 17. November 13

Meine geliebte Marie!

In diesen Tagen war wirklich jede meiner Minuten besetzt. Es ist diesen Winter etwas viel mit Unterricht an 5 Vormittagen, eingeschobenen Sitzungen, Vorträgen im Kultusministerium – und der Hilfe, die die Eltern doch auch gelegentlich brauchen. Dazu kommt unsere Tasso-Aufführung. Wegen der italienischen Reise wurde sie bis zu Vaters Geburtstag – auf Dezember – verschoben, und nun heißt es für mich in freier Zeit eifrig schneidern und proben.

Sissi [Viktoria Luise von Preußen] schickte ich gestern meinen Glückwunsch und ein Gedicht im Braunschweiger Dialekt, das meine Cousine gedichtet hat! Die würde mich steinigen, wenn sie's wüsste! Der Familienzuwachs wird im März erwartet! Alle Braunschweiger schwärmen von Sissis Liebreiz und ihrer goldigen Freundlichkeit.

D u willst m e i n Fisch werden?! – Das machen wir nicht! Ist ja Unsinn! Meinen Zustand finde ich ganz natürlich: Freudennetz nach der Tränensaat! Bibelsprüche gehen doch immer in Erfüllung!

Bin ich nicht schon ganz fromm geworden?! Mein liebes Kirchenlicht konnte mich in mehr als einer Hinsicht »rumkriegen«. Schickt mir der liebe Junge da neulich Briefe von meiner Mutter an seinen Vater. Beide sind nun tot, die einst eine jahrelange Freundschaft verband – und, ohne es gewollt zu haben, von innerstem Drange beseelt, spinnen die Kinder ihre Freundschaft fort! – Du wirst jetzt den Hut wieder aufsetzen, den Du vor mir gezogen hast; denn nicht i c h hab mich emporgeschwungen: die Zeit hat mich hochgebracht und mehr als sie mein lieber Hermann!

Ich freu mich an der leuchtenden Welt, die sich in seinem reinen Auge spiegelt! Ich verfolge mit ihm alle Richtungen der modernen Kunst und Wissenschaft, ich teile seinen Kummer über die Unsittlichkeit der Männer, den er mir so aufrichtig und naiv mitteilt. Ich besehe seinen Fischteich und lass' mir den Inhalt erklären. Wie er mitfühlen kann! Und ist dabei doch ein g a n z e r Mann! Meine religiöse Schrift hat er mir abgebettelt, schon damals in Langenstein, wo ich sie im Unreinen fertig hatte. Ich bin neugierig, ob er meinen Standpunkt verträgt, wie ich seinen vertrage – jedenfalls kann er unserer Freundschaft keinen Abbruch tun!

Liebe, Gute, Liebe – ich bin ja so j u n g ! Der andere – Bismarck II. –, der Liebling der Eltern, der »Mann der Zukunft«, wird nächste Woche bei uns sein. Ich weiß nicht, wie er jetzt auf mich wirken wird. Er ist eigentlich mein höchstes Männerideal. Er hat das, was Hermann fehlt: die Würde und vornehme Überlegenheit eines gewandten Regierungsbeamten, er ist alles in allem größer, ich möchte sagen genialer. Augenblicklich hab' ich den andern lieber, der sich mir ja viel offener gegeben hat. Bismarck kann mich wohl entbehren. Er gehört zu den wenigen Menschen, die, von innerem Reichtum geschwellt, alles haben und nichts begehren, wenigstens nichts, das ihre Schaffenskraft nicht leichter Hand erreichen könnte! Seine ganze Veranlagung ist ausgesprochen junggesellig. –

Ich sehe zu, wie die ewigen Quellen sprudeln und sich ihr Bett bilden. Seltsam! Das ist nicht Phantasterei! Ich höre schon seit Italien um mich her das Rauschen der Ewigkeit. O, ich bin so d a n k b a r !

Könnt ich Dir doch abgeben von all' dem, was mich so unverdient beglückt!

Dein Fisch. – Grüß' die Eltern.

Mein geliebtes Herze [Marie von Gebsattel]!

Es war mir eigenartig, als ich Deine Worte las: »Ich freu mich so an Deiner Frömmigkeit und an Deiner Weltlichkeit.« Denn gerade hatte man mir im K. Augusta-Stift wegen Vorbereitung religiöser Irrlehren den Stuhl in die Hand gedrückt, damit ich ihn selbst heraussetze! Es sind da kompromittierende Briefe von mir an die Schülerinnen gefunden worden, in denen ich auf ihre religiösen Fragen eingegangen bin. Seit Jahren haben sich die Mädchen in ihrer Verzweiflung an mich gewandt – der Stiftsgeistliche pflegte ihre Zweifel als »Gotteslästerung« abzuweisen, und wenn ich ein halbtot geängstigtes Herzchen zur Ruhe gelullt hatte, rief er mit Donnerworten den alten Unfrieden der armen Seelen wieder wach. So kannst Du Dir denken, dass ich anfangs sehr vorsichtig gewesen bin, dass ich bemüht war, die Autorität der Kirche nicht zu erschüttern, sie auf die Vorzüge ihres Pastoren aufmerksam zu machen und an die Oberin zu weisen. Aber leider fehlt dieser Frau die mütterliche Seele, und ihr strenges Wesen hat schon oft einerseits Seelenangst, andererseits Rebellion großgezogen. – Neben ihr waren den internen Lehrerinnen die Hände gebunden. Und so kamen die Kinder immer wieder zu mir zurück. Ich habe schließlich die Zustände als gegeben hingenommen und bin unvorsichtiger geworden, hab' mir sogar meine eigenen Meinungen entlocken lassen – zum Glück aber bisher nur Erfolg gehabt: die friedlosen Gemüter beruhigt, die zweifelnden im Glauben befestigt – nicht in meinem, sondern in ihrem!

Aber nun tauchte ein besonders schwieriger Fall auf: ein Stiftskind – eigenwillig, unerzogen, frühreif, schwer zu bändigen – gestand mir, dass sie sich von der christlichen Kirche innerlich überhaupt losgesagt hätte. Ich merkte sofort: wieder mal eine der schönen Wirkungen von Pastor Krummachers Engherzigkeit. Aber ich will diese ehrliche Seele langsam dem Christentum wieder zuführen. Verwegen, wie ich war, pflichtete ich nun ihren liberalen Ansichten in gewissem Maße und in krassesten Ausdrücken bei – so musste ich sie ja nun gewinnen! Eben dieser Brief ist gefunden, und seine Entdeckung hat mich, bei der Auffassung, die im Stift herrscht, umgehend gezwungen, mein Amt niederzulegen.

Es ist mir natürlich furchtbar leid um der Kinder willen, denen nun doppelte Ketten angelegt werden, und die an der Stelle, wo ihnen Steine statt Brot geboten werden, den einzigen Zuspruch, die einzige, rückhaltlose Liebe entbehren müssen.

Ich habe mit verschiedenen Menschen über diesen Fall gesprochen – auch mit Dryander [Hofprediger am Kaiserhof], der weitsichtig genug ist, den Fehler nur als ein Vergehen gegen die Schulordnung zu bezeichnen. Wie ich, anfangs klarsichtig, mich mit der Zeit immer mehr habe blenden lassen, gewiss auch etwas zu entrüstet gewesen bin über die unchristliche Behandlung der Kinder und das in meinen Briefen nicht immer geschickt verschleiert habe, belastet mich – ich möchte sagen: als Untertan der Obrigkeit gegenüber – ja natürlich sehr, und es stellt mir auch als Weltkind ein recht erbärmliches Zeugnis aus. Da ich aber nie einen schweren Konflikt hatte und wohl wusste, dass ich mich weder mit dem Geistlichen noch mit der Oberin in Einvernehmen setzen konnte, bin ich meinem Gewissen gegenüber ruhig. Mich hat die Liebe geführt, und ich traue dem Wort: »Ihr wird viel vergeben, denn sie hat viel geliebt!«

Der Fall hat mich manches gelehrt, und ich möchte die Erfahrung nicht missen! Den armen Kindern stehen ihre Mütter bei – außerdem hab' ich ihnen so oft gesagt, dass uns nichts im Leben dienlicher sei als Leid. Sie werden sich jetzt daran erinnern! –

Hab' nicht Mitleid mit mir, ich bitte Dich – mir bleiben noch Menschen genug, die ich fördern kann und jetzt in klügerer Weise fördern werde, mir bleibt ein reicher Wirkungskreis – er war letzthin etwas zu reich! Aber vor allem hat mich diese Erfahrung nur 2, 3 trübe Tage gekostet. Dankend winke ich der Vergangenheit zu: ich bin im Leid erhärtet worden! – Die Milde der Eltern, ihr Zuspruch, ihre Freundlichkeit – Liebesbeweise von Freunden außerhalb des Hauses haben mir von Herzen wohlgetan. So brennen die Liebesflämmchen in unserem Herzen heller – sollte ich nicht dankbar sein?

Mein liebes Kirchenlicht hab' ich auch an dem Fall teilnehmen lassen – es hat besonders still und freundlich dazu geleuchtet. Der »Mann der Zukunft« geht seinen großen Zielen entgegen, ohne in mir ein kleines Ziel zu sehen – diese lang gehegte Überzeugung wurde in mir befestigt bei unserem letzten Wiedersehen. Seine hinreißende Gewalt: freie Güte, sein Frohsinn, sein starker Geist leben aber noch in meinem Herzen fort wie das Brausen vom Firnwind im Herzen der Natur!

Willst Du das »Reich Gottes« (das jetzt nie an die eigentlichen Adressaten gelangen wird!), willst Du dies nun beinah' historische corpus delicti bald mal lesen – oder hat's Zeit bis zum Frühjahr? Ein Exemplar davon hatte ich zur Revision an mein »Kirchenlicht« geschickt – diesmal bin ich also so vorsichtig gewesen, als hieß ich – ich weiß nicht wie – jedenfalls nicht Mariechen Bode!

Tasso geht nächsten Sonntag in Szene. Ich bin ganz Theaterschneider!

Zu der Aufnahme Deiner Dichtung gratuliere ich herzlich und freue mich, sie mit Ännchen kennen zu lernen!

Für einen Geburtstagsgratulanten hab' ich mich viel zu lang gefasst – nicht so für Deinen F i s c h ,

als welchen ich mich zeichne im neuen wie im alten Jahr!

Charlottenburg, den 14. Dezember 13

Mein geliebtes Herz [*Marie von Gebsattel*]!

Seltsamerweise hatte ich in dieser Zeit oft die Vorstellung Dich anstelle der Oberin zu sehen. [*Marie von Gebsattel war zu dieser Zeit Lehrerin am katholischen »Institut der Englischen Fräulein« in Augsburg.*] Ich malte mir aus, Du würdest so lieb zu mir gewesen sein und mich dabei viel mehr beschämt haben, als sie es tat. Aber sicher hättest Du die Sache nicht vor die Kaiserin gebracht, die doch in ihrem zweifellosen Glaubensglück meine Handlungsweise gar nicht verstehen kann und sich – so liebevoll! – um meine Seele sorgt! Sie war ganz erleichtert, dass ich mein Amt gleich niedergelegt habe; denn sie hätte in die Kündigung von Seiten des Stifts sofort gewilligt!

Einen herzlichen Gruß von Deinem dankbaren [*gezeichneter Fisch*].

Charlottenburg, den 28.XII.13

Mein liebes Herze [*Marie von Gebsattel*]

Innigen Dank für Deinen Brief! Ich möchte Dir so gern den Abschluss der Angelegenheit berichten – aber etwas steht noch aus. Nachdem ich Gräfin Keller [*Hofdame der Kaiserin*] zum letzten Mal gesprochen und zu meiner Freude gesehen hatte, dass kein Verstoß gegen die Autorität in meinen Briefen gemacht ist, wandte ich mich schriftlich an die Mutter der Schülerin, die meinen Brief verloren hatte und dadurch am tiefsten in den Strudel hineingerissen war. Ich hatte die Gastfreundschaft des Elternhauses genossen und fühlte mich deshalb zu einer Erklärung moralisch verpflichtet.

Wie ich durch Dritte hörte, ist ihre Tochter als einzige von meinen Lieben – an mir irre geworden und, wie es scheint, durch Beeinflussung ihrer Mutter. Aber ich glaube, man wird mich in Zukunft nicht mehr an sie heranlassen, und ich werde ihrer Mutter selbst erklären, dass nur die Stiftsschülerinnen wieder zu mir kommen könnten, die es in vollem Einverständnis mit ihren Eltern täten und mir ungeteiltes Vertrauen entgegenbrächten. Im Grunde bin ich überrascht, dass die Mädchen im Ganzen so treu zu mir halten. Es wird ihnen sehr schwer gemacht – besonders, da ich im Stift jetzt als Atheist gelte!

Die Affäre mit Gräfin Keller hat für die Eltern zu einem ganz befriedigenden Abschluss geführt, indem der Kurator und die Oberin ihre freundlichen Gesinnungen gegen mich ausgedrückt und erklärt haben, dass ihr Verfahren genau dem militärischen entspräche, dass auch Generälen gesagt würde, sie möchten selbst »die Konsequenzen ziehen«.

Wäre die Oberin nicht so misstrauisch gewesen, so hätte sie mich direkt auf meinen Brief hin zu sich kommen lassen – und die Sache wäre beigelegt. Das Aufgebot von Exzellenzen und Majestäten hätte sie sich dann sparen können. –

Mein kleiner Pastor, dem ich das »Reich Gottes« zur Kontrolle geschickt und infolgedessen auch die Stiftsereignisse erzählt hatte, war auch ganz reizend. Sofort, nachdem er die Sache erfahren, hat er mir noch einen Haufen Briefe meiner Mutter [*Marie Rimpau*] aus ihrer letzten Lebenszeit zugesandt. Er hatte vorher noch gezweifelt, ob ich in die Kämpfe dieser Jahre Einblick hätte und ob er sie mir deshalb schicken dürfe – aber jetzt k o n n t e er nicht zweifeln, jetzt galt's mich abzulenken. Über die Sache selbst sagte er fast gar nichts; aber ich fühlte, dass er mich verstand und mich schonen und erfreuen wollte! Der liebe Kerl!

Wie freu' ich mich, wenn erst in meinem Bücherschrank neben Shakespeares Dramen ebenso viel Bände Gebsattels stehen! –

Addio für heut! Und ein gutes, gesundes Jahr mit viel Freude auch den »Deinigen« – immer
Dein »Fisch«.

Charlottenburg, den 27.4.14

Meine liebe Marie-Mädy!

Dry[*ander, Gottfried*] ist seit Kurzem in das Zivilkabinett des Kaisers berufen. Die Sehnsucht nach freier selbstständiger Landratstätigkeit wird ihn aber hoffentlich mit der Zeit von dort wegtreiben. Seltsam ist meine Angst vor seiner »Dummheit«, für die ich ja eigentlich keine Beweise habe. Ins Zivilkabinett beruft man doch keine ganz unfähigen Leute. Und so will ich mich dran halten, dass mir auch in der Beziehung eine freundliche Überraschung wird, so wie sein Gefühl für mich und sein knabenhaft lauteres, sein männlich kraftvolles Wesen in mir glückliches Staunen geweckt hat. –

Schrieb ich Dir damals schon, dass Fritz Tr. sehr glücklich verlobt ist und es mir in einem reizend feinen Briefe mitgeteilt hat?

Voll Liebe Dein [*gezeichneter Fisch*]!

Obersalzberg, den 31. Juli 14

Meine liebe, gute Mädy!

Eben hören wir von der Kriegserklärung und reisen gleich morgen direkt nach Berlin, wohin Vater und Ännchen auch kommen werden. Ich hatte Deinen Brief lange unbeantwortet gelassen, weil ich bei der Unsicherheit der Zeiten nichts bestimmen konnte. Nun hat es sich von selbst entschieden. Ob Dein Vater einziehen muss?

Alles Gute für diese ernste Zeit! Wenn ich nur auch an irgendetwas teilnehmen könnte! Vielleicht bietet sich Gelegenheit. Entschuldige die Eile. In zärtlicher Liebe Dein Mariechen.

Charlottenburg, den 12. August 1914

Mein liebes Herze *[Marie von Gebsattel]*!

Die mehr als kurze und unklare Karte möchte ich nun durch einen etwas besseren Brief wieder gut machen. Ich freute mich neulich sehr, als mir Miss North sagte, dass Du Stand gehalten hättest. Nun dann bist Du eben jetzt ganz geheilt, und ich wünsche Dir von Herzen Glück dazu. Du würdest es jetzt doch schwer empfinden, in der Zeit der allgemeinen Not nicht tatkräftig helfen zu können. Vielleicht vertrittst Du ein halbes Dutzend Lehrer oder richtest Lazarette ein oder speist das Volk.

Mir kommt der Gedanke, dass Frl. von Stempel jetzt vielleicht in doppelter Not sein könnte, da sie doch keine Gäste aus dem Ausland bekommt. In dieser Zeit, wo man so besonders gern helfen möchte, könnte ich gut etwa 300 Mark für sie frei machen, wenn ihr irgend damit gedient ist. In diesem Fall benachrichtigst Du mich wohl gelegentlich. Ich habe mich riesig gefreut, dass ich zu ihrem Aufenthalt in Badenweiler auch etwas beitragen konnte! Und wie schön, dass Du sie innerlich wieder aufrichten konntest!

Die gute Miss North will bis zu 5 deutsche Verwundete bei sich aufnehmen und war bei mir, um einen kleinen Beitrag für die Ernährung ihrer künftigen Patienten zu erbitten. Ich habe mit Freuden ihr etwas zugeliefert. Hoffentlich bekommt sie alles in allem genug zusammen.

Ich hoffe sehr, mich nützlich machen zu können. Bisher bin ich vorgemerkt für Büroarbeit und als Helferin in einem neu gebildeten Jugendheim. Man will sich aller Kinder annehmen, deren Mütter den Ernährer ersetzen. Da gibt es sicher mit der Zeit eine Unmasse zu tun. Gestern hatten wir aber 26 Helferinnen auf 10 Kinder, d.h. jedes Kind konnte sich zweier Helferinnen annehmen! Nächste Woche wird es schon ein anderes Bild geben. Ännchen [Bode] hilft jetzt auch noch im Heim und wird später im Roten Kreuz Kriegerpakete machen etc. Ilse [Bode] freut sich, dass ihre Schule auch Nachmittage veranstaltet, in denen fürs Vaterland gearbeitet wird. Mutter bereitet das Haus für Einquartierung, die aber noch auf sich warten lässt.

Aber der Vater ist schlimm dran, er kann nur kleine Aufsätze schreiben. Viel zu verwalten ist nicht; der Bau auf der Museumsinsel ruht, und als Sorgenkind schwimmt eine 1000jährige Kultur von Assur auf dem Mittelmeer – die künftige Beute der Engländer? – Trotz allem – mir ist die Zeit erhebend! Ich habe nie etwas ähnlich Gewaltiges erlebt! – Der Mann einer meiner Schülerinnen ist schon gefallen: Graf Wedel von der Potsdamer Garde. Er hatte Vera von Dirksen zur Frau.

Alles Gute den Deinen und Dir. Voll Liebe Dein Mariechen

Charlottenburg, den 25. August 14

Meine liebe, liebe Mädy!

Wie innig freut es mich, dass Deine Bitte »gib meinen Tagen ihre Arbeit wieder« so über Erwarten erfüllt ist! Gerade jetzt wäre es Dir doch am schwersten geworden hintanzustehen, wo jeder sein Scherflein fürs Wohl des Vaterlands beitragen möchte! Ännchen und Ilse habe ich Deinen »Tageslauf« vorgelesen, und sie quittierten die Lektüre mit lauten, beinah' englischen Eifersuchtsausbrüchen! Ilse ist ja so betrübt, dass sie noch in die Schule geht, und alle Pläne zur Beihilfe des Nachmittags haben sich zerschlagen. Ännchen findet, dass sie immer noch herzlich wenig tut (obwohl sie erst täglich, jetzt jeden zweiten Tag am Moritzplatz von ½ 12 bis ½ 3 über dreitausend Bedürftige speisen hilft und die freien Vormittage auch noch im Hort tätig ist)!

Für Ilse werde ich wahrscheinlich aus meinem Hort ab und zu schriftliche Arbeiten mitbringen. Die Erkundigungsbesuche bei Frauen von Kriegsgezogenen machen mir sehr viel Freude.

Uns allen geht es oft im Kopf herum, wie peinlich Russlands und Belgiens Benehmen Deiner Mutter und Deiner Schwägerin sein muss [deren Familien aus diesen beiden Ländern stammten]! Ach, unsere goldene deutsche Jugend, die so grausig hingemordet wird! Die Begeisterung über die Siege ist aber dafür umso größer. Und welch' eine Tapferkeit findet man auch bei den Einfachsten der Frauen! Für alle Wohltaten, die jetzt an den Notleidenden geschehen, geben sie mehr Dankbarkeit als je in Friedenszeiten!

Alles Gute Deinen Kriegern! Den Verwundeten, die Deine Hand labt, brauch' ich's nicht erst zu wünschen! In herzlicher Liebe Dein Mariechen.

Charlottenburg, den 3. Dezember 14

Mein liebes Herze [*Marie von Gebsattel*]!

Es ist mir so herzlich leid, dass Deine Mutter nun auch schon einen ihrer Lieben hat hergeben müssen, und dass sie obendrein nichts Gewisses weiß. Sag ihr das bitte mit einem Handkuss von mir! Ich denke's mir so schrecklich für sie, ihre eigenen Verwandten gegen Deutschland im Kampf zu wissen. Auch wenn sie im Herzen deutsch geworden ist – selbst unser Empfinden schaudert manchmal auch im Gedanken an die Leiden der Feinde, und wie viel mehr wird sie's noch tun!

Mein Hauptwunsch ist natürlich der, dass Du an inneren Erlebnissen immer reicher werden möchtest in dieser Zeit, die uns alle reich beschenkt mit den Erfahrungen seltener Menschengröße.

Ja, sieh' mal: der Gedanke an ein »weibliches Dienstjahr« hat mir angesichts so mancher Haushaltung jetzt auch gewaltig im Kopfe gespukt! Die Schule soll doch wahrhaftig nicht dazu da sein, den Kindern Dinge beizubringen, die sie möglichst bald wieder zu vergessen suchen oder die gar keinen praktischen Wert für sie haben; gerade für das Volk wär's von so riesigem Wert, ihm s p a r s a m e und tüchtige Haushaltung beizubringen. In den Horten geschieht das an Kindern schon auf bewunderungswürdige Weise; aber das genügt doch nicht annähernd!

Über die Türken denk' ich aber ganz anders als Du. Ich habe ja immer nur Gutes von ihnen gehört; die vielen Freunde von Vater, die lange Zeit im Orient lebten, achten und lieben sie als besonders feinsinnige, edle, liebenswürdige Menschen. Wenn die ihnen fehlende Tatkraft durch den Krieg wieder ins Leben gerufen wird, mag sich das Volk wohl wieder zu einiger Bedeutung entwickeln. Ich kann aber nicht glauben, dass es uns in absehbarer Zeit gefährlich werden würde – hat es sich doch innerlich und äußerlich so sehr verändert und veredelt seit den Zeiten der »Türken vor Wien«. Schließlich ist der Orientale auch zufrieden, wenn man ihn in Frieden lässt, nicht unterdrückt und dadurch seinen Fanatismus wachruft!

In der letzten Zeit habe ich fast nur für Weihnachten gearbeitet, z.B. mit den kriegsunterstützten Frauen Feldpakete gepackt, zu denen ich im

Namen des Magistrats zum Betrag von durchschnittlich 1 M noch nützliche Sachen beigesteuert hatte.

Im Oktober war ich für 14 Tage bei den Langensteinern und habe mit Tante Anna *[Rimpau]* die Feldbriefe und das Kriegstagebuch meines gefallenen Vetters *[Jürgen Rimpau]* durchgelesen, die ich nun hier per Schreibmaschine kopiert habe. Briefe wie Tagebuch werden zu Weihnachten vervielfältigt.

Es ist noch viel zu packen, und ich muss daher kurz Schluss machen! Immer in Liebe Dein *[gezeichneter Fisch]*!

Charlottenburg 30.12.14

Meine liebe Marie-Mädy!

Hörtest Du, dass Herr von Moeller, Hildegards lieber Bruder, fiel? Sein Wunsch, beim Angriff auf den Feind an der Spitze seiner Soldaten zu fallen, ist nun erfüllt.

Nun zum Jahreswechsel meine innigsten Wünsche für immer tieferes und schöneres Erleben!

Immer Dein Fisch.

Charlottenburg 2, Uhlandstraße 4, den 11. Februar 1915

Meine geliebte Marie-Mädy!

Dein Buch *[Manuskript zu einem der beiden von Marie von Gebsattel im Jahre 1916 veröffentlichten Bücher »Geistliche Kriegslieder«, München 1916, oder »Rosenkranzlieder«, Paderborn 1916?]*, Deine lieben Worte waren mir eine innige Freude. Der Dichter faßt unsere Zeit mit so viel Ernst und Schwung – darum hat es mich sehr gepackt! Ich konnte nicht lassen, die Gedichte gleich auszulesen, werde sie aber sicher einzeln wieder vornehmen.

Annette v. Meiffling hat einen gesunden Sohn und befindet sich selbst recht wohl, da sie noch an ihrer Hoffnung fest hält. Sein Tod ist ja auch noch gar nicht erwiesen, wie Du zu denken scheinst, aber ich fürchte, wir werden ihn nicht wiedersehn.

Die Anne *[Bode]* verliert auch viel an ihm! Ob Dein Freund noch lebt? Wie täte mir die arme Witwe leid!

Seit 2 ½ Jahren verkehrt in unserem Hause ein entfernter Verwandter *[Viktor Bruns, Maries künftiger Ehemann]* von Mutter. Ich wusste wenig von ihm – dass er ein ganz bedeutender Mensch war, der sich schon sehr ausgezeichnet hatte, konnte mich nicht packen, da er sich so schwer mitteilte. Seine Augen strahlen vor Güte. Ich hab' mir nie die Mühe gegeben, unter der Oberfläche zu fischen.

Da sagte mir vor Weihnachten eine Kusine, dass er den Mangel einer Schwester sein ganzes Leben lang empfand und dafür wenigstens eine Freundin haben möchte. Mir würde er ganz nahe stehn; doch hätte ich eine Mauer aufgerichtet, die ihn an jedem engeren Verkehr hinderte.

Über diese Bestellung hatte ich ganz große Freude und schon, als er das nächste Mal zu uns kam, wurden wir näher bekannt. Dann verabredeten wir einen Museumsgang miteinander, und auf dem Heimweg durch den Tiergarten kam er auf unsere Familienverhältnisse zu sprechen. Da merkte ich mit unbeschreiblicher Rührung, dass er alle Schwierigkeiten meines Lebens kannte und mit teilnehmendem, alles verstehendem Herzen schon lange auf meiner Seite gestanden hatte.

Nun kam er jeden Sonntag für viele Stunden zu uns, und einmal in der Woche gingen wir spazieren. Er schlug Seite für Seite seines Lebensbuchs auf, nannte mir die vielen schweren Erfahrungen auch schon seiner frühen Jahre und leuchtete mit seiner stillen, vornehmen Seele in sein Leben hinein, Verworrenes klärend und dunkle Stellen aufdeckend.

Nie hat ein Mann mich so verstanden, nie hat mir einer von seinem Leben so viel abgegeben. Schade nur, dass unser ganzes Verhältnis auf einem mephistophelischen Vertrag beruht! Freundschaft ohne Hintergedanken hat er gewünscht – so sagte meine Kusine, und ich hab' ihm gleich zu Anfang geschrieben, dass ich von seinem Wunsche wüsste und er mir lieb wäre.

Aber wir kamen uns bald so nahe, dass eine Freundschaft auf beiden Seiten nicht mehr möglich war. Und an einem Sonntag war die Empfindung in diesem schwerfälligen Manne so gesteigert, dass die Bitte um meine Hand ihm auf der Zunge lag. Doch gingen dem so manche Ausfälle gegen die Mädchen und das Eheglück voraus, dass ich meine Spitze gegen die Männer kehrte – und da wurde der sonst so menschenkluge Mann kopfscheu.

Er hat die Stimmung nicht wieder gefunden, nicht die Wärme des Gefühls, die damals mein Herz ganz in Sonnenschein hüllte, auch verlor ich seiner großen Kraft gegenüber allen Willen, fand, dass ich mich nicht zu verstecken brauchte, da er mich ja doch durchschaute – und nun fühle ich, dass wir uns ausgesprochen haben, dass sein Interesse an mir abgeflaut ist, dass ihm meine Liebe vielleicht etwas verächtlich geworden ist, weil sie so klar zu Tage lag – das alles wenige Tage vor seiner Abreise, ohne dass ich weiß, ob ich ihn je wiedersehn werde. Noch ist seine Zukunft sehr unklar. Er wird wohl am 15ten nach Stuttgart gehen, um als Hilfsarbeiter im Kriegsministerium zu arbeiten und dann hofft er, als juristischer Beirat von der württembergischen Regierung nach Brüssel geschickt zu werden. Bis Ende des Krieges bleibt er dann wahrscheinlich dort; nach Friedensschluss hoff' ich, dass er irgendwo in der Verwaltung ankommt – als »Professor der Rechte« ist er mit seiner phänomenalen Menschenkenntnis wirklich zu schade!

Er will's auch nicht weiter betreiben, hat aber nicht die Stoßkraft, sich in die Verwaltung zu lancieren – dafür ist er zu stolz und zu ungeschickt.

Ach, ich kann Dir das nicht alles auseinandersetzen – aber mein ganzer Kopf steckt voll mit seinen Sorgen, und doch ist meine Hauptsorge die, dass ich künftig keine Sorge mehr mit ihm teilen kann; denn er schreibt nur schlecht und selten.

Freilich hab' ich allen Grund, dankbar zu sein, dass mir ein so vornehmer, lauterer und gütiger Mann, ein Charakter von seltener Kraft, ein Kopf von überragender Bedeutung so großes Vertrauen entgegengebracht hat! Dass er jemals ganz von mir lässt, ehe er heiratet, ist ausgeschlossen – und dass er heiratet, ist ja bei seiner stolzen, einsamen Natur, die Ebenbürtigkeit überhaupt nicht finden kann, sehr unwahrscheinlich.

Vielleicht verstehst Du aber, dass ich bei alledem das »dennoch« stark empfinde. Ich kann jetzt nichts tun, als mich wieder aufrichten und so sachlich wie nur denkbar mit ihm verkehren.

Ich wäre Dir, Liebe, dankbar, wenn Du mir n i c h t schriebest. Ich bin Dir dankbar für alles, was Du mir sagen würdest; aber ich fühle auch, dass ich wenig Briefe schreiben kann in dieser Zeit und noch so viele zu schreiben habe.

Schließ ihn in Dein Herz ein meinen Edlen, Gewaltigen, Einsamen, und behalte lieb

seine ohnmächtige Freundin –
Deinen Fisch.

Charlottenburg 21.4.15

Geliebte Mädy!

Viktor hat erkannt, dass unsere Lebenswege nicht mehr zu trennen sind! Und eine Woge von Jubel strömt durch unser Haus. Vater pfeift und trällert. Nun scheint es ihm unbegreiflich schön, dass uralte Bande zwischen den Familien Bruns und Bode durch einen jungen Herzensbund erneuert werden sollen.

So ähnlich sind die Empfindungen unserer Elternhäuser, so tief war unser Eindringen in die Seelen während der wochenlangen Freundschaft, dass es jetzt gar keines Einlebens mehr bedarf. Viktor hat recht: es ist, als wenn wir viele Jahre miteinander verheiratet wären!

Heute vor 8 Jahren schrieb er mir; am Sonntag war er hier. Nächsten Sonnabend trifft unsere Familie die Seinen in Würzburg. Dann nehmen mich die Schwiegereltern mit nach Tübingen. Zur Ausheilung meines Rheumatismus soll ich auf den Weißen Hirsch für vier Wochen; danach, im Juni, soll Hochzeit sein.

Wir ziehen zunächst für Kriegszeit in ein Hotel nach Stuttgart, wo er im Generalkommando des XIII. Armeekorps arbeitet. Nach Friedensschluss geht es wieder heim nach Berlin, wo er ja a.o. Professor der Rechtswissenschaften (an der hiesigen Universität) ist. Wir sind beide ganz gleich alt.

Er liebt schon seit lange meine Freundinnen wie mich – ich hoffe, dass auch Du, wenn Du ihn erst kennst, sein goldenes Herz in Dein eigenes Herz einschließen wirst, meine gute treue Freundin!

In dankbarer Liebe! Dein »Fisch«.

Charlottenburg, d. 19.6.15

Liebste Mädy!

Ich weiß nicht, ob ich Dir vor einem Monat schon den Hochzeitstag mitteilte – er war ja noch so ungewiss. Jetzt steht fest, dass uns Scholz (da Dryander krank ist), am Sonntag, den 27. Juni, in der Marienkirche traut. Hernach fahren wir mit einigen Verwandten zum Essen ins Haus meiner Eltern. Viktor und ich verbringen den Rest seines 5tägigen Hochzeitsurlaubs in Oberhof.

Unsre Stuttgarter Wohnung, die wir Anfang Juli beziehen, liegt in der Reinsbergstr. 167 II. Wie schwillt mein Herz vor großer neuer Freude beim Herannahen des großen Tags!

In Gedanken bleibe ich in steter Liebe Dein [gezeichneter Fisch]

Stuttgart, den 23. Juli, 15
Auf einem Baumstamm am »Hasenberg«

Meine geliebte Marie-Mädy!

Ich sitze hier höchst gailenreuthsch und will endlich einmal meinem Herzen folgen: Dir, Dir erzählen von aller Höhe und Breite und Tiefe meines Glücks!

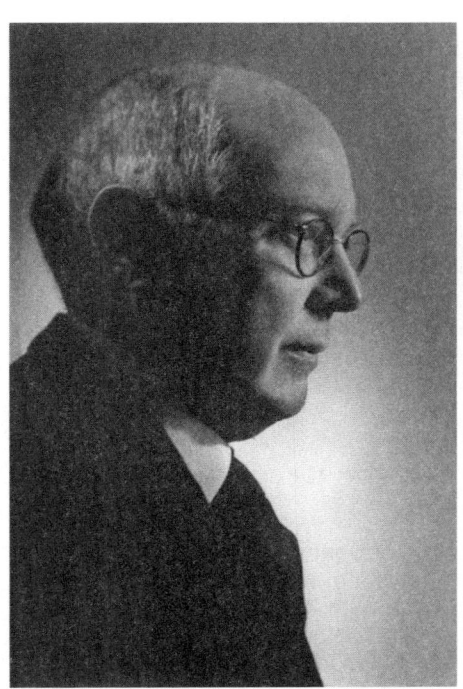

Marie Bruns-Bodes Ehemann
Professor Viktor Bruns.

Was Du von den Pflichten der Eheschließung in Kriegszeit schreibst, habe ich ganz ähnlich empfunden und meine Wünsche für die Traurede Scholz [dem Pfarrer] in dem Sinne ans Herz gelegt. Jeden Tag fühle ich von neuem den Stolz, eine deutsche Ehe führen zu dürfen. Viktor ist ja auch das Ideal eines deutschen Mannes. Die Ehrfurcht vor ihm wächst mit jedem Tag, und auch in seiner Liebe liegt so unendlich viel Achtung. Was mich von dem Mann in ihm so unendlich rührt: er ist absolut wunschlos für seine eigene Person, und er fragt fast zu viel nach meinen Wünschen. Durch seine Selbstlosigkeit und seinen Edelsinn, seine ruhige Kraft, Milde und Liebesinnigkeit, durch die Klarheit seines Fühlens und Tuns hat er mich auf eine Höhe gebracht, die weit, weit höher liegt als unsere Wohnung auf dem Hasenberg, die aber wie unser liebes kleines Heim, dem Himmel nahe ist.

Mit einem reizenden, in jeder Hinsicht feinen und tüchtigen Mädchen habe ich mich rasch eingelebt, und die kleine Wirtschaft geht ganz flott von statten. Jetzt kann ich schon täglich mehrere Stunden im Walde sitzen und schreiben, auch etwas Klavier üben, um abends mit meinem Viktor vierhändig zu spielen. Sein Spiel hat das wunderbare »legato«, das auch seinem Wesen zu eigen ist. Vor allem werde ich aber auf seinen Wunsch wieder etwas zeichnen, damit ich ein »Familienalbum« anlegen kann.

Hier spricht man von Frieden im Herbst – welch Segen wäre das!

Wie ist mein Herz mit Dir und Deiner Familie! Möchte Deine arme Mutter nicht weitere Verluste haben – wie schwer, einen zweiten Bruder hergeben zu müssen!

Allen Segen für Deine Tätigkeit und Liebe, viel viel zärtliche Liebe
von Deinem
vergnügten Fisch im klaren Wasser

Stuttgart, Reinsburgstr. 167 II, Dezember 15

Mein lieber Menschenfischer *[Marie von Gebsattel]*!

Wie lang ist's her, dass Dein Karpfen aus der Uhlandstraße nicht mehr zu Dir geschwommen kam? Er war Dir nicht untreu, aber er hat viele neue Mitfische in seinem Eheteich gefunden, die ihn beanspruchten – d.h. zu meiner sonstigen Korrespondenz sind noch die Eltern, Ännchen und Ilse, Schwiegereltern, Schwager, Schwägerin und sonstiger Anhang gekommen.

Aber an Deinem Geburtstag wenigstens sollst Du wissen, was Dein Fisch treibt und wie lieb er Dich hat.

Unser Leben geht nach außen hin den gleichen Gang. Nach innen hat es sich aber doch sehr verändert. Die Brautzeit ist für mich fast unwirklicher geworden als meine Kindheit. Es ist so schön, wenn man sich immer näher kennenlernt, wenn der Sinn, der hinter jedem Worte steckt – und Viktor hat seine Rätselsprache!! – immer rascher und deutlicher offenbar wird, wenn man jedes kleine Bedürfnis des Wesens gleich richtig befriedigen kann, wenn es kein Tasten mehr gibt, sondern die Beziehung zum Liebsten in der Welt frisch gradaus geht, durchleuchtet von einer nicht fehlenden Liebe!

Ja, er hat mich in Frieden gewiegt! Seiner Natur liegt jede Streberei, jedes Hadern mit dem Schicksal fern. Ich bin oft ungeduldig gewesen und habe »die höchsten Sterne gefordert«! Mich lehrt sein Beispiel Geduld mit dem Geschick; bescheiden so es Not tut, behagliches Ausbreiten und Genießen, wo es erlaubt ist – und so hat er aus mir einen viel festeren, ruhigeren und gesunderen Menschen gemacht. Das Leben hat für mich persönlich etwas viel durchsichtigeres bekommen – das fühlen alle, die uns nahestehen, und sie lieben es, von ihrem meist verwirrten und dunklen Geschick das Auge abzuwenden und es in unsern klaren Bergsee zu versenken.

An Sorgen hat es uns nicht ganz gefehlt: der feindliche Flieger, der so viel Schaden anrichtete, hätte um ein Haar den Liebsten von meiner Seite reißen können – wenn er nämlich rechtzeitig aufs Amt gegangen wäre, hätte er einem Geschossteil der Abwehrkanonen zum Opfer fallen können, von denen viele in unserer Straße niedergefallen sind.

Im Zeichnen hab' ich riesige Fortschritte gemacht. Jetzt mach' ich Weihnachtsgeschenke mit wohlgelungenen Familienporträts. Nächste Woche nahm' ich die letzte Stunde im Pastellmalen, das ich nun für mich weiter üben kann.

Du hast Recht, es ist reizend von Viktor, meine Künste wieder ans Tageslicht gezogen und in den Familiendienst gestellt zu haben. Er weiß eben, was mir frommt – und es trifft auch mit seinen Liebhabereien zusammen. Denn seine ganze Natur verlangt nach dem Dienst eine Auslösung in der Kunst. Die ganzen Ägypter, Babylonier, Griechen hab' ich ihm in Bildern vorgeführt und was dazu erzählt. Auch lesen wir kurze Dramen oder dergleichen gemeinsam, und sein klarer Lebensblick kann mir Vieles deuten. Was gibt es doch Großes und Herrliches im Leben! –

Nun, Geliebtes addio! Dies ist ein schlechtes Brautbild, aber es ist eins, und damit Du weißt, wie er wirklich aussieht, schick' ich Dir leihweise eins von ihm und seinem Freunde mit. (Die ungünstige Aufnahme ist an unserem Ziviltrauungstage gemacht, wo wir beide todmüde waren – am heißesten Tag im Jahre!)

Grüß die Deinen herzlichst und nimm einen zärtlichen Geburtstagskuss von Deinem
Dich liebenden Fischlein

Stuttgart, den 8. Dezember 1915

Mein lieber Vater!

Es ist mir doch ein ganz seltsamer Gedanke, dass ich übermorgen nicht bei Dir sein darf. [Am 10.12.1915 wurde in Berlin Wilhelm von Bodes 60. Geburtstag feierlich begangen. Er war 1906 zum Generaldirektor der Berliner Museen ernannt worden.] So viele Jahre haben wir zusammen verlebt, und was Du in Deiner Arbeit, in Deinem Familienkreise all' die Zeit gewesen bist, steht mir klarer denn je vor Augen. Man sieht ja an solchem Lebensabschnitt besonders dankbar rückwärts – und wie dankbar kann ich sein für den Teil, den ich daran gehabt habe.

Es hat zwischen uns allemal nicht vieler Worte bedurft – es bedarf's auch jetzt nicht. Aber viele helle Bilder tauchen vor mir auf, und immer seh' ich mich an Deiner Seite. Zum Teil sind es Bilder aus einer Vergangenheit, die uns jetzt in der Zeit wilden Völkerhasses fast märchenhaft anmuten: Tage im Louvre und in der Wallace Collection, Wochen liebenswürdigster Gastfreundschaft auf amerikanischem Boden, milde Herbsttage in Florenz und Rom – in der Equipage eines galanten Italieners .... Tempi passati für den Abschnitt unseres Lebens!

Daneben stehen Erinnerungen aus allererster Kinderzeit, wo Mausi *[Spitzname der kleinen Marie Bode in einem Teil ihrer Familie]* angemalte Bildchen mit mehr Stolz ihrem Vater zeigte als sie jetzt ihre doch etwas besseren ganz eigenen Zeichnungen betrachtet. Peter Halm *[Freund Wilhelm von Bodes, der einige von dessen Werken mit seinen Zeichnungen – nach den Originalen – illustrierte]* taucht auf, Emil Orlik *[ebenfalls Radierer und Stecher]* – all' die Größen, die mir vorwärts halfen in der geliebten Kunst und schließlich tritt auch noch Fräulein Keller im höchsten Bewusstsein ihres Wertes hinzu und erklärt meine Einstellung bei der Prinzess als »Früchte i h r e r Schulbildung«! Sie kann abtreten; denn da hab ich Dir doch wohl mehr zu danken!

Und jetzt genieße ich, was ich bei Dir lernte und durch Deine Beziehungen errang mit einem Mann, dessen sicheres Urteil mir noch immer weiter helfen kann.

Doch ich rede nur von mir. Ich habe ja Dein Lebenswerk mit wachsen sehen. Eine meiner größten Freuden war der Gang durch das Kaiser Friedrich-Museum. Es ist mir hernach zur zweiten Heimat geworden. Und ich habe wenigstens die Anfänge und das Fortschreiten Deiner »Neubauten« noch an Deiner Seite erlebt. Leider nahmen die eifersüchtigen Götter, denen diese neuen Kunsthallen zu vollkommen erschienen, Rache an ihrem Schöpfer! *[Insofern die Fertigstellung der anderen Museen sich hinauszögerte – bis 1930, in dem Jahr nach Wilhelm von Bodes Tod.]*

Aber es wird ihnen nichts nützen. Mit dem Beginn von 1916 trittst Du hoffentlich wieder mit gestärkten Nerven und vollkommen geheiltem Bein, auf den Schauplatz Deiner Wirksamkeit und bald wird diese Deine umfangreiche Bauarbeit beendet sein.

Möchtest Du viel Freude daran erleben und möchte Dir im Familienkreis noch manche freudige Überraschung blühen, wie das ja nicht anders zu hoffen ist, wenn man zwei heiratable (!) und eine verheiratete Tochter hat.

Als Pastellprobe schick' ich Dir einen alten Weinbergbauern. Er hatte ungleiche Augen, die auch verschieden hoch lagen. Vielleicht ist es ein bisschen übertrieben. Ich habe 3 ½ – 4 Stunden zu dem Kopf gebraucht. In der Zeit hat's zum Bart nicht mehr ganz gereicht. – Die »Dreifrucht« aus meiner Frieda Werkstatt aßest Du im Herbst besonders gern. Lass sie Dir schmecken!

Mit den wärmsten Wünschen im Herzen wird den ganzen Tag bei Dir sein Deine getreue Tochter Marie.

Liebster Vater!

Du hast mir so teilnehmend und etwas besorgt über mein Befinden geschrieben – hab' innigen Dank. Den Umzug am 29ten hat mir der Arzt gestattet. Das meiste steht schon gepackt.

Viktor, der durch die Nähe der Wohnung an seinem Generalkommando [vgl. *Tagebuch zu 1915*] so viel Zeit spart, will alles intimere Einrichten übernehmen. Wenn Du sähest, wie er mich auf Händen trägt – es würde Dich im tiefsten Herzen rühren. Seine Weihnachtsgeschenke waren alle mit so viel Liebe ausgesucht und trafen meinen persönlichen Geschmack ganz genau.

In diesen Tagen haben wir uns nun gemeinsam über die Weihnachtsbücher hergemacht. Die Schwiegereltern haben mir ein wundervolles illustriertes Werk geschenkt: »Vom Urtier zum Menschen«. Viktor hatte es vorgeschlagen, da ich meine große Liebe zum Tierleben, besonders zur Entwicklungsgeschichte, verraten hatte. Ich freue mich, wenn Du das Buch mal mit mir ansiehst; besonders die farbigen Abbildungen der Meerestiere sind ein künstlerischer Genuss. Viktor selbst hat mir von dem südfranzösischen Gelehrten Jules Fabre zwei Bände über das Insektenleben geschenkt. Es soll entzückend beschrieben sein, und alle Schilderungen beruhen auf eigener Beobachtung. Dann neben manchem anderen Erzählungen von Anatole France; denn wir lesen jetzt vielfach französisch miteinander. Die Sprache ist in seinem Mund vollendete Musik. Während meiner Krankheit brachte er mir »Henry Esmond«; den herzbewegenden historischen Roman von Thackeray. Ich habe ihn gleich aus. Am meisten Freude machen uns gegenwärtig Isolde Kurz' »Wanderungen durch Hellas« ein reizender Abschluss meiner Vorträge über griechische Kunst. So verwachsen wir ganz miteinander und das Interesse des Einen erhöht das Interesse des Anderen. In späterer Zeit wollen wir auch die griechischen Tragiker im Original lesen. – Wie ist das Leben so schön und unendlich, wenn zwei Herzen sich ganz verstehn.

Ich hatte nicht viel für Viktor zu schenken – hauptsächlich ein Selbstporträt, das ganz ähnlich ist, nur etwas starr.

Hoffentlich plagt Dich jetzt Dein Verband nicht mehr so arg. Die Danksagungen [zu *Wilhelm von Bodes 60. Geburtstag*] waren gewiss eine harte Nuss – rührend, dass auch ich eine bekam.

In treuer Liebe Deine genesene Marie.

Lieber Vater!

Hab' herzlichen Dank für Dein Kärtchen! Allerhand Besuch und Viktors tatkräftige Hilfe beim Einrichten der neuen Wohnung haben ihn bisher am Briefschreiben gehindert. Ich denke, er wird es nach unserer Rückkehr aus Tübingen gleich tun.

Mir ist es eine riesige Freude, alle alten Interessen mit Viktor weiterzutreiben. Ich wusste immer, was ich an ihnen gehabt hatte, aber in meinem reiferen Mädchenalter war der Drang, Menschen persönlich hilfreich zu sein, das Einzige, was mich von Heiratsgedanken abbringen, was mir die Ehe einigermaßen ersetzen konnte. Literatur und Kunst empfand ich als Luxus, der mein innerstes Bedürfnis nicht befriedigte. Genauso ging es gleichaltrigen Freundinnen von mir, soweit sie irgend ernstes Streben und Arbeitskraft in sich hatten.

Jetzt ist es ganz anders geworden. Mein Herz hat die heitere Ruhe gewonnen, die mir Freudigkeit zu meinen alten Liebhabereien geben kann, und Viktors Bedürfnis, sich in Freistunden durch gleichen Genuss zu erholen, macht mir diese Freuden zur Ehepflicht. Auch fühle ich, wie viel fähiger ich durch die größere Reife geworden bin. Mein Schriftstellern und Dichten, zu dem ich schon so frühzeitig starken Drang fühlte, habe ich nie liegen lassen, und Viktor hat solche Freude dran, dass ich es jetzt auch weiter ausübe – natürlich nur für den Hausgebrauch.

Wenn Ihr auf den Weißen Hirsch geht, so schließt ihr hoffentlich eine Reise nach Württemberg daran an – etwa im Juni. Denn die Schwiegereltern rechnen bestimmt auf Euren Besuch, und wir brennen drauf, Euch das neue Heim zu zeigen, das so viel gemütlicher ist als das alte. Etwas vom guten Großmuttergeist schwebt über den Räumen, und viel Kultur steckt auch drin. Im Bücherschrank ist die ganze klassische Literatur vertreten, und eine Reihe interessanter naturwissenschaftlicher Bücher obendrein, wie z.B. Darwins sämtliche Werke. Die villenreiche Umgegend ist sehr freundlich. Bei der Wärme blühen jetzt schon die Veilchen und Forsythien, die Rosen schlagen aus – es wird ihnen noch schlecht bekommen.

Viktor schickt Dir die Drucksachen über sein Werk [*Viktor Bruns: Württemberg unter der Regierung Wilhelm II., Stuttgart 1916*], die dich vielleicht interessieren. – Mutter schreibe ich Montag, ebenso Ilse. –

In herzlicher Liebe Euer Mariechen.

Stuttgart, den 15. März 1916

Mein lieber Vater!

Wie herzlich danke ich Dir, dass Du mir am 10. März geschrieben hast. Wir zwei reden ja nur selten über meine Mutter, und darum schrieb ich Dir auch nicht zu ihrem Todestag. Aber dass meine Gedanken bei Dir waren, brauch' ich Dir wohl nicht zu sagen.

Vielleicht weißt Du nicht, wie sehr ihr Tod mein ganzes Leben beeinflusst hat. Nie verlässt mich der Gedanke: ein Mensch, viel besser und wertvoller als Du, musste sterben, damit Du lebtest! Mein Streben, den Menschen wohl zu tun durch Liebe und Hilfe, war darum auch so heiß. Wusste ich doch, dass sie lieben konnte, wie nur wenige Frauen lieben, und dass sie dadurch in ihrem Kreise ein Licht der Welt gewesen ist.

Meine größten Schätze sind die Erzählungen, die ich über sie habe sammeln können, und ihr Briefwechsel mit Tante Thilli [*Wintzingerode*]. Das ganze tiefe Glück ihrer Ehejahre lebe ich jetzt mehr denn je mit ihr durch, und ihre Kämpfe sind mir gegenwärtig, als hätte ich selber dran teilgenommen.

Es ist überhaupt seltsam: ich fühle ihre Gegenwart stärker als die mancher wirklich lebender Menschen. Und so ist sie, obwohl tot, doch der Segen meines Lebens. –

Ja, die armen Dirksens [*Vera und Willibald von Dirksen, Berliner privater Kunstsammler, dem Wilhelm von Bode oft bei Kunstanschaffungen beistand, s. Wilhelm von Bode: Mein Leben, 1930, Bd. 2, S. 39 u.ö.*]! Vera ging ganz auf in ihrem Frauenglück und war dafür so besonders geschaffen. Ich bin froh, dass ich in meinen Zeilen an sie nach beiden Todesfällen das Richtige getroffen habe; denn sie ist mir wirklich sehr lieb.

Viktor ist besonders beschäftigt jetzt, da sein Mitarbeiter krank geworden ist. – Denk: Großmama, die ich neulich gemalt habe, ist zu aller Befriedigung ausgefallen. Ich bin so froh drüber; denn es ist das erste wohlgelungene Familienpastell.

Von ganzem Herzen
Deine getreue Marie.

Meine liebe Mädy!

Eine Wohnungsskizze zu liefern hab' ich nicht den Mut. Es würde zu dürftig ausfallen. Ein Zimmer bewohnen wir am meisten: die kleine Essstube mit dem Alt-Ulmer Sekretär und dem herzigen Nähtisch auf dem Podium am Fenster. In dem lichten, zierlichen Salon spielen wir Klavier, und in dem allerbehaglichsten Raum mit der warmroten Tapete und dem Esstisch im Eck unter dem Tellerbord nehmen wir unsere Mahlzeiten ein. Alles sind fremde Möbel; wir statten uns erst nach dem Kriege aus.

Aber eigentlich haben wir nicht das Gefühl, dass uns ein bestimmter Raum umgibt. Wenn wir in den Wanderungen durch Hellas von Isolde Kurz das Land der Griechen mit der Seele suchen, wenn wir die Größe des Schicksals in Beethovens 5. Symphonie bewundern, wenn wir in die Schmiede des Vulkan von Velázquez eindringen – dann ist die Welt unser, und wir durchmessen in kühnem Flug ihr unendliches Reich.

Der Vater [*Schwiegervater Geheimrat Prof. Paul E. von Bruns, Tübingen*] ist Viktors nächster Freund gewesen; seit Jahren hat er alle seine Angelegenheiten mit ihm durchgesprochen, und auch ich habe in meiner kurzen Ehezeit schon erfahren, was es bedeutet, den Rat dieses lebenserfahrenen, praktischen und gütigen Mannes jederzeit erbitten zu können.

Am Sonntag werde ich wohl heimkehren. Bis dahin steh' ich Mama [*Schwiegermutter Marie Auguste Bruns, geb. von Weizsäcker*] noch als Sekretär oder Telefonfräulein bei. Ich bin hier so ganz zu Hause. Meine Schwiegermutter, die etwas von dem Zauber der Frau Rat Goethe hat und die selbstvergessene Liebe in Person ist, steht mir so nah, wie wenige Menschen. Viktor wär' halt nicht, was er ist, wenn er nicht solch wundervolles Elternhaus hätte.

Leb innigst wohl! Möchten die Deinen Dir treu behütet bleiben!
Viele Grüße Deiner lieben Mama! Von ganzem Herzen Dein treuer Fisch.

Stuttgart, den 8. März, 1917

Lieber Vater!

Du sollst doch wissen, dass ich am 10. März [*am Todestage von Maries Mutter Marie Bode, geb. Rimpau*] mit meinen Gedanken bei Dir bin. Jetzt, wo ich selber ein Kind erwarte, empfinde ich es doppelt schmerzlich für sie, dass meine Mutter ihr kleines Wurm so bald hat verlassen müssen. Und wie traurig, mit solch warmem Herzen und Verständnis für Kinder nie ein eigenes Kind genossen zu haben.

Ich will nun ihre Kinderliebe weitergeben. –

Wie freue ich mich, dass Dir vom Magistrat etwas Zukost bewilligt ist [*mehr Lebensmittelkarten wegen seiner Erkrankung*]. Gute Mastkur! (Ein euphemistischer Ausdruck in dieser Zeit!)

Von ganzem Herzen Dein Mariechen.

Tübingen, den 2. August 1917

Meine geliebte Marie – Mädy!

Mir ist es ausgezeichnet gegangen. Die Geburt [*ihrer ersten Tochter Hella Bruns*] war ein Vergnügen – d.h. ich habe sie nicht mitgemacht, da Narkose in der hiesigen Frauenklinik von Beginn des Kopfdurchbruchs an Vorschrift ist. Alles, was vorher ging, war sehr hübsch; ich habe viele Goethesche Liebeslieder dabei hergesagt. War's mir doch auch so jubelnd ums Herz!

Aus Deinem Brief hat mich die Ernennung Deines Vaters [*General Ludwig von Gebsattel*] gefreut. Meine innigsten Glückwünsche! Wenn die Arbeit und Langweilerei eines doppelten Umzugs erst überstanden ist, werden sich ja alle Teile auch äußerlich darüber freuen können.

In treuer Liebe Dein Fisch

Stuttgart, den 7.XII.17

Mein lieber Vater!

Viktor hat's gut: der kann Dir unsere Wünsche persönlich bringen. Sehnsüchtiger denn je sehe ich ihn ziehen, und ich habe es mir ernstlich überlegt, ob ich nicht mitreisen könnte. Aber da ich immer noch dreimal am Tag stille, würde meiner Gesundheit das jähe Aufhören an einem andern Ort doch vielleicht schlecht bekommen, und auch wenn das nicht wäre, hätte ich doch keine Ruhe bei Hellas zartem Alter und der rauen Jahreszeit. Fräulein Säugling [*ihr Kindermädchen*] ist sehr jung, und ich möchte sie nicht ohne jede Aufsicht lassen.

Aber erzählen wird Dir Viktor viel von uns allen, von unserem kleinen Liebling, der so unglaublich lebhaft ist und dabei so wundervoll gedeiht. Heute saß Hella schon ohne jede Stütze im Wagen. Nebenan lacht sie gerade laut und glückselig.

Zu meiner großen Freude hörte ich aus den letzten Briefen, dass es Dir wieder gut geht und Du mancherlei Frühstücksgeselligkeit mitmachst. Hoffentlich bleibt es so diesen harten letzten ? Kriegswinter über. Da die Friedenstauben jetzt wieder durch die Lande fliegen, wird ja auch die Kunst wieder auf den grünen Zweig kommen, und ich wünsche Dir vor allen Dingen, dass dann Dein Schaffen, wie immer in den vergangenen Jahren, von Erfolg begleitet sein möchte.

Mein Paket kommt hoffentlich rechtzeitig an. Neben Zeitschriften, die ich nach Deinem Geschmack ausgesucht zu haben denke, enthält es ein Büchlein Kriegswitze von Deinem Th. Th. Heine, den Du immer so amüsant fandest, und: ein Selbstporträt von mir. Jetzt, wo ich aus Rücksicht auf Hella kein Modell mehr ins Haus nehmen möchte, bin ich auf mich angewiesen, um mich im Pastellporträt weiter zu üben. Das zweite Bildnis, das ich Dir für das Weihnachtsfest zugedacht habe, ist, glaub' ich, besser geglückt. Vielleicht siehst Du es Dir auch gleich an – der Fortschritt am zweiten entschuldigt das erste. Schwer bleibt es immer, sich selbst aufzunehmen. Besonders mühselig finde ich die Wiedergabe der Schultern, da man sie beim Malen doch etwas bewegt.

Bitte sag Viktor Deine Kritik, damit ich an ihr lerne und Dir bei meiner Rückkehr nach Berlin bessere Bilder vorlegen kann.

Und nun lass Dir noch mal von ganzem Herzen ein gutes neues Jahr mit einem ehrenvollen und dauerhaften Frieden wünschen. Mit herzlichen Grüßen an alle immer in Liebe

Dein Mariechen.

Tübingen, den 22.III.18

Liebste Mädy!

Dass Du mein Geld der Ausbildung eines wirklich idealen Priesters verwendest, freut mich innig. Den Beruf wirklich auszufüllen ist so schwer, dass sich ein dazu Auserwählter wohl selten findet. Und mein Menschenherz ist weiter als mein Protestantenherz: es freut sich für die Menschheit über ein Priestertum von Gottes Gnaden.

Lebe innigst wohl. Ein crescat und floreat auf die Wohlfahrtspflege, die in Deinen Händen liegt!

Mit herzlicher Erwiderung des Grußes Deiner Mutter grüßt Dich in Liebe Dein Fischlein.

Lieber Vater!

Dieser Brief kommt wahrscheinlich viel zu früh [zu seinem Geburtstag], aber man kann ja jetzt nie recht abmessen, wie lange die Postsachen brauchen. Ich kann Dir nur wünschen, dass Du noch bessere Zeiten sehen wirst! Langsam genug werden sie kommen, und Deine arme Kunst wird sehr zurückstehen müssen, aber hoffentlich sieht sich die Sache in ein paar Monaten doch anders an. Fürs Erste wünsche ich Euch nur, dass Ihr durch die Kohlen- und Nahrungsmittel-arme Zeit gut hindurch kommt. Wenn's nicht um des Kindes willen wäre – ich ginge unbedingt gleich mit Viktor. So müssen wir uns eben noch etwas gedulden; für lange wird's ja nicht mehr sein.

Ich schicke morgen ein Paket fort, in dem sich einige von mir im September erstandene Weihnachtssachen befinden – auch Viktors neuerschienene Broschüre für Dich zum Geburtstag und wieder mal ein Pastell von mir zur Kritik. Die beiden letzten Selbstporträts hatte ich Dir ja weggenommen mit dem Versprechen, etwas Besseres zu liefern. Ob es mir gelungen ist? Du meintest im Frühling, das Porträt wäre zu fleckig, zu bunt. Ich habe jetzt die Färbung einheitlicher gehalten. Selbstporträts bleiben doch immer das Schwerste in der Bildnismalerei.

Übrigens ist mir ein im Frühling ausgeführtes Pastell der Tochter von Professor Weizsäcker – einem sehr netten und malerisch hübschen Mädchen – doch soweit gelungen, dass es den Eltern eine Freude ist, es zu besitzen. Da sie mich so besonders freundlich hier aufgenommen haben, ist es mir sehr lieb, es ihnen als Zeichen der Dankbarkeit zu hinterlassen. Lebhafter und flotter wirkt aber ein Pastell, das ich vor kurzem von Frau Diefenbach gemacht habe, deren Mann mit Viktor im Generalkommando war. Es ist als Geschenk von ihr an ihre Eltern bestimmt, die all' ihr Geld und Gut durch den Krieg in Cannes verloren haben. Mir lag das Bild besonders am Herzen, weil mir die armen alten und nun doch arbeitsunfähigen Menschen so leidtun. Es ist mir dabei zum ersten Mal gelungen, einen hässlichen, aber sehr interessanten Menschen bei großer Ähnlichkeit doch zu verschönern und zu verjüngen.

Ein Pastell von Hella – meine Weihnachtsgabe für Viktor – soll dieser Euch nach Berlin mitnehmen. Es gibt einen besseren Begriff von ihr als Fotografien. –

Nun lebe herzlich wohl! Ich wünsche Dir eine ersprießliche Tätigkeit im Soldatenrat und bin mit vielen Grüßen an Euch alle in herzlicher Liebe Dein getreues Mariechen.

Meine geliebte Mädy!

Zu Deinem Namenstag sende ich schon früh meine Wünsche aus – wer weiß, wann sie befördert werden! Von ganzem Herzen hoffe ich, dass Du wirklich Abgeordnete geworden bist [*1919–23 war sie als Abgeordnete für die BVP (Bayerische Volkspartei) im Bayerischen Landtag*] und in dieser Tätigkeit viel Segen stiften wirst! Freilich mag es aufreibend genug für Dich sein – ob Du wohl an der schrecklichen Sitzung, bei der die Mordtaten stattfanden, auch schon teilnahmst? Wohl noch nicht. Es ist grausig, dass unser Volk auch in die Phase der politischen Mordtaten treten musste! Und wie sehr wird die Ordnung in Bayern gestört sein!

Manchmal muss ich denken: was man doch leisten kann, wenn man unverheiratet ist! Agnes Harnack tut auch mehr, qualitativ und quantitativ, als eine Reihe von Männern zusammen, Nana Gierke, die ich in den letzten Berliner Jahren näher kennenlernte, ist Mitglied der Nationalversammlung in Weimar. Das Gebiet einer Frau ist äußerlich so viel beschränkter – innerlich freilich nicht. Hat sie doch einen kleinen Teil der Zukunft ihres Volkes in Händen!

Nun aber leb' wohl Liebste! Hoffentlich macht Dich Dein schneidiges Auftreten nicht wieder flüchtig.
In herzlicher Liebe immer Dein Mariechen.

Zehlendorf-W./Berlin, Prinz Friedrich Karl Str. 21, den 23. März 1921

Meine liebe Mädy!

Wie hab' ich mich auf Deinen Namenstag gefreut, da er mir einen Ruck zum Schreiben an Dich geben würde.

Meine kleine blonde Edith [*Marie Bruns zweites Kind*] – das Riesenkind – hat es schon auf beinah 14 Pfund gebracht. Ihr süßer Mund lacht immer, und aus ihren stillen blauen Augen spricht eine Klarheit der Seele, als könne sie alle Wirrnisse der Welt lösen! Hella ist von einer Zärtlichkeit, die Edith beinah in Lebensgefahr bringt. Ich glaube, ihr lebhaftes Wesen wird sehr gut zu dem ruhigen Schwesterchen passen.

In Liebe und mit innigen Grüßen an Deine Eltern Dein Fisch

Liebste Mädy!

Durch Grippeerkrankung von Mutter und Viktor kam es, dass ich erst vor 2 Tagen bei dem nachträglichen Austausch unserer Weihnachtsgaben Deinen lieben Brief mit dem tiefen und immer wieder anziehenden Buch erhielt. Du hast mich mit beidem hoch erfreut. Hab' tausend Dank! Als ich den Band aufschlug, wuchs wieder der Chor von Beuron in nächtlichem Dämmer vor meinen Augen empor, und ich sah die schönen geistvollen, durch tiefste Andacht verklärten Züge des Malermönchs ganz deutlich vor mir. Ich ahnte ja nicht, wer er war, aber ich wünschte mir sehnlich, solch einen seelenvollen Kopf mal zeichnen zu dürfen. Wie freue ich mich, nun von seinem Leben lesen zu können. Und wie gut er's schildert! Er malt es Zug für Zug mit der Gegenwärtigkeit, die nur ein wirklicher Schriftsteller und Künstler den Dingen zu geben weiß.

Nun will ich mich aber in seine Entwicklung vertiefen. »Unruhe zu Gott« – welch schöner Ausdruck für die Bewegung, die unser aller Seelen durchwogt! Ich selbst, auf der Höhe meines Glücks, wie suche und taste ich nach der Erkenntnis des Ewigen. Allabendlich im Sommer, wenn ich in unser kleines, offenes Gartentempelchen trat und von dort den Mond- und Sternenhimmel betrachtete, durchzog mich ein tiefes Sehnen nach der Ewigkeit. Nicht, dass ich die Erde hätte verlassen wollen – aber im Leben würde ich so gern das Ewige klar erkennen, jede zeitliche Aufgabe im Lichte der Ewigkeit erfüllen und an diesen Aufgaben meiner Bestimmung gemäß wachsen. Ich bin ja nicht so gut bekannt mit dem lieben Gott wie Du und Ännchen, und niemand kann mir geben, was ich suche. Aber die Glaubenssehnsucht ist so groß, dass ein recht tiefer und inniger Glaube an ihrer Stelle Platz hätte, wenn sie gestillt wär! Zweimal im Leben, bei dem Tod meines Schwiegervaters und bei Hellas Geburt, hat sich der eiserne Vorhang zwischen mir und der Ewigkeit für kurze Augenblicke gehoben. Jetzt stehe ich wieder vor den Geheimnissen, mit der großen Achtung vor den Wundern der Natur, mit vielen Fragen – alle ohne Antwort.

Viktor hat in Beuron eine Menge Bücher über das Klosterwesen, die katholische Liturgie u.a.m. gekauft. Jeden Abend lasen wir eine Zeitlang Eure herrlichen lateinischen Psalmen und Lobgesänge. Wie viel schönste Lyrik enthalten sie – allein das »Stabat mater«. Die Vertiefung in die Symbolik von Messe und Hochamt lässt mich auch mit ein bisschen Wehmut daran denken, wie viel Feierlichkeit und Erhebung Luther durch seinen Kampf gegen katholische Missbräuche aus unserem Gottesdienst ausgemerzt hat. Alles kommt bei uns auf den menschlichen Reichtum des Geistlichen an. In der katholischen Kirche bedeutet die Feier selbst alles.

Nun muss ich aber auch u n s e r e Religion verteidigen: sie beruht genau auf dem gleichen Glauben um göttliche Offenbarung wie die Eure, doch tritt das Sichtbare – oft zum Schaden der Anschaulichkeit und Eindrucksfähigkeit – hinter dem Geistigen zurück.

Viktor war damals tief ergriffen von den Beuroner Gottesdiensten. Er sagte immer wieder, etwas Andachtsvolleres habe er nie erlebt. Er war früher schon dort und hat es mir eigentlich auf der Hochzeitsreise zeigen wollen, weil es für ihn keine schönere Friedensstätte gibt. Es freut mich, Deinen Schützling jetzt auch unter den Benediktinern zu wissen. Viktor kann es so gut verstehen, dass eine Seele mit der Welt abschließt und ihr Gottverlangen in der klösterlichen Gemeinschaft befriedigt. Seine tiefe Ergriffenheit bei der Komplet und beim Hochamt ließ mich wieder voll heißen Dankes empfinden, dass ich einen Mann von so edlem Herzen, der mir immer wie ein Gruß aus höheren Welten scheint, zum Führer durchs Leben haben darf.

Eines im mönchischen Leben aber ist mir doch ein Rätsel, wenn ich mir nach Deinen Erklärungen nun auch besser vorstellen kann, dass ein Mönch wirklich das gesamte Glaubensgut ins Herz aufnimmt: Wie kann er die Seele in Andacht erhalten? Kann das Gotteslob immer intensiv, das Gefühl der Andacht immer lebendig, die Quelle neuer heiligender Gedanken immer sprudelnd bleiben, wenn Gott siebenmal täglich kirchlich verehrt und auch sonst noch auf allerhand Weise auf den Lippen und im Herzen getragen werden soll?

Dass aber dem Dezernenten für das Mädchenschulwesen [*zu dem Marie von Gebsattel inzwischen in München ernannt worden war*] auch noch so entlegene Fragen aufgetischt werden!

Bitte schreib mir doch mal, ob der angehende Benediktiner wieder eine Geldhilfe brauchen kann und wieviel. Ich tät' ihm so gerne wieder etwas an. Aber vielleicht ist er jetzt schon so weit aus den menschlichen Bedürfnissen heraus gewachsen, dass nur das Kloster für ihn aufkommt.

Es rührt mich so, dass er für uns betet! Sage ihm, wenn Du ihm schreibst, Hella sei ganz erfüllt vom lieben Gott. Ihr schönstes Buch ist die Bilderbibel Schnorr von Carolsfelds. Und wie oft fragt sie mich nach den Engeln und ihren Aufgaben, nach der Teilung der Weltregierung zwischen Gott und Christus – kann sie doch nicht begreifen, dass alles Ein Geist ist. Ihr barmherziges Gemüt möchte immer alle Sünder gerettet wissen. Kain soll durch gute Taten dem lieben Gott seine Reue gezeigt haben und dann seinen lieben Bruder Abel, den er nur in der Wut erschlug, im Himmel wiedergesehen haben.

Erhalt uns die lieben Mädchenschulen [*für deren Beibehaltung Marie von Gebsattel politisch kämpfte*]; dann ist für Deutschland doch etwas gerettet.

In treuer Liebe Dein [*gezeichneter Fisch*].

Meine geliebte Mädy!

Ich sprach neulich auch mal mit Agnes Harnack über Gott und die Ewigkeit. Da fühlte ich, wie viel näher mir ihr tiefer, freier Glaube stand, als die katholische Auffassung. Die Protestanten haben es leichter, die moderne Geistesentwicklung (ich meine ab Rousseau und Voltaire) zu verstehen, oder anders gesagt, ihr Glaube widerspricht den Vernunftsgründen und der Natur selbst nicht so wie der katholische.

Aber es gibt ja so viel Punkte – und weit wichtigere – in denen sich ernste Katholiken und Protestanten im Glauben vereinigen, und das sollte uns immer ein Trost sein.

Viele Grüße von Viktor. In treuer Liebe Dein Fisch.

Zehlendorf W./Berlin, Prinz-Friedrich-Karl-Str: 21, den 24.III.1923

Meine liebe Mädy!

Du fragst nach der Hochschulreform meines Mannes. Wenn ich ihn nur zu fassen kriegte, würde ich ihn fragen, welchen Teil dieser Aufgabe er eigentlich gelöst hat; denn sie ruhte auf verschiedenen Schultern. Meines Wissens hat er vor allem die medizinischen Universitätsangelegenheiten, Ausbildung der Ärzte, zu reformieren gehabt, was ihm gut lag, da er durch seines Vaters [*Prof. Paul E. von Bruns*] ausgedehnte chirurgische Tätigkeit und dessen großen Ruf viel Einblick in ärztliche Verhältnisse gewonnen hat und überhaupt stark medizinisch infiziert ist.

Du siehst, wir sprechen nicht allzu viel über berufliche Dinge. Ich bin aber mit seinen Kollegs vertraut, da er mir alle neueren diktiert.

Jetzt gehe ich wieder an meinen Katalog [*Viktors Bibliothekskatalog, den Marie Bruns schrieb*]. Was ist doch die Arbeit entzückend, und wie ist das Leben so schön und reich! Möchte es Dir an Deinem Namenstag ebenso freundlich scheinen und viel Gutes verheißen für den Segensweg, den Du immer gehst.

In treuer Liebe Dein Fisch

[Poststempel auf der Postkarte: 24.3.24]

Meine liebe Mädy!

An Deinem Namenstag denke ich mit allerwärmsten Wünschen Dein und danke Dir für die liebe Geburtstagskarte. Ich bin begierig zu erfahren, was Du zur Verschönerung der bayrischen Mädchenschulen beigetragen hast!

Hella besucht jetzt eine Schule (in Nikolassee), die Dich vielleicht befriedigen würde. Es ist eine Villa im Waldgarten mit einer Treppe, die mit blühenden Blumen – Fleißigen Lieschen und dergleichen – dicht besetzt ist.

In den Klassen herrscht lautere Freude. Die Kinder sind mit der Lehrerin innig befreundet und arbeiten nur aus Lust zur Sache. Unter einander erfreuen sie sich und helfen sie sich in ebenso reizender Weise, wie es die Lehrerinnen mit ihnen machen. Alle bestgeglückten Aquarelle der Schülerinnen schmücken die Flurwände. Ich habe nie eine so herzerquickende Schule gesehen.

Leider muss mein Mann seine wirklich aufopfernde Fürsorge für die Fakultät als Dekan mit starken Gallenreizungen büßen. Bei seiner Mutter, wo er sich erholen sollte, liegt er jetzt zunächst fest. Hoffentlich tut die gute Pflege und Mutterliebe das ihre.

In Liebe Dein treuer Fisch

Fräulein Regierungsrat Freiin Marie von Gebsattel,
München, Hans Sachsstr. 16

Haag, 14.I.25

Meine liebe Mädy!

Zu einem Brief von leidlicher Ausführlichkeit hoffe ich's heute bringen zu können. Ich verlebte ja einen so köstlichen Ferientag mit meinem Viktor. Du kennst ihn, Du weißt, was es für ihn heißen mag, ganz unerwartet schnell ein Ziel erreicht zu haben, von dem er wie von einem ersehnten aber wohl unerreichbaren Ideal lange geträumt hatte. Es war sein herrlichstes Weihnachtsgeschenk.

Also: er hat ein Institut für Völkerrecht gegründet, zu dessen Direktor er auch ernannt ist. Es steht als das erste geisteswissenschaftliche Institut Deutschlands da; die Kaiser-Wilhelm-Gesellschaft, Preußen, das Reich und die Notgemeinschaft wollen es finanzieren, so dass es sich wohl auf einer ziemlich breiten Basis erheben kann.

Du bist politisch viel orientierter als ich und wirst Dir daher auch noch besser vorstellen können, welch einem dringenden Bedürfnis diese Schöpfung abhilft. Der Widerhall ist denn auch ein sehr lebhafter – ja, Viktor hätte sich nie träumen lassen, dass er in dieser Sache so wenig Widerspruch und solche warme Begeisterung finden würde.

Das Forschungsinstitut soll zunächst eine umfangreiche Bibliothek zusammenbringen, die Studenten, jungen Leuten aus dem Auswärtigen Amt, den Ministerien etc. die besten Orientierungsmöglichkeiten bietet und eingehendes Studium des Gebiets zulässt. Das Material an Tatsachen der Völkerrechtsgeschichte wird, so hofft Viktor, so manche Note von Deutschland an die Entente besser fundieren, als es bisher der Fall war.

Noch habe ich selbst es nicht begriffen, wie viele andere Aufgaben das Institut zu lösen haben wird; gewiss ergeben sich viele erst durch die Arbeit. Aber gewiss freust Du Dich auch nach diesen kurzen Andeutungen mit uns, dass Viktor nun an einer Stelle, wo er sich mit seinem Organisationsgeist und seinem Blick für Politik weit besser auswirken kann wie zuvor als Professor. Er ist nun mal keine Stubengelehrtennatur, und sicher wird er für Deutschland auf diese Weise mehr tun.

Hier im Haag will er für 2, 3 Tage die Beziehungen zu den betreffenden Herren im Friedenspalast anknüpfen, die für seine neue Tätigkeit in Betracht kommen und hofft, manches Interessante anzustoßen. Dass er mich mitnahm, und dass wir in seiner Mußezeit die herrlichen Bilder des Mauritshuis auf uns wirken lassen können, ist natürlich ein besonderes Geschenk.

Über Vaters [*Wilhelm von Bodes*] Wohlbefinden bin ich so glücklich. Er versteht sich jetzt auch prachtvoll mit Viktor. – Von P. Guardini hörte ich leider noch nichts.

Glücklichen Herzens umarmt Dich Dein alter Fisch.

Zehlendorf, den 21. Februar 25

Meine geliebte Tante Anna [*Rimpau*],

... Ich kann nun auch sehr viel mehr für Viktor sein, und das ist nötig, da wir eine Reihe von Gesellschaften geben müssen und Viktor durch seine neue Stelle allerhand neue Arbeiten zu tun hat, bei denen ich wenigstens handlangernd helfen kann. Es ist etwas sehr Erfreuliches, diese Gründung des Instituts für »ausländisches Staatsrecht und Völkerrecht« [*korrekt: Institut für ausländisches öffentliches Recht und Völkerrecht*]. Es wird das erste geisteswissenschaftliche Institut [*der Kaiser-Wilhelm-Gesellschaft, der Vor-*

gängerin der Max-Planck-Gesellschaft] in Deutschland, und wie der Präsident des Haager Schiedsgerichtshofs, den Viktor neulich besuchte, äußerte, wird es einem dringenden Bedürfnis »nicht nur für Deutschland, sondern für ganz Europa« abhelfen. Völkerrecht ist eben in der Hauptsache noch ungeschriebenes Gewohnheitsrecht, das nur auf einzelnen internationalen Verträgen beruht. Als Wissenschaft muss es erst begründet werden. Dazu bedarf es einer großen Dokumenten- und Büchersammlung, die Viktor mit vielen Gehilfen in die Hand nehmen will. Die praktische Bedeutung dieser Forschungen wird sein, dass beim Eintreffen von unverschämten Entente-Noten nicht wie bisher größte Verwirrung über die völkerrechtlichen Tatsachen, auf die sie sich beziehen, herrschen wird, sondern dass aus dem Schubfach X von Schrank Y von Viktors Institut das Tatsachenmaterial zur Kenntnisnahme des Auswärtigen Amtes hervorgezogen werden kann. Auf unsere Politik dürfte das in solchen und ähnlichen Fällen großen Einfluss haben. So kommt Viktor jetzt zugute, dass er sich immer leidenschaftlich gern mit Politik beschäftigt hat und durch jahrelange Gespräche mit seinem politisch so bedeutenden Onkel *[Carl von Weizsäcker]*, dem einstigen Ministerpräsidenten von Württemberg, in staatsmännische Fragen eingeweiht ist.

Viktor fühlt sich wie n e u g e b o r e n . Er ist ja ganz in letzter Linie Gelehrter, viel mehr Organisator und Mensch der Tat. Nun wird er sich ganz anders auswirken können. –

In zärtlicher Liebe
Deine dankbare Mausi

Schlanstedt, den 23. März 26

Meine geliebte Mädy!

Viktor hat jetzt sein Casino im Institut und nach dem ganz regelmäßigen, sehr rein gekochten Mittagbrot spielt er ein halbes Stündchen bis ein Stündchen Tischtennis – das bekommt seiner Galle herrlich! Die Bibliothek füllt sich immer mehr, und es kommen viele Ausländer zu Viktor, die seine fürs Institut so nötigen Beziehungen vermehren. Er ist sehr glücklich und befriedigt.

Hoffentlich geht es Deinen Eltern gut! Vater *[Wilhelm von Bode]* jung wie immer!

Lass Dich innig umarmen von Deinem alten *[gezeichneter Fisch]*

Meine liebe Mädy!

Dein Namenstag naht, und meine Gedanken suchen Dich in herzlicher Freundschaft. Diesmal ist Dank das erste Wort, Dank für Deine verständnisvolle Liebe, die mir Dein guter Brief zeigt, Dank für die große Zeit der Höhenwanderung, die hinter uns liegt!

Ja, Vater [Wilhelm von Bode] hat offenen Auges dem Tode ins Antlitz gesehen. Nichts lag ihm ja ferner als Rührseligkeit. So sprach er nicht davon, rechnete wohl auch mit 2 – 3 Wochen längerem Leben. Aber er nahm Abschied von seinen Lieben und dem Freundeskreis, indem er das Leben aller besonders intensiv teilte. Mit dem Generaldirektor hat er am Abend vor seinem Tode die nahe und ferne Zukunft der Museen ausführlich besprochen. Ich konnte ihn noch dreimal sehen, öfter leider nicht, da mich die Sorge um Ediths Gehirn erst Mitte Februar zu ihm ließ. Hella ging es damals noch sehr schlecht; mit ganz zerrissenem Herzen trat ich an sein Krankenbett und fand nur noch Geist und keinen Körper vor. Die Begriffe für Raum und Zeit waren ihm schon geschwunden; er griff fehl nach seiner Tasse und verwechselte Abend und Morgen. Ich fühlte, wie er litt unter den Zirkulationsstockungen in den Beinen, die der Anfang vom Ende waren. Sofort schrieb ich an Ilse, sie möchte gleich kommen, und so war sie noch fast 2 Wochen bei ihm, und sein Auge leuchtete, wenn sie an seinem Bett saß und von seinen Enkeln erzählte.

Wenn ich von Kunst mit Vater sprach, dann schwebte sein Geist hoch und leicht über dem welken Körper. Darum nahm ich jedesmal Abbildungen von Rembrandt mit, über den ich 10 Führungen gemacht habe; er erklärte mir viel, beriet mich und genoss mit seinem jugendlichen Feuer noch einmal von Herzen die geliebte Kunst.

Ein Gruß an Edith, die ihm öfters Aquarelle schickte, waren die letzten Worte, die ich von ihm hörte. Er und dies Kind waren ganz eins: sie hat seine Augen, seinen Blick und die Züge meiner geliebten Mutter.

Am Abend vor dem Tode trat eine Wandlung ein. Die Stimme, die meist verschleiert war, erstarkte; die Begriffe für Raum und Zeit stellten sich wieder ein. Am kommenden Morgen stand er zum ersten Mal gerne auf und erklärte, er wolle sich nun endlich anständig machen. Bisher hatte er sich täglich selbst rasiert; jetzt verlangte er den Friseur. Mit großer Sorgfalt zog er sich an – er, der ohne Eitelkeit sein Äußeres pflegte, hatte instinktiv das Bedürfnis, dem Tode würdig entgegenzutreten.

Dann kam der Friseur. Vor dem herrlichen alten Teppich, der als Portière den Erker von seinem Studierzimmer trennte, nahm er auf einem steifen Renaissance-Stuhl Platz, und während der Mann mit der Arbeit begann, fragte Vater: »Herr Schnaase, ich kenne Sie nun schon so viel Jahre:

sagen Sie mir doch mal Ihren Vornamen!« Und ehe die Antwort erfolgte, sank Vater tot in sich zusammen. Als Freund war ihm der von so vielen Gefürchtete begegnet, so wie Odysseus es der Phäakenkönigin wünschte mit Worten, die er oft zitierte! Und mir schwebt ein Holzschnitt vor, den Holbein noch ausführen müsste: der Tod tritt freundlich in Gestalt eines Friseurs an Vater heran und berührt ihn an der Wange – da sinkt er zusammen.

Ein Leben in Schönheit, ein Tod in Schönheit und dazwischen ein Hinsiechen in Liebe! – Wir haben es gut gehabt – und wohl ihm! –

Ergreifend ist die Versicherung von Hunderten, dass sie alle ihn verloren hätten, noch schöner der Ernst und die Treue, mit der seine Geisteserben in der Zunft ihm Gefolgschaft geloben!

Sage Deinen Eltern bitte innigsten Dank für ihr liebes Teilnehmen. Innigst Dein Fisch.

Zehlendorf, 19. Mai 1930

Meine geliebte Mädy!

Leider hatte ich keine Zeit mehr *[bei Mädys vorausgegangenem Besuch bei Marie Bruns in Berlin]*, Dir von einer Volksstimme zu berichte, die vor einiger Zeit zu mir drang. Ich finde, Du musst alles erfahren, was über Deine Tätigkeit gesagt wird. Also: Ein Mitglied der Oldenbourgschen Familie *[Verlegerfamilie in München]* äußerte, dass Du den protestantischen %-Satz der Bayern bei Begründung von Erziehungsanstalten nicht genügend berücksichtigtest, und dass auch Katholiken äußerten, sie möchten nicht nur Klöster zur Aufzucht ihrer Jugend haben. – Ich weiß nicht, inwieweit diesen Urteilen Verständnislosigkeit zugrunde liegt, aber wiedergesagt möcht' ich's Dir doch haben, wenn's auch unfreundlich klingt. Ich weiß ja, dass Du mich verstehst! –

Mama schwärmt noch von Dir. Und Viktor schmunzelte, als er hörte, dass sein Zusammensein mit Dir »nach mehr schmeckte«. – Er hat Interessantes erzählt. Vielleicht freut Dich seine neue Definierung von dem, was R e g i e r u n g ist: »Regierung ist die Organisierung des Unverstands zur Sabotierung des Fortschritts!« Dies passt zu unserem Bahnhofsgespräch!

Tausend Grüße! In Liebe Dein *[gezeichneter Fisch]*

Zehlendorf, den 4. Dezember 1930

Meine geliebte Mädy!

Ich brenne darauf, Dir von Paris zu erzählen. Viktor hat wirklich ein politisches Meisterstück mit seiner Rede geleistet. Jedes Wort war wohl abgewogen, und doch hat er der Sache nach sehr unerschrocken gesprochen und Wahrheit über Wahrheit aufgedeckt.

Die Versammlung sei mucksmäuschenstill gewesen, ganz anders als bei den zwei Vorrednern und hätte gespannt zugehört. Nach beendeter Rede seien alle Franzosen aufgestanden und hätten ihm nach der Reihe die Hand gedrückt und je nach ihrer Einstellung die Neuheit der Ideen, das Überzeugende der Gedanken, die geistreiche Formulierung oder die maßvolle Darstellung gelobt. Der Eine unter ihnen, der ganz anders dachte, schwenkte durch Viktors Überzeugungskünste und die praktischen Vorschläge von Bücher (einem Freunde von Viktor) um, was umso wertvoller ist, da er sehr viel in Zeitungen schreibt und der Regierung nahe steht. So ist geschehen, was geschehen konnte. Möchte der Samen aufgehen! Viele Franzosen haben Viktor um eine Abschrift der Rede gebeten, was ich auch für günstig halte.

In englischen Blättern waren Viktors Vorschläge für die indische Verfassung ohne Namensnennung als wahrscheinliche Grundlage für die Einigung abgedruckt – das musstest Du doch auch noch wissen.

Hoffentlich mündlich bald mehr! In herzlicher Liebe umarmt Dich Dein treuer *[gezeichneter Fisch]*

Zehlendorf, 5.1.33

Meine geliebte Mädy!

Ein inniger Kuss soll Dir danken, dass Du mir so viel aus Deinem innersten Leben mitgeteilt!

Du sagst so schön: »Ich halte das Aussäen von pädagogischen Ideen für wichtiger als das Schaffen pädagogischer Formen.« Auf ganz gleiche Weise wirkt Viktor als Jurist. Du weißt, wie betrübt ich oft war, dass er mit seinem staatsmännischen Sinn und diplomatischen Geschick nicht auf wirklich politischem Posten stehen durfte – das ist mein Golgatha, weil ich Deutschland so liebe und weiß, wie manches Gute er hätte anbahnen und wie er den Feinden Respekt vor bestem Deutschtum hätte einflößen können.

Jetzt bin ich so weit, dass ich mir sage: es kommt vielleicht nicht darauf an, sondern dass er reinen Herzens wirkt, wo er steht! Es geht immer auch eine große sittliche Macht von ihm auf seine Umgebung aus, ob er nun als Lehrer, Institutsdirektor, Freund oder Freudenbringer (in den Weihnachtstagen für Witwen und Waisen und Notleidende der Verwandtschaft), als Mann oder Vater wirkt – er wächst, wächst mehr und mehr, wird immer lauterer und stärker. Und solch ein Wirken kann nie verloren gehen.

Mit ganz bewegtem Herzen habe ich von Deiner und Deiner Mutter Fahrt nach Lourdes gelesen. Sieh, ich fühlte so oft, dass sie in großer Gefahr war. Und nun ist dies alles gebannt. Und ich fühle das Wunder mit, das geschah! Gehst Du nicht seither mit ihr wie auf Wolken?

Nun leb' wohl, Geliebtes, und grüße Deine Dir neu geschenkte Mutter aufs zärtlichste von mir

In Liebe Dein alter
[gezeichneter Fisch]

Zehlendorf 24.3.33

Meine liebe Mädy!

Sonntag in 8 Tagen wird Hella konfirmiert. Der liebe, feine Pastor Niemöller hat mit großer Zurückhaltung, aber steter Innigkeit, den Weg zu ihrer Seele gefunden, so dass ich eine große Wandlung in ihr bemerke und mich freue, wie zugänglich sie auch für alle Erörterung ewiger Fragen geworden ist. Wenn nicht die Überanstrengung in der Schule wieder groß wäre, würde ich glücklich sein dürfen über ihren großen Gewinn an innerer Festigkeit und Ruhe. – Edith geht flink und froh ihren Weg weiter. Viktor hat hochinteressante Arbeit.

In Liebe immer Dein Fisch

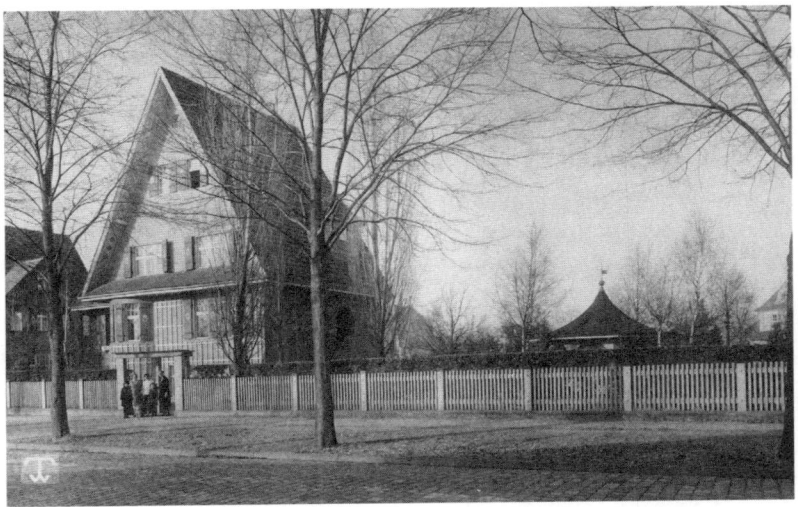

Fotopostkarte des Hauses in der Sven-Hedin-Straße mit Garten.

[Auf der Rückseite dieser Foto-Postkarte:]

Meine geliebte Mädy!   Zehlendorf den 22.6.33

Dein Brief war mir ein großes Geschenk, noch mehr Dein ganzer Besuch. Ich habe ein solches Glück mit Freundinnen im Leben gehabt, habe von ihnen lernen und das Leben durch sie tiefer und schöner erfassen können. Aber nicht Eine hat so großen Einfluss auf mich gehabt, wie Du. Weißt Du, wodurch Deine Nähe beglückt? Du schaltest alles Unlautere aus – es schaltet sich aus in Deiner Gegenwart. Dadurch erfüllst Du den größten Beruf, den es auf Erden gibt, einen, der ganz unabhängig ist von jeder »Anstellung« und in dem Du Dich jetzt wahrscheinlich noch viel stärker wirst auswirken können. Darüber bin ich froh für Dich und für alle, die auf Dich blicken.

Ich denke viel an unsere Gespräche und an das, was Du schriebst. Jeder Einzelne sollte sein Gewissen schärfen – an dem verfeinerten Weltgewissen würde dann die Welt genesen.

In Liebe Dein *[gezeichneter Fisch]*

Zehlendorf, 5.12.33

Meine liebe Mädy!

All' die Tage habe ich an Dich gedacht und meine Gedanken noch nicht zu Papier bringen können. Nun hoffe ich, dass heute, an Deinem Geburtstag, die Wintersonne hell um Dich und in Dein neues Leben scheinen wird. [*Marie von Gebsattel wurde noch Anfang 1933 zur Oberregierungsrätin für Unterricht und Kultus ernannt, im Oktober aber zugunsten eines männlichen NS-Parteigenossen zwangsweise in den dauernden Ruhestand versetzt.*] Gar zu gern möchte ich mal hören, wie es Deiner Mutter geht, was Du für den weiten Kreis, dem Du mit Rat und Hilfe beistehst, tun kannst und wie sich's in dem neuen märchenhaften Heim lebt! [*Biederstein 3 in München statt wie bisher Leopoldstraße 61 I*]

Viktor braucht seinen Agrarprozess nicht weiter vorzubereiten. Er kann wieder der Wissenschaft leben.

Nun leb innigst wohl und sei mit Deiner Mutter aufs Wärmste gegrüßt von Deinem treuen [*gezeichneter Fisch*].

Zehlendorf, Schalttag 1936, Beendet 2.III.

Meine geliebte Hella!

Nun muss ich Dir doch aber von dem großen Abend bei Minister Frank [*Hans Frank, 1933 Justizminister, dann Minister ohne Geschäftsbereich, später Generalgouverneur in Polen*] erzählen. Zu Ehren des Iren Toynbee, der hier seinen Völkerrechtsvortrag hielt, waren wir Freitag zu einem Empfang beim Minister gebeten. Außer uns nur Gesandte, gewesene oder seiende Minister und deren Anhang. Beziehungen zu Afrika wurden auch berücksichtigt. So erschienen der Gesandte von Südafrika und die Gründerin des Mutterschutzes, deren Namen ich vergessen habe. – Deine Beraterin war auch da.

Der Herr Minister wollte dem irischen Professor für Völkerrecht einen Begriff von deutscher Volksbewegung durch Vorführung des Films »Die Macht des Willens« geben. Darum kam Leni Riefenstahl und überwachte das Kurbeln. Sonderbarerweise fand Vati auch an ihrer Seite Platz. Obwohl Toynbee sie fast ganz mit Beschlag belegte, hat doch auch Vati manches mit ihr besprochen. Aber so sehr lag sie ihm und uns allen nicht. Sie hat ihre Haare rotbraun gefärbt und dick Rouge aufgelegt. Wegen ihres reichlichen Ausschnitts führt sie den Namen »Gletscherspalte«. Tatsächlich war ich froh, dass ihr Kleid fest anlag, sonst wären die Wa[rze]n herausgekommen. Bei unserer gegenseitigen Vorstellung kniff sie die Augen zu, wie sie mir die Hand gab. Während des Abendessens puderte sie ihr Gesicht.

Aber sonst war sie ja reizend – d.h. klug und unterhaltend. Den Film fand ich nachher auch sehr eindrucksvoll, ganz hervorragend aufgenommen und daher trotz sachlicher Wiederholungen immer wieder neu scheinend.

Das Haus von Frank ist unbeschreiblich schön. Auf den Böden auch Samt wie in Vatis Zimmer. Ein ähnlicher Stoff in Falten an den Wänden. Die Decke gleich getönt. Und alle Möbel so schön in die Räume gestellt. Münchener Kunstgeschmack hat da etwas besonders Erlesenes geschaffen.

Mein Tischplatz zwischen Cörnchens [*Cornelia Bruns*] reizendem Onkel, dem Minister a.D. Simons und einem [*Karlfried*] Graf Dürckheim machte mir auch viel Freude. Simons erzählte hübsche Menzel-Anekdoten, und mit Graf Dürckheim fand ich mich in der Begeisterung für England...

Nun Ski-Heil und weiter so schönes Wetter!

Natürlich hab ich Dich lieb, Du kleines Schäfchen! Und wie! Meine Dreschflegelarme nach allen Richtungen ausgebreitet!

Zärtlich umarmt Dich
Deine Marienmutti!

Die Grüße Deiner Kameradinnen erwidere ich sehr herzlich.

Zehlendorf, den 19. September 37

Meine geliebte Mädy!

Die Vorbereitung der beiden Festtage [*Polterabend und Hochzeit von Hella Bruns und Jan Noltenius*] war ja das Schönste und Liebste, was es für mich geben konnte. Aber da Viktor, statt sich schonen zu können, nach der Grippe einen Prozess gegen Litauen in der Schweiz führen und 5 französische Völkerrechtsvorträge an der Haager Akademie halten musste, von denen er drei Tage vor der Hochzeit zurückkehrte, kann man sich vorstellen, dass sein Herz streikte!

Mädy, Du wirst Dich freuen: der Prozess gegen Litauen ist zugunsten von Memeldeutschen in allen 6 Fällen gewonnen! Ein Riesenerfolg deutscher Politik!

Dr. Zimmermann ist nun sehr streng mit Viktors Kur vorgegangen. Zahlreiche Strophantin-Spritzen, Massage und Bestrahlung haben seinen Blutkreislauf wieder in Ordnung gebracht. Er hat immer noch keinen Herzfehler, bloß schmerzhafte Störungen durch Überanstrengung.

Zurzeit wohnt Edith bei Hella und schreibt, welch richtige kleine Frau und geschickte Hausfrau ihre Schwester sei, der sie solche Art Tugenden nie sehr stark zugetraut hatte. Die beiden – d.h. die drei – sind schrecklich vergnügt miteinander. Ediths Schule beginnt erst wieder am 1. Oktober. Darf ich nicht sehr dankbar und demütig-glücklich sein?

Von Herzen alles, alles Liebe! Dein *[gezeichneter Fisch]*.

Wenn Du, wie Du vorhattest, vor dem Umzug allerhand Brauchbares für Deine Armen aussortierst, so kannst Du vielleicht Kakao und Schokolade als Beipack gebrauchen!

Zehlendorf, 16.I.38

Liebste Mädy!

Meine Hella, die durch Kurzwellenbestrahlung von einer bösen Nierenbeckenentzündung hier gut ausgeheilt wurde, eilt nun im Lauf dieser Woche wieder in die Arme ihres Mannes. Er ist ein ganz seltener Mensch für unsere Zeit. In einer starken, schlichten Frömmigkeit ist sein ganzes Wesen geborgen. Daraus schöpft er einen ruhigen, unerschütterlichen Mut, ein stetes Strahlen des Herzens und eine Liebesbereitschaft für Jeden, dem er begegnet. Hella hat durch ihn ihre feinsten seelischen Eigenschaften entwickelt. Möchte sie nun nur in der Regenstadt *[Bremen]* wirklich gesund bleiben!

Es war schön, die Reife ihres Urteils und die Innigkeit ihrer – Frauenfreundschaft für mich zu spüren.

Leb' wohl, mein Liebes! Wie gern würde ich Dir mal wieder in Deine klaren, liebevollen Augen sehn! Immer Dein Fisch.

Zehlendorf 3.12.38

Meine geliebte Mädy!

Lass mich hoffen, dass Du *[nach einer Verbrennung am Bein]* wieder schnell auf den Posten kommst! Für Viktor war aber der Schock, gleichzeitig mit einer Grippe und der schweren Wetterwolke über unserm Vaterland, zu viel gewesen, und jetzt haben sich die vielen Aufregungen in einem der allerschlimmsten Anfälle von angina pectoris, die es überhaupt gibt, ausgewirkt.

Am ersten Dezember hatte ich zu Hella [nach Weimar] fahren wollen, die auf den 3ten – also heute – ihr Kind [Rainer] erwartet. Ob es wirklich zur Zeit kommt, fragt sich ja noch. Edith fährt Dienstag hin und kommt hoffentlich noch zur Zeit. Bis dahin ist ihr Verlobter [Siegfried Aeschbacher] – unter dem Vorwand einer Zellulosewoche – hier. Ein echter, mitfühlender Sohn ist er mir gewesen. Er stammt aus sehr anderer Atmosphäre, aber ich weiß genau, dass gerade dies Edith anzieht und dass es wohl eine Genesung für unsere Familie mit ihren mancherlei Degenerationserscheinungen bedeutet, wenn diese Tochter »zur Natur zurückkehrt«. Denn an meinen Töchtern hat sich die nahe Verwandtschaft meiner Eltern, deren Eltern Geschwister über Kreuz waren, in mancher Hinsicht gerächt. Hella geht es ja seit dem 3. Monat der Erwartung ausgezeichnet. So hoffe ich, sie gewinnt gesunde Nervenruhe, die ihr oft noch sehr fehlte.

Wie herrlich für Dich, von Neuem eine so starke Wirkung Deiner Rosenkranzlieder zu erleben! O, möchte es in dieser jetzt dem sittlichen und göttlichen Grunde so weit entrückten Welt mehr solcher Weihestunden geben, durch die auch kühle Seelen wieder erwärmt würden für alles Gute und Wahre!

Ich kann nicht länger schreiben. Nimm nur noch einen herzlichen Kuss von Deinem Dich innig liebenden
[Zeichnung eines Fisches]

[Berlin-] Zehlendorf, 4. Febr. 39

Mein lieber Siegfried [Aeschbacher]!

Zu meinem Geburtstag waren mir natürlich die Briefe, die mir durch den Zuwachs an Freundschaft und Liebe in unserem Familienglück während der letzten zwei Jahre zuteilwurden, ganz besonders teuer [Briefe aus den beiden Familien Aeschbacher und Noltenius]. »Tante Trudi« [Aeschbacher?] schrieb sehr befriedigt und glücklich über ihren Novemberbesuch bei Hella und Jan [Noltenius]. Deine Mutter hatte geradezu ein Buch verfasst mit reizenden Schilderungen des Lebens und Treibens Deiner Brüder. Ein Schriftsteller könnte sie beneiden um die Lebendigkeit, mit der sie einem alles vor Augen stellt! Natürlich hat mich die Gute auch wieder mit Leckerbissen verwöhnt: Käse und Honig, welch letzterer mir jetzt mit meinem Husten sehr willkommen ist.

Du hast wieder so warme Worte gefunden, um mir Deine treue Anhänglichkeit, jetzt als Geburtstagsgabe, darzubieten. Ich kann mich ja nie satt daran freuen, werde Dir aber auch dafür danken, indem ich für Dich

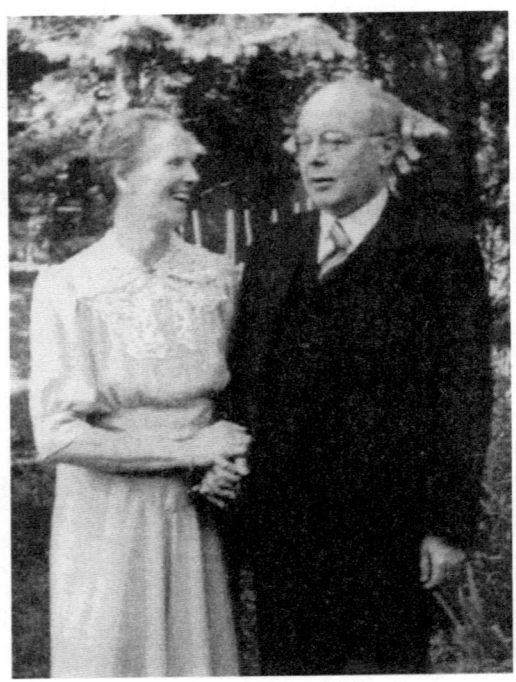

Silberhochzeit Marie und
Viktor Bruns, 1940.

und Edith tue, was in meiner Kraft steht und Euch nützen kann bis ans
Ende meines Lebens!

Die Schilderung Deiner Vortragsausarbeitung hat mich glühend interessiert, und ich bilde mir dabei sogar ein, den Sinn zu verstehen. Schade,
dass Goethe den Vortrag nicht mehr hören kann. Wie eifrig ging er doch
ähnlichen Problemen nach!

Eine ganz dumme Frage kann ich Dir aber nicht verhehlen – und wenn
ich nun damit rausrücke, wirst Du an meinem naturwissenschaftlich Denken für immer verzweifeln – nämlich die: gehören Deine Auseinandersetzungen nicht eigentlich in das Reich der Physik? Wahrscheinlich gehe ich
von dem laienhaften Gedanken aus, alles Wissen um das Licht müsse den
Physiker angehen. Und in Wirklichkeit sind vielleicht Physik und Chemie
mit dem Licht beschäftigt, es kommt nur drauf an auf welche Weise!

Ich denke es mir herrlich, als Ingenieur den Namen wahrzumachen
und Erfinder zu werden, immerwährend, auf dem nächstliegenden Gebiet
und, wenn Zeit dazu bleibt, auch auf ferner liegenden Gebieten! Neulich
wollte ich Dich schon mal fragen: bist Du eigentlich auch als Erfinder tätig?
Und nun bestätigen mir es Deine Worte.

Ganz etwas anderes: lache mich nicht aus, wenn ich Dich jetzt schon bitte, die für eine Ziviltrauung [zwischen Edith und Siegfried] nötigen Papiere zusammenzusuchen. Ich habe es oft erfahren, dass für solche und andere Termine irgendetwas fehlte und unter großem Zeitaufwand erst beschafft werden musste. Wir tun das gleiche hier. Eigener Geburtsschein und Eheformular der Eltern sind wohl unerlässlich. Den Taufschein verlangt meines Wissens nur die Kirche. Edith wird auf dem hiesigen Standesamt noch persönlich vorsprechen, um sich die Papiere genau nennen zu lassen. Einstweilen triff mal Deine Vorkehrungen! Bis Edith kommt, kann vielleicht alles bereit sein, dass Ihr's miteinander durchguckt!

Mit innigem Dank für Deine Briefe
In treuer Mutterliebe
Deine Musch.

Zehlendorf, 4. Dezember 40

Meine liebste Mädy!

Was mag aus Dir geworden sein? Mir ist's, als hörte ich jahrelang nichts mehr von Dir. Aber mein Gedächtnis kann mich täuschen. Monate sind jetzt wie Jahre.

Für Viktor ist es nach seiner furchtbaren Krankheit vor zwei Jahren recht schwer, die Anstrengungen dieser Tage auszuhalten. Der Herzmuskel ist stark, aber die Krämpfe sind häufig und schmerzhaft. Sein Institut ist unmittelbar der obersten Heeresleitung unterstellt und dient ihren Aufgaben. Jetzt erscheint in seiner »Zeitschrift für auswärtiges öffentliches Recht und Völkerrecht« und als Broschüre ein Aufsatz gegen die Neutralen, der den Aufschluss über das politische Verhalten und militärische Handeln des deutschen Reiches gibt.

Mein älterer Schwiegersohn [Jan Noltenius] hat eine »kurz befristete Aufgabe« in Warschau. Wir hoffen sehr auf seine uns immer so beglückende Gegenwart zu Weihnachten. Der kleine, nun bald zweijährige Rainer hängt sehr an seinem Vater. Er kann nicht einschlafen, ohne sein Bild zu küssen. Er kennt nichts Schöneres als Helfen: Frühstückstisch abräumen oder dem Großpapa viele Bücher umtragen helfen in eine andere Stube. Die schweren nimmt er auf seine Schulter, stöhnt dabei und ist selig.

Ich schreibe nachts, während Viktor wacht. Ist es nicht wie eine Verheißung, eine Erlösungsbotschaft, dass der Stern von Bethlehem jetzt über uns leuchtet? Lass Dein Herz von seinem Lichte glänzen und sei immer heiß geliebt von Deinem Fisch

[Sehr wenige Briefe von Viktor Bruns sind erhalten, hier einer davon:]

Brief von Viktor Bruns an seine Tochter Edith Aeschbacher

4. Januar 1941

Liebe Edith!

Lass Dir herzlich für Deinen lieben Brief danken, der mich sehr erfreut und bewegt hat. Er hat in mir die Erinnerung an die vergangene Zeit geweckt, in der ich mit Stolz mit meinen beiden Töchtern – meist reichlich spät – Geschenke einkaufen ging mit anschließendem Frühstück in der Stadt.

All' die Bescherungen zogen wieder herauf, die sich nach alter Tradition abspielten, wobei das alte Weihnachtsglöckchen die Hauptrolle spielte, das alte Glöckchen, das auch in meiner Kinderzeit die Spannung löste und den Gang ins Weihnachtszimmer einläutete. Wir haben es dieses Jahr wieder nach alter Weise gehalten. Büstrins waren für 24 Stunden liebenswürdiger, um nach dem Abzug mit den Geschenken in den alten Ton zurückzufallen. Durch Rainers Gegenwart war das Fest sehr belebt und bekam seinen eigentlichen Sinn. Er ist so erstaunlich verständig und lieb, so lustig und geschäftig, so dass ich mich an dem Bürschchen kaum satt sehen kann und eine neue Jugend zu erleben glaube, freilich ein arger Trug, wenn ich immer wieder an den wahren Stand der Dinge durch zahlreiche Mahnungen erinnert werde.

Du hast mir und uns schrecklich gefehlt, es ist zu schmerzlich, dass man sich so gar nicht sehen kann und dass ich die kleine Enkelin noch gar nicht kenne. Vor Weihnachten ließ ich Dir noch ein paar heitere Bücher zusammenstellen; empfehlenswert sind besonders die Wiener Geschichten vom Grafen Bobby, auch meine neuste Arbeit ist beigelegt, nicht zum Lesen. Demnächst soll ich wieder in Hamburg sprechen, nachdem ich vor Weihnachten wegen Grippe verhindert war. Schade, dass Du nicht wieder mitkommst. Ich hoffe auf das Frühjahr, vielleicht kann ich Dich da doch einmal besuchen und endlich ein Wiedersehen feiern. Wenn man so gar kein Talent zum Briefeschreiben hat, braucht man die mündliche Aussprache doppelt. Tausenderlei Fragen möchte ich stellen; am schlimmsten ist es, dass ich Dir so gar nichts sein, in nichts helfen kann. Sehr zum Ärger von Mutti *[Ediths Mutter ist gemeint: Marie Bruns]* und unter ihrem heftigen Tadel suche ich in mancher schlaflosen Nacht die Gedanken zu bannen oder zu sammeln durch eine nächtliche Sitzung mit Radio, Patiencekarten und einem stillen Tropfen! Lass' Dirs gut gehen, schone Deine Gesundheit, die wichtigste Voraussetzung für das Familienleben, und sei weiter so tapfer wie bisher. Meine Gedanken verlassen Dich nie. Mein Segen ist mit Dir. Dein V.*[ater]*

Grüße Siegfried sehr herzlich von mir, die übrigen Verwandten nach Verdienst.

Meine geliebte Mädy!

Seit Deinem letzten Brief kämpfe ich mit dem Entschluss, Dir mehr aus meinem Leben zu erzählen, als Du weißt. Unter den Menschen, die mir nahe stehen, hat mich ja nie einer wissen lassen, dass ich mich so von Grund auf verändert habe. Vielleicht wissen es die meisten von ihnen auch nicht, weil alles allmählich kam oder weil ihnen Dein Tiefblick fehlt.

Jedenfalls fühle ich, dass Du Dich aus erschütterter Seele mit mir beschäftigst und Dich fragst: wie konnte es kommen, dass sie, die Elastische, von Grund aus Frohe, Strahlende, diese innere Leichtigkeit und Freudigkeit verloren hat, dass sie nicht überwinden kann!?

Ich habe die Pflicht dazu, aber es ist bitterschwer, wenn die Zukunft der Kinder so verhangen ist!

Auf den »Brettern, die die Welt bedeuten« sind Schuld und Schicksal immer eng verbunden. So auch in meiner Ehe. Hätte ich mehr Charakter besessen und auch Klarsicht, so würden beide Kinder ein sie förderndes Glück erlangt haben. Ich habe meine Familie heruntergebracht.

Aber – mein im Weltkrieg I gestorbener Münchner Freund, an den Du Dich durch meinen ersten Besuch in Gailenreuth vielleicht noch erinnerst, würde sagen, wie er mir einmal schrieb, dann hätten die Träger der Handlung, hätte der Ort, die Zeit des Spiels – – – kurz, hätte das ganze Stück ein anderes sein müssen. –

Nun erst das Hauptbekenntnis: Ich bin so glücklich verheiratet, wie eine Frau nur irgend sein kann! Der innere Reichtum meines Mannes [Viktor Bruns]: seine umfassende Bildung, sein Sinn für Kunst, Musik, Literatur, seine verschwenderische Seite, mit der er mir und den Kindern die edelsten Freuden des Lebens – an Reisen, Theater, Büchern, geselligen Hausfreuden, Anschaffen alter Kunstwerke, Einführung in Naturgeschichte und Medizin – Jahre hindurch geschenkt hat, wenn ihn auch der Beruf über seine Kräfte in Anspruch nahm, ist so überwältigend groß, dass ich fühle: es war wohl zu viel des Guten! Nach der herrlichen Jugend mit meinem großen, die Menschheit durch seine Schöpfungen beglückenden, guten, die schönsten Güter des Geisteslebens über mich ausschüttenden Vater – konnte kaum eine Steigerung kommen.

Und: sie kam! Nie kann ich dem Manne genug danken, da er mich so glücklich machte und macht!

Leider hatte ich von klein auf einen Wunsch, der mich fanatisches Wesen förmlich verzehrte: die Sehnsucht nach einer großen Kinderschar. Ich glaube noch heute, dass ich mehr Kraft für die Erziehung gehabt, meine Kinder glücklicher gemacht hätte, wenn es mehr gewesen wären! An die zwei verschwendete ich mich zu sehr, in verkehrter Weise!

Sechs Kinder hab ich erwartet. Vier konnten sich nicht entwickeln infolge meines Unterleibsleidens. Dass ich über diesem Missgeschick mehr als gebührlich trauerte, war ein Unrecht an meinem Mann, der meine frohe Liebe so brauchte.

Dies Unterleibsleiden ist wohl auch Schuld daran, dass ich den Anforderungen des Lebens nicht ganz gewachsen war. Die Behandlung der Fehlgeburten und ihrer Folgen in den Kliniken, die schweren Perioden, griffen meine Nerven insofern an, als ich sehr leicht in Tränen war. Meinen Mann griff dies sehr an, meine Töchter brachte es wohl zum Teil um ihre Achtung vor ihrer Mutter. Das Leben ging über meine Kraft. Vielleicht rächte es sich an meinen Kindern, dass ich das Kind von Vetter und Kusine und deren Eltern Geschwister über Kreuz gewesen sind. Beide hatten eine Zartheit der Konstitution in einer Weise, dass Jahre hindurch alle 2–3 Wochen eine von ihnen im Bett lag – Mittelohrkatharre bei Hella, Bronchitis bei beiden, Nebenhöhlenentzündung, Blinddarmreizung, Gallenkoliken – neben den üblichen Kinderkrankheiten .... So ging es immer fort. Dazu kamen die häufigen Erkrankungen meines Mannes: er lag viermal am Tode und hatte inzwischen unendlich oft schwere Bronchitiden. Während der vielen Krankenpflegen musste ich Haushalt und Garten vernachlässigen und hatte in den gesunden Intervallen der Meinigen kaum die Zeit, das Vernachlässigte nachzuholen. Aber damals hatten wir genügend Hausangestellte. Sonst würde ich wohl auf der Strecke geblieben sein.

Schöne und lange Ferienzeiten rekrutierten mich immer wieder. Aber die Kinder kamen zu kurz. Der Arzt verlangte sechs Wochen Nordsee als mindestens für ihre schwachen Schleimhäute – Viktor beschnitt ihnen diese Zeit, da er selbst die Nordsee nicht vertrug und mit mir noch hinterher ins Gebirge wollte und die Erholung ja auch immer dringend nötig hatte. Seine Berufs- und die Schulferien lagen nie zusammen.

Ich habe meinen Mann öfters gebeten, beide Kinder mal einige Monate über Winter ins Hochgebirge oder nach Wyck auf Föhr zu geben. Vielleicht wäre es zwei Winter hindurch nötig gewesen. Dann hätten sie ihre Körperschwächen überwunden und ihre Erziehung, namentlich die der zarteren Hella, wäre viel leichter gewesen. Durch ihre vielen Erkrankungen musste ich ihr immer wieder bei den Schularbeiten helfen. Schließlich ging sie, bildlich genommen, auf Krücken, und diese Abhängigkeit von mir, überhaupt die Notwendigkeit der Hilfeleistungen durch andere, hat sie heute noch nicht überwunden.

Gewiss übertrieb ich es auch, verzärtelte sie, ließ sie nicht im Hause helfen, wie es Edith tat. Aber sie schaffte bei ihrer Körperschwäche ja Schule und Schularbeiten nur knapp.

Mein Mann war dagegen, die Kinder fortzugeben, weil er sagte, man könne nie wissen, welchen Einflüssen Kinder in einer anderen Umgebung ausgesetzt würden. Man bekäme sie dann aus der Hand. Es schien mir überängstlich, da ich von ausgezeichneten Frauen (Lehrerinnen, die Kinder aus guten Häusern unterrichteten, während ihrer Erholungszeiten im bayrischen Allgäu) wusste und nach meinem Dafürhalten durch die Schädigung der Gesundheit und das viele Fehlen in der Schule mehr auf dem Spiel stand. Aber ich drang nicht durch, hätte auch bei Viktors Bedenken nicht den Mut gehabt, die Sache allein zu verantworten. Beide Eltern müssen dahinter stehen.

Also die Sache ging so weiter. Und immer über meine Kraft, sowohl in körperlicher wie z.T. auch in seelischer Hinsicht. – Als junge Mädchen waren dann beide Kinder gesund und leistungsfähig.

Wie die Kinder größer wurden, habe ich mich von Verwandten und Freunden zu Führungen in den Museen bereden lassen. Mit Unterbrechungen habe ich dies etwa 8 Jahre meines Lebens betrieben, großen Genuss damit bereitet, auch noch meinem Vater, und selbst viel davon gehabt. Aber körperlich ist es mir oft zu anstrengend gewesen.

Einen Teil der Zeit hatten wir ein Auto, was mir viel erleichterte. Es waren die gesundesten Zeiten auch für meinen Mann. Konnten wir doch jeden Sonntag im Sommer draußen im einsamen See schwimmen! Herrlichste Erinnerungen!

Wir wünschten alle sehr, dass Hella ihr Abitur machte und – ihren Gaben und Neigungen entsprechend – Medizin studierte! Aber sie hatte sechs Jahre hintereinander alle 3–4 Wochen Ohrenentzündung, die Zeit danach immer noch Kopfweh. Ich dachte an meinen Vater mit seiner furchtbaren Kindheitsmigräne in Folge von Schulüberanstrengung und konnte das Durchhalten von Hella bis zum Abitur als Mutter nicht verantworten. So veranlasste ich, dass sie mit 16 Jahren abging. Viktor gab es widerstrebend zu.

Ehe sie in eine Haushaltungsschule kam, um sich allmählich auf den ihr vorschwebenden sozialen Beruf vorzubereiten, sollte sie (nach 2 ½ Monaten in England) sich auch körperlich kräftigen durch genügend Gymnastik. Gelegenheit bot sich in einem Gesangkurs, der mit Turnen verbunden war. Dabei entdeckte die Lehrerin bei ihr eine bedeutende Stimme und ein ungewöhnliches Schauspieltalent. Nach einiger Zeit bat sie uns, ihr unsere Tochter ganz zur Ausbildung zu überlassen – und zwar für die große Oper. Nach zwei Jahren aber erklärte sie, das musikalische Talent scheine ihr dafür nicht ausreichend, dagegen die Schauspielgabe so groß, dass unsere Tochter in dieser Laufbahn etwas wirklich seltenes leisten würde. Es bedeutete statt 7–8 Jahre nur 2 Jahre der Ausbildung, bis Hella auf der Bühne steht, mit erst 20 Jahren, während sich sonst ihr Charakter bis zum Auftreten als Sängerin in langen Jahren hätte festigen können.

Mein Mann gab auch dazu seine Einwilligung.

Aber verschiedene Begebenheiten zeigten uns, dass Hella gefährdet war. Sie hatte ein zu weiches Gemüt und fand bei Männern, teils wegen ihres Äußern, teils wegen ihres sehr weiblichen Wesens, unheimlichen Anklang. Dabei war sie naiv. Kurz: Sie konnte großen Gefahren in ihrer Laufbahn ausgesetzt sein, sie konnte darin zugrunde gehen.

Meine nie ganz beschwichtigte Sorge wurde immer stärker in mir. Ich sagte meinem Mann die Befürchtung, dass ihr Charakter den Versuchungen der Laufbahn nicht gewachsen wäre – was ihn selbst von vornherein und immer wieder bedrückt hatte – und meinte, er würde ihr sehr ins Gewissen reden und ihr hernach doch die Erlaubnis zu der Berufswahl geben. Er brachte sie aber dazu, die Sache aufzugeben. Ich hatte nicht den Mut ihr beizustehen, in der Überzeugung, wenn all' ihr inneres Glück daran hinge, würde sie sich in einiger Zeit doch noch dazu durchringen. Die Aussicht hatte ihr Viktor doch als Hoffnungsfunken in der Ferne gelassen! –

Es folgten furchtbare Monate. Hella, auf der Suche nach einem anderen Beruf, verzweifelte fast. Ihre ganze Seele hing am Trauerspiel. Sie hatte Monologe aus Faust, Romeo und Julia, der Jungfrau – so erschütternd, so wahr und zugleich künstlerisch so edel gespielt, wie ich nie etwas ähnlich Vollendetes auf der Bühne erlebt hatte. Leider kannte mein Mann die Gabe seiner Tochter noch gar nicht. Ich denke manchmal, ähnlich muss Eleonore Duse gespielt, d.h. ihre Kunst g e l e b t haben!

Den Drang nach künstlerischer Gestaltung, der in unserer Familie so lebendig ist, die Schauspielergabe, die Viktor besitzt, sind ganz stark in unserer Ältesten; sie hätte der Welt etwas geben, hätte ihre höchste Sehnsucht befriedigen können!

Nun war ihre Seele leer; Ansätze zur Hysterie zeigten sich wieder bei ihr. Ich sah, wie sie sich, trotz allerhand Stunden und Arbeit in Menge, zugrunde richtete.

Nach einem halben Jahr bat ich Edith mit ihrem Vater darüber zu sprechen, ob er Hella jetzt doch die Erlaubnis zum Ergreifen dieses Berufs, für den sie, scheint's, bestimmt war, geben würde. Ich selbst fühlte die Kraft nicht mehr in mir, mit ihm darüber zu reden. Die Sache ging mir zu furchtbar nah. Meine mutige Kleine sprang ein – und er legte nun den Entschluss in Hellas Hand.

Sie war erlöst, begeistert – – nach wenigen Wochen erklärte sie, doch nicht zu können. Sie, solch Mensch der Hemmungen, zweifelte nun an ihrem Talent.

Ihr Vater, ziemlich entrüstet, schickte sie in den Arbeitsdienst. Da sie das Pech hatte, in ein ungesundes, später daher aufgelöstes Lager zu kommen, deren Leiterin, wie sich nachher herausstellte, ein beginnendes Gehirnleiden hatte, war sie viel krank und kam mit schwerer Gelbsucht zu uns zurück.

Nach ihrer Heilung erklärte sie ihrem Vater, sie habe ihm ihren ernsten Arbeitswillen im Arbeitsdienst gezeigt, sei sich aber über sich selbst soweit klar geworden, dass sie ihn nun doch bäte, ihr die Bühnenlaufbahn zu gestatten. Er sagte nein.

Das habe ich neulich erst durch meine Tochter erfahren. Er hat es mir wohl nicht erzählt, weil er mich nicht betrüben wollte. Ich hätte es auch für Unrecht gehalten, da sie diese Lebensaufgabe als etwas Heiliges ansah und man mit dem Versagen dieses heißen Wunsches ihrer Seele Schaden tat.

Andererseits hatte ich ja selbst früher den Stein ins Rollen gebracht, der ihren Vater zu ihrem Verzicht auf die Laufbahn veranlasste. Ich fühlte damals dunkel, dass man dies dem Kinde nicht antun dürfte. Es war eines der schwersten Opfer meines Lebens, das ich gehorsam dem Spruche brachte: »Was hülfe es dem Menschen, wenn er die ganze Welt gewönne und nähme doch Schaden an seiner Seele?!«

Es gelang meinem Mann aber, ein großes Interesse und eine angeborene Begabung von Hella zu benützen, um sie in ein ihr entsprechendes Fahrwasser zu bringen. Das Übrige weißt Du. Sie tat Hilfeleistungen in der Heilgymnastik; für die Ausbildung hatte sie das nötige Alter von 20 Jahren nicht erreicht. Dabei gewann sie alle Herzen durch ihre Befähigung für den Beruf und die Liebe, mit der sie, z.B. Kinder, behandelte. Die Werbung ihres jetzigen Mannes kam dazwischen. Wäre ihr ganzes Herz bei der Berufsausbildung, so wie bei der Ausbildung für die Bühne gewesen – sie hätte nie ja gesagt. Ihre Lebenslinie war damals noch gebrochen. Mitleid mit ihm, eine gewisse Sympathie, rein äußere Verliebtheit hinderten sie, uns ihre Ablehnung gegen diese Eheschließung klar zu äußern. Wie kurzsichtig waren wir doch sonst nicht auf den Kopf gefallene Eltern! Aber ich litt furchtbar dabei in dumpfen Vorgefühlen und voll Bekümmernis über die neue Familie. In solchem Kreise wäre ich selbst sehr unglücklich geworden.

Das Ausharren, das Wachsen an ihren Aufgaben stelle ich Hella immer wieder vor Augen und das Vertrauen auf ihre immer mehr zu ihrer Freude und Anregung heranwachsenden, vielversprechenden Kinder. Ich habe gewirkt und wieder durchaus in Deinem Sinne. Aber Hellas Natur ist anders. Sie wird sich wahrscheinlich entweder zerreiben oder bei Gelegenheit sich so oder so freimachen, aber immer nur mit voller Ehrlichkeit gegenüber ihrem Manne.

Du meintest, die Hauptsache für eine Frau sei, vom Manne geliebt zu werden. Ich denke da anders, habe auch wohl als verheiratete Frau in dieser Hinsicht mehr Urteil: es ist herrlich, überwältigend, unfassbar schön, geliebt zu werden, aber mit aller Kraft seines Wesens selbst lieben zu können, ist viel lebenswichtiger für eine Frau und für Naturen wie Hella und mich das A und O! Ihre Liebeskraft muss sich nun zersplittern, oder sie läuft leer aus; und wie, wenn sie den Inhalt findet? Die Kraft ihrer Liebe zum Mann ist noch stärker als die Mutterliebe – bei mir hält sie sich die Waage, nach Viktors Meinung ist der Muttertrieb in mir sogar noch stärker. Sehr schön hat Hellas Gesanglehrerin über ihre Ehe gesprochen. Sie sah ihr gleich an, dass da etwas nicht stimmte; denn die Frau hat einen ungeheuer klaren Verstand, ein ganz großes und gutes Herz und einen Charakter von eherner Kraft. Sie sagte: gleich wie ich Deinen Mann traf, wusste ich, dass er Dich nicht verstehen würde, weder Dich als Mensch, noch als Künstlerin. Aber Kind, sei nur dankbar: es tut uns immer so leid, wenn wir nicht dankbar waren!

Zu meiner Jüngsten *[Edith Aeschbacher-Bruns]*! Um ihr inneres Gleichgewicht ist mir nicht bange, auch wenn sie längst entdeckt haben sollte, wie sehr sie geistig ihren Mann überragt, mehr um ihre Gesundheit. Nach allem was sie durchgemacht und was ihr noch bevorstehen kann, dadurch dass sie jetzt wieder kein Mädchen *[Hausangestellte]* hat, eine Darmgrippe stehenden Fußes überwand und dabei ihren ruhrkranken Mann pflegte, ist ihre Lunge von Neuem gefährdet! Es dürfte nicht Kummer um uns und wirtschaftlich erhöhte Schwierigkeit hinzukommen…!

Hätte ich Einfluss auf sie gehabt wie in ihrer Kindheit – ich würde sie vielleicht vor dieser Heirat haben bewahren können. Aber sie stand mir ja jahrelang teils gehässig, teils ablehnend gegenüber. Viktors geschwächte Nerven haben es mit sich gebracht, dass er mir meine Fehler vor den Kindern, wie sie noch klein waren und wie sie älter wurden, vorhielt. Er besprach auch meine Fehler mit ihnen und warnte sie davor, ähnlich zu handeln oder zu sein.

Ich stellte ihm vor, welche Gefahr das für ihre Erziehung und meine Autorität bedeutete – aber vielleicht drang ich nicht tief genug dabei.

So wurde Edith allzu selbstständig und maßte sich hernach auch ein Urteil über ihren Vater an wie früher über ihre Mutter. Schweres und Schwerstes folgte daraus. Ich muss den Schleier über diesem Teil unseres Lebens ruhen lassen, vor allem über die Krankheit meines Mannes vor 4 Jahren.

Es ist alles so viel schöner und klarer jetzt. Ich ebne in seinem Leben so viel wie möglich, was die Töchter und sein Verhältnis zu ihnen betrifft. Nie lege ich dazu die Last meiner eigenen Sorgen. Seiner Umwelt und seinem Beruf, für den er aus so lauterem Herzen lebt und worin ich ihn so restlos bewundere, möchte ich ihn so lang wie möglich erhalten. Krank, sehr krank war er heimgekommen. Er hatte mit fiebriger Bronchitis wochenlang gearbeitet. Wer ihn dabei erlebte, hat seine königliche Haltung bewundert!

Ich stehe mitten im Kampf, sehe noch keinen Sieg – aber ich werde weiterkämpfen, Freude für Kinder und Enkel verbreiten, Herz und Hirn meiner Schwiegersöhne, die mir geradezu blind ergeben sind, zu weiten suchen und – wie die prachtvolle Sängerin sagt: immer nur <u>dankbar</u> sein!

Nicht wahr, Du weißt, dass Du auf diesen Brief nicht antworten kannst, dass mein Mann Briefe öffnet. Du kannst nur sagen, dass Du Dich über seine gute Erholung nach der schweren Krankheit freust.

Es sei dies ein früh eintreffender Geburtstagsbrief für Dich, ein Geschenk insofern, als ich Dir mehr anvertraute als je einem Menschen über die letzten 20 Jahre! Du bist nun mal die geborene Beichtmutter! Und es liebt Dich innig Dein

[gezeichneter Fisch]

[Das letzte Brieffragment vor Viktor Bruns' Tode an Siegfried Aeschbacher mit einem Begleitbrief von Marie Bruns:]

6. November 1942
[abgesandt durch Marie Bruns am 10. November 1943]

Lieber Siegfried!

Die lange Zeit meiner unfreiwilligen Muße hat meine Gedanken oft nach Solothurn zu Euch wandern lassen. Ich war recht eifersüchtig auf meinen Bruder und den Vetter Karl, dass sie wenigstens kurz bei Euch hereinsehen konnten, während wir so fern sein mussten.

Leider habe ich meinen Bruder nach seiner Reise in die Schweiz nicht gesehen. Er hat mir nur telefonisch gesagt, er habe Edith *[Aeschbacher]* so mager gefunden. Das bewegt mich sehr. Lässt Du, wie der Arzt wünschte und wir seinerzeit verabredeten, ihre Lunge von Zeit zu Zeit nachprüfen. Schreibe mir doch bitte das Ergebnis.

Verzeih', wenn ich noch mit einem Anliegen komme. Ich höre, dass Ihr wieder ohne Mädchen und Stütze seid. Die Arbeit ist für Edith schon in gesunden Tagen zu viel, aber vollends, wenn die ganze Familie erkrankt ist, übersteigt es ihre Kraft. Sie darf nicht so viel körperlich schuften, solange die Nachwirkungen des Schädelbruchs andauern und man nicht weiß, ob sie die Migräne von Mariens Vater *[Wilhelm von Bode]* geerbt hat. *[Hier ist der Brief abgebrochen und konnte nicht vollendet werden.]*

[Marie Bruns schreibt dazu auf die zweite, bisher unbeschriebene Seite des Blattes:]

Lieber Siegfried!

Diesen begonnenen Brief an Dich möchte ich doch gern abschicken. Wie würde Paps froh sein, wenn er erführe, dass Edith jetzt solch tüchtiges Mädchen hat. Ich glaube nicht, dass sie die Migräne ihres Großvaters geerbt hat. Wahrscheinlich hängen die Kopfweh doch nur mit dem Pferdesturz zusammen. Und ich nehme an, dass sie nun immer bessere Gelegenheit haben wird, ihre Kräfte zu schonen. Hoffentlich bedeute ich keine Last für sie, wenn ich nun für sechs Wochen Einreiseerlaubnis in die Schweiz bekommen sollte. Du glaubst gar nicht, wie glücklich ich bin, dass diese Möglichkeit am Horizont aufgetaucht ist. Spätestens am 20. November werde ich Bescheid haben.

Zwar muss ich mich wahrscheinlich sehr schonen, da ich außer mit einem alten Herzklappenfehler mit Herzschwäche belastet bin. Aber die Herzschwäche soll ja heilbar sein. Ich nehme etwas dagegen ein und werde in Schlanstedt auf das Treueste gepflegt. Bei Edith würde ich dann, falls ich kommen darf, eine Liegekur fortsetzen und zwischendurch mit Meieli [ihrer Enkelin Marianne Aeschbacher] spazieren gehen; denn langsam wandern ist sehr gesund für mich. Auch Flicken, Stopfen und Zeichnen wären mir durchaus gemäß. Ich kann mit Meieli malen, was sie sich ja wünscht.

Für Deine liebe Herzensteilnahme danke ich Dir innigst. Du siehst aus diesem Briefe, wie Paps sich nach Euch sehnte, aber er war schon zu krank, um die Reise unternehmen zu können. Ich freue mich, dass er einmal in Eurer Ehezeit bei Euch war.

Wir werden alle seine weiten Gedanken, seinen weisen Rat und seine Herzensgüte sehr vermissen, aber ich glaube, er wird bei uns bleiben und unsere Seelen treulich lenken.

Hella ist eine große Stütze für mich. Alle schwierigen und aufregenden Dinge nimmt sie mir ab. Vor kurzem ist sie nach Berlin vorausgereist. Ich bleibe noch ein paar Tage hier. Mein Schlaf wird nun immer besser, so dass ich bald die nötigen Besorgungen in Zehlendorf und die Reise nach Tübingen und anschließend, wenn ich darf in die Schweiz, aushalten kann.

Ich wünsche Dir nun alles Gute und Liebe und hoffe sehnlichst auf baldiges Wiedersehen.

In treuer Liebe Deine Musch

Zehlendorf, 16.12.42

Meine liebe Mädy!

Darf ich Dir von Mutter [Anna von Bode] und meinem Mann eine Bitte aussprechen? Im Kaiser-Friedrich-Museum [heute: Bode-Museum] ist ein großes Andachtsbild aufbewahrt, das meinem Vater gehörte. Meister unbestimmt: wahrscheinlich flämische Schule mit stark italienischem Einfluss.

Ich habe es als harmonisch in Farbe und Bewegung im Gedächtnis, wir alle bedauern, dass es so ungenutzt herumliegt.

Da kam Viktor auf den Gedanken, ob es nicht auf dem Altar einer katholischen Kirche gläubige Herzen erheben könnte, und so fragen wir bei Dir an, ob Du einen Vorschlag machen, die Sache irgendwie vermitteln könntest. Du hast ja Beziehungen, die Dir ermöglichen würden, das Bild an eine Stelle zu leiten, wo es einem solchen Zwecke diente. Die Sache hat natürlich gar keine Eile. Wenn Du meinst, dass sich Gelegenheit zum Verkauf böte, so würden wir das Gemälde fotografieren lassen, die Maße einsenden, veranlassen, was sonst noch nötig wäre.

Viktors Befinden bei der Arbeit ist leider recht mäßig. Es ist schon zu sehen, was er durchmacht.

Ich schreibe vor dem Aufstehen. Sonst ist keine Zeit. So verzeih mir die Kürze!

Mit innigen Wünschen für ein gesegnetes Weihnachten stets
Dein [gezeichneter Fisch].

Zehlendorf, 6. Aug. 43

Meine liebe Mädy!

Du hast wirklich alle Berechtigung zu fragen, ob ich noch lebe; denn es muss Dir unverständlich sein, dass ich schreibseliger Mensch auf Deine warme Verwendung für uns kein Wort des Dankes gefunden habe.

Als unsere Hausgehilfin zurückkam, standen beide Kinder (Rainer und Elke) wieder gesund auf den Beinen und mussten nun auch gleich, der Evakuierungsorder folgend, auf die Bahn. Seit Dienstag sind Hella und die Kleinen in die liebevolle Obhut meiner Schwester Ilse [Rimpau, geb. Bode] gelangt, auf Burg Schlanstedt, wo jetzt vor 100 Jahren meine Mutter ihre guten Augen auftat und nun ihr Segen den Urenkeln Zuflucht und Kinderglück gewährt.

Man rät mir, unser Mädchen, die von allen so innig geliebte Gerda, auch nach Schlanstedt zu schicken, wo ihre Hilfe willkommen ist. Seit sie ihren Bräutigam in Russland verlor, ist ihr Herz schwach.

Ich erwarte auf Sonntag früh noch telefonischen Bescheid, was Viktor über sein Haus verfügt. Meine Stelle ist an seiner Seite. Ich kann dankbar sein, dass ich 22 ½ Jahre hindurch in diesem Haus durch seine Güte so viel Liebes, durch Kinder und Enkel so viel Glück erfuhr und dass es mir mit Bildern und Büchern eine seltene Kulturwelt umschloss – diese Erinnerung im Herzen sollte mehr Wert sein als der tatsächliche Besitz des Hauses, das nun vielleicht bald in Rauch aufgeht.

Wie nehme ich jeden Sonnenstrahl, jeden Ruf des goldenen Vogels Pirol in mir auf – den Inbegriff jahrelanger Sommerfreuden, und wie bin ich dankbar, dass ich noch meine gesunden Kräfte regen kann!

Dass unser deutsches Volk aber in all' seiner bitteren Not die heiligsten, die unvergänglichen Güter, die in seiner Seele liegen, unversehrt bewahren möchte –

das gebe Gott!

Dein Fisch. – Meine innigsten Wünsche für Deine altchristliche Gemeinschaft!

Wenn ich noch herüberkomme, so bin ich in den nächsten Wochen:
Medizinische Universitäts-Poliklinik
Königsberg i.Pr.
Alte Pillauer Landstr. 3 b
[wo Viktor Bruns behandelt wurde und bald starb.]

[Mit Dank aus dem Archiv der Max-Planck-Gesellschaft, Berlin: Kondolenz-Dankesschreiben mit Trauerrand]

Burg Schlanstedt, über Oschersleben. 14.X.43

An den Generaldirektor der Kaiser-Wilhelm-Gesellschaft
Herrn Dr. Telschow, Berlin C.2, Schloss

Verehrter Herr Generaldirektor!

Als eines der ersten traf Ihr Beileidsschreiben ein. Dafür möchte ich Ihnen endlich meinen herzlichsten Dank aussprechen.

Jetzt möchte ich Ihnen auch meinen Dank wiederholen für die freundliche Bereitschaft, vier Räume meines Hauses für Institutszwecke auszunutzen. Erst dadurch wird mir das geliebte Haus wieder zur Heimat werden. Völlig unnütz kamen mir die beiden Arbeitszimmer meines Mannes vor.

Zunächst mache ich mir noch Sorge, wie ich das Haus werde halten können. Aber da über Nacht jedes Haus in Staub und Asche sinken kann und man selber vielleicht auch den Morgen nicht mehr erlebt, sollte wohl nur »ein jeglicher Tag seine eigene Plage« haben und alle Zukunftsgedanken müssten sich vernünftigerweise zur Ruhe begeben.

Ich nehme also Ihr ehrendes Anerbieten dankend an unter den Bedingungen, die Sie für angemessen halten.

Mit freundlichen Grüßen
Ihre Marie Bruns.

[Im Archiv der Max-Planck-Gesellschaft in Berlin findet sich auch ein Mietvertrag ab dem 1.11.1943, mit dem eine Zweigstelle des Kaiser-Wilhelm-Instituts für ausländisches öffentliches Recht und Völkerrecht im Hause von Viktor und Marie Bruns, Sven-Hedin-Straße 19, eingerichtet wird – vier Zimmer einschließlich der juristischen Privatbibliothek von Viktor Bruns.]

z.Zt. Schlanstedt, 23.X.43

Meine geliebte Mädy!

Dein Brief ist schon seit langem in meinen Händen. Er kam als einer der ersten von den vielen, die mir zum Segen wurden. Die Schüler, die Mitarbeiter, die Kollegen – alle meinen sie einen väterlichen Freund verloren zu haben *[Viktor Bruns]*. Ich lese voll Staunen, wie tief sein Einfluss war. Was ist größer gewesen, seine Vaterlandsliebe oder seine Menschenliebe? Eins war mit dem anderen unzertrennlich verbunden. Ein junger Mann aus dem Institut schrieb:»Das heilige Feuer, das er in uns entfacht, wollen wir immer wach erhalten.« Und ähnliche Gelübde tun viele. Die Nöte, Schicksale und Sorgen jedes Einzelnen hat er sich zu eigen gemacht – und keiner ging ohne Trost oder Beglückung von ihm.

In der Zeitschrift der Akademie für deutsches Recht steht: »... so hat Prof. Bruns, der Wissenschaft und Praxis des Völkerrechts in Deutschland wie im Ausland weiteste Achtung und Wirksamkeit verschafft, nicht nur durch die Gediegenheit der juristischen Arbeit und den umfassenden politischen Blick, sondern vor allem auch die Lauterkeit, Unbestechlichkeit und Güte seiner Persönlichkeit. Was er in seinem Stockholmer Vortrag des Jahres 1933 über den internationalen Richter sagte, das verkörperte er selbst in hervorragender Weise in den vier richterlichen Grundtugenden Takt, Weisheit, Gerechtigkeit und Geduld, einer Geduld, die sich von keiner Torheit, keiner Herausforderung und keiner Ungeschicklichkeit erschüttern ließ und die geradezu als der tragende Charakterzug seines Wesens bezeichnet werden kann.«

Meine Mädy, es ist mir, als feierte ich Erntedankfest, und während mir das Herz blutet, dass seine große Aufgabe so früh abgebrochen wurde, ehe sie in ihr wichtigstes Stadium trat, muss ich doch immer wieder heißen Herzens danken, dass »er unser war«.

Ich glaube auch, dass Viktor bei mir bleibt, dass er ganz neu in mir leben wird. Dein Fürbittengebet habe ich Dir nachgesprochen: »Das ewige Licht leuchte ihm!« – Als er noch einmal aus seinem Dämmerschlaf aufwachte, rief er: »Fort! Komm!« Er machte sich bereit zur letzten Reise und rief nach dem Herrn über Leben und Tod.

Die letzten zwei Wochen waren noch eine große Qual. Er war durchgelegen und hatte Hitzeausschlag mit furchtbaren Schweißausbrüchen, die mit Frostgefühlen wechselten. In einem Arm hatte er Venenentzündung, in einem der schwer geschwollenen Füße auch Venenentzündung, in der Lunge war Wasser, außerdem hatte er Bronchitis. Du kannst verstehen, wie schwer diese Leiden zu ertragen waren. Aber er nahm immer auch Rücksicht auf die Schwestern, sprach täglich mit ihnen österreichisch und machte so liebe kleine Scherzchen.

Hella konnte ich nicht mehr kommen lassen. Alles ging so überraschend schnell. Aber sie war mir eine große Hilfe ebenso wie ihr Jan, der gerade in Urlaub kam. Wenige Tage drauf musste er auch noch seine Mutter einäschern, die überraschend starb.

Nach Edith hat Viktor noch große Sehnsucht gehabt. Er liebte sie ja »malgré lui«, und sie spürt gar nicht mehr, was sie ihm angetan, hat ihn ja auch sehr lieb um Verzeihung gebeten. Ich versuche jetzt in die Schweiz einzureisen. Aber wer weiß, ob ich die Erlaubnis kriege. Ich bin bei Ilse mit Hella und den Enkeln zusammen. Der Älteste meiner Schwester ist in Russland vermisst. Sie trägt es mit stiller Tapferkeit.

Die Kleinen machen mir viel Freude. Gestern sagte Elke: »Mach die kleine Tür auf!« »Welche kleine Tür?« – »Die Tür zum Himmel. Wir wollen Opa wiedersehen.«

Leb wohl, geliebtes Herz, und habe Dank für all' Deine liebe Teilnahme! Immer Dein [gezeichneter Fisch]

Marie Bruns, Domäne Schlanstedt b. Dr. R.[udolf] Rimpau an Frau Edith Aeschbacher, Biberist/Schweiz

4.IV.44

Geliebtes Herze [Edith Aeschbacher-Bruns]!

Es war sehr drollig: als Hella ging, die Fahrkarte nach Weimar zu lösen, stand plötzlich Jan vor mir! Er brachte nun noch die Nacht hier zu und fuhr dann mit Hella in aller Herrgottsfrühe nach Weimar [Wohnung von Hella und Jan, da dieser dort vor dem Krieg als Baurat arbeitete]. Das Ehepaar war schon Sonnabend nach Bremen weitergefahren. Da sein Urlaub nur Bombenurlaub ist [*wegen der Zerstörung von Jan Noltenius' Vaterhaus in Bremen*], also auf 6 bis höchstens 10 Tage lautet, wird Jan nach kurzer Rast wieder rückwärts fahren [*nach Athen, wo er stationiert war, um militärische Flughäfen zu bauen*].

Welche Freude wird Meieli [*älteste Tochter von Edith*] am Osterhasen haben!

Nach bitterkalten Tagen mit Schneegestöber kam der erste Frühlingstag. Die Finken jubeln. Auch Meisen und Singdrosseln habe ich schon gehört, auch Rainer freut sich, wenn er Lerchen im Feld entdeckt. Das erste Veilchen fand ich im Gebüsch. Schneeglöckchen welken, Cillas öffnen ihre Blauäugelein.

Es weilt mit allen Herzgedanken in Eurem Glücksnest
die alte Euch innig liebende Musch

Marie Bruns an Dr. Leopold Reidemeister, Porz/Rhein

Bremen, 22.3.46
Mein lieber Lolo!

Dein eingehender Familienbericht hat mich ebenso interessiert, wie mich Deine Frage nach dem Schicksal der meinigen gefreut hat. Nimm meinen herzlichsten Dank für Deinen Brief, den ich nun auch ausführlich beantworten möchte.

Wie schön, dass Du in Deinem alten Beruf [*als Kunsthistoriker*] tätig sein kannst, wenn auch jetzt der deutschen Kunst zugewendet. Vater [*Wilhelm von Bode*] würde sich gewiss besonders freuen, dass Du die Werke der von ihm besonders geliebten Kölner Schule wieder in einem Museum zusammenstellst. Hat er doch auch gerade, wenn ich mich recht erinnere, zur Bereicherung des Wallraf-Richartz-Museums sehr stark beigetragen! Um die Zerstörung seiner so geliebten romanischen Kirchen würde er ja sehr trauern – sie waren ihm immer viel mehr ans Herz gewachsen als der Kölner Dom.

Die Welt ist ärmer geworden an Schönheit. Aber der Durst nach schönen Dingen konnte in allen dafür empfindbaren Seelen nur verstärkt werden. Möchte das Kulturgut, das jetzt noch wohlerhalten ist und herausgewandert in die Länder der Alliierten, dort kunstverständige Augen und schönheitsempfindliche Herzen entzücken. Kunst ist ja Menschheitsgut, daher gönne ich's ja auch unsern Siegern. Viel trauriger finde ich die Vernichtung durch Bomben oder gar durch die Brandstiftung in Friedrichshain!

Ja, Vater und Viktor gönne ich die ewige Ruhe; denn ein Tag hat beider Werk zerstört, und was von der umfangreichen Völkerrechtsbibliothek nicht (in einem uckermärkischen Gutshaus) Raub der Flammen wurde, dient jetzt der Dorf-Bevölkerung eines anderen Gutes als – Wischpapier! Und darunter einzigartige Manuskripte und sonstige Dokumente, die ein naher Freund meines Mannes [Prof. Edwin Borchard], Völkerrechtler an der Yale University, händeringend sucht!

Dieser prächtige Mann – ein Jude, dessen Großvater aus Deutschland nach Amerika wanderte – schrieb mir, er habe nie ein menschliches Wesen so verehrt und geliebt wie Viktor.

Er ist bestrebt, uns in jeder Weise beizustehen und bemüht sich auch darum, was freilich schwer hält, unsere alten Bilder, die größtenteils in russischem Gebiet sind, für uns zu erhalten. Denke Dir, er hat während des Krieges einen Nachruf auf Viktor mit größter Würdigung seiner wissenschaftlichen Verdienste und seines Charakters in einer amerikanischen Zeitschrift veröffentlicht!! [Edwin Borchard: Dr. Viktor Bruns, in: The American Journal of International Law, Vol. 37/4, S. 685 ff.]

Was nun die Bilder betrifft, so haben wir einige kleine bei uns. Der Fyt blieb in Zehlendorf, in Schl.[anstedt] die anderen beiden großen Bilder. Ich habe wenig Hoffnung sie wiederzusehen. Netterweise sandten mir meine Getreuesten aus dem Institut einen Möbelwagen mit unseren herrlichsten alten Schränken aufs Land nach. Auch Aquarelle aus Wusterwitz, die ich gern den Müllerkindern zum Andenken an ihre Heimat geschenkt hätte, und mein gesamtes Kunstgeschichts-Bildmaterial mit den wertvollsten Mappen und Büchern aus Vaters Besitz waren dabei. Das ist nun alles, einschließlich gegen 1000 Bücher, in fremde, mir unbekannte Hände geraten, die wundervolle Totenmaske von Viktor, die an Napoleon I. erinnerte, unauffindbar; die Briefe (von Vater, Briefwechsel meiner Eltern während 3er Jahrzehnte, Briefwechsel von ihm mit bedeutenden Männern seiner Zeit, Briefe von Viktor und mir aus der Verlobungszeit) all' diese teuersten Erinnerungsschätze ließ Ilse [Rimpau, geb. Bode, Stiefschwester von Marie Bruns] in überspitzter Diskretion durch meine frühere Hausgehilfin verbrennen.

Dabei hätte sie alle Welt lesen können. Es schmerzte mich mehr als die höhere Gewalt, die den anderen Verlusten (s. Schloss) zugrunde liegt.

Wie kurzsichtig ist doch der Mensch, und wie unberechenbar war alles und jeder in diesen Zeiten! Was wir durch Risikoverteilung zu retten versuchten, ist so gut wie alles verloren – auch im Berliner Schloss, Wäscheauslagerung auf einem pommerschen Dorf etc. Was wir für am meisten gefährdet hielten: das Zehlendorfer Haus, blieb fast intakt erhalten, ohne seinen wertvollsten Inhalt: die alten Möbel, die besten Bücher und Bilder, gefüllt mit – nun ja: einigem Hausrat. Das Institut für Völkerrecht, vieler

Mitglieder (wie des durch den Strang umgekommenen Bruder des Attentäters Stauffenberg) beraubt, fristet dort, in seiner Ausweichstelle, wie lange noch?, sein Leben!

Als der Russe weiter westwärts zog, war mein Schwiegersohn *[Jan Noltenius]* gerade aus amerikanischer Gefangenschaft bei uns eingetroffen, und wir gelangten, nach längerem Aufenthalt in einem furchtbaren Auffanglager und hernach in dem schönen Wohnhause des Majors Vorwerk in Wolfenbüttel und kurzem Aufenthalt in Braunschweig, mit einem Viehtransport in die Nähe von Bremen. Durch diesen Transport retteten wir die wichtigsten Kleider, schönstes Porzellan, das immerhin nur zur Hälfte kaputt ging, das nötigste Silber, etwas Tisch-, Bett- und Leibwäsche, auch ein wenig Spielzeug für die Enkel und ein paar Bücher zur Erinnerung, dazu unseren alten Schmuck. Das Vermögen ist in der Stadtzentrale der Deutschen Bank beschlagnahmt mit allem, was unser Banksafe noch enthielt.

Nicht beschlagnahmt ist mein Zeichentalent, von dem Vater mir, der mehr als Vierzigjährigen, mal sagte, bei guter Ausbildung hätte ich mich mit den ersten deutschen Porträtisten messen können. Und in meiner Jugend hatte er mir immer gesagt, ich sei nur fleißig und kein bisschen begabt. Ich glaube, er hatte zu viel in den Zeitungen über die modernen Maler geschimpft und genierte sich nun, mich ausbilden zu lassen.

Also begann ich mit 60 Jahren, habe nun wohl schon, inklusive die Arbeit auf dem Lande, gegen 400 Portraitskizzen gemalt, bin glückselig bei dieser Beschäftigung, die mich wenig Zeit kostet und uns zum Broterwerb dient. Hella arbeitet bei der »Public Safety« als Dolmetscherin und Übersetzerin. Die von Vater ererbte juristische Begabung kommt ihr dabei zugute. Es ist auch dringend nötig, denn ihr Mann, der als Student Nazi wurde, musste seine schöne Tätigkeit als Baumeister am Diakonissenhaus aufgeben und schippt jetzt mit Schwerarbeiterzulage. Hella verdient mehr als er. Doch vielleicht hat sein Vorstellungsverfahren Erfolg.

Da er, auch als streng kirchlich religiöser Mann, der ganzen Nazirichtung mit den Jahren immer mehr entfremdet wurde, hatte Hella ihm geraten, doch auszutreten. Dazu fand er leider den Dreh nicht. Nun ist auch seine Weimarer Wohnung mit der ganzen sehr schönen Aussteuer von Hella als Nazigut beschlagnahmt. Mein Schwiegersohn und ich teilen uns die von Viktor ererbte Unterwäsche. Aber es geht! Die beiden Enkelkinder mit ihrem fröhlichen Ausblick ins Leben machen uns viel Freude. Sie zeichnen beide den halben Tag mit Leidenschaft, Humor und Begabung. Ich versorge sie, die aber schon sehr selbstständig und eine rechte Hilfe sind, ich schaffe die Nahrungsmittel herbei, flicke und zeichne, auch beim Anstehen für Fleischbrühe und Fisch, wobei mir dann immer das Drankommen eine lästige Unterbrechung ist.

Wir wohnen sehr schön in 1 ½ Zimmern bei einer Tante meines Schwiegersohns [*Elisabeth Noltenius*], einer in Paris ausgebildeten, sehr begabten Kinderporträtistin, Enkelin von Gustav Schwab. Ihre Weitherzigkeit, ihr hoher, schwungvoller Geist, ihr Organisationstalent und ihre große Güte machen uns das Leben an ihrer Seite zum Hochgenuss.

So haben wir eine Geistesheimat gefunden.

Bremen bietet uns in den frühen Abendstunden (vor der Curfew Hour [*Sperrstunde, von der Besatzungsmacht für die deutsche Bevölkerung eingerichtet*]) viel an interessanten Vorträgen, bedeutenden Kirchenkonzerten und hervorragendem Theaterspiel. Denke Dir, der Intendant des Künstlertheaters, Paul Kleinen, stellte Nathan den Weisen mit den Handbewegungen von Rembrandts Patriarchen dar – sehr edel! Voll Wehmut dachte ich an die 200 Reproduktionen von Rembrandtzeichnungen, die ich aus Vaters Besitz erhalten hatte und die nun auch dahin sind.

... Dass Lilli [*Müller-Wusterwitz, aus der Rimpau-Familie*] erschossen (durch die Russen) und ihr Mann verschollen ist, wirst Du gehört haben. Kinder und Enkel entkommen. Ich verlor in den Eltern mit die liebsten Freunde und die größten Wohltäter von Viktor und mir. 19x bin ich in dieser meiner 2. Heimat zur Erholung gewesen [*auf Gut Wusterwitz, worüber Marie Bruns nach 1945 ein eigenes Erinnerungstagebuch für den Sohn Klaus Müller-Wusterwitz verfasste, das erhalten geblieben ist*]. Der arme Sohn Klaus, aus amerikanischer Gefangenschaft nach Paris zurückgekehrt, ahnt noch nichts vom Schicksal seiner Eltern. –

Von Edith höre ich gelegentlich durch Amerikaner, die zur Erholung in die Schweiz gefahren sind. Sie hat drei Töchter, und es geht ihr gut.

Verzeih' die Zettelwirtschaft! [*Schreibt Marie auf der neunten Seite von den elf Seiten ihres Briefes auf beidseitig beschriebenen Zetteln*] In dieser schwer bombardierten Stadt muss man mit Papier äußerst sparsam sein.

Im Sommer hörte ich das Requiem von Mozart in dem prächtigen Dom [*Bremens*]. Der tapfer getragene Schmerz vieler Hunderter fand Trost in den göttlichen Harmonien. Die glaslosen Fenster sorgten für gute Himmelsluft, aber es wirkte doch sehr drollig, wie sich bei einem Gewitterschauer plötzlich Regenschirme über den Häuptern der Hörer öffneten!! Die Decke in dem Dach war nicht mehr dicht.

...

Von Herzen stets Deine Tante Mausi.

Nachschrift.
Wolfenbüttel ist ja fabelhaft gut erhalten. Im Auffanglager fingen wir auf:
a) die Enkel Keuchhusten
b) ich Läuse – eben nicht zu knapp!

Die Hygieneverhältnisse im Wolfenbütteler Schloss sind schlimm. Jetzt brach dort Typhus aus.

Was bin ich für eine geschwätzige Alte!! Endlich mal endgültig Schluss!

Bremen 23) b. Fr. Elis. Noltenius, Kohlhökerstr. 55 I

28.7.46

Mein sehr liebes Frl. Greinert! *[Angestellte im Institut für Völkerrecht]*

... Wir hoffen immer noch. Hellas Chef hat für die Gesinnung von Hellas Familie Bürgschaft geleistet, auch der britischen Zentrale gegenüber. Aber ganz selten wird nur eine Ausnahme gemacht. Die meisten Gesuche werden abschlägig beschieden.

[Am 24.1.1948 kam dann vom »öffentlichen Kläger bei der Spruchkammer Bremen« die offizielle Bescheinigung für Hella Noltenius: »Auf Grund der Angaben in Ihrem Meldebogen sind Sie von dem Gesetz zur Befreiung von Nationalsozialismus und Militarismus vom 9. Mai 1947 nicht betroffen.«]

P.S. Ich möchte Ihnen noch die schönste Stelle aus Borchards Brief abschreiben, die Ihnen wie mir wohltun wird: »I need hardly tell you what my thoughts were at your late husband's passing. It was a shock from which I have not yet recovered, and I shall do my level best to see that his name is honored so it should be in the profession. I know what a superior person he really was, and never found a deeper attachment to an human being. His passing was a loss to the entire world. And yet I... get from the fact that he escaped knowledge of what had happened in Germany – knowledge which would have saddened him greatly.«

Wie recht hatte mein Mann, seine Sache bei Borchard gut geborgen zu wissen. »Er wird auch Euch beistehen«, fügte er mal hinzu. Und wie treulich tut er das jetzt.

Wie selig bin ich doch, mein Haus (dass ich noch m e i n sagen darf!) belebt zu wissen durch Sie, *[Günther]* Weiß, *[Konrad]* Kretschmer – all' die lieben Vertrauten, die Familienmitglieder möchte man beinah' sagen.

Der Gedanke mal wieder von Ihnen hören zu können, beseligt mich!

Ihre gute
M.B.

Cornelia Bruns an Hella Noltenius

Berlin-Zehlendorf, Milinowskistr. 10/a, 2.8.46

Liebste Hella,

... so ist man ständig in Bewegung und abends todmüde – nachdem ich ja jeden Vormittag stundenlang mit Frl. H'rg in dem halbzerstörten Dahlemer Institut unsere Amerika-Abteilung aufbaue – eine Heidenarbeit mit Bücken, Schleppen, Heben, Laufen etc. Dabei haben wir seit 2 Monaten kein Gehalt bekommen und wissen noch nicht, wie wir weiterbestehen werden, nachdem die K.W.G. nun ja wirklich aufgelöst wird. [Die Kaiser-Wilhelm-Gesellschaft wurde dann in die Max-Planck-Gesellschaft umbenannt, zu der dann das Institut für Völkerrecht weiterhin gehörte.]

... Innigst Dein Cörnchen

[Aus der Schweiz, wo Marie Bruns sich bei Edith Aeschbacher aufhielt]

Utzenstorf, d. 16. Dezember 46

Meine liebe Rainermutter [Hella Noltenius]!

Etwa um die Zeit, wo Dein Bübchen [Rainer] vor 8 Jahren Dir in den Arm gelegt wurde, wachte ich auf und sah sein Gesicht ganz deutlich vor mir, wie es jetzt die gute Schweizer Luft und die nahrhafte Kost geformt haben: Haare dicht, unaufhörlich wachsend, Backen rund und rosig, Augen viel blauer leuchtend durch den Gegensatz des Wangenrot und strahlend vor Übermut, der sich besonders im Wettbewerb mit dem kräftigen Meieli [Aeschbacher, älteste Tochter von Edith] austobt. Wie war ich froh, ihn am Samstag auf dem Solothurner Bahnhof in Empfang nehmen zu können. Ursula, Heinrich und Dorothea [Sattler, Schwester von Jan Noltenius mit zweien ihrer Kinder] warteten mit mir auf Dieter [Wehrli, Sohn einer anderen Schwester von Jan Noltenius] und ihn.

... Naegeli [Elke Noltenius] begrüßte ihren Bruder voll Freude. Zum Spielen mit ihm war kaum mehr Zeit. Aber die vier Kinder saßen am kleinen Tisch vereinigt um ihre Schüsselchen voll Kakao-Grießbrei – das war ein schöner Empfang.

Morgen kriegen wir noch eine kleine Couch gebracht, in der Rainer neben mir im Oberstock schlafen kann. Ich habe mir das gewünscht, da er ja wie ein Murmeltier schläft, sodass weder ich ihn störe noch er mich wecken kann, und hier wollen wir auch Schularbeiten machen. Da ist viel nachzuholen, denn aus sich heraus hat er in Zürich (ein paar Wochen bei der Familie Wehrli) wenig gearbeitet und *[seine Tante]* Agnes *[Wehrli]* hatte begreiflicherweise wenig Zeit. Aber wir werden's schon schaffen, wenn er später 5 oder 6 Wochen in Riedholz zur Schule geht. Hoffentlich kann er bis dahin Schwiezer Dütsch. Er hat leider in Zürich nur Hochdeutsch ge-sprochen – ge-<u>sss</u>prochen sogar, während Naegeli ihre <u>zwei</u> Gedichtchen fürs Fest schon wie eine echte Schweizerin spricht.

Nun will ich versuchen, noch etwas zu schlafen, ehe ich mir Rainer ins Bett hole und ihm einen von mir gezeichneten Bilderbogen überreiche mit ca. 20 herrlichen Buntstiften als Vorgeschmack des Geburtstagstischs. Gestern früh im Bett las ich ihm den Rabenbrief *[der Mutter Hella]* vor. Er hat furchtbar gelacht, und Naegeli und Meieli auch, wie sie zufällig dazu kamen und ihn nochmals hörten.

Die sechs Kinder in der Geburtstagsstube sehr vergnügt. – Bei minus 10 Grad fuhren unsere im Garten ca. ½ Stunde Schlitten.

Utzenstorf, den 4. Januar 47

Liebstes Herze! *[Hella Noltenius]*

... Ich will eben mal Martins *[Prof. Martin Wolff, ehemals Berlin]* Brief für Dich abschreiben:

»Habe vielen, vielen Dank auch von mir. Dein Brief ist so verständnis-voll und wohltuend, und wenn ich ihn lese, war es, als sei ich in alten Zeiten und in die Sven-Hedinstr. *[Viktors und Maries Bruns' Haus in Ber-lin-Zehlendorf]* versetzt, und ich sehe Deinen lieben Viktor vor mir. Er war ein Freund, wie es wenige gibt; ich habe keinen besseren gehabt, und es ist für mich ein großer Schmerz, dass er nicht mehr ist. Freilich – ob er die alte, ihm eigentümliche, aus Heiterkeit, Spielerei, Ernst und Gemüts-schwere gemischte Weise je wiedergewonnen hätte?« ....

»Meine Freundschaft mit ihm begann beinahe sogleich, als wir uns kennen lernten: nämlich als er mir seinen »Antrittsbesuch« als junger Ex-traordinarius in Berlin machte (1912); diesen Besuch malte er in seiner wunderbar komischen Art aus: ich hätte ihn für einen Studenten gehalten, in Filzpantoffeln empfangen, grob angefahren und die Treppe herunterge-worfen. Du kannst Dir denken, wie diese Geschichte im Lauf der Jahre wuchs, wie er immer neue komische Züge hinzu erfand und die Geschich-te liebevoll ausmalte. Und solche Geschichten gab es bei uns im Laufe der Jahre Dutzende. Wie herrlich lustig konnte er sein: Aber man musste auf der Hut sein. Einmal kam er zu mir zu einem Fakultätsdinner als erster, ½

Stunde zu früh. Er ging allein ins Esszimmer, sah, wie alles gedeckt war, fand aber am Buffet eine Flasche mit Enos Fruit Sekt, davon goss er etwas in jedes Champagnerglas der Gäste. (Glücklicherweise wurde es rechtzeitig von den Mädchen entdeckt.) Aber daneben war die ernste Seite seines Wesens: strenge Sachlichkeit, völliges Zurücktreten-lassen seiner Interessen (z.B. in Fakultätssitzungen), strengste Selbstkontrolle in wissenschaftlicher Arbeit. Selbst wenn er einen Aufsatz fix und fertig hatte und wenn er sogar schon gesetzt war, zog er ihn aus Gewissenhaftigkeit zurück, oder legte ihn beiseite, weil er in irgendeinem kleinen Punkt unzufrieden mit ihm war. – Seitdem wir ihn verloren haben, habe ich keine Lust mehr, an die Berliner Fakultät zurückzugehen, was ich mir sonst doch wohl gewünscht hätte.« ... »Ich sehne mich nach Deutschland.« ... »Hella sandte mir ein entzückendes Kinderbild. Ich gratuliere der Großmama.« ... »Wie gern würde ich Euch alle wiedersehen« etc. Dies die für Dich interessantesten Briefteile.

Deine alte Muschka

Bremen 23) Rembrandtstr. 12, 1. Mai 49

Mein lieber Carl [*Bilfinger, damaliger Nachfolger Viktor Bruns' als Institutsdirektor in Heidelberg*]!

Dein Briefchen, inhaltsschwer von lieben Angeboten, hat mich herzlich gefreut, und ich danke Dir für alles, was Du für uns tun willst. Aus Deiner lieben und gütigen Hand nimmt man gern, was Du so freundlich bietest. Aber Du sollst »dem Aufbau« auf keinen Fall etwas abknapsen. Weißt Du doch, dass ich »Viktors Kind«, wie er so oft das Institut nannte – ich nehme an, es ersetzte den fehlenden Sohn – auch als mein Kind zu betrachten gewohnt war, und wir Alten lassen schwer von alten Gewohnheiten!

... Dass Cörnchen einen Teil unserer Möbel, wenn auch sehr billig, verkaufen und wir von dem Geld das uns nötigste Fehlende anschaffen konnten, war eine ganz große Hilfe. Die Summe ist aber auch schnell zerronnen. –

Was nun meine Pensionsansprüche betrifft, so weiß ich nicht, inwiefern ich da noch etwas »zu melden« habe. Bis Mai 45 zahlte mir die Universitätskasse 486 Mark. Also wohl ohne Steuerabzug 500 Mark. – Durch einen hiesigen Herrn hörte ich vor etwa zwei Jahren, dass die Stadt Bremen für Flüchtlinge eine »Abschlagssumme« zahle. Es wurden auf meine Erkundigung hin nun von der Behörde Leumundszeugnisse für Viktors politische Unverdächtigkeit gefordert. Die erhielt ich auf meine Bitte in unvergesslich schöner Fassung von Prof. Borchard, Martin Wolff und Rudolf Smend. Daraufhin bekam ich in einiger Zeit die Witwenpension in Höhe von 200 Mark zugesichert, abzüglich einer Lohnsteuer von 12,75 Mark und einer Kirchensteuer von 89 Pfennig, also 186,36 Mark. Dieses Fixum habe ich dankenswerterweise seit März 1948.

Wenn nicht Hellas Lebenskampf und ihre zarte Gesundheit so viel erforderte, würde ich nicht über eine weitere Hilfe nachdenken. Aber dass ich in keiner Krankenkasse bin und, als ich spätestens hätte darin eintreten müssen, kurz vor 60, noch in dem unverlorenen Krieg meine reichliche Pension hatte, bedrückt mich natürlich sehr. Ich wäre froh, wenn durch einen etwaigen Schritt von Telschow *[Generaldirektor der Kaiser-Wilhelm-Gesellschaft, s.o. S. 254 f.]* eine zusätzliche Versorgung für mich herauskäme. Wie gesagt – nur um Hellas willen.

... Deinem Wunsch gemäß habe ich Borchard gleich per Luftpost für Deinen Brief gedankt und ihm gesagt, dass Du bald selbst schreiben würdest. Dann haben Hella und ich gemeinsam seine Verwirrung über die vielen Adressen für Bücherpakete geklärt und ihm geschrieben, Heidelberg müsse die Anschrift lauten und du werdest die nähere Adresse so bald wie möglich angeben – für den Fall, dass der Bücherversandt von U.S.A. hierher gestattet werden würde! Ich hatte seinerzeit Tübingen – *[Günther]* Weiß – angegeben, da dort ja die meisten alten Institutsmitglieder mit großer Begier nach Forschungsbüchern versammelt waren. ...

Die Bibliothek des Instituts durch Borchards Spende zu bereichern, versteht sich ja von selbst. Die Gründung des Instituts ging ja nicht nur aus Viktors wissenschaftlichem Sinn, sondern erst recht aus seiner den Erdball umspannenden Menschenliebe hervor – die Fortdauer seines Werkes ist uns tiefstes Bedürfnis.

An Weiß wirst Du Deine Freude haben. Er ist ganz durchglüht von der Liebe zum Völkerrecht, über das er in den letzten Jahren wahrhaft gebrütet hat, und Viktor meinte, dass er an Schärfe des Verstandes wohl noch Mandelsloh *[Herausgeber der völkerrechtlichen Quellen-Reihen des Instituts]* überlegen wäre, wofür dessen Persönlichkeit den Stempel alter Familientradition trug. Ich bin überzeugt, dass der getreueste von Viktors Jüngern in Deinem Stabe einer der eifrigsten und fähigsten sein wird. –

Alle Mitglieder schreiben so beglückt von Deiner Beschwingtheit. Es macht uns sehr froh, dass Du diesen herrlichen Lebensinhalt gewonnen hast, zu dem die letzten Jahre stille Vorbereitung bildeten.

Grüße Gretel innigst, und sei der großen Dankbarkeit und Freude gewiss von Deiner Marie.

Mein geliebtes Hellakind!

Rainer und Elke sind nun wohl beide wieder bei Dir eingetroffen und können die letzten Ferientage bei Dir genießen.

... Von »Boje« *[Verena Aeschbacher]* bin ich immer mehr entzückt. Sie spricht alles Englisch, das ihr Mrs. Brodlay vorsagt, tadellos nach – das englische »r«, das »th« bieten ihr gar keine Schwierigkeiten, und keine Italienerin könnte mit schöner singendem Ausdruck »italiano« sagen wie sie. Alle drei Mädchen hängen schwärmerisch an ihrer Mrs. Brodlay, und wenn sie nicht im Garten bei uns sitzt, ist Gritli *[Margrit Aeschbacher]* meist drüben bei Brodlays zu finden. Mrs. Brodlay sagte gestern scherzhaft, es wäre am gescheitesten, man brächte ihr Bett zu ihnen herüber.

Aber wir Erwachsenen lieben das Ehepaar ebenso sehr. Sie sind von unbegrenzter Güte und köstlichem Humor.

Den 11. August

Edith arbeitet für Gritlis Zwerg Fritz eine Frau in Bauerntracht mit Defregger-Zopf, alles aus Stoff, richtig unzerstörbar. Gestern wurde der Kopf fertig. Heute muss Edith noch wie ein Neger arbeiten, dass der Körper angezogen fertig wird. Gegen 20 Flicken setzt sie oft zusammen. Der Hautstoff ist Molton-ähnlich. Die Zwergin wird ebenso groß, wenn nicht größer sein wie Gritli. Gewiss hat die Kleine dann einen Riesenspaß an Allem. Sie ist ja so genussfähig. Ein unbeschreibliches Original! Sie ist mir ganz stark ans Herz gewachsen.

Gritli hält jetzt ihren Nachmittagsschlaf immer in meinem Bett ab. Erst lese ich ihr ein Grimmsches Märchen vor, dann schlafen wir beide; darauf sagt sie: »eine ganze Stunde lang Hasenfell abziehen«. Das tu' ich dann auch, nach Hengstes Vorbild, allerdings nicht länger als 10 Minuten. Es tut nicht Not bei ihr. Die Haut ist durchweg sehr elastisch, während bei Meieli *[Marianne Aeschbacher]* an den Schultermuskeln schon kleine Verhärtungen fühlbar sind. Aber ich wundere mich, wie beweglich sie bei ihrer Rundlichkeit ist. Herzig bewegte sie sich, wie sie neulich das Lied von Humperdinck sang: »Liebe Schwester, tanz' mit mir ...«

Ich lebe, wenn ich lese in Paps' *[Wilhelm von Bodes]* Welt. »Die großen Kunstsammler« war mir kulturgeschichtlich enorm interessant, Großvater Bode *[Wilhelm von Bodes Vater Oberlandesgerichtsrat Wilhelm Heinrich Bode]* und so manche mir vertraute Namen kamen darin vor.

Gerade geht es wieder zum Schwimmen – also lebe herzlichst wohl!
Viele Müntschis von Deiner Muschka

Solitude, über Moudon, Waadtland. 23.8.49

Mein geliebtes Herze [Hella Noltenius]!

... Hinwärts fuhr ich von Lyss aus, wohin mich Edith per Auto brachte, ohne Umsteigen bis Moudon und erlebte mit die schönsten, wohl erhaltensten Burgen, die ich je gesehen; in diesem Kanton scheinen die Jahrhunderte still gestanden zu haben. Brunnen, Tore, Kirchen, Bauernhäuser – alle so uralt und unberührt, wie verwachsen mit der Landschaft – ebenso passen die Fuhrwerke zum Boden, und das Leuchtendblau der Joppen, die hier der Landmann trägt, erscheint wie das gesteigerte Blau der Alpen, wenn die Sonne sich neigt. ...

Sei fest ans Herz gedrückt von Deiner Muschka und vermüntschele [küsse] Deine beiden Süßen in meinem Namen!

Utzenstorf, den 11. September 49. – Ich schreibe von Heidelberg aus nur noch eine Karte. Wenn ich nichts Anderes melde, bin ich Donnerstag, 22.9. um 19.57 in Bremen Hbf.

Mein geliebtes Herze [Hella Noltenius]!

... [Herbert] Kiers Anhänglichkeit ist rührend. Wenn Montag, den 19., in Heidelberg »Institutsabend« ist, an dem Onkel Carl [Bilfinger] der einstigen »Institutsmutter« die vier neuen Mitglieder vorstellen will, werden wir, wie ich vernahm, an Kier und verschiedene andere auswärtige Institutsfreunde Postkarten versenden, damit sie teilnehmen können an dieser Art Einweihung der Institutszentrale. Es ist wirklich eine große Freude. ... Jedenfalls ist es wichtig, dass ich in Heidelberg nicht zu schnell abbreche. Tante Gretchen [Bilfinger] ist mit beiden Söhnen verreist, und wegen Onkel Carls Umständlichkeit soll ich in einem zentral gelegenen Hotel wohnen, von Freitag, den 16ten, Abend bis Dienstag, den 20. früh. Am 18ten, dem 6-jährigen Todestag von Paps [Viktor Bruns], werden wir sehr seiner gedenken. Ich werde etwas maikäfern über einer kleinen Dankesrede, die ich am 19ten an Onkel Carl [Bilfinger] und die alten Institutsmitglieder halten kann. Wahrscheinlich werde ich zu den Mahlzeiten in dem Freundeskreis herumgereicht. Es ist aber auch nötig, dass ich zum ersten Frühstück im Hotel die nötigsten Marken habe [die Essensmarken, die ihr Hella aus Bremen zusenden soll]. Vielen Dank, dass Du an Onkel Carls Adresse einige schickst. ...

Den 12.9.

Ich reiche gerade mit meiner Ferienkarte. Hoffentlich kommt die Kennkarte *[Personalausweis]* noch rechtzeitig hier an; sonst werde ich unterwegs noch irgendwo festgesetzt. Wir verlassen das Haus am 16.9. früh 9 ½ Uhr.

Innigst Deine Muschka

Heidelberg, 17. Sept. 49

Liebste Mädy *[Marie von Gebsattel]!*

Vor Jahren sagte ich Dir in Gailenreuth, dass Du für mich der Ersatz meiner seligen Mutter seiest. So oder ähnlich ist es geblieben. Mein Gewissen warst Du, das ich, ach, so oft verletzte. Es gab eine Zeit, da hielt ich mich in meinem Wahn für stark. Jetzt weiß ich, dass ich ein schwacher Charakter bin. Möchte ich doch erfahren dürfen, was es heißt: »Gott ist im Schwachen mächtig.«

Und nun will ich »Das Schicksal eines Gedichts« für Dich abschreiben. Da Du nie in erster Linie katholisch, sondern christlich bist, werden diese protestantischen Verse und die Worte meiner Freundin Agnes *[von Harnack]*, einer tief gläubigen Christin, auch zu Dir sprechen. Sie verlor 14 Verwandte, meist durch den Strang. Der Bruder des Klaus Bonhoeffer, Pastor, kam aus dem sicheren England, um für die alte Kirche zu kämpfen. Er wurde erschossen.

Wie schön, dass Du so mancherlei drucken lassen und dadurch einem größeren Kreise Trost und Erhebung spenden konntest!

Ich brachte 8 Wochen bei Edith *[Aeschbacher]* zu, die mich auf Händen trug. Ihr Mann war auch sehr gut zu mir und immer bereit, mich zu beraten. Von den drei Töchtern sind die Älteste und die Jüngste sehr praktisch und hilfreich, die mittlere steht als Träumer und Phantast dazwischen, ist wohl die feinste, elfenhaft in der Erscheinung, zart, etwas unstet, für Poesie und Malerei begabt, sehr originell – hoffentlich als Schulkind später auch fleißig.

In Heidelberg hatte ich die Freude, die Neugründung des Instituts für Völkerrecht unter der Leitung von Viktors Vetter *[Carl Bilfinger]* zu erleben. Die alte und die neue Garde stehen ihm freundlichst zur Seite. Für mich war es ein Wiederaufleben alter Zeit und eine Bestätigung dafür, dass große und gute Gedanken, wie sie mein Mann für Deutschland hegte, nicht verloren gehen, sondern weiterwirken müssen in alle Zukunft.

Innigst Dein Fisch

Liebste Mädy!

Da sich Dein Brief mit meinem Geburtstagsgruß kreuzte, möchte ich Dir gleich noch einmal schreiben, wenn ich auch den Brief wegen Geldmangel erst später abschicken kann.

Ich danke Dir sehr herzlich, dass Du mir solch lieben Bericht gabst und bin selig, dass Du Dich gut erholtest. Dir ist also auch Deine Krankenhauszeit zum Segen, im »Geben und Nehmen« geworden! So ging es mir Ende Dezember und Januar vor Jahresfrist während meiner Lungen-Rippenfellentzündung. Ich hatte freilich, bei 5 Zimmergenossinnen, keine so direkte Berührung. Aber die gegenseitige Erheiterung machte die Zeit für uns alle zu einer Erquickung und Bereicherung, und ich konnte mancher Verzagten Freude machen und Ermunterung geben.

Ich wusste, wie sehr Dir »Das Schicksal eines Gedichts« zu Herzen gehen würde! Schade, dass ich die in zwei Nummern der »Kirche« erschienene Rede von Agnes *[von Zahn-Harnack]*, die sie am 1. September 49 im Deutschen Opernhaus in Berlin hielt, fortgeschenkt habe! Sie hieß »Der Weg zum Frieden« und bestand aus einer Rückschau über die letzten Jahre von ernstester Gewissensprüfung und einer Ausschau in die Zukunft mit Auslegung des Pauluswortes: »Die Frucht aber des Geistes ist Liebe, Freude, Friede, Geduld!« Für jedes Menschenherz und für das ganze deutsche Volk eine Richtschnur, nach der irdischer Frieden und wahre Gottseligkeit erlangt werden kann.

Ich machte zwei Abschriften, die ich in der Adventszeit versandte; die eine will ich Dir im Februar etwa zukommen lassen. Solche Schriften machen auf meine Bitte hin immer die Runde bei den nächsten Angehörigen.

Hella ist seit ihrer Unterleibsoperation, die nur lokale Besserung brachte, durch Überanstrengung im Amt sehr viel zarter und viel magerer geworden. Ich versuche, ihr den Lebenskampf nach Kräften zu erleichtern, aber da ich doch älter, langsamer und im Gehen schwer behinderter geworden bin und nur helfen kann, indem ich (abgesehen von Kinderfürsorge) Dinge praktischer Art tue, für die ich geschaffen bin wie das Grimmsche Katerlieschen für die Hauswirtschaft, sehe ich täglich meine große Unzulänglichkeit und hoffe nur, dass ich gesund genug bleibe, um ihr nicht noch zur Last zu liegen. Ich wusste nicht, dass man nach 60 nicht mehr in eine Krankenkasse eintreten kann und habe daher eine besonders ungewisse Zukunft!

Elke ist entzückend in ihrer häuslichen Hilfe und ihrer zärtlichen, verständnisvollen Liebe zur Mutter.

Möchte von Dir das Wort gelten: »Wie Deine Tage, so Deine Kraft!« Innigst stets Dein *[gezeichneter Fisch]*

Bremen, 16.2.50

Meine geliebte Mädy!

Da Dich das »Schicksal eines Gedichts« so gepackt hat, möchte ich Dir auch anbei die Abschrift von AvZs [*Agnes von Zahn-Harnacks*] »Friedens-rede« zusenden, die ich mir ganz gelegentlich mal zurückerbitte. Dass Agnes darin als freidenkende Protestantin erscheint, wird Dich nicht stören. Streben nach Wahrhaftigkeit und aufrichtigen Glauben hast Du ja immer in allen Lagen geschätzt.

Herzlichst umarmt Dich Dein alter [*gezeichneter Fisch*] (sieht schon recht senil aus!)

[*Anlage:*] Der Weg zum Frieden. Von D. Dr. Agnes von Zahn-Harnack (Rede, am 1. September 49 in der Städtischen Oper zu Berlin gehalten)

Utzenstorf, den 24. Oktober 50

Mein geliebtes Herze [*Hella Noltenius*]!

... Dass wir hier noch immer warme Sonne haben und ich mein Som-merkleid trage, ist herrlich. Dann genieße ich's noch sehr, dass ich Edith »die Liebe meiner Eltern« [*siehe Nachwort*] vorlesen kann. Sie hat große Freude an den Witzen meiner Mutter und Großmutter und so viel Gefühl für die Tragik und Größe im Leben meiner Eltern. Auch Irmgard hört manchmal, flickender und schneidernder Weise, zu und interessiert sich glühend dafür. Eine Umarbeitung und Kürzung ist aber nötig. O, wann werde ich Zeit dazu haben?!

26. November 50 Bremen, nochmal Rembrandtstr. 12

An Carl und Grete Bilfinger

Morgen kommen die Packer, übermorgen sind wir schon ab 8 ¼ Uhr: Neu-stadt, Gneisenaustr. 45 II.

Von hier ab nur für Gretchen interessant:
Das Dach [*nach dem erfolgten Umzug der Familie*] ist sehr solide; wir brau-chen keine Regengüsse und Schneeeinfälle bei Tag wie bei Nacht zu fürch-ten. Auch dringt in jede Stube T a g e s l i c h t . Ein Raum, in dem ich schla-

fe, wo wir wohnen, wo Elke arbeitet und wo wir essen, ist hübsch groß und hat gerade Wände, Hellas Schlafstube ist abgeschrägt, aber recht gemütlich und auch nicht gerade klein. Elkes winziges Stübchen kriegt ein Klappbett, und an der Schrägwand werden ihre Puppenbetten und der Spiritusherd aus meiner Kinderzeit, auf dem schon Elkes Urgroßmutter und ihre Urgroßtanten kochten, aufgestellt. Vielleicht findet auch ihr reizender Kanarienvogel noch Platz – sonst bei mir. Dass man von jedem Raum einige Schritte bis zur Küche hat, statt sich 16 Steinstufen bei miserabler Beleuchtung hinuntertasten zu müssen, ist eine G n a d e . Man war morgens von dem Rauf- und Runter-Turnen in den Küchenraum schon recht müde. Wir brauchen morgens auch nicht mehr anzustehen, bis das als Ankleideraum benutzte Badezimmer (ohne Bademöglichkeit!!) zu Örtchen-Zwecken frei wird! Freilich werden wir uns in der Küche waschen müssen, aber die ist so appetitlich, und auf dem kleinen Balkon davor kann entweder ein Liegestuhl oder ein Wandklapptisch mit Stühlen stattfinden – Auswahl: siesta oder Mahlzeit im Sommer.

Sodann haben wir einen richtigen Keller mit Platz für Vorräte und müssen nicht gewärtigen, dass die Ratten unsere besten Kartoffeln aus der Kiste fressen (die in feuchter Waschküche stand!!). Auch keine Aussicht, dass Kleider im Schrank schimmeln, wenn man den Sommer über nicht immer wieder heizt. So hatten wir's im Kellergeschoss in der als Ausweich- und Gaststübchen eingerichteten Plättstube. So sind wir denn erleichtert in Gedanken an ein gesundes Heim.

Für Dich Carl:
Anbei sende ich Dir Viktor und mein gemeinsames Testament. Die von ihm geschriebene Verfügung ist in Kraft getreten. Du kannst es den Göttingern vorlegen.

Heute am Totenfest gedenke ich unserer gemeinsamen geliebten Toten: Deiner Mutter, die so besonders gut und herzlich zu uns war, unseres Viktors und meines Vaters.

In dankbarer Freundschaft
Eure Marie

[Im Januar 1952 starb Marie Bruns nach einer Operation in einem Bremer Krankenhaus.]

Nachwort

Von Marie Bruns-Bode sind 18 Tagebücher mit 2.776 handschriftlichen Seiten erhalten sowie die Briefe, vor allem an vier Adressaten: Wilhelm von Bode, ihren Vater, ihre Freundin Freiin Marie von Gebsattel, die nach dem Tode von Marie Bruns den gesamten Briefbestand von über vierzig Jahren an Maries Tochter Hella übergab, sowie an ihre Töchter Hella und Edith. Als Herausgeber habe ich sie gelesen und das ausgewählt, was für eine breitere Leserschaft von Interesse sein könnte. Mein Auswahlprinzip war, was die kulturhistorischen, sozialen, politischen, pädagogischen und mentalitätsgeschichtlichen Zusammenhänge mit dem Kaiserreich, der Weimarer Republik, der NS-Zeit und der Nachkriegsära deutlich macht.

Ausgelassen habe ich die ausführlichen kunsthistorischen Beschreibungen der Kirchen, Rathäuser, Bürgerhäuser und Museen auf Reisen in Deutschland, Italien, Frankreich, Holland und Schweden, einschließlich der zahlreichen zeitgenössischen Kupfertiefdruck-Postkarten dieser Sehenswürdigkeiten. Wenn Marie allerdings in der Schweiz oder in Südtirol in Aquarelltechnik oder als Zeichnungen Landschaften oder Straßenszenen mit Menschen dargeboten hat, dann habe ich diese auch nur in Auswahl mit abgedruckt, ebenso wie einige von ihr eingeklebte charakteristische Dokumente, Fotos und Zeitungsberichte. Auch die Beschreibungen sämtlicher Flirts in den »Mädchentagebüchern« habe ich bis auf einen ausgelassen.

Zunächst dachte ich, dass es für Leser angenehm sei, wenn ich Tagebucheinträge und Briefe mischte und sie in chronologischer Folge wiedergeben würde. Dabei stellte sich heraus, dass bei den Tagebüchern dann der Erzählfluss und die inneren Zusammenhänge verloren gingen. Ich merkte immer deutlicher, dass es zwar einige Gemeinsamkeiten zwischen Tagebüchern und Briefen, aber auch bedeutende Unterschiede ihrer Nutzung in der ersten Hälfte des 20. Jahrhunderts gab. So entschloss ich mich, das Buch in zwei voneinander getrennten Teilen, nämlich den Teil »Tagebücher« und den Teil »Briefe« zu edieren.

Tagebücher und Briefe

Was heißt das, wenn Marie Bruns-Bode in den 67 Jahren ihres Lebens 18 Tagebücher mit 2.776 Seiten Umfang schreibt? Jeweils eigene Tagebücher über sich selbst, über ihre Ehezeit, über ihre Kinder und über ihre Enkel! Außerdem einige Dramen, Gedichtzyklen, Gedichte und Vorträge. Schließlich fünf ebenfalls – wie die Tagebücher selbst illustrierte – Kinderbücher. Vermutlich dürften es noch viel mehr gewesen sein, da hier nur die genannt werden können, die zwei Weltkriege, sechs Wohnungswechsel und die Flucht am Ende des Zweiten Weltkriegs überstanden haben. Nicht zu vergessen eine unüberschaubare Fülle von Briefen.

Regelmäßig klingelte ihr Wecker morgens um fünf Uhr, damit sie zwei Stunden im Bett zum ungestörten Schreiben hatte, bevor sie sich und ihrer Familie um sieben Uhr das Frühstück bereiten konnte. Der verbleibende Tag mit Ehemann, zwei Kindern und später zwei Enkeln im Haus ließ ihr zum Schreiben nicht die benötigte Ruhe.

Was bedeuteten ihr die Tagebücher? Wenn wir uns heutige Tagebücher ansehen, ist ein großer Teil davon mit einem Schloss versehen: Der Tagebuchschreiber hält das Geschriebene für so intim, dass er oder sie unbefugten Augen, bei Jugendlichen zum Beispiel Vater und Mutter, bei Ehepaaren dem Partner, die Lektüre verwehrt. Bei Marie Bruns-Bode dagegen ist ihr Tagebuch »1915–1919« mit den Worten überschrieben:

»Zum 14. April 1916 –
Dir, lieber, einz'ger Viktor:«

Das heißt, zu ihres Mannes Geburtstag legte sie ihm als Geschenk zur gemeinsamen Lektüre ihr Tagebuch auf den Geburtstagstisch, das schon mit einigen Eintragungen begonnen war. Und nachdem sie drauf und dran gewesen war, große Teile ihrer drei Bände »Mädchenerinnerungen« zu verbrennen, setzt sie 1919 – nachdem ihr Mann sie daran gehindert hatte – ein nachträgliches Vorwort dazu:

»Mehr als drei Bände Mädchenerinnerungen – aus Jahren, in denen ich mich selbst verloren hatte, und darum immer von neuem verirrte. ... Jetzt nach vier Jahren der Ehe, lese ich mit Beschämung von all' dieser verschwendeten Herzenskraft und hätte große Teile dieser Schilderungen ins Feuer geworfen, wenn Viktor [ihr Mann], dem ich die Erinnerungen als schuldiges Bekenntnis geschenkt habe, nicht eingeschritten wäre. Nun muss ich zittern, dass sie einmal ein Dritter durchlesen möchte. Ich will nicht allzu eitel sein, aber ich möchte doch auch nicht, dass man einen ganz verkehrten Begriff von mir bekäme. – Jungen Mädchen könnten diese drei Bände eine heilsame Warnung sein.«[1]

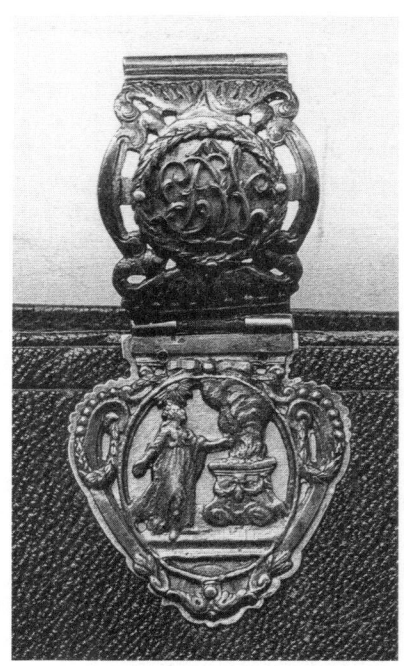

Schmuckschließe eines Tagebuchbandes
von Marie Bruns-Bode

Immer wieder der – wenn auch abgewehrte – Gedanke an mögliche Leserinnen und Leser der Tagebücher! Nun, das ist im 19. Jahrhundert zumindest bis zum ersten Drittel des 20. Jahrhunderts nicht ungewöhnlich. Im Familienkreise wurden Tagebücher vorgelesen, und sie wurden als teure Vermächtnisse der Ahnen an die Nachkommen durch viele Generationen weiter vererbt und genutzt. Bei sogenannten Enkeltagen oder Familientagen, zu denen alle Kinder, Enkel, zum Teil auch Urenkel eingeladen wurden, las man aus diesen Erinnerungen von der gemeinsamen Großmutter und dem gemeinsamen Großvater vor oder erhielt sogar zum Beispiel zu deren 100. Geburtstagen gedruckte Gedenkschriften, die aus den alten Tagebüchern und Briefen die lesenswertesten Passagen zitierten.[2]

Dass die Tagebücher eine bedeutende Rolle in Familie und Freundschaft auch über zahlreiche Generationen hinweg haben sollten, wird auch aus ihrer kostbaren Aufmachung deutlich: Die meisten von Marie Bruns-Bodes Tagebüchern sind in Leder gebunden, der Buchblock mit Goldschnitt aufgewertet. Sie waren oft mit einem Lesebändchen versehen. Einige haben Vorsatzblätter aus kostbarer Seide. Eines der Tagebücher trägt eine historistisch nach Renaissance-Vorbildern geformte Metallschließe, die eine Opferung reliefartig zeigt, eine Schließe, die man nur zuklappen, nicht aber mit einem Schlüssel verschließen kann.

Nun könnte man denken, dass – gegenüber der Familienöffentlichkeit der Tagebücher – Briefe die Intimität der Zweisamkeit gehabt hätten. Aber auch das war nicht so. Briefe von Freunden und Freundinnen wurden gern bei Tisch der ganzen Familie vorgelesen. Als Marie ihrer Freundin Marie von Gebsattel 1909 in einem Brief etwas schrieb, was nur sie wissen sollte, nicht aber Maries Mutter, betonte Marie am Ende des Briefes »Nun mein Liebes, tust Du mir einen g r o ß e n Gefallen, wenn Du mir nicht mehr schreibst! Mutter könnte wünschen, den Brief zu lesen, und das wäre mir in diesem Falle unangenehm. Wir sehen uns ja auch schon in 2 ½ Wochen wieder.«[3] Was für die Familienöffentlichkeit ihrer Briefe im Elternhaus Bode galt, galt dann in ihrer Ehe mit Viktor Bruns genauso. So schrieb sie, nun längst verheiratet, 33 Jahre später (1942) derselben Freundin einmal in einem intimen Lebensbeichten-Brief: »Nicht wahr, Du weißt, dass Du auf diesen Brief nicht antworten kannst, dass mein Mann Briefe öffnet. Du kannst nur sagen, dass Du Dich über seine gute Erholung nach der schweren Krankheit freust.«[4]

Und dennoch gibt es bei bestimmten Briefwechseln Unterschiede zu der Familienöffentlichkeit der Tagebücher. Maries Eltern hatten ihr das gewünschte Studium der Kunstgeschichte als künftige Lehrerin nicht erlaubt und sie stattdessen – als höhere Tochter, die auf die Rolle als Ehefrau und geschickte Hausfrau vorzubereiten war – 1903 auf einen sechsmonatigen Ausbildungsgang in eine Hauswirtschafts-Internatsschule in Reifenstein geschickt. Im Tagebuch tut sie dieses halbe Jahr lakonisch in drei Zeilen ab: »Das Jahr drauf brachte ich sechs Monate im Kloster Reifenstein zu, wo ich den Haushalt lernte. Es war eine frische, frohe Zeit in der schönen Umgebung bei munterer Tätigkeit und nettem Verkehr. Aber Erlebnisse gab es nicht.«[5] Ganz anders und voller Begeisterung schildert sie ihre »Erlebnisse« in Reifenstein an ihre Freundin Mädy in einem langen Brief, dem eine hübsche Zeichnung beigelegt war.[6] Da dieser Aufenthalt von den Eltern erzwungen war, betonte sie trotzig im Tagebuch, das den Eltern ja offen war: »Aber Erlebnisse gab es nicht.« Ihrer Freundin dagegen konnte sie sich voller Freude über alles dort Erlebte öffnen. Falls deren Eltern mitlasen, sollte es sie nicht bekümmern.

Während Briefe vor allem der Kommunikation mit e i n e m Menschen dienen, dienen Tagebücher – neben ihrer sozialen Funktion in Familie und Freundeskreis – vor allem, genau wie heute, der Selbstvergewisserung. Wenn Tagebücher von der Jugend bis zum Alter geschrieben werden, wie bei Marie Bruns-Bode, haben sie Ähnlichkeit mit Entwicklungsromanen, die neben der individuellen auch die Verwobenheit in die sozialpolitische Entwicklung der verschiedenen historischen Epochen spiegeln.

In diesen Tagebüchern und Briefen von Marie Bruns sind das 33 Jahre der Kaiserzeit, davon vier Jahre des Ersten Weltkriegs, fünfzehn Jahre Weimarer Republik, zwölf Jahre NS-Zeit und fast sieben Jahre der Aufbau-Zeit, die in die Begründung der Bundesrepublik mündete.

In diese historischen Phasen möchte ich das Nachwort gliedern und dabei immer das Wechselspiel zwischen der politischen, sozialen, kulturellen und mentalitätsgeschichtlichen mit der individuellen Entwicklung der zwei Menschen Marie und Viktor Bruns und ihrer Familie, sowie der Freundin Marie von Gebsattel skizzieren.

Jung sein im Kaiserreich

Am Beginn des Lebens von Marie Bruns stand die Erfahrung des Todes: Maries Mutter, Marie Bode, geb. Rimpau starb im Kindbett. Dass ihre Mutter an ihrer Geburt starb, hing wie ein schweres Trauma über ihrem ganzen Leben. So schrieb sie 1916 an ihren Vater: »Vielleicht weißt Du nicht, wie sehr ihr Tod mein ganzes Leben beeinflusst hat. Nie verlässt mich der Gedanke, ein Mensch, viel besser und wertvoller als du, musste sterben, damit du lebtest! Mein Streben, den Menschen wohl zu tun durch Liebe und Hilfe, war darum auch so heiß. Wusste ich doch, dass sie lieben konnte, wie nur wenige Frauen lieben und dass sie dadurch in ihrem Kreise ein Licht der Welt gewesen ist.«[7] Lebenslang hat sie die Mutter vermisst. Nach dem Tode ihres Vaters (1929) las sie den ihr vom Vater vermachten Briefwechsel, der über Jahrzehnte hinweg – seit beider Kindheit – zwischen ihrem Vater und ihrer Mutter geführt worden war. Fast zehn Jahre danach (1938), also 53-jährig, begann sie die Briefe abzuschreiben – von ihr reich kommentiert nach Auskünften, die sie schon früh von Freundinnen und Verwandten ihrer Mutter eingeholt hatte. Daraus wurde ein Werk mit dem Titel »Die Liebe meiner Eltern«, 205 Seiten umfassend, das sie maschinenschriftlich mit vier Durchschlägen vervielfältigte und an ihre beiden Töchter Hella und Edith und zwei weitere Personen verschickte.

Ihr Vater stellte nach dem Tod seiner Frau erst eine Amme und danach eine Erzieherin für Marie ein: Letztere, Doris Spazier, wurde von der kleinen Marie »Tata« genannt. Zu Tata entwickelte sich eine warmherzige Beziehung, die Marie bis zum Tode ihrer Erzieherin fortführte, sodass auch einige sehr persönliche, in spontaner Herzlichkeit geschriebene Briefe an sie aus späterer Zeit erhalten sind.[8]

Als Marie neun Jahre alt war, heiratete ihr Vater erneut. Zum großen Kummer von Marie verließ ihre Tata die Familie daraufhin. Bald erhielt sie aus der Ehe zwischen Wilhelm von Bode und ihrer neuen Mutter Anna, geb. Gmelin zwei Schwestern: Anna und Ilse Bode. Ihre Stiefmutter verhielt sich Marie gegenüber sehr distanziert. Sie nutzte deren kindliche Liebenswürdigkeit dazu, sie vor allem zur Beschäftigung und Erziehung ihrer beiden Halbschwestern einzusetzen. Der Vater hatte als Generaldirektor der Berliner Museen und als kunsthistorischer Schriftsteller einer großen Zahl von Werken zur italienischen und deutschen Kunstgeschichte, zu Skulpturen der Renaissance, zu orientalischen Teppichen und anderem wenig Zeit für seine Töchter. Nichtsdestotrotz hing Marie sehr an ihm, schrieb ihm als Achtjährige in einem Brief, dass sie in das vermutlich von ihm geschenkte Tagebuch zu schreiben begonnen habe: »Lieber Vater, ... Ich schreibe jetzt alle Tage in Mariechens Tagebuch.«[9] Abends legte sie ihm immer das, was sie geleistet hatte, weil sie ihn tagsüber kaum sah, auf den Schreibtisch – zum Beispiel ihr Zeichenbuch. Denn sie wusste, dass ihr Vater die Kunst schätzte und sich freute, von seiner Tochter zu sehen, wie schön sie zeichnen konnte.[10]

Ihrem Vater wurde vom Kaiser 1914 wegen seiner Verdienste der Adel verliehen: Wilhelm von Bode. Die weite persönliche Anerkennung, die er wegen seiner erfolgreichen Arbeit als Museumsdirektor fand, als Einwerber für Mäzenaten, die den Museen bei neuen Ankäufen finanziell großzügig beistanden (seine Gründung des »Kaiser-Friedrich-Museumsvereins«) und als geachteter Kunstschriftsteller, mögen mit dazu geführt haben, dass Tochter Marie in höherem Maße als üblich ihren Vater als für sie verhaltensbestimmende Autorität empfand.

In dieser Zeit begann in England und zunehmend auch in Deutschland die Zeit der Frauenemanzipation. Davon hielt Bode aber nichts, wie er in einem seiner Gespräche mit der Kaiserin betonte, während die Kaiserin ein differenzierteres, abwägendes Urteil dazu abgab.[11] Charakteristisch ist, dass Wilhelm Bode seiner Tochter als Kind sagte, lieber wäre es ihm gewesen, wenn sie als Junge geboren worden sei und Marie ihm da beipflichtete, auch ihr wäre das lieber. Erst in der Jugendzeit ändert sich das, und Marie freute sich, Frau zu sein.[12]

Das heißt nun aber nicht, dass auf die Bildung der Mädchen des Bildungsbürgertums nicht geachtet worden wäre. Als 21-Jähriger entfuhr Marie ein Stoßseufzer: »Es ist furchtbar, was alle Welt immer an mir herumbildet!!!«[13] Von heute aus gesehen war es schon arg: Selbst etwas skeptisch erzählte sie, dass in der Familie die Saga umging, sie habe schon mit zwei Jahren unter mehreren Kunstabbildungen immer sicher den Renaissance-Bildhauer Donatello identifizieren können (»Dotello!«).[14] An ihren Vater schreibt sie mit acht Jahren stolz: »Ich sticke jetzt ein Tuch für Großmütterchen, dabei liest mir Tata Odysseus, König von Ithaka vor und ich bin von morgens bis abends dabei.«[15] Warum ist ihre kindliche Bildungsgeschichte so angefüllt von griechisch-römischer Literatur und Renaissance-Kunstgeschichte? Nun, ihr Vater veröffentlichte zahlreiche Werke zu italienischen Renaissance-Bildhauern, wobei Donatello eine große Rolle spielte, und er wird ihr viele Bilder von ihm gezeigt haben. In der Zeit des Historismus machte sich Wilhelm Bode einen Namen dadurch, dass er in den Berliner Museen grundlegend die bis dahin bevorzugte Museumshängung veränderte: Statt möglichst viele Gemälde in mehreren Reihen übereinander an den Wänden zu platzieren und die Säle nur mit Sitzbänken zum ruhigen Betrachten der Kunst auszustatten, verwandelte er die Architektur der Ausstellungsräume und ihre Ausstattung mittels Gemälden, Statuen, Reliefs, auch mit zeitgenössischen Möbeln, um das Wohn- und Lebensgefühl des Mittelalters, der Renaissance etc. den Zeitgenossen erfahrbar zu machen.[16] Es war ja die Zeit zwischen dem Sieg im deutsch-französischen Krieg 1871 und dem Jahr 1918. In diesem Zeitraum wandte sich das Bürgertum ab von der zeitgleichen industriellen Revolution mit ihrer Massenfertigung von Möbeln und Gebrauchsgegenständen und richtete sich im eigenen Haus mit Bildern und Möbeln ein, die historistisch gestaltet waren, also in einem Gemisch aus Stilelementen in Nachahmung von Klassizismus, Renaissance, Barock und Rokoko prunkten. Im Haus von Bode, also dem Elternhaus von Marie, standen und hingen – um nur einige Beispiele zu nennen – ein sogenannter Luther-Tisch, bei Bode natürlich original aus der Reformationszeit, ein konvexer bemalter Spiegel aus der »altdeutschen« Renaissance, Gemälde aus der italienischen Renaissance, zum Beispiel Canaletto, aber auch aus dem 19. Jahrhundert, wie von Adolph Menzel. In der Zeit industrieller Massenfertigung griff das Bürgertum – aus Abscheu vor der »Vermassung« und »Verflachung« der Gegenwart – auf die Vergangenheit zurück, die angeblich viel humaner gewesen sei, wobei man besonders die Antike und die Renaissance als »Goldene Zeitalter« verehrte. So wird leichter verständlich, dass Marie schon mit acht Jahren Homer vorgelesen wurde.

Wilhelm von Bode sammelte für die preußisch-deutschen Museen in Berlin nicht nur in großer Breite die damals wichtigste europäische Kunst, sondern er sprach neben Deutsch auch Französisch, Italienisch und Englisch und las die antike Literatur in ihren Sprachen. Diese gesamteuropäische Weite sollte auch die Bildung seiner Tochter Marie bestimmen. Deshalb nahm er Marie auf seine Kunsterwerbs-Reisen nach Italien mit in den Jahren 1900 und 1913, schickte sie 1903 als 18-jähriges Mädchen allein zum Studium und 1906 zum Zeichenunterricht nach Paris und dann als 21-Jährige zum Englisch-Studium nach Oxford.

So gut und vielseitig gebildet – wenn auch nicht regulär ausgebildet wie die zeitgenössischen jungen Männer! – wünschte sie sich, berufstätig und damit selbstständig zu werden. Schon aus Paris schrieb sie ihrem Vater: »meine Liebe zur Kunst ist hier eine wahre Leidenschaft geworden! Ich muss mein Examen darin machen und dann unterrichten. Das ist mein heißester Wunsch!«[17] Beide Eltern wehrten sich gegen diesen Wunsch ihrer Tochter nach Studium und Berufstätigkeit. So setzten sie es durch – im Sinne einer soliden Ausbildung zu einer künftigen Ehe- und Hausfrau –, dass Marie 1903 auf das schon erwähnte Haushaltsschul-Internat in Reifenstein gehen musste. Damit war der Konflikt zwischen Eltern und Tochter aber nicht beendet. Der Vater benötigte Marie dringend, um seine Erinnerungen als Druckvorlage für den Verlag nach seinem Diktat in ihrer leserlichen Handschrift und später auch seine Privatkorrespondenz zu schreiben. Das tat sie auch gerne. Und dennoch setzte sie ihren Willen durch, Lehrerin zu werden: Als in Berlin an der Kellerschen Schule, am Kaiserhof und zuletzt an einem katholischen Stifts-Gymnasium die Stellen einer Lehrerin für Kunstgeschichte frei wurden, erhielt sie diese. Letztere verlor sie wieder, da sie durch ihre couragierten, zu liberalen Äußerungen über die religiösen Zwänge, denen sich ihre Schülerinnen an der Schule ausgesetzt sahen, entlassen wurde.

Die Lehrerinnen-Stelle am Kaiserhof hatte sie erhalten, als Kaiser Wilhelm II. mit Wilhelm von Bode im Gespräch auf seine Tochter Marie zu sprechen kam und dabei von ihren weiten kunsthistorischen Studien hörte. Da wünschte er sich, dass Marie für seine Tochter Prinzessin Viktoria Luise zur Lehrerin in Kunstgeschichte werden möge. Und so kam es, dass Marie ihre Forderung gegenüber den Eltern durchsetzen konnte und von 1907 bis 1910 – zur großen Freude auch der Prinzessin – dort Lehrerin wurde – und, wie sie sich selbstironisch und stolz ausdrückte, ihre »Hofmemoiren« ins Tagebuch schrieb.[18]

Psychologisch und familienhistorisch bedrückend ist es zu beobachten, dass bereits Wilhelm Bodes Vater ihm verboten hatte, Kunstgeschichte zu studieren (brotlose Kunst!), sodass der junge Wilhelm Bode zuerst – dem Wunsch des Vaters entsprechend – ein ganzes Jurastudium durchhielt, bis der – beeinflusst von Verwandten – Kunstgeschichte als Zweitstudium erlaubte [19] Und derselbe Wilhelm von Bode verbot, selbst Vater geworden, seiner Tochter, ihren Berufswunsch durch ein Studium vorzubereiten. Aber – und das wird für Marie ein besonderer Triumph gewesen sein – sie verwirklichte ihn dennoch!

Marie hatte, wie erwähnt, eine recht liberale Haltung zur christlichen Religion. Eine ihrer liebsten Freundinnen, denen sie die intimsten Briefe schrieb, war die gleichaltrige Freiin Marie von Gebsattel. Diese war Katholikin und wurde zunächst Lehrerin an katholischen Mädchenschulen. In der Zeit vor und während des Ersten Weltkriegs teilte Marie Bode mit ihr die karitative Haltung. Obwohl Marie auf dem hergebrachten Protestantismus ihrer Familie bestand, förderte sie die Ausbildung eines ihr von

Marie von Gebsattel empfohlenen jungen Mannes zum katholischen Priester mit regelmäßigen Zahlungen und schrieb ihrer Freundin dazu »Mein Menschenherz ist weiter als mein Protestantenherz«.[20]

Obwohl überzeugte Katholikin hatte Marie von Gebsattel als selbstbewusste selbstständige Frau eine unausgesprochene Nähe zur Frauenbewegung. Dass sie beruflich später das Mädchenschulwesen förderte und den Weltbund Regina Mundi mit begründete und in den Marien-Orden der Marienschwestern vom Heiligen Ludwig Maria von Montfort eintrat, in dem sie auch Oberin wurde, all das spricht für eine konservative Spielart der Frauenbewegung.

In der Frauenbewegung spielte seit ihren Anfängen die Forderung nach der gesetzlichen Zulässigkeit einer lesbischen Liebes- und Lebensbeziehung eine wichtige Rolle. In der Kaiserzeit war es noch längst nicht so weit. Marie von Gebsattel aber brachte den Mut dazu bereits auf. Marie Bruns, der diese Vorstellung noch fremd, aber offenbar nicht unsympathisch war, reagierte zunächst mit Humor auf diese Lebensumstellung ihrer Freundin: »Meine liebe Mädy! Tausend Dank Dir und der verehrten Frau Gemahlin für die nette Karte. Wie wird das junge Paar in Gailenreuth schwelgen! Putzt es auch Klinken?«[21] »Putzt es auch Klinken« heißt wohl: Macht Ihr auch in vielen Häusern Anstandsbesuche, wie es sich nach der Verehelichung gehört?

Aber schon im nächsten Brief kommt Freundlichkeit, ja Zärtlichkeit zwischen den beiden Maries zum Zuge, wenn Marie Bruns schrieb: »Du verstehst mich doch? – Was frage ich? Du verstehst mich ja immer, Du liebe treue Freundin! Was Du Deiner Frau Mangel an gesellschaftlichen Talenten nennst, das berührt mich ganz besonders angenehm. Ich hab es nicht gern, wenn man so gar lange Brücken bauen muss von einem Herzen zum anderen! – Hör mal, das mit der Krankheit war wohl Ulk? Du hast Deine Frau doch nur prüfen wollen, und nachdem Du ihre aufopfernde Liebe erfahren, bist Du – 1, 2, 3 – wieder obenauf gewesen!«[22]

Ehe im Ersten Weltkrieg

Dem Ersten Weltkrieg steht Marie ambivalent gegenüber. Zunächst überwiegt ihre Begeisterung darüber, wie sehr in der gesamten deutschen Bevölkerung über die Klassengrenzen und – über die Spaltung von Armen und Reichen hinweg – eine unglaubliche Solidarität entstanden war. Sie selbst arbeitete wie ihre Schwester Anna von Bode in einem Kinderhort. Sie berichtet an Marie von Gebsattel von weiteren ehrenamtlichen Tätigkeiten: »Ich bin froh, Arbeitslosen Arbeit verschafft zu haben, Frauen durch Strumpfstricken einen kleinen Verdienst zu verschaffen und da, wo die Stadt mangelhaft vorgesorgt hat, durch energische Berichte an zuständige Stellen doch meist Wandel schaffen zu können.«.[23] Aber schon im Dezember 1914 »schaudert unser Empfinden auch im Gedanken an die Leiden der Feinde«.[24] Im Juli 1915 wünschte sie sich den Frieden herbei: »Hier spricht man vom Frieden im Herbst – welch Segen wäre das!«[25] Anlässlich des 60. Geburtstages ihres Vaters verurteilt sie den Krieg als die »Zeit des wilden Völkerhasses« im Kontrast zu der bisher gewohnten Internationalität: »Tage im Louvre und in der Wallace Collection, Wochen liebenswürdigster Gastfreundschaft auf amerikanischem Boden, milde Herbsttage in Florenz und Rom – in der Equipage eines galanten Italieners ... Tempi passati für den Abschnitt unseres Lebens!«[26]

Und in dieser Zeit des »wilden Völkerhasses« heiratete sie! Liest man ihre Tagebücher und Briefe, kommt das plötzlich und kaum mehr erwartet. Schon seit 1912 besuchte ein Verwandter ihrer Stiefmutter, Viktor Bruns, öfters das Bodesche Haus. Aber erst nach drei Jahren riss sie die »Mauer«, die sie ihm gegenüber errichtet hatte, beglückt ein.[27] Wie gleichgültig ihr Verhältnis zu ihm vorher war, zeigt die einzige Erwähnung von Viktor Bruns in den Mädchentagebüchern, in denen ja ausführlich von manchen Männerfreundschaften besonders aus dem Kreise ihres »Kränzchens« die Rede war (wovon ich allerdings nur eine zum Abdruck ausgewählt habe). Bei einem Ausflug dieses Kränzchens trat ein Viktor Bruns auf, von dem sie nichts weiter berichtete, als dass er aus Schüchternheit beim Kirschenessen, statt die Kerne auszuspucken, sie herunterschluckte![28]

Auf die gegenseitige Erklärung ihrer Liebe folgten schnell Verlobung und am 27. Juni 1915 die Hochzeit. In Zeiten des Krieges aber erschienen selbst die Liebe und die ersten Ehejahre als patriotische Taten! »Jeden Tag fühle ich von neuem den Stolz, eine deutsche Ehe führen zu dürfen. Viktor ist ja auch das Ideal eines deutschen Mannes.«[29] Hatte sie als Unverheiratete in Friedenszeiten von ihrer Sehnsucht nach einem Mann als Selbst-Vervollständigung im Sinne einer bisher fehlenden »Ergänzung« und als »emanzipiert« geschrieben, schrieb sie jetzt von »Ehepflicht«, womit sie aber meint: »Mein Herz hat die heitere Ruhe gewonnen, die mir Freudigkeit zu meinen alten Liebhabereien geben kann, und Viktors Bedürfnis, sich in Freistunden durch gleichen Genuss zu erholen, macht mir diese Freuden zur Ehepflicht. Auch fühle ich, wie viel fähiger ich durch die größere Reife geworden bin. Mein Schriftstellern und Dichten, zu dem ich schon so frühzeitig starken Drang fühlte, habe ich nie liegen lassen, und Viktor hat solche Freude dran, dass ich es jetzt auch weiter ausübe – natürlich nur für den Hausgebrauch.«[30]

Ihrer Freundin Marie von Gebsattel beschrieb sie ihre in der Kriegszeit bezogene Wohnung und die beglückende Harmonie ihrer musischen Interessen: »In dem lichten, zierlichen Salon spielen wir Klavier, und in dem allerbehaglichsten Raum mit der warmroten Tapete und dem Esstisch im Eck unter dem Tellerbord nehmen wir unsere Mahlzeiten ein. Alles sind fremde Möbel; wir statten uns erst nach dem Kriege aus. – Aber eigentlich haben wir nicht das Gefühl, dass uns ein bestimmter Raum umgibt. Wenn wir in den Wanderungen durch Hellas von Isolde Kurz das Land der Griechen mit der Seele suchen, wenn wir die Größe des Schicksals in Beethovens 5. Symphonie bewundern, wenn wir in die Schmiede des Vulkan von Velazquez eindringen – dann ist die Welt unser, und wir durchmessen in kühnem Flug ihr unendliches Reich.«[31]

Aber abgesehen von diesem wunderbaren Übereinstimmen und der gemeinsamen musischen Betätigung mit Dingen, die ihnen beiden schon vorher die liebsten waren, beschrieb Marie ihr »Eheideal«: »Viktor Hilfe leisten«.[32] Sie gab also, im Sinne der bürgerlichen Tradition und der wilhelminischen Auffassung von der Rolle der Frau, die Vorstellung auf, einen eigenen Beruf neben der Ehe zu verwirklichen.

Die Vorgeschichte ihrer Mutter, deren Sterben im Kindbett, ängstigte Marie Bruns bei jeder Schwangerschaft wegen der Befürchtung, dass ihr Ähnliches geschehen könnte. Aufgrund einer Erkrankung Maries, die »Mädchenleiden« genannt wurde, hatte sie sieben abgebrochene Schwangerschaften/Fehlgeburten. Daraus wird verständlich, dass – als sich abzeichnete, dass zum ersten Mal eine Schwangerschaft gelingen würde – ihre Erwartungen an dieses Kind immens waren. In der Vorfreude auf die Geburt ihres ersten Kindes schrieb sie eine Fülle von Gedichten auf dieses Kind. In einem dieser »Wiegenlieder« entwirft sie die Vision: Das kommende Kind werde das Land, das jetzt im Krieg um so viel Gefallene trauert, mit seinen Kindern und Enkeln segnen.[33]

Ihr Tagebuch 1915–19 ist in der Schilderung der politischen Ereignisse von Krieg und Revolution der politischste Teil ihrer Aufzeichnungen. Das hängt einerseits damit zusammen, dass sie sich noch nicht um ihre Kinder und Enkel sorgen musste und so den Blick noch auf das Allgemeine richten konnte, und zum anderen mit Viktors beruflichen Ambitionen.

Viktor Bruns hatte 1910–12 in Genf in französischer Sprache als Außerordentlicher Professor Römisches Recht gelehrt und war ab 1912 an der Berliner Universität als Außerordentlicher Professor für Staatsrecht und Völkerrecht tätig. Für die Dauer des Ersten Weltkriegs wurde er zuerst ins Württembergische Kriegs-Presseamt und ab 1917 bis Dezember 1918 als Zivilreferent beim stellvertretenden Generalkommandeur des 13. Armeekommandos nach Stuttgart berufen. In der zweiten Hälfte des Krieges machte er sich Gedanken um seine weitere Karriere nach dem Krieg. Gegen das unveränderte Fortsetzen seiner Karriere an der Berliner Universität als bald

Ordentlicher Professor hatte er Widerwillen, da er inzwischen, wie das Tagebuch zeigt, Erfolge im Schreiben von juristischen Artikeln zu bedeutenden politischen Fragen, aber auch großes Interesse am diplomatischen Dienst und an einer Tätigkeit in der Regierungsbürokratie hatte. Außer mit seinen Professorenkollegen aus Berlin beriet er sich mit seinem Onkel Carl von Weizsäcker über diese Alternativen. Carl von Weizsäcker war damals Ministerpräsident von Württemberg und so in der Landes- wie in der Reichspolitik ein erfahrener Mann. Viktor Bruns' Mutter war eine geborene von Weizsäcker, und so kommen in den Tagebüchern immer wieder diese »Omuh« Marie Auguste Bruns, geb. von Weizsäcker (1857–1939), sowie Professor Carl Heinrich von Weizsäcker (1822–1899), Theologe und Rektor der Universität Tübingen, Carl von Weizsäcker (1853–1926), Ernst von Weizsäcker (1882–1951, in der Weimarer Zeit im Auswärtigen Amt und unter Hitler Staatssekretär), sowie seine Söhne Carl Friedrich von Weizsäcker, Atomphysiker (1912–2007) und Richard von Weizsäcker, zuletzt Bundespräsident (1920– 2015) vor.[34]

Aber zurück zur Karriereplanung von Viktor Bruns: Zusammen mit seinen Professorenkollegen (zum Beispiel Professor Martin Wolff), mit seinem Schwiegervater Wilhelm von Bode, mit dem Württembergischen Ministerpräsidenten Carl von Weizsäcker und seiner Frau Marie Bruns diskutierte er drei Möglichkeiten:

1. Ministerialrat im Kultus-, im Innen- oder im Außenministerium zu werden.
2. Die Professoren-Laufbahn fortzusetzen, in Nebentätigkeit aber eine politische Zeitschrift zu redigieren.
3. In den diplomatischen Dienst zu gehen.[35]

Obwohl vieles für die diplomatische Laufbahn sprach, war Marie Bruns dagegen, weil sie für ihre Tochter und die weiteren erhofften Kinder den ständigen Schulwechsel zu Schulen verschiedenster Weltsprachen fürchtete und weil ihr die gesellschaftlichen Verpflichtungen der Frau eines Botschafters gegenüber ihrem Hauptziel, viele glückliche Kinder in einer geborgenen Umgebung aufzuziehen, übermäßig belastend erschienen. Carl von Weizsäcker sprach sich für einen Ministerialratsposten aus und versprach, sich bei Richard von Kühlmann, Staatssekretär des Äußeren und später Außenminister, für Viktor einzusetzen. Da Carl von Weizsäcker Viktor Bruns in den letzten Kriegsjahren aber schon mit großem Erfolg als politischen Leitartikelschreiber in wichtigen politischen Konfliktsituationen eingesetzt hatte,[36] hielt er auch die zweite Lösung für aussichtsreich. Wie die Zeit nach dem Ersten Weltkrieg zeigte, sollte Viktor Bruns eine Lösung finden, die den wissenschaftlichen mit dem politisch-diplomatischen und dem politisch-publizistischen Weg verband.

Die vielen Gespräche im Hause Bruns während des Ersten Weltkriegs über Krieg und Revolution mit den Professorenkollegen und mit Carl von Weizsäcker führten dazu, dass Marie zu einem sehr genauen und kritischen Urteil über die deutsche Politik dieser Zeit kam. Was viele Deutsche nie zugeben mochten, formuliert sie in einem eigenen Tagebuch-Kapitel »Die Schuld unseres Kaisers am Weltkriege«.[37]

Spannend ist auch, was sie zum Beschluss der Reichsführung zum »Uneingeschränkten U-Boot-Krieg« schrieb, der zum Kriegseintritt der USA und letztlich zur deutschen Kriegsniederlage führen sollte. Als der Plan dazu aufkam, mussten alle Ministerpräsidenten und alle Landesfürsten des Deutschen Reichs eine schriftliche Stellungnahme dazu abgeben. Alle stimmten zu, nur Carl von Weizsäcker sprach sich vehement gegen diesen völkerrechtswidrigen Plan aus. Als es später darum ging, einen neuen Reichskanzler zu finden, waren Max von Baden, Graf Hertling und Carl von Weizsäcker die Kandidaten. Wegen des Letzteren Absage gegen den uneingeschränkten U-Boot-Krieg soll er allerdings nicht ausgewählt worden sein.

Völkerrecht, Politik und Familie in der Weimarer Republik

Die Verwandlung des deutschen Kaiserreichs durch Revolution und Kriegsende hatte für alle Deutschen während der Weimarer Republik bedeutende Veränderungen gebracht, die auch für Wilhelm von Bode, Viktor und Marie Bruns und Marie von Gebsattel oft befreiend wirkten und ein stärkeres eigenes Eingreifen in die politisch-soziale Wirklichkeit ermöglichten.

Wilhelm von Bode trat 1919 in den Berliner Soldatenrat ein, um so unmittelbar über die Berliner Museen mitentscheiden zu können.[38] Marie von Gebsattel entschied sich für eine politische Laufbahn, war von 1919 bis 1923 in München Landtagsabgeordnete der Bayrischen Volkspartei,[39] wurde 1921 Referentin im Kultus-Ministerium und ab 1922 Dezernentin für das Mädchenschulwesen in Bayern.[40]

In der Weimarer Republik ging die Entwicklung der Berliner Museen erst schleppend, dann immer expansiver voran. Wilhelm von Bodes Autobiografie wurde 1929, im Jahr seines Todes, veröffentlicht.[41] Er konnte es leider nicht mehr selbst erleben, dass die von ihm geplanten Museumsneubauten auf der Museumsinsel 1930 eröffnet wurden, über die Marie ausführlich und anschaulich berichtete.[42]

Vor allem Viktors Lebensplanungen nahmen eine überraschende Wende. Zunächst folgte er dem Ratschlag seines Schwiegervaters Wilhelm von Bode. Nach einer Veröffentlichung über die mögliche Verfassung Württembergs in der neuen Demokratie[43] begann er sein grundlegendes Buch über das Völkerrecht zu schreiben,[44] das für den nach dem Weltkrieg entstandenen »Völkerbund« die juristischen Grundlagen sammeln und formulieren sollte. 1920 wurde er zum ordentlichen Professor an der Universität Berlin ernannt. 1924 gelang ihm die Gründung des Instituts für ausländisches öffentliches Recht und Völkerrecht, zu dessen Direktor er ernannt wurde. Er stellte es auf eine tragfähige institutionelle und ökonomische Basis, indem er das Institut als erstes geisteswissenschaftliches Institut überhaupt in die Reihe der Kaiser-Wilhelm-Institute (Vorgänger der heutigen Max-Planck-Institute) einführte. Außerdem wurde es von Preußen und dem Reich finanziert. Marie zitiert dazu den Präsidenten des Haager Schiedsgerichtshofs, der äußerte, dieses Institut werde einem dringenden Bedürfnis »nicht nur für Deutschland, sondern für ganz Europa« abhelfen. Und sie fuhr erläuternd fort: »Völkerrecht ist eben in der Hauptsache noch ungeschriebenes Gewohnheitsrecht, das nur auf einzelnen internationalen Verträgen beruht. Als Wissenschaft muss es erst begründet werden. Dazu bedarf es einer großen Dokumenten- und Büchersammlung, die Viktor mit vielen Gehilfen in die Hand nehmen will. Die praktische Bedeutung dieser Forschungen wird sein, dass beim Eintreffen von Entente Noten *[Entente-Staaten wurden die Gegner Deutschlands im Ersten Weltkrieg genannt]* nicht wie bisher größte Verwirrung über die völkerrechtlichen Tatsachen, auf die sie sich beziehen, herrschen wird, sondern dass aus dem Schubfach X von Schrank Y von Viktors Institut das Tatsachenmaterial zur Kenntnisnahme des Auswärtigen Amtes hervorgezogen werden kann. Auf unsere Politik dürfte das in solchen und ähnlichen Fällen großen Einfluss haben. So kommt Viktor jetzt zugute, dass er sich immer leidenschaftlich gern mit Politik beschäftigt hat und durch jahrelange Gespräche mit seinem politisch so bedeutenden Onkel *[Carl von Weizsäcker]*, dem einstigen Ministerpräsidenten von Württemberg, in staatsmännische Fragen eingeweiht ist.«[45]

Wegen der Gründung des Völkerrechts-Instituts, seiner Forschungen und der zugeordneten Lehre an der Universität Berlin kamen aus dem In- und Ausland Anfragen und Aufträge auf ihn zu. Auf indische Initiative hatte er ein Gutachten zu indisch-englischen Auseinandersetzungen über die künftige politische Struktur Indiens zu erstellen.[46] Im Bereich des Völkerbundes wurde er zur Frage der deutsch-österreichischen Zollunion herangezogen,[47] wo er als deutscher Richter im Internationalen Schiedsgerichtshof in Den Haag wirkte. Im internationalen Gerichtsverfahren in Paris erstritt er in Auseinandersetzung mit Polen die Fortdauer der Selbstständigkeit der »Freien Stadt Danzig«.[48]

In der Zeit nach dem Versailler Vertrag waren die strittigen völkerrechtlichen Fragen in allen vorher am Weltkrieg beteiligten Nationen stark nationalistisch aufgeladen. Wie Viktor Bruns sich dadurch nicht den Blick auf den juristischen »Gegner« verstellen ließ, zeigt folgendes Zitat über ein informelles Mittags-Treffen zwischen dem französischen Gerichtspräsidenten Lachenal, dem polnischen Richter Namitkiewicz und Viktor Bruns als deutschem Vertreter: »Zu Mittag hatte Viktor seinen Präsidenten Lachenal und den polnischen Gegner Namitkiewicz in den ›vert galant‹ eingeladen. Beide Herren waren von den Weinen sehr angeheitert und liebenswürdig. Der Pole hat etwas Lustiges und Gutmütiges. Zu Viktors Kummer ist er viel klüger und auch als Charakter viel anständiger als der Präsident. Sein glühender Patriotismus macht ihn zu einem gefährlichen Gegner für Viktor, aber gerade durch diese Eigenschaft imponiert er ihm sehr.«[49]

Durch die Revolution in Deutschland wurde 1919 den Frauen zum ersten Mal das Stimmrecht bei Wahlen und damit eine jedenfalls formelle Gleichheit mit den Männern in Politik und Gesellschaft zugesprochen. »Zum ersten Mal haben wir Frauen mit gewählt; denn die neue Regierung hatte das allgemeine, gleiche, direkte und geheime Wahlrecht zu Beginn ihrer Tätigkeit eingeführt. Mir war sehr feierlich zumute bei der Wahl. Aber die Umgebung ernüchterte einigermaßen. ... Die Wahlurne war nicht eine Amphora von edelsten Formen, sondern ein scheußlicher grauer Kasten.«[50]

Witzig mutet uns heute an, dass trotz der Begeisterung über solche demokratische Errungenschaften in ihrer Familie sogar bei ihrer fünfjährigen Hella eine emotionale Nähe zu den Persönlichkeiten der alten Monarchien durchschimmerte: »Anfang Oktober starb der einstige König von Württemberg. Der Tod bewegte alle Gemüter, und auch das Kind beschäftigte sich in Gedanken mit dem König. Ganz unvermittelt faltete sie im Garten ihre Hände, blickte zum Himmel auf und sagte: ›Lieber König, wenn Du jetzt im Himmel bist, behüte doch bitte den lieben Gott, dass ihm nichts geschieht!‹. Eine Monarchistin vom reinsten Wasser!«[51]

Noch ein paar Worte zur Frauen-Emanzipation: Zwei Veränderungen führten zum Wandel der Rolle der Frauen in der deutschen Gesellschaft: Die Gleichstellung der Frau in der Weimarer Verfassung und der Einzug der Männer zum Ersten Weltkrieg – ihre freiwerdenden Stellen wurden auch in Berufen, die früher als nicht für Frauen geeignet erschienen, nun durch Frauen besetzt. Damit veränderte sich auch für bürgerliche Frauen die Frage der Berufstätigkeit gründlich. Denken wir daran, gegen welche Widerstände von Seiten ihres Vaters und ihrer Stiefmutter Marie Bode kämpfen musste, und dabei erreichte sie zwar keine formelle Ausbildung zur Lehrerin, konnte aber durch die gründliche allgemeinbildende Schulung in Berlin, Oxford und Paris trotzdem den Beruf der Lehrerin ausüben. Durchaus schon damals ein erhebliches Stück gelungener Emanzipation.

Sogar bei solchen Tätigkeiten wie dem Zeichnen und Malen, das in der Kaiserzeit von den Damen der »gebildeten Stände« nur zum Zeitvertreib und zur Verwendung in der Familie, etwa bei Familienfesten, ausgeübt wurde, ändert sich nach den Erlebnissen von Notzeiten im Krieg mit Verdienstausfall und Hunger die Perspektive: »Ich benutze die Muße zum Porträtieren, das ich ohnehin weiterüben möchte, um in etwaigen schweren Zukunftszeiten eine für mich taugliche Möglichkeit zum Miterwerb des Lebensunterhalts zu haben.« Tatsächlich sollten das keine abstrakten Worte bleiben: In den Jahren nach 1945 wurden sie für Marie Bruns Wirklichkeit. Trotz dieser Perspektive blieb es in der Weimarer Republik doch bei den hausfraulichen Tätigkeiten für die Kinder und während des Krieges auch die Enkel, für Geselligkeiten und Familienfeste und für ihren Mann. Als Marie von Gebsattel sie wegen Viktors Arbeitsauftrag für das Kultusministerium befragt, antwortet sie, dass sie darüber nichts Näheres wisse: »Du siehst, wir sprechen nicht allzu viel über berufliche Dinge. Ich bin aber mit seinen Kollegs vertraut, da er mir alle neuere diktiert.« Und sie schließt den Brief, sie müsse nun wieder an eine weitere Aufgabe gehen: »Jetzt gehe ich wieder an meinen Katalog«, wobei es um das Schreiben der Karteikarten für Viktors umfangreichen Bibliotheksbestand ging. Dabei identifiziert sie sich so sehr damit, dass sie von »meinem Katalog« spricht. Und man darf ihr wohl glauben, da sie gleich anschließend schreibt: »Was ist doch die Arbeit entzückend, und wie ist das Leben so schön und reich!«[52]

Einen zentralen Platz sollte für Marie in der Zeit der Weimarer Republik natürlich ihre neue Rolle als Mutter einnehmen. Die alte Wohnung in der Berliner Schlüterstraße wurde zu klein und erwies sich aus Umweltgründen als zu ungesund für die kleine Hella Bruns, und so zog man in das gesündere Zehlendorf mit der unmittelbareren Nähe des Schlachtensees um, in die Sven-Hedin-Straße.[53]

Welche befreiende Rolle die religiös liberale Haltung Marie Bruns' schon für ihre vierjährige Tochter spielte, wird aus folgender Erzählung aus Hellas Tagebuch deutlich: »Für Johannes den Evangelisten freut es sie, dass ihm Jesus den Schutz seiner Mutter anvertraut hat; denn ›ihm wird ja sein Judas Ischariot sehr fehlen!‹ Für sie gibt es keinen Abgrund zwischen den Guten und den Bösen. Die verirrten Kinder des Lichts müssen alle einmal heimfinden zur ewigen Sonne. Könnte die Welt ihren Herzschlag haben – es gäbe keinen Versailler Frieden, keine Niedertracht und Knechtung, keinen Hass und keine Rachsucht! Es steigt mir oft heiß in der Kehle auf, wie ganz anders das Leben ist, als es sich dies freundliche, lautere Kindergemüt malt!«[54] Marie als Mutter war beeindruckt von Hellas Verzicht auf die übliche Gut-und-Böse-Einteilung, die sonst ja gerade für Kinder üblich ist, die die ganze Welt spontan in Gut und Böse einteilen. Marie Bruns malte sich aus, was es politisch bedeuten würde, wenn diese

Auffassung des Kindes die hasserfüllte Politik der Nationen bestimmen würde, die – durch den Versailler Vertrag – die durch den Krieg entstandene Feindschaft noch zementierte.

Ein Beispiel für die nationale und religiöse Erziehung ihrer Töchter (1921 war Edith dazugekommen) bietet das für ihre Kinder geschriebene Reise-Tagebuch »In der Schweiz«. An ihrem Urlaubsort in Brigels fand anlässlich von »Mariä Himmelfahrt« eine prächtige Prozession durch das ganze Dorf und die umliegenden Landschaft statt. »Wie der Priester die Monstranz hochhielt, sank alles Volk in die Knie. Die Sonne gleißte und funkelte über dem farbenherrlichen Bilde. Hella zog Mutti fest am Arm mit den Worten: ›Ach, ich möchte so gern katholisch werden!‹ ... Wir schlenderten nun wahllos durch Brigels und besprachen das Erlebte. Mutti erklärte Hella, dass sie unsere Religion auch lieben werde, wenn sie näher mit ihr vertraut würde. Ein jeder habe das Volk lieb, in dem er geboren sei, und die Religion, in der er erzogen sei. Wir sollten uns nicht wünschen, katholisch zu werden, wohl aber könnten wir alle füreinander hoffen, so stark und treu im Glauben und so andächtig in der Verehrung des Göttlichen zu werden, wie diese Brigeler Bauern es sind.«[55]

Ihrer damals achtjährigen Hella erklärte sie nationale Herkunft und Religion also als eng zusammengehörig, die Menschen seien da hineingeboren. Dennoch ist das nicht mit einer die anderen Nationen und Religionen ausschließenden Absolutheit verbunden, sie betont, dass wir protestantischen Norddeutschen von diesen katholischen Schweizern etwas lernen können und impliziert, dass Katholizismus und Protestantismus nur verschiedene, aber gleichberechtigte Wege »zum Göttlichen« seien.

Als dann die Pubertät kam, suchte sich Hella – mit 13 Jahren – Bereiche, die sie unabhängig machten von den überwachenden Augen von Mutter und Vater. So berichtet Marie Bruns, wie der Dachboden in der Sven-Hedin-Straße von Hella okkupiert und umfunktioniert wird: »Einen anderen Teil des Bodens nimmt ein Räuberlager ein, das Hella mit Renate Lambert bezieht. Hella ist der Burgherr, Renate seine ritterliche Gemahlin. Sie haben auch ein Kind, das in gleiche mittelalterliche Tracht gehüllt wird! Holdes Vorspiel der Erotik!« Und erste Vorzeichen der Emanzipation des jungen Mädchens.

Was das »holde Vorspiel der Erotik« anlangt, setzt Marie allerdings hinzu: »Wie gut, dass nicht zu viel Zeit dafür bleibt, dass Turnen und Schwimmen den gesunden Sinn wacherhält und Gefühle nicht vorweggenommen werden, die allzu emsig genährt, nur beunruhigend wirken können!«[56]

Marie Bruns setzt, wenn sie ihre Kinder (aber auch sich selbst und Viktor Bruns) betrachtet, die familienbedingten also auch die genetischen Voraussetzungen, als einflussreicher oder zumindest gleich einflussreich an wie die umweltbedingten Faktoren. Ein Beispiel: Anlässlich von Hellas Fähigkeit, den an einer Erkrankung dahinsiechenden Haushund in 14 Tagen gesund zu kurieren, schrieb Marie Bruns: »Wie wunderbar verknüpfen sich in dieser Tierliebe die Eigenschaften und Begabungen ihrer Vorfahren! Die glückliche Hand ihrer Chirurgenahnen gehorcht vielleicht dem medizinischen Instinkt der Bruns [Prof. Dr. Paul E. von Bruns, Tübingen], und damit verbindet sich die Tierliebe der Weizsäckers mit dem Natursinn, dem Forschertrieb und der Beobachtungsgabe des Großvaters [Wilhelm von] Bode!«[57]

Diese ihren Töchtern sicher oft gegebenen Hinweise auf die verwandtschaftliche Herkunft ihrer Fähigkeiten stärkten den damals ohnehin noch viel kräftigeren Sinn dafür, Mitglied einer oft miteinander solidarischen Großfamilie zu sein. – Auf diese Weise schleppten sich aber auch bestimmte Glaubenssätze und spezifische Verbote durch die Generationen, häufig viel Schmerz, bei Überwindung aber auch ein starkes Selbstbewusstsein erzeugend.

Hella hatte eine Ausbildung als Sängerin begonnen und wollte eine als Schauspielerin daran anschließen. Marie Bruns schrieb dazu an Marie von Gebsattel: »Den Drang nach künstlerischer Gestaltung, der in unserer Familie so lebendig ist, die Schauspielergabe, die Viktor besitzt, sind ganz stark in unserer Ältesten, sie hätte der Welt etwas geben, hätte ihre höchste Sehnsucht befriedigen können! ... Sie erklärte ihrem Vater, sie sei über sich selbst soweit klar geworden, dass sie ihn nun bäte, ihr die Bühnenlaufbahn zu gestatten. Er sagte nein.«[58] Da schloss sich die Familienkette wieder: Wilhelm Bode erhielt von seinem Vater das Verbot, Kunstgeschichte zu studieren – und setzte es nach dem vollendeten Jurastudium doch durch. Marie durfte auf Geheiß desselben Wilhelm Bode nicht Kunstgeschichte studieren und auch keinen sozialen Beruf erlernen – und setzte beide Berufstätigkeiten praktisch doch durch. Ihrer Tochter stand sie gegen den ablehnenden Willen des Vaters nicht genügend bei, um dieses Lebensziel zu erreichen.

Zwiespalt in der NS-Zeit

Zunächst etwas zum Verhältnis von nationalem und internationalem Engagement von Viktor Bruns: Schon 1913 berichtete Marie Bode von Gesprächen mit ihm während eines Ausflugs des »Kränzchens«, dass er »reichlich auf das armselige Deutschland schimpfte, dem er am liebsten den Rücken kehren wollte.«[59] Die vorangehenden zwei Jahre hatte Viktor Bruns in Genf eine Professur für Römisches Recht innegehabt. Er hatte sich in der demokratischen Struktur der Schweiz und in dem internationalen Flair des französischsprachigen Genf sehr wohl gefühlt – und offensichtlich das deutsche Kaiserreich nicht als die ideale Staatsform empfunden.

Das Recht stand ihm höher als die einzelstaatlichen Nationalitäten. Marie Bruns zitiert Viktor Bruns aus einem Brief, den er ihr 1931 schrieb: »was als Jurist mich empört, das ist das ganze illegale Gebaren einer skrupellosen Politik, das in den Mantel des Rechts eingehüllt wird und nichts anderes als eine Entweihung des höchsten Gutes, das den Menschen neben der Religion gegeben ist, nämlich des Rechtsgedankens als der Verwirklichung der Gerechtigkeit bedeutet.«[60] In der Hierarchie seiner Werte stand also das Recht zusammen mit der Religion an der Spitze. Deshalb beflügelte ihn auch die Idee und Verwirklichung des Völkerbundes und der Internationalen Gerichtsbarkeit (Den Haag) seit Ende des Ersten Weltkriegs. Um rechtliche Grundlagen zu schaffen für die friedliche Lösung von Konflikten zwischen den Staaten, hatte er ja das Institut für ausländisches öffentliches Recht und Völkerrecht gegründet, das alle internationalen Verträge sammeln und so für den Völkerbund und alle Einzelstaaten als Quelle dienen sollte.

Als das nationalsozialistische Deutschland schon Ende 1933 aus dem Völkerbund austrat, waren wichtigste Voraussetzungen für die friedenssichernde Bedeutung des Völkerrechts vernichtet. So trat Viktor Bruns nie in die NSDAP ein – und in seinem Institut galt nicht die obligatorische Grußformel der damaligen Zeit »Heil Hitler!«. Der Biograf von Berthold Schenk Graf von Stauffenberg, Alexander Meyer, beschreibt, »dass im Kaiser-Wilhelm-Institut stets ein humaner Umgangston und ein hervorragendes Arbeitsklima herrschten. Vor allem dem Institutsdirektor Viktor Bruns und seinem Stellvertreter Ernst Schmitz war es zu verdanken, dass viele Regime-Gegner im Kaiser-Wilhelm-Institut Zuflucht fanden und sich dort relativ frei wissenschaftlich betätigen konnten.«[61] Nach Viktor Bruns' internationalen Erfolgen vor der NS-Zeit, zum Beispiel in dem Prozess, in dem er Danzigs Aufgehen im polnischen Staat verhindert hatte, wagten die Nationalsozialisten es nicht, ihn abzusetzen und die Leitung des Instituts einem NS-Juristen zu übertragen.

Die gewiss für Viktor Bruns sehr zwiespältige Situation – ebenso wie seine Entscheidung, auch in Hitlers Reich weiter Instituts-Direktor zu bleiben – wird deutlich durch eine Anekdote in der Gedenkrede, die Marie Bruns auf den 1943 verstorbenen Viktor Bruns vor den Mitarbeitern des Instituts und anderen Trauernden hielt. Zunächst sprach sie Viktor Bruns an: »Die Vaterlandsliebe lag ihm nicht auf der Zunge. Aber sie war die Triebfeder all seines Schaffens.« Um daran anschließend gleich weiter zu erzählen: »Vor vielen Jahren wollte ein guter Freund von ihm den Staatsdienst verlassen und in ländlicher Stille seiner Familie und seinen Interessen leben. Aber Bruns, der dessen Fähigkeiten für das Staatswesen sehr hoch einschätzte, führte ihn auf einer Wanderung durch Potsdam vor den

Sarg Friedrich des Großen. Dort nahm er ihm das feierliche Versprechen ab, bis zum letzten Atemzug dem Reich zu dienen, für dessen Macht Preußens großer König in schweren Kämpfen den Grund gelegt hatte.«[62] In der Familie wird erzählt, dass es sich bei dem Mann, der *[offensichtlich in der NS-Zeit]* aus schweren Bedenken gegen diese »Neue Zeit« seine Tätigkeit im Staatsdienst kündigen wollte, um Viktor Bruns' nahen Verwandten Ernst von Weizsäcker gehandelt habe, den damaligen Staatssekretär im Auswärtigen Amt der NS-Regierung. Offensichtlich hatte Viktor Bruns angenommen, dass es für Ernst von Weizsäcker wie für ihn selbst besser wäre, auch in der seinen Völkerrechtsideen widersprechenden NS-Zeit in politischen Positionen zu bleiben, um an vielen Stellen das Schlimmste zu verhindern. Ulrich Völklein, der Biograf der Weizsäcker-Familie, gibt zu bedenken: »Blieb *[Ernst von]* Weizsäcker also nur im Amt, um den Ausbruch eines Krieges zu verhindern? Heulte er demnach mit den Wölfen und ließ sich auf Zugeständnisse ein, weil die Beibehaltung seiner Funktion die einzige Möglichkeit war, aus dem Inneren des Apparats heraus wirksam Widerstand zu leisten? Und wenn dies so war, wie lange gelang ihm das? Oder: Wann kippte die subjektive Gegnerschaft Weizsäckers zur Kriegspolitik Hitlers um, in einen objektiven, weil tatsächlichen Beitrag zu ihr?«[63]

Ich zitiere diese Einschätzung des enormen Dilemmas, in das sich Ernst von Weizsäcker begeben hatte, weil es dem Dilemma von Viktor Bruns ähnelt. Sein Institut war 1940 der Obersten Heeresleitung unterstellt worden.[64] Vorangegangen war, dass am 5. Februar 1937 im Institut »zur Verfolgung und Behandlung der kriegs- und wehrrechtlichen Fragen« eine »Abteilung für Kriegs- und Wehrrecht« eingerichtet worden war. Und wen bestallte Viktor Bruns mit der Leitung der Abteilung? Graf Berthold Schenk von Stauffenberg![65]

Dieser war Jurist mit starken außenpolitischen Interessen und ein Bruder des Claus Schenk von Stauffenberg, der am 20. Juli 1944 das Attentat auf Hitler verübte. Schon 1931 stellte ihn Viktor Bruns als Referent im Völkerrechtsinstitut ein. Ab 1931 war er – auf Vorschlag von Viktor Bruns – als redigierender Sekretär in der Kanzlei des Ständigen Internationalen Gerichtshofes in Den Haag tätig. Hier veröffentlichte er einen umfangreichen Kommentar zu Statut und Reglement des Ständigen Internationalen Gerichtshofes in französischer Sprache. Als Deutschland den Völkerbund verließ, beendete er seine Tätigkeit dort am 31. Dezember 1933 und war ab 1934 im Kaiser-Wilhelm-Institut als stellvertretender Leiter der Völkerrechts-Abteilung tätig. 1935 wurde er neben Viktor Bruns als Mitherausgeber der »Zeitschrift für ausländisches öffentliches Recht und Völkerrecht« eingesetzt. 1939 wurde er als Reserveoffizier zum Oberkommando der Marine eingezogen, war aber weiterhin im Kaiser-Wilhelm-Institut tätig. 1942 setzte ihn Viktor Bruns in seinem Testament als seinen möglichen Nachfolger ein: »Im Falle meines Ablebens kommen m. E. als Nachfolger in der Leitung des Instituts nur Professor Bilfinger, Graf von Stauffenberg oder Professor Scheuner in Frage.«[66] Nach dem Tode von Viktor Bruns 1943 schlug auch Admiral Canaris Stauffenberg als Nachfolger von Viktor Bruns vor. (Tatsächlich wurde die Stelle dann aber mit Carl Bilfinger besetzt.) Aus diesen Daten geht die Nähe der übrigens auch persönlichen Beziehungen zwischen Viktor Bruns und Graf von Stauffenberg hervor, wie auch aus der Tatsache, dass Viktor zu seinen Reisen zu internationalen Gerichtsverfahren meist Claus Schenk von Stauffenberg als Begleiter mitnahm.

Als die Widerstandsgruppe gegen Hitler 1944 den Zeitpunkt für ein Attentat auf ihn für gekommen erachtete und Claus Schenk von Stauffenberg, der Bruder von Berthold, damit scheiterte, wurde von der Gestapo eine große Verhaftungswelle in der Armee und unter Zivilisten ausgelöst. Auch Berthold Schenk Graf von Stauffenberg wurde als Mitglied der Widerstandsgruppe verhaftet. Auch ihm wurde ein Schauprozess inszeniert, und er wurde zum Tod durch den Strang verurteilt und am selben Tage hingerichtet.

Auffallend ist, dass aus dem »Ehe-Tagebuch« von Marie Bruns zweihundert Seiten herausgerissen und offensichtlich vernichtet wurden. Das »Ehe-Tagebuch« ist also nur bis 1935 für uns zugänglich, die Zeit von 1935 bis 1944 fehlt, außer in den Kinder- und Enkeltagebüchern. Es stellt sich die Frage, was die Familie Bruns dazu veranlasste, die Tagebuchblätter dieser Jahre herauszureißen und zu vernichten.

Nach dem Auffliegen des Attentatsversuches wurden alle wichtigen Kontaktpersonen und die Arbeitsplätze der Widerständler von der Gestapo durchleuchtet. Besonders das Kaiser-Wilhelm-Institut für Völkerrecht als Arbeitsplatz Berthold von Stauffenbergs hätte nahegelegen. In diesem Institut hatte die NS-Regierung als NS-Vertrauensmann den Völkerrechtler Dr. Herbert Kier eingesetzt, der von den Mitarbeitern des Instituts als Aufpasser betrachtet wurde. Immerhin waren von den 49 Mitgliedern des Instituts nur zwölf in der NSDAP.[67] Kier, obwohl Nationalsozialist, war als Sachwalter des Völkerrechts durch die Kriegspolitik Hitlers seit 1939 zum Skeptiker gegenüber Hitlers Politik geworden und hatte das auch öffentlich geäußert. So wird sein Engagement 1944 zur Verhinderung der Untersuchung des Instituts für Völkerrecht durch die SS beziehungsweise Gestapo verständlich. Kiers Kollege Hermann Mosler – obwohl sonst sehr skeptisch gegenüber Kier – berichtete darüber: »Der politische Aufpasser Dr. Kier war im Juli – glücklicherweise – in Ferien in seiner böhmischen Heimat. Er kehrte auf die Nachricht vom Umsturzversuch nach Berlin zurück. Als die SS nachher zur Untersuchung eintraf, versicherte er, er könne für jeden von uns seine Hand ins Feuer legen. Die Probe wäre ihm allerdings schlecht bekommen. Das Institut war nicht in den Kreis der Verschwörung einbezogen, eine Gefahr bestand trotzdem: Berthold Stauffenberg war am 17. Juli, also am Tag nach dem endgültigen Entschluss, am 20. Juli das Attentat auf Hitler und den Umsturz am kommenden Donnerstag, den 27. Juli, durchzuführen, ins Institut gekommen. Er hatte mich gebeten, für die demnächst zu bildende Reichsregierung völkerrechtliche Vorarbeiten schon jetzt zu beginnen. Das Institut werde dann zur Mitarbeit herangezogen werden [...] Die Spuren der begonnenen Arbeit wurden so schnell wie möglich beseitigt.«[68] Kier war es also zu verdanken, dass das Institut für Völkerrecht weder von der SS noch der Gestapo untersucht worden ist.

Ob das Privathaus von Viktor Bruns, wo Berthold Schenk Graf von Stauffenberg oft zu Besuch war, auf Dokumente zur Vorbereitung des Umsturzes durchleuchtet wurde, wissen wir nicht. Marie Bruns musste es aber befürchten. So könnte sie die Seiten von dem Zeitraum 1935–44 herausgerissen haben. War doch Berthold Schenk Graf von Stauffenberg 1 9 3 5 zu Viktor Bruns stellvertretendem Herausgeber der Zeitschrift für Völkerrecht mit den dadurch bedingten häufigen Treffen, die ihren Niederschlag im Tagebuch gefunden haben dürften, ernannt worden. Die Tatsache des Herausrisses lässt vermuten, dass auch Gespräche wiedergegeben worden waren, in denen sich die Beteiligten kritisch gegenüber dem Nationalsozialismus, Hitler und dem von ihm angezettelten neuen Weltkrieg geäußert hatten.

Marie Bruns faszinierte zunächst die Rassentheorie der Nationalsozialisten, wie man an ihren Gedanken und Gesprächen auf der Vortragsreise 1933 nach Stockholm erkennen kann. Gegenüber den Juden in Deutschland verhielt sie sich sowohl vor wie nach der Machtergreifung der Nationalsozialisten nicht prinzipiell antisemitisch oder philosemitisch, sondern von Individuum zu Individuum verschieden,[69] schätzte viele jüdische Professoren-Kollegen von Viktor Bruns, die ihrem Mann und ihr im Zusammenhang der Entnazifizierung nach 1945 gerne herzlich gehaltene Leumundszeugnisse, zum Beispiel aus den USA, zusandten.[70] Die Rassentheorie fesselte sie, wie viele Zeitgenossen, als scheinbar naturwissenschaftliche Kennzeichnung der Unterschiede zwischen den Menschen, wie sie die Lehren von Charles Darwin und Carl von Linné für den Bereich der Tiere und Pflanzen gefesselt hatten. Ihre reichen internationalen Erfahrungen bewahrten sie davor, Vorurteile etwa gegenüber Franzosen, Polen[71] oder Türken[72] zu entwickeln. Mit staunender Sympathie erzählte sie im Tagebuch von einem französischen Taxifahrer in Paris: »Ich saß neben dem Chauffeur, der mich lebhaft unterhielt. Wir kamen auch auf den Weltkrieg zu sprechen und er zeigte mir ein Loch in der Schläfe – die Folge eines Einschusses in der Marneschlacht. Nach dieser Verwundung sei er zwar nur wenige Wochen im Krankenhaus gewesen, aber er hätte noch jahrelang an furchtbaren Kopfschmerzen gelitten. Rührend waren dabei seine pazifistische Gesinnung und die Freundlichkeit, mit der er auch über Deutsche sprach. Er war dafür, die Grenzen zwischen den einzelnen Nationen abzuschaffen und meinte dadurch den friedlichen Verkehr herzustellen.«[73]

Auch etwas vom NS-Sprachgebrauch scheint in ihre Tagebücher eingegangen zu sein, wenn sie ihre Enkelin Elke charakterisierte, sie sei eine »zum Führertum geschaffene Natur«[74]. Das klingt mentalitätsmäßig von der NS-Ideologie adaptiert, widerspricht ihr aber gleichzeitig, da das Führertum den Männern vorbehalten sein sollte und die Frauen als Mütter und den Männern zugehörig zu dienen hätten, also gerade nicht »zum Führertum geschaffen« seien.

Schon 1933 bot sie einen Kurs von Führungen durch die Berliner Museen an unter dem Titel »Deutsche Führungen«: »Nach dreijähriger Pause hatte ich mich entschlossen, meine Führungen wieder aufzunehmen. Ich plante die Entwicklung des deutschen Wesens, das jetzt der Gegenstand so vieler Betrachtungen ist, an Hand von bildenden Künsten darzustellen. Da griff ich denn sehr weit zurück, nämlich zu den Zeiten der alten Babylonier und Assyrer, von denen so manches Motiv deutsch-romanischer Kapitelle stammte. Ich verfolgte die Entwicklung weiter: durch die griechische und römische Antike, die islamische, christliche und mittelalterlich-italienische Zeit. Bis zu den großen Ferien hatte ich die deutsche Architektur der karolingischen, ottonischen, salischen Epoche in Lichtbildern und die Plastik, Malerei, dekorative Kunst in Originalen vorgeführt.«[75] Im September 1934 schloss sie eine Führung durch die islamische Abteilung der Berliner Museen an.[76] Was machte Marie Bruns hier? Sie griff den nordischen Impuls der NS-Zeit auf, veranstaltete »Deutsche Führungen«. Aber sie bürstete die NS-Ideologie gegen den Strich: Wo die Nazis die Überlegenheit und Originalität der Germanen gegenüber den anderen Kulturen behaupteten, zeigt sie, dass die deutsche Kultur eine Mischkultur sei, die in ihren Ursprüngen vor allem von östlichen Kulturen gespeist sei! Ganz ähnlich, wie sie – ebenso von der NS-Ideologie abweichend – das »Führertum« so interpretiert, dass ebenso Mädchen und Frauen es erfüllen könnten, eine frauenemanzipatorische Uminterpretation!

Warum ließ sie sich auf viele politische und ideologische Veränderungen der Nazis ein, wenn sie einen großen Teil davon auch uminterpretierte? Lag das an der autoritären Erziehung, die sie erhalten hatte? Es begann mit der traditionellen Erziehung. Hieß es doch schon in der Bibel »Gib dem Kaiser, was des Kaisers ist«. Das wurde dann durch Luthers obrigkeitstreues Denken im Protestantismus verstärkt. Das preußisch dominierte Kaisertum seit

1871 setzte die autoritäre Gesellschaftsstruktur fort, mit dem Kaiser an der Spitze, dann den Fürsten und dann den durch das Drei-Klassen-Wahlrecht in ihren Mitspracherechten unterschiedlich bewerteten sozialen Klassen – und schließlich die minderen Rechte (zum Beispiel kein Wahlrecht), die Frauen gegenüber den bevorzugten Männern zugebilligt wurden.

Bei Marie hatte es schon durch die Eltern Behinderungen ihrer Berufswahl gegeben, die sie aber trotz ihrer Folgsamkeit – Privatsekretärin erst ihres Vaters, dann ihres Mannes zu werden – doch annäherungsweise durchsetzte. Dasselbe nun in der NS-Zeit: Sie nahm das »Gegebene« an, interpretierte es um und erreicht so dennoch das eine oder andere. Im Grunde ist das dieselbe Strategie, wie wir sie bei Viktor Bruns und Ernst von Weizäcker beschrieben haben. Wenn sie hätten darüber hinausgehen wollen, hätten sie im Widerstand mitarbeiten müssen wie Berthold Graf von Stauffenberg. Wie weit Viktor und Marie Bruns auch durch die enge dienstliche und freundschaftliche Beziehung zu Stauffenberg in ihrer Sympathie gegenüber dem Widerstand gegangen sind, das hätte man wohl den 250 herausgerissenen Tagebuchseiten von 1935 bis 1944 des Ehetagebuchs entnehmen können.

Die größte Sorge gegenüber der offensichtlich nationalistischen Politik Hitlers war, dass sie zum Krieg führen könnte. Das hatten der Völkerbund, der Internationale Gerichtshof in Den Haag und Viktor Bruns' Institut für Völkerrecht verhindern wollen. Schon 1937, also zwei Jahre vor dem Krieg, hatten Viktor und Marie Bruns – nach den Hella-Tagebüchern – Befürchtungen, was mit ihrer Tochter, die sich noch für keine Ausbildung entschieden hatte, geschehen würde, wenn ihr Verlobter im Kriege fiele.[77] Und anlässlich der Verlobungsfeier von Hella mit dem Architekten Jan Noltenius schrieb sie ins Tagebuch: »Eine große Schar Nationalsozialisten zog an unseren Fenstern vorüber. Sie trugen ein Plakat mit der Aufschrift ›Baut dem Führer Häuser!‹ Dazu spielte die Musik den Hohenfriedberger Marsch!! War es nicht wie eine Huldigung für Jan und seinen Beruf? Aber dazu die militärischen Klänge! War auch dies eine Vorbedeutung? O dies ewige Zittern des Herzens im Unterbewusstsein vor der großen Glücksvernichtung Krieg!«[78]

Berthold von Stauffenberg war nicht der einzige Kontakt der beiden zu den Nazis ablehnend gegenüberstehenden Menschen. Sie hatten ihre Tochter Hella vor 1933 in den Konfirmandenunterricht bei Pastor Martin Niemöller gehen lassen. In einem geselligen Treffen hatte Marie Bruns aus einem Gespräch zwischen einem NS-Minister und einem protestantischen Bischof erlauscht, dass Niemöller »jetzt endgültig beseitigt werden wird« wegen seiner Gegnerschaft zum nationalsozialistischen Spaltungsversuch der protestantischen Kirche durch die Einrichtung der »Deutschen Christen«. Das hinderte Marie Bruns nicht daran, Niemöller zu bitten, die kirchliche Trauung zwischen Hella Bruns und Jan Noltenius zu vollziehen.[79] 1934 hatte Niemöller gegen die »Deutschen Christen« die »Bekennende Kirche« gegründet, wurde 1935 verhaftet, kam wieder frei, wurde dann 1937 als »Staatsfeind« ins KZ Sachsenhausen überführt, dann nach Dachau, wo er erst 1945 von den Amerikanern befreit wurde.[80] Marie und Viktor Bruns waren sich also durchaus bewusst, wen sie mit der Trauung von Hella beauftragt hatten.

Marie Bruns' Freundin Marie von Gebsattel war zwar 1933 noch zur Oberregierungsrätin ernannt, im selben Jahr von den Nationalsozialisten aber wegen ihrer katholisch orientierten Schulpolitik zwangsweise in den Ruhestand versetzt worden. Ihre Stelle wurde anschließend mit einem Nationalsozialisten männlichen Geschlechts besetzt.[81] Nach Beendigung ihrer ministerialen Berufstätigkeit widmete sie sich karitativer Tätigkeit. »Zudem engagierte sie sich aktiv im Weltbund Regina Mundi, dessen Mitbegründerin sie war und der im November 1933 nach etlichen Jahren endlich die angestrebte päpstliche Anerkennung erhielt. Dieser noch heute bestehende Weltbund verpflichtet sich, ›Maria als Königin und Herrin im Leben anzuerkennen und alljährlich die gemeinsame Hingabe an sie zu vollziehen.‹«[82]

Marie Bruns' Tochter Hella nimmt einen großen Raum in den Tagebüchern ein. Hellas erste ernsthafte Begegnung mit dem Nationalsozialismus fand schon 1933 in ihrer Schule statt. »In Folge der Entfernung jüdischer Elemente aus den Schulen begann der Unterricht erst wieder am 2. Mai. Hellas geliebter Lehrer war wegen liberaler Gesinnung oder jüdischer Abstammung ausgemerzt. Hella trauerte tief und ihre zweimalige Begegnung mit ihm, der schwermütige Blick seiner Augen, der Gedanke an die hoffnungslose Lage seiner noch so jungen Familie wirkte fort in ihr.«[83]
Sie entschloss sich, nicht in den »Bund Deutscher Mädel« einzutreten. Um infolge dieser Entscheidung große Schwierigkeiten bei ihrer künftigen Stellensuche zu vermeiden, empfahl ihr Vater ihr, nach Schulabschluss in den Arbeitsdienst einzutreten, in das sogenannte »Maidenjahr«.[84] Es war schwere soziale Arbeit in Moordorf in Friesland, einer Moorkolonisierungs-Gegend. »Sie, die früher so ungern im Hause mit Hand anlegte, wird nun dafür gelobt, dass sie sich vor keiner Arbeit scheut. Als sie beim Siedler stundenlang Mist forkte, meinte er: »Fräulein, Sie müssen aber schon viel Landarbeit gemacht haben, dass Sie es so gut können und gar nicht ermüden!« Solch Lob beglückt sie sehr. – An dem umwohnenden Friesenvolk hat sie große Freude, und beim Siedler arbeitet sie am allerliebsten. In einem Haushalt, wo die Frau bettlägerig war, hat sie vier Kinder erzie-

hen, das Schwein füttern, drei Zimmer machen, waschen, kochen, stopfen müssen. Bei einem Siedler waren die Eltern mit 10 Kindern auf e i n e n Raum beschränkt. Das elfte Kind kam bald. ... Jetzt beherrscht sie nur noch der Wunsch zu helfen. Soziales Elend konnte sie weder in der Haushaltsschule noch in der Stadt so nahe kennenlernen wie dort. Vielleicht entschließt sie sich doch noch zu sozialer Tätigkeit, die ihrem mitleidigen Herzen so gut liegen würde!«[85]

Marie Bruns' Tagebüchern zufolge war Hellas Jugend durch zwei Motive bestimmt: Erstens »Liebeshunger und Kuss-Lust«, wie sich die Mutter erstaunt ausdrückte, und zweitens berufstätig zu werden.

Den »Liebeshunger« von Hella hatte Marie Bruns – wie dargestellt – ja schon in Hellas Kinderzeit bei den Ritter-Spielen auf dem Dachboden und in den Schweizer Ferien 1924 mit den Vettern Bilfinger wahrgenommen. Als Jugendliche in den »goldenen Zwanzigerjahren« und auch noch zu Beginn der NS-Ära in Berlin war sie begeistert von den Liebesfilmen, von Operetten, las Romane wie »Drei wünschen sich ein Kind«. In diesen Medienprodukten wurde – wenn auch häufig in trivialer Form – ein offeneres, selbstbestimmteres und auch sinnlicheres Bild von der Rolle der Frau in der Beziehung zu den Männern gezeichnet, als es Marie Bruns lieb war. Ihre Tochter lachte sie deshalb als altmodisch aus und beharrte auf »dem Recht der Jugend«. Anlässlich der Verlobung Hellas mit Jan Noltenius stellt Marie Bruns einen Vergleich an »zwischen Hellas und meinen Verehrern«:

»Wenn ich bedenke, wie wenigen Männern ich seit meinem ersten Auftreten in der Geselligkeit bis zu meiner Verlobung, in elf langen Jahren, nahe getreten bin, und zähle Hellas Verehrer durch – es schwindelt mir! Freilich ging ich einigen ganz besonders tief, und es waren immer wertvollste Naturen – – aber meinen wenigen kann Hella bisher 38 Verehrer entgegenstellen. Und sie ist gerade so alt [nämlich 20], wie ich bei Beginn meiner Gesellschaftslaufbahn war. Dabei ging ich noch viel mehr aus und lernte eine größere Menge Menschen kennen als sie, vor allem mehr junge Leute aus unseren eigenen Kreisen. Mir fehlte sex appeal, den Hella hat – und überhaupt. Gewiss, sie wird immer hübscher und ihr Äußeres macht Eindruck, aber es wirkt doch auch ihr weibliches, zartes und inniges Wesen, das mehr und mehr zum Ausdruck kommt.«[86]

Wie anders sich Hella ihr Verhalten in einer Ehe wünschte als die Generation ihrer Mutter, stellte diese ihrer Tochter in einem parodistischen Gedicht dar. Hier erscheint die bisherige Rollenverteilung zwischen Mann und Frau vollständig vertauscht:

»Scherzeshalber will ich hier ein Gedicht [1933 ins Tagebuch] abschreiben, das ich als Hellas »idealer Gatte« in brauner Samtjacke und blauer Schleife am Klappkragen mit Puppenkindern im Schoß während der Weihnachtsferien hersagte (Strümpfe stopfend!!!):

Ihr seht es gewiss an meinen Tätigkeiten,
Dass ich bin bei Hella ihr zukünft'ger Mann! –
Was ist meine Frau für ein tüchtiges Wesen!
Drum führt s i e das Zepter – i c h führe den Besen!
Den Tag über führt sie im Jugendgerichte,
Wo sie klüger als Männer das Urteil spricht.
Nach Amtsschluss ist sie dem Reitsport ergeben,
Und dann erst beginnt ihr nächtliches Leben.
Im Esplanade erntet als Eintänzerin
Ihre anmut'ge Fußkunst viel Ruhm und Gewinn.
Ich selber erliege dem Künstlerlos
Und bin heutzutage ganz stellenlos!!«[87]

Hier porträtierte sie Hella als künftig berufstätige Frau, als Richterin – wie ihr Vater – und ihren künftigen Mann als arbeitslosen Künstler! Selbstbewusst amüsiert sie sich in ihrer Freizeit, während ihr Mann den Haushalt besorgt.

Noch viel komplexer war es für Hella, für sich eine Berufstätigkeit, beziehungsweise zuerst eine Berufsausbildung zu finden. Eine längere Zeit machte sie – um ihren Herzenswunsch zu verwirklichen – bei einer Gesangslehrerin eine Ausbildung zur Opernsängerin, dann empfahl ihr diese Lehrerin, Schauspielerin zu werden. Dieser Wunsch wurde ihr vom Vater verwehrt, und die Mutter stellte sich dabei auch nicht auf die Seite ihrer Tochter. In ihrer Verzweiflung versuchte sie sich in der Charité als Physiotherapeutin. Auch ihr Wunsch, sich zur Farmhelferin für eine Farm in Afrika ausbilden zu lassen, wurde ihr von den Eltern verboten. Fast unverständlich erscheint es, dass ihre Mutter Marie Bruns, der selber ihre Berufsausbildungswünsche verweigert worden waren, nicht zugunsten ihrer Tochter ihren Gatten zur Rücknahme des Verbots überredete. Marie Bruns litt selber unter dieser ihrer Unterlassung, wie sie in ihrem Beichtbrief an Marie von Gebsattel bekennt.[88]

Ihren »Liebeshunger« dagegen verwirklichte sie, indem sie sich 1937 mit Jan Noltenius verlobte und ihn heiratete. Der Zeitpunkt – mit 20 Jahren, vor einer Entscheidung zu einer Berufsausbildung und mit dem Scheitern ihres Lieblingswunsches, Opernsängerin zu werden – war gewiss nicht glücklich. Hinzu kam 1939 der Ausbruch des Zweiten Weltkrieges, in dem Jan gleich Soldat werden musste. Vorher hatten sich Hella und Jan eine Wohnung in Bremen eingerichtet. Dann erhielt Jan eine Stelle als Baurat in Weimar, was einen zweiten Umzug bedingte. Dort kam Hellas Sohn Rainer zur Welt (1938). Im Spätjahr 1939 musste Jan Noltenius in den Krieg einziehen, und seine Hella ging, um nicht alleine zu sein und um Unterstützung für die Kindererziehung Rainers und seiner 1942 folgenden Schwester Elke zu haben, wieder zurück ins elterliche Haus in Berlin-Zehlendorf.

Die Frustration von Hella musste groß gewesen sein, beide Lebenswünsche ihrer Jugend waren erheblich in ihrer Entfaltung gestört. Durch die frühe Ehe konnte weder der Lieblingsberuf noch irgendein anderer erlernt werden, und durch den Ausbruch des Krieges wurde ihr »Liebeshunger« auf eine starke Probe gestellt: Gleich nach Geburt ihres ersten Kindes verschwand Jan Noltenius für sechs Jahre in den Krieg. Die Befürchtungen von Viktor und Marie Bruns, was auf Hella zukommen könnte, wenn die Nazis einen Krieg entfesselten, trafen also teilweise zu (nur, dass ihr Mann glücklicherweise nicht im Krieg umkam).

Auch über ihre Enkelkinder Rainer und Elke Noltenius schrieb Marie mehrere Tagebücher, die aber, um den Umfang dieses Buches nicht zu sehr anschwellen zu lassen, ausgelassen werden. Nur so viel sei davon erzählt: Hellas Kinder Rainer und Elke wuchsen zunächst in Weimar und dann in Berlin, und – nachdem Berlin bombardiert wurde – in Schlanstedt bei Halberstadt auf bei ihrer Mutter und nach dem Tode von Viktor Bruns auch mit ihrer Großmutter Marie Bruns. Zu Weihnachten erhielt Rainer – weder von seinen Eltern noch von den Großeltern, sondern von Verwandten – einen Helm aus Gips und eine Kanone, mit der er Erbsen schießen konnte.[89] Die Wirklichkeit des Krieges wurde ihm aber erst bewusst, als nach einem Bombenhagel auf Berlin das Kino zerstört war, in dem er eben noch einen »Hänsel und Gretel«-Film erlebt hatte, und er wusste, dass »der Mann vom Kino« darin umgekommen war.[90] Um keine depressive Stimmung in Rainer aufkommen zu lassen wegen der Zerstörung so vieler Häuser, tröstete ihn seine Mama, »dass sein Vater (der Architekt) sie von neuem aufrichten könnte. Dies griff er sehr lebhaft auf und sagte uns in beruhigendem Tonfall: ›Papa baut alles wieder auf!‹«[91]

Ein Beispiel dafür, wie sich die Diskriminierung anderer »Rassen« als der »Arischen« schon in der frühen Kindheit den Kindern eingeprägt hat: »Als Leihgabe von [ihrer Freundin] Tutti erhielt Elke ein Negerbaby, über dessen braunes Gesicht sie sehr überrascht war. Halb verschämt, halb belustigt zeigte sie es mir. Sie wusste nämlich nicht genau, ob man sich genieren musste wegen der dunklen Hautfarbe oder ob es einen Grund gab zum Stolze!«[92]

Kriegsende und die Folgen

In der Nachkriegszeit hat Marie Bruns keine Tagebücher der eigenen Familie mehr geschrieben. So sind nur noch einige, aber oft sehr aussagekräftige, Briefe erhalten.

An Leopold Reidemeister [»Schüler« von Wilhelm von Bode, nach 1945 Direktor des Wallraf-Richartz-Museums in Köln und zuletzt des von ihm begrün-

deten Brücke-Museums in Berlin] schrieb sie 1946: »ja, Vater und Viktor gönne ich die ewige Ruhe; denn ein Tag hat beider Werk zerstört.« Sie konnte damals noch nicht wissen, dass viele der Kriegsschäden der Berliner Museen und auch die baulichen Schäden im Laufe der Nachkriegsjahre, zum Teil aber auch erst nach 1989, weitgehend behoben werden konnten und dass das Kaiser-Friedrich-Museum den Namen Bode-Museum erhalten sollte.

Und sie machte sich Sorgen um den Fortbestand des Instituts für ausländisches öffentliches Recht und Völkerrecht. Die riesige Bibliothek des Instituts war aus den Institutsräumen im Berliner Schloss ins Umland ausgelagert worden, um sie vor Bombardierung zu schützen. »Was von der umfangreichen Völkerrechtsbibliothek nicht (in einem uckermärkischen Gutshaus) Raub der Flammen wurde, dient jetzt der Dorfbevölkerung eines anderen Gutes als – Wischpapier!«[93] Nachdem das Berliner Schloss, in dem das Kaiser-Wilhelm-Institut für Völkerrecht untergebracht war, erhebliche Kriegsschäden erlitten hatte und Viktor Bruns schon gestorben war, mietete die Kaiser-Wilhelm-Gesellschaft[94] drei Räume des Hauses von Viktor und Marie Bruns in der Sven-Hedin-Straße, wohin auch einige Institutsmitarbeiter umzogen: Erhalten geblieben war ja die juristische Privatbibliothek von Viktor Bruns. Nach dem Krieg, 1946, konstatierte Marie Bruns verzweifelt: »Das Institut für Völkerrecht, vieler Mitglieder (wie des durch den Strang umgekommenen Bruders des Attentäters Stauffenberg) beraubt, fristet dort, in seiner Ausweichstelle, wie lange noch?, sein Leben.«[95] Wie sich bald herausstellen sollte, war das Institut nicht so gefährdet, wie sie annahm. Gerade auch jüdische Kollegen von Viktor Bruns setzten sich für Bruns' Werk, sein Ansehen und das von ihm begründete Institut ein, wie zum Beispiel Professor Edwin M. Borchard, Völkerrechtler an der Yale University[96], aber auch Prof. Martin Wolff. Ebenso nicht-jüdische Kollegen aus Deutschland wie Prof. Rudolf Smend.[97]

In Berlin hatten die Mitarbeiter damit angefangen, die Amerika-Abteilung des Instituts wiederaufzubauen. In der schweren Zeit, in der ungewiss war, ob das Institut überhaupt weiterbestehen könne, berichtete die Bibliothekarin Cornelia Bruns 1946 an Marie Bruns: »Dabei haben wir seit 2 Monaten kein Gehalt bekommen und wissen noch nicht, wie wir weiterbestehen werden, nachdem die K.W.G. *[Kaiser-Wilhelm-Gesellschaft]* nun ja wirklich aufgelöst wird.«[98] Die Kaiser-Wilhelm-Gesellschaft wurde bald in Max-Planck-Gesellschaft umbenannt, zu denen dann das Institut für Völkerrecht weiterhin gehörte.

Dass das Institut wiedererrichtet wurde, wird an der Fürsprache der Völkerrechtler aus dem Ausland, besonders aus den USA und daran gelegen haben, dass die Mehrzahl der Wissenschaftler des Instituts nicht nationalsozialistisch belastet war.

1949 zog das Institut von Berlin nach Heidelberg um und erhielt als neuen Direktor Carl Bilfinger, einen Vetter von Viktor Bruns. Marie Bruns wurde zur Neugründung des Instituts in Heidelberg und fast gleichzeitigem Begehen des sechsten Todestages von Viktor Bruns eingeladen.[99] Und nun begriff sie, dass nicht nur das Lebenswerk ihres Vaters, sondern auch das Werk ihres Mannes nicht »an einem Tage zerstört« war: »In Heidelberg hatte ich die Freude, die Neugründung des Instituts für Völkerrecht unter der Leitung von Viktors Vetter zu erleben. Die alte und die neue Garde stehen ihm freundlichst zur Seite. Für mich war es ein Wiederaufleben alter Zeit und eine Bestätigung dafür, dass große und gute Gedanken, wie sie mein Mann für Deutschland hegte, nicht verloren gehen, sondern weiter wirken müssen in alle Zukunft.«[100] 1950 schickte Marie Bruns das Testament[101] von Viktor Bruns an Carl Bilfinger und regelte den Verkauf seiner juristischen Privatbibliothek ans Völkerrechtsinstitut.

Was Marie Bruns' persönliche Situation anging, kam ihr jetzt die in Berlin und Paris erworbene Fähigkeit zu zeichnen und zu malen zu Gute. Als sie in einem Brief davon erzählte, griff sie auf ihres Vaters Beurteilung ihrer Begabung zurück: »Nicht beschlagnahmt ist mein Zeichentalent, von dem Vater mir, der mehr als Vierzigjährigen, mal sagte, bei guter Ausbildung hätte ich mich mit den ersten deutschen Porträtisten messen können. Und in meiner Jugend hatte er mir immer gesagt, ich sei nur fleißig und kein bisschen begabt. Ich glaube, er hatte zu viel in den Zeitungen über die modernen Maler geschimpft und genierte sich nun, mich ausbilden zu lassen. Also begann ich mit 60 Jahren, habe nun wohl schon, inklusive die Arbeit auf dem Lande, gegen 400 Porträtskizzen gemalt, bin glückselig bei dieser Beschäftigung, die mir wenig Zeit kostet und zum Broterwerb dient.«[102]

Nach dem Krieg war es für ihre Tochter Hella, nach der sechsjährigen kriegsbedingten Trennung, zur Scheidung von ihrem Mann Jan Noltenius gekommen. Hella arbeitete erst bei der englischen, dann bei der amerikanischen Besatzungsmacht als Dolmetscherin, dann als Bibliothekarin im Amerikahaus in Bremen. Ihr Verdienst reichte aber nicht, um die Familie zu ernähren, die aus ihr selbst, ihren beiden Kindern und Marie Bruns bestand. So zog Marie Bruns von Bauernhof zu Bauernhof, um Bauer oder Bäuerin zu porträtieren und dafür Kartoffeln, Eier und hier und da mal eine »Seite Speck« zu erhalten. So kam sie denn doch zu einer Teil-Berufstätigkeit, die ihr Freude machte, so dass zeitweise ihr Humor zurückkehrte, wie man an mancher Zeichnung, wie der kopfstehenden Großmutter, sehen kann.

»Ich versorge sie [die Kinder], die aber schon sehr selbstständig und eine rechte Hilfe sind, ich schaffe die Nahrungsmittel herbei, flicke und zeichne, auch beim Anstehen [beim Einkaufen bildeten sich oft lange Schlangen], wobei mir dann das Drankommen eine lästige Unterbrechung ist.«[103]

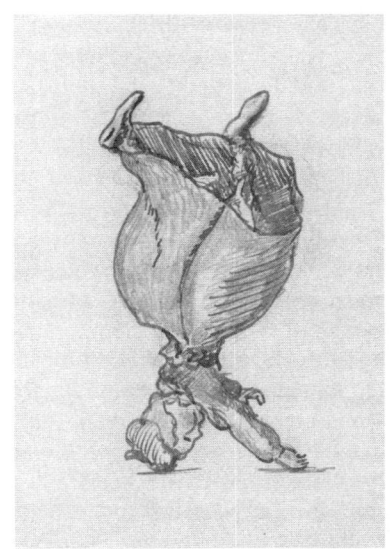

Großmutter kopfstehend, getuschte
Federzeichnung von Marie Bruns, um 1946.

Glücklicherweise konnte sie sich zwischendurch bei ihrer in der Schweiz
verheirateten Tochter Edith in Utzenstorf erholen. Dort las sie ihr den von
ihr selbst in die Maschine geschriebenen Briefwechsel ihrer Eltern vor,
also ihres Vaters Wilhelm von Bode und der Marie Bode, geborener Rimpau, die an Marie Bruns' Geburt gestorben war. »Dann genieße ich's noch
sehr, dass ich Edith ›Die Liebe meiner Eltern‹ vorlesen kann. Sie hat große
Freude an den Witzen meiner Mutter und Großmutter und so viel Gefühl
für die Tragik und Größe im Leben meiner Eltern. Auch Irmgard [*Rimpau*]
hört manchmal, flickender und schneidernder Weise, zu und interessiert
sich glühend dafür. Eine Umarbeitung und Kürzung ist aber nötig. O, wann
werde ich Zeit dazu haben?!«[104]

Anderthalb Jahre vor ihrem Tode war es ihr also wichtig, die »Liebe
ihrer Eltern« in eine gut lesbare Form zu bringen, dass sich beider Lebendigkeit und Liebesfähigkeit noch an weitere Kreise ihrer Verwandtschaft
vermitteln ließe! Warum?

Es war ein Versuch, ihr lebenslanges Trauma zu verarbeiten: Ich habe
(durch meine Geburt) meine Mutter ermordet! Schon in ihrer großen Le-
bensbeichte im Brief an Marie von Gebsattel vom Oktober 1942 hatte sie
ihr eigenes Schicksal auf dieses Ursprungs-Trauma, verbunden mit der
Vettern- und Kusinen-Heirat ihrer Eltern bezogen. Offensichtlich hatte Marie Bruns die Tatsache, dass ihre Mutter vor ihrem Tod nur ein Kind zur
Welt bringen konnte, überkompensieren wollen durch die »Sehnsucht

nach einer großen Kinderschar.«[105] Zahlreiche Schwangerschaften ergaben sich, wegen ihres »Mädchenleidens« aber nur zwei gesunde Geburten. Dies und die äußerst gefährdete Gesundheit von ihr selber, Hella und Edith führte sie ebenfalls auf die Vettern- und Kusinen-Ehe ihrer Eltern zurück. Oben war die Rede davon, wie Viktor und Marie Bruns ihrer Tochter erst die Laufbahn zur Bühne ermöglichten und dann verboten.

Als heutiger Leser ist man entsetzt zu sehen, wie wenig sie die Entscheidungen ihrer Töchter achten konnte. Schon die Tatsache, dass sie Tagebücher ihrer Kinder selber schrieb, bei Hella von der Geburt bis nach der vollzogenen Ehe (bei Edith wissen wir es nicht, weil keine erhalten geblieben sind), deutet eine symbiotische Verschmelzung an. Zwischen Mutter und Kind in der frühesten Kindesphase ist sie gewiss notwendig. In späteren Jahren von Kindheit und Jugend führt sie notwendig zu Konflikten, wie wir eben beschrieben haben. Tatsächlich eröffnete Marie – noch als Hella bereits 29-jährig war – einen Brief mit »Mein geliebtes Hellakind!«[106]

Diese Situation, dass sie ihr Leben mit Selbstvorwürfen belastete, verschärfte sich nach der 1947 erfolgten Scheidung zwischen Hella und Jan Noltenius. Bis 1951 entwickelte sich eine starke Depression daraus, nach dem Motto: »An ihrer Ehe, also auch an ihrer Scheidung mit ihren Folgen, habe ich Schuld!« Sie kam in Bremen in die Psychiatrie. Dort glitt sie in der Dusche aus, brach sich den Oberschenkelhals. An den Folgen einer sich anschließenden Operation ist sie 1952 gestorben.

Und die anderen Mitspieler ihres Lebens? Hella gelang nur vier Jahre nach Marie Bruns' Tod eine zweite, nun glückliche Ehe mit Walter Ströver und mit zwei weiteren Kindern, Hermann und Victor. Ediths (Aeschbacher) Ehe erwies sich als glücklich und stabil, ihr entsprangen die drei Töchter Marianne, Margrit und Verena (s. Anhang S. 311). Bis heute verdanken folgende Nachkommen Marie Bruns und ihrer Mutter Marie Bode, geb. Rimpau, ihr Leben: zwei Töchter, sieben Enkelkinder und neun Urenkel! Sie haben fast alle Berufe ergriffen, die aus dem Potenzial von Marie und von Viktor entsprangen und die nun in ihnen fortleben:

Aus Maries literarisch-künstlerischen und sozialen Fähigkeiten, ihren realisierten und ersehnten Berufswünschen wurden bei ihren Kindern und Enkeln: Lehrerin, Künstlerin, Heimerzieherin, Reiseleiterin, Bildarchivarin und Musiker. Aus Viktor Bruns beruflichen und gesellschaftlichen Fähigkeiten wurden bei den Kindern und Enkeln: Institutsleiter, Fachbuchautor, Rechtsanwalt und Berufe mit fremdsprachigen Fähigkeiten.

Eine solche Fülle von Nachkommen, die ihr und ihrem Mann schon allein vom Beruflichen her nah sind! Eine späte Erfüllung ihres euphorischen Traumes, den sie in ein Gedicht vor der Geburt Hellas im Ersten Weltkrieg formte:

Noch bist Du ein junger ein quellender Keim –
Einst wirst Du zum schattenden Baum,
Und Vögelein gründen im Laub sich ihr Heim,
Voll Sang ist der himmlische Raum.

Dann sprosst es am Boden, weit, weit um Dich her,
Von drängendem Leben ein Wald! –
Einst warst Du der Tropfen, jetzt bist Du das Meer,
Der einzelne Kämpfer – das mächtige Heer,
Den Menschen Beschützer und Halt. –

Ich stand in den Grenzen der endlichen Zeit.
Da reichte mein Freund mir die Hand:
»Mit Kindern und Enkeln weit und breit
Erstreck ich Dein Leben zur Ewigkeit
Und segne dies trauernde Land!«[107]

Für ihre Nachfahren – und für die Leser dieses Buches – dürften aber vor allem ihre folgenden lebenslangen Fähigkeiten beeindruckend sein:

In der Kaiserzeit gelang es ihr – wie wir sahen, trotz des »Berufsverbots« für die bürgerlichen Frauen in der patriarchalen Gesellschaft und speziell ihres Vaters, sich einerseits anderen Wünschen anzupassen und trotzdem ihren Willen durchzusetzen. So wurde sie ohne Lehrerinnen-Ausbildung Lehrerin an zwei Schulen und sogar am Kaiserhof. Und sie wurde, ohne eine Kunstakademie besucht zu haben, Künstlerin und bestritt damit einen guten Teil des Lebensunterhalts ihrer damals nach 1945 vierköpfigen Familie.

Und es gelang ihr in der NS-Zeit, trotz der äußerlichen Anpassung an die Obrigkeit, deren Ideologie zu unterlaufen, sie gegen den Strich zu bürsten. Sie traute den Frauen dasselbe »Führertum« zu wie den Männern! Und die »nordische« Kunst und Kultur erklärte sie öffentlich nicht als »reinrassig« und einmalig, sondern als Mischkultur mit stärksten Ursprüngen aus dem alten Orient und dem Islam. NS-Gegner wie Pastor Martin Niemöller und Berthold Graf Stauffenberg waren ihr wichtige Bezugspersonen. Man kann sie als »Under Cover«-Frau sehen, die mit den Tarnkappen »Führertum« und »Nordische Kunst« letztlich Überzeugungen äußerte wie die Gleichberechtigung der Geschlechter und die Überzeugung, dass gerade die Internationalität der Kulturbeziehungen bedeutende Kunst hervorbringt und nicht das Verstecken in einer nationalen Nische, die dann zu einer Kultur stilisiert wird, die angeblich alle anderen überragte.

Rainer Noltenius

Anmerkungen

1 Aus dem unveröffentlichten Vorwort der dreibändigen Mädchenerinnerungen.

2 Dass Tagebücher und Briefe auch in anderen Familien familienöffentlich waren, zeigt zum Beispiel die Familie eines Schwiegersohnes von Marie Bruns, Jan Noltenius: [Bernhard Noltenius:] Zur hundertjährigen Erinnerung an Richter Dr. Johann Daniel Noltenius 1806–1868, Bremen 1906; [Bernhard Noltenius:] Zur hundertjähriger Erinnerung ... an Betty Noltenius, geb. Meier. 1811–1886, Bremen 1911; Eberhard Noltenius: Enkeltag am 2. Januar 1938. Bremen 12. März 1938 (maschschr.); alle drei Schriften zitieren aus Briefen und Tagebüchern der damals vor hundert Jahren geborenen Großeltern.

3 Brief an Marie von Gebsattel, 03.09.1909, s.o. S. 191.

4 Brief an Marie von Gebsattel, Oktober 1942, s.o. S. 251.

5 Mädchenerinnerungen, s.o. S. 39.

6 Brief an Marie von Gebsattel vom 28.10.1903, S. 176–179.

7 Brief an den Vater vom 15.3.1916, s.o. S. 221.

8 Ein Porträt, das Marie Bruns von ihr im Alter zeichnete: s.o. S. 186.

9 Nicht veröffentlicher Brief an den Vater vom 2.5.1893.

10 Nicht veröffentlicher Brief an den Vater vom 12.7.1893.

11 Die Memoiren als Lehrerin am Kaiserhof, s.o. S. 41.

12 Die Liebe meiner Eltern, s.o. S. 31.

13 Brief an Marie von Gebsattel vom 3.9.1906, s.o. S. 182.

14 Erste Italienreise 1900, s.o. S. 38.

15 Nicht veröffentlicher Brief an den Vater vom 29.7.1893.

16 Wilhelm von Bode. Museumsdirektor und Mäzen. Wilhelm von Bode zum 150. Geburtstag, Staatliche Museen zu Berlin, Berlin 1995, S. 38 u.ö.

17 Brief an den Vater, 3.5.1903, s.o. S. 175.

18 Die Memoiren als Lehrerin am Kaiserhof, s.o. S. 53.

19 Wilhelm von Bode: Mein Leben, Berlin 1930, Bd. 1, S. 21ff. Dasselbe in kommentierter 2. Auflage, Berlin 1992.

20 Briefe an Marie von Gebsattel vom 26.12.1907 bis zum 3.9.1909, s.o. S. 184–191.

21 Brief an Marie von Gebsattel vom 18.7.1911, s.o. S. 193.

22 Brief an Marie von Gebsattel vom 31.7.1911, nur z.T. abgedruckt, s.o. S. 194.

23 Nicht veröffentlicher Brief an Marie von Gebsattel vom 26.9.1914.

24 Brief an Marie von Gebsattel vom 3.12.1914, s.o. S. 210.

25 Brief an Marie von Gebsattel vom 23.7.1915, s.o. S. 216.

26 Brief an den Vater vom 8.12.1915, s.o. S. 218.

27 Brief an Marie von Gebsattel vom 11.2.1915, s.o. S. 212.

28 Sommer 1913 bis Sommer 1914, s.o. S. 68.

29 Brief an Marie von Gebsattel vom 23.7.1915, s.o. S. 215.

30 Brief an den Vater vom 8.1.1915, s.o. S. 220.

31 Brief an Marie von Gebsattel vom 23.3.1916, s.o. S. 222.

32 Tagebuch, s.o. S. 86.

33 Tagebuch 1915–1919, 18.4.1917, s.o. S. 81.

34 Ulrich Völklein: Die Weizsäckers. Macht und Moral – Porträt einer deutschen Familie, München 2004.

35 Tagebuch 1915–1919, s.o. S. 87.

36 Tagebuch 1915–1919, s.o. S. 89.

37 Tagebuch 1915–1919, s.o. S. 90.

38 Brief an den Vater vom 1.12.1918, s.o. S. 225.

39 Brief an Marie von Gebsattel vom 19.3.1919, s.o. S. 226.

40 Brief an Marie von Gebsattel vom 22.1.1922, s.o. S. 228.

41 Wilhelm von Bode: Mein Leben, Berlin 1930.
42 Ehetagebuch, s.o. S. 117–121.
43 Württembergs künftige Verfassung, Stuttgart 1919.
44 Völkerrecht als Rechtsordnung. Berlin 1929–33, 3. Auflage Darmstadt 1962.
45 Brief an Anna Rimpau vom 21.2.1925, s.o. S. 232.
46 Memorandum relating to the proposed Constitution of a federal union of all India. Berlin 1930
47 Régime douanier entre l'Allemagne et l'Autriche..., in: Publikationen des Ständigen internationalen Gerichtshofs, Serie C, Nr. 53, Leiden 1931.
48 Ehe-Tagebuch, s.o. S. 125–127.
49 Ehe-Tagebuch, s.o. S. 115f.
50 Tagebuch, s.o. S. 95
51 Tochter Hellas Tagebuch, s.o. S. 103.
52 Brief an Marie Gebsattel v. 24. März 1923, s.o. S. 229.
53 Tochter Hellas Tagebuch März 1921, s.o. S. 102f.
54 Tochter Hellas Tagebuch, s.o. S. 103.
55 In der Schweiz 1925, s.o. S. 109f.
56 Hellas Lebenslauf, s.o. S. 153
57 Ebd., s.o. S. 153.
58 Brief an Marie Gebsattel 1942, s.o. S. 248f.
59 Mädchentagebücher, s.o. S. 68.
60 Ehe-Tagebuch, s.o. S. 126.
61 Alexander Meyer: Berthold Schenk Graf von Stauffenberg (1905–1944). Völkerrecht im Widerstand, Berlin 2001 (= Tübinger Studien zum internationalen und europäischen Recht, Bd. 57), S.47f.
62 Gedenkfeier für Viktor Bruns im Kaiser-Wilhelm-Institut für ausländisches öffentliches Recht und Völkerrecht am 23. September 1943, Berlin 1943, darin die Rede von Marie Bruns, S. 13f.
63 Ulrich Völklein: Die Weizsäckers. Macht und Moral – Porträt einer deutschen Familie, München 2004, S. 169f.
64 Alexander Meyer: Berthold Schenk von Stauffenberg (1905–44). Völkerrecht im Widerstand, Tübingen 2001 (=Tübinger Schriften zum internationalen und europäischen Recht, Bd. 57).
65 Erlass des Institutsdirektors Viktor Bruns, Berlin, den 5. Februar 1937 (maschschr.), mit Dank für die Mitteilung dieses Erlasses durch das Max-Planck-Institut für internationales Recht und Völkerrecht, jetzt Heidelberg. Zu Berthold Schenk von Stauffenberg s. Alexander Meyer: Berthold Schenk Graf von Stauffenberg (1905–44). Völkerrecht im Widerstand, Tübingen 2001 (=Tübinger Schriften zum internationalen und europäischen Recht, Bd. 57) und wikipedia: BSGvSt in der Fassung seit 31.05.2012
66 Alexander Meyer: Berthold Schenk Graf von Stauffenberg, ebd. S. 53–74
67 Herfried Kier: Die »Affäre Wengler«. Ein Beitrag zur Geschichte des Völkerrechtsinstituts zur Zeit des Nationalsozialismus. In: Jahrbuch der Juristischen Zeitgeschichte 14 (2013), S. 177, Anm. 45.
68 Hermann Mosler: Vortragsmanuskript um einige nicht vorgetragene Abschnitte ergänzt. In: Archiv der Max Planck-Gesellschaft. Nachlass Mosler ZA 139/10, Manuskriptseiten 19f.
69 Die »nette Jüdin« Ulla Loeb 1931 auf Hellas Geburtstagsfeier, Hella-Tagebuch 14. Lebensjahr, s.o. S. 153.
70 Brief an Carl Bilfinger, 1.5.1949, s.o. S. 263f.
71 Ehetagebuch, s.o. S. 115ff.
72 Brief an Marie Gebsattel v. 3. Dezember 1914, s.o. S. 210.
73 Ehe-Tagebuch, s.o. S. 116

74 Nicht veröffentlichtes Elke-Tagebuch.
75 Ehe-Tagebuch, s.o. S. 137f.
76 Ehe-Tagebuch, s.o. S. 140.
77 Hella Tagebuch, s.o. S. 165.
78 Hella Tagebuch, s.o. S. 166.
79 Hella Tagebuch, s.o. S. 167.
80 wikipedia: Martin Niemöller, in Fassung vom 18.5.2018.
81 A. M. Weigl: Maria Ancilla von Gebsattel, Altötting ²1969.
82 Wikipedia: Marie von Gebsattel, in Fassung vom 1.9.2012.
83 Hellas Lebenslauf, s.o. S. 158.
84 Ebd.
85 Hellas Lebenslauf, s.o. S. 160.
86 Hellas Lebenslauf, s.o. S. 163.
87 Hellas Lebenslauf, s.o. S. 156.
88 Brief an Marie von Gebsatel, s.o. S. 249.
89 Aus dem Tagebuch Rainer, hier nicht veröffentlicht.
90 Ebd.
91 Ebd.
92 Aus dem Tagebuch Elke, hier nicht veröffentlicht.
93 Brief an Leopold Reidemeister 1946, s.o. S.259.
94 Brief KWG 1943, s.o. S. 255f.
95 Brief an Leopold Reidemeister 1946, s.o. S. 258.
96 Ebd. und Brief an Ellinor Greinert, 1946, s.o. S. 261.
97 Brief an Carl Bilfinger 1949, s.o. S. 265.
98 Brief Cornelia Bruns 1946, s.o. S. 262.
99 Brief an Hella 1949, s.o. S. 267.
100 Brief an Marie von Gebsattel 1949, s.o. S. 268.
101 Brief an Carl Bilfinger 1949, s.o. S. 265 und 271.
102 Brief an Leopold Reidemeister 1946, s.o. S. 259.
103 Ebd.
104 Brief an Hella 1950, s.o. S. 270.
105 Brief an Marie von Gebsattel 1942, s.o. S. 246.
106 Brief an Hella 1949, s.o. S. 266.
107 Tagebuch 1915–1919, s.o. S. 80f.

Anhang

Überblick der Familienmitglieder
Vor- und Nachfahren von Marie Bruns-Bode und Viktor Bruns

Marie Bruns-Bodes Vater war der Generaldirektor der Berliner Museen Wilhelm von Bode (1845–1929), ihre Mutter war Marie (Luise) Rimpau (1845–1885). Marie Bruns-Bodes Großeltern väterlicherseits waren der Oberlandesgerichtsrat Wilhelm (Heinrich Benedikt Sigismund) Bode (1812–1883) und Emilie (Dorothee Wilhelmine) Rimpau (1820–1894). Die Eltern ihrer Mutter, also Großvater und Großmutter, waren der Rittergutsbesitzer, Regierungsrat und Landrat (August) Wilhelm Rimpau (1814–1892) und (Marie Marianne) Sophie Bode (1820–1892). Die Großmutter väterlicherseits und der Großvater mütterlicherseits waren Geschwister. Als Maries Mutter Wilhelm von Bode heiraten wollte, kam es wegen dieser Vettern- und Kusinenheirat zu heftigen Auseinandersetzungen mit ihrer Mutter. Dieser Konflikt konnte nicht beigelegt werden und führte zu ihrer Verstoßung, die ihr Leben wie das ihrer Tochter Marie Bruns-Bode überschattet hat. Nach ihrem frühen Tod heirate Wilhelm von Bode erneut, und zwar 1893 Anna Gmelin (1859–1946), die Marie Bode zwei Stiefschwestern schenkte: Anna Bode (1896–1980) und Ilse Rimpau (1898–1982).

Während des Ersten Weltkriegs heiratete Marie Bode Viktor Bruns. Sein Vater war der Tübinger Professor der Chirurgie und Generalarzt der württembergischen Armee Paul E. von Bruns (1846–1916), und seine Mutter war Marie Auguste, geb. von Weizsäcker (1857–1939) – die in Tagebüchern und Briefen so genannte und von Kindern und Enkeln sehr geliebte »Omu«. Deren Vater war Professor der Theologie und Kanzler der Universität Tübingen Karl Heinrich von Weizsäcker (1822–1899). Er – Verfasser einer modernen Bibelübersetzung – wird von Marie Bruns-Bode des Öfteren wegen seines offenen und liberalen Verständnisses der Bibel erwähnt. Seine Frau war Sophie C. Dahm (1826–1884).

Nun zu den Kindern und Enkeln von Marie und Viktor Bruns: Ihre beiden Töchter waren Hella und Edith Bruns. Hella Bruns, Bibliothekarin und fremdsprachige Korrespondentin (1917-2005), heiratete den Architekten Jan Noltenius (1907-1981). Deren gemeinsame Kinder sind Rainer Noltenius (geb. 1938) und Elke verheiratete Carstens (geb. 1941). Aus Hellas zweiter Ehe mit dem Rechtsanwalt Walter Ströver (1911-1995) entstanden die Söhne Hermann Ströver (geb. 1955) und Viktor Ströver (geb. 1956). Edith (1921-2002) hatte mit ihrem Mann Siegfried Aeschbacher (1911-1995) drei Töchter: Marianne Aeschbacher (geb. 1940), Margrit Witwer-Aeschbacher (1944-2018) und Verena Aeschbacher (geb. 1947).

Edith, Marie Bruns' zweite Tochter

[Verfasst von ihren Töchtern:
Marianne Aeschbacher, geb. 1940, Architektin, Mediatorin
Margrit Witwer-Aeschbacher (1944–2018), Heimerzieherin, Beamtin
Verena Aeschbacher, geb. 1947, Malerin und Reiseleiterin]

Wie Marie und Viktor zu Beginn des Ersten Weltkriegs geheiratet hatten, schloss Tochter Edith 1939 den Ehebund mit Siegfried Aeschbacher kurz vor Ausbruch des Zweiten Weltkrieges. Dies geschah auf Anraten von Vater Viktor, der seine Tochter in der neutralen Schweiz an einem sichereren Ort als im Deutschen Reich kurz vor dem von ihm erwarteten Krieg wähnte.

Die Schweizer waren seit der Machtergreifung durch die Nationalsozialisten im »Reich« allem Deutschen gegenüber sehr misstrauisch. Deshalb erlernte Edith in Rekordzeit authentisch klingendes Berndeutsch, was ihr den Kontakt zu den Schweizern beträchtlich erleichtert hat.

Ediths Ehemann Siegfried Aeschbacher füllte verschiedene Positionen in der Schweizer Papierindustrie aus. Deshalb hat die Familie an verschiedenen Orten gewohnt, wie Solothurn, Biberist, Utzenstorf, Balsthal und zuletzt endlich im eigenen Haus in Feldbrunnen-Solothurn. Dieser Ort kam ihrer Nostalgie für Kultur entgegen.

Ihr künstlerisches Talent, das sie in Berlin bei der Ausbildung zur Theater-Kostümbildnerin perfekt anwenden konnte, hat sie als verheiratete Frau jeweils in die geschmackvolle Einrichtung der Häuser gesteckt; auch waren ihre Blumenarrangements berühmt, die jeweils aus den groß angelegten Gemüse- und Blumengärten stammten. – Die häufigen Gäste unterhielt sie mit viel Temperament, bewirtete sie mit erlesenen Speisen und auf geschmackvoll dekorierten Tischen; die Gäste blieben oft auch als Logierbesuche.

Nach dem Zweiten Weltkrieg kamen auch die Verwandten wie Mutter Marie Bruns mit ihren Enkeln Rainer und Elke Noltenius u.a. aus Deutschland, die dringend aufgepäppelt werden mussten und ärztliche Fürsorge brauchten.

Ediths künstlerisches Talent fand eine weitere praktische Anwendung beim Nähen der Garderobe für die drei Töchter. Auch hat sie für diese und deren Freundinnen beliebte Nachmittage organisiert, an denen sie ihnen u.a. das Zeichnen von Faltenwürfen mit Kreide beibrachte

Dass wir viele Jahre mit der ganzen Familie Kunstreisen nach Italien, Österreich, Deutschland und Frankreich unternehmen durften, haben wir ihrer Anregung zu verdanken. Sie kommentierte mit viel Überzeugung die kunstgeschichtlichen Zusammenhänge, die sie zuvor schon von Mutter Marie Bruns mitbekommen hatte, wie diese von ihrem Vater Wilhelm von Bode.

Ihren Mann Siegfried begleitete sie oft in die Vereinigten Staaten, wo dieser sich auf papiertechnischem Gebiet weiterbildete; der Blick in die Zukunft war wichtig für ihn und das Überleben dieser Industrie in der Schweiz. – Diese Besuche weckten den Wunsch in ihm auszuwandern. Edith hatte jedoch die Kraft nicht mehr, in ein neues Sprach- und Kulturgebiet »auszuwandern«.

Mit mehr Zeit für sich nach dem Auszug der Töchter entdeckte sie die Reichhaltigkeit der barocken Schweizer Möbelmalerei, die sie mit viel künstlerischem Können ausübte. Unermüdlich erforschte sie in Museen die verschiedenen Stile der Berner und Ostschweizer Malerei.

1995 verstarb Marie Bruns' Schwiegersohn Siegfried Aeschbacher und 2002 ihre Tochter Edith.

Biografie und Schriften Marie Bruns-Bode

1885   Am 2. Februar wurde Marie Bruns, geb. Bode in Berlin geboren als Tochter des späteren Generaldirektors der Berliner Museen Wilhelm von Bode (1845–1929) und seiner ersten Frau Marie Rimpau (1845–1885)

1885   Wenige Wochen nach Maries Geburt starb ihre Mutter

1894   Wilhelm von Bode heiratete Anna Gmelin, die Marie zwei Halbschwestern schenken wird: Anna von Bode und Ilse von Bode, spätere Rimpau

1900   April – Mai: Erste Italienreise mit dem Vater und seiner zweiten Frau

1903   Als 18-Jährige vier Monate Studien und Zeichenunterricht in Paris

1906   Als 21-Jährige zum Englisch-Studium nach Oxford

1906   In Berlin: Beginn ihrer Lehrerinnen-Tätigkeit für Kunstgeschichte an der Kellerschen Schule

1907–10   Kunstgeschichtslehrerin am Kaiserhof in Berlin und Potsdam bei der Prinzessin Viktoria Luise von Preußen

1913   Im Herbst Reise mit Wilhelm von Bode nach Italien (Venedig, Florenz, Rom)

1913   Kunstgeschichtslehrerin an einer katholischen Stiftsschule in Berlin, bis sie wegen zu liberaler Ansichten über Erziehung und Religion entlassen wurde

1914–34   Kunsthistorische Museumsführungen in den Berliner Museen

1915   Am 27. Juni Heirat mit Professor Viktor Bruns (1884–1943), später Gründer und Direktor des Kaiser-Wilhelm-Instituts für ausländisches öffentliches Recht und Völkerrecht in Berlin

1915–19   Während des Ersten Weltkriegs in Stuttgart, nahe den Eltern von Viktor in Tübingen (Geheimrat Professor Paul E. von Bruns (1846–1916) und Marie Auguste von Bruns, geb. von Weizsäcker (1857–1939)), die sie häufig besuchten

1917   Am 26. Juni Geburt der ersten Tochter Hella Bruns, spätere Noltenius und in zweiter Ehe Ströver (1917–2005)

1921	Geburt der zweiten Tochter Edith, spätere Aeschbacher (1921–2002), deren Töchter: Marianne, Margrit und Verena
1921–43	Sie bewohnte mit ihrem Mann, ihren beiden Töchtern und später den Enkeln das Haus mit dem großen Garten in Berlin-Zehlendorf an der Sven-Hedin-Str. 19
1933	Konfirmation der ältesten Tochter Hella durch Pastor Martin Niemöller
1936	Ihre Tochter Hella trat nicht in den »Bund Deutscher Mädel« ein, meldete sich aber auf Wunsch des Vaters, um später keine beruflichen Repressalien zu erleben, zum Reichsarbeitsdienst (ab 1.4.1939 in Moordorf bei Aurich)
1937	Hellas Trauung im August sollte von Pastor Martin Niemöller vollzogen werden, der aber kurz vorher verhaftet worden war
1943–45	Umzug Maries nach Schlanstedt bei Halberstadt, wohin Hella und die Enkelkinder evakuiert worden waren, auf das Gut von Maries Halbschwester Ilse Rimpau
1945	Marie floh mit ihrer Tochter Hella und ihren Enkelkindern vor den Russen nach Bremen, in die Heimat von Hellas erstem Mann Jan Noltenius, wo sie im Hause seiner Großtante, der Malerin Elisabeth Noltenius, aufgenommen wurden
1945–49	Marie verdiente mit Porträtzeichnen Geld zur Mit-Unterhaltung ihrer Familie (mit Tochter Hella und den Enkelkindern in Bremen)
1947 ff.	Nach der Scheidung von Hella und Jan zog Marie in Bremen mit Hella, Rainer und Elke um. Sie betreute von nun an ihre Enkel, da Hella als Bibliothekarin berufstätig wurde.
1952	Am 11. Januar starb Marie nach einer Operation in Bremen

Bisher einzige posthume Veröffentlichung von Marie Bruns-Bode

Die Eröffnung dreier Museumsbauten auf der Museumsinsel am 1. und 2. Oktober 1930. Aus dem Tagebuch von Marie Bruns, Tochter Wilhelm von Bodes, In: Jahrbuch preußischer Kulturbesitz XLIII (2006), S. 177–188

Unveröffentlichte Schriften (Auswahl)

Tagebücher

Reise nach Italien. April/Mai 1900

Neues und Altes aus Italien. Frühling 1910

»Mädchenerinnerungen«. Mai/Juni 1912

Reise mit Wilhelm von Bode nach Italien. 1913

Tagebuch. Sommer 1913–14

Tagebuch 1915–19

Hellas Kindheit, 1.–6. Monat. 1917

Hellas Tagebuch 2 Jahre 5 Monate bis 6 Jahre. 1919–23

In der Schweiz. Juli/August 1925

Tagebuch. 1927–35

Hellas Jugend, 13–19-jährig. 1930–36

Tagebuch Hella (19.–21. Lj. ½ Jahr verheiratet). 1936–38

Rainer (¼ Jahr bis 1 ½ Jahr). 1939–40

Tagebuch Rainer. 1941–44

Elkes erste Lebensjahre. 1941–43

Meine Erinnerungen an Lili und Bernhard [Müller-Wusterwitz]. 1949

Briefe

Marie-Bode-Bruns (50) Briefe an Wilhelm von Bode 1890–1929. Zentralarchiv SMPK (Stiftung Preußischer Kulturbesitz, Berlin)

Die anderen Briefe in Bremer Privatbesitz

Briefedition

Die Liebe meiner Eltern. Kommentierter Briefwechsel zwischen Marie Rimpau und Wilhelm von Bode, 1938 begonnen, 1951 fertiggestellt, 205 S.

Bücher und Erzählungen

Wenn Mütter auf Reisen gehen. Eine Geschichte aus Puppen- und Tierleben. Für Hella und Edith von Mutti. Mit zahlreichen ganzseitigen Aquarellen. Ca. 1923

Marotten. Ein Lustspiel von Äffchen und Bärchen in drei Aufzügen. Zu Hellas Geburtstag am 26. Juni 1928 von Mutti. 1928

Zehlendorfer Winterzeit. Eine Kinderidylle. Mit Zeichnungen, 2 Bd. o.J.

Wussi Niedlich: Meine Lebensgeschichte, o.J.

Kunst- und kulturhistorische Vorträge

Hans Holbein d.J. als Kind seiner Zeit. 1909/10

Die Entwicklung der französischen Malerei v. 17.–19. Jh. 1911

Wesensunterschiede zwischen Nord- und Süddeutschen. 1919

Gedichte und Gelegenheitstheater

Zum 100. Geburtstag von Großvater Rimpau. 24.7.1914

Rembrandt. Drama in Jamben, o.J.

Biografie und Schriften Viktor Bruns

1884   Am 30. Dezember wurde Viktor Bruns in Tübingen geboren als Sohn des Professors der Chirurgie Paul E. von Bruns, Generalarzt und Geheimrat (1846–1916) und seiner Frau Marie Auguste, geb. von Weizsäcker (1857–1939)

1903   Abitur in Tübingen

1903–08 Studium der Rechtswissenschaft in Tübingen, Leipzig und wieder in Tübingen

1908   Erstes juristisches Staatsexamen

1910   Dissertation über »Besitzerwerb durch Interessenvertreter«

1910–12 Oktober 1910 – Juni 1912 Außerordentlicher Professor für Geschichte des Römischen Rechts an der Universität Genf

1912   Außerordentlicher Professor für Staatsrecht und Völkerrecht an der Universität in Berlin

1914–17 Während des Ersten Weltkriegs Tätigkeit im württembergischen Kriegs-Presseamt in Stuttgart

1915   Am 27. Juni heiratete er Marie Bode in Berlin-Charlottenburg

1917/18 Juni 1917 – Dezember 1918 Zivilreferent beim stellvertretenden Generalkommandeur des XIII. A.K. (Armee Kommando) Württembergs

1919   Sommersemester Stellvertretung einer Ordentlichen Professur für Staatswissenschaften in Bonn. Viktor wohnte in dieser Zeit bei Prof. Martin Wolff.

1919   Im September Umzug nach Berlin (in die Schlüterstraße), wo er seine Professur wieder aufnahm

1920   Ordentlicher Professor der Rechte in Berlin, nachdem er im Februar 1920 einen Ruf an die Universität Tübingen ausgeschlagen hatte

1921–43 Viktor lebte mit seiner Familie, den Kindern und später während des Zweiten Weltkrieges oft mit den Enkeln in Zehlendorf, wo er das Haus mit Garten in der Sven-Hedin-Str. 19 gekauft hatte

1924   Viktor gründete und leitete das Kaiser-Wilhelm-Institut für ausländisches öffentliches Recht und Völkerrecht im Berliner

Schloss (heute: Max-Planck-Institut für internationales öffentliches Recht und Völkerrecht in Heidelberg)

1927 Gustav Stresemann, Reichsminister des Auswärtigen, ernennt Viktor Bruns zum deutschen Richter im Deutsch-Polnischen Schiedsgericht

1928 Berufung zum Schiedsrichter beim Deutsch-Tschechoslowakischen Gemischten Schiedsgericht

1929–31 Viktor erwarb und nutzte ein Auto, Modell Horch 8 (mit Platz für 6 Erwachsene und 2 Kinder) bis das Geld in der Wirtschaftskrise nicht mehr reichte

1929 Seine grundlegende Abhandlung »Völkerrecht als Rechtsordnung«, Teil I erschien, Teil II: 1933

1931 Viktor war im Mai 1931 erneut Richter im Deutsch-Polnischen Schiedsgericht in Paris

1931 Im Juli vertrat Viktor Deutschland vor dem internationalen Schiedsgericht in Den Haag bei der Cour um die Deutsch-Österreichische Zollunion

1932 Im Januar erneut Viktor als Richter beim Internationalen Schiedsgerichtshof in Den Haag. Er gewann den Streit zwischen Polen und Deutschland um die Aufrechterhaltung von Danzig als Freier Stadt

1933 Im Januar Reise nach Königsberg und Danzig mit einem Vortrag über die internationale Gerichtsbarkeit: »Diplomat und Richter«

1933 Im April Vortragsreise nach Stockholm auf Einladung des bisherigen Ministerpräsidenten von Schweden Hammarskjöld mit den Vorträgen »Der internationale Richter« und »Recht und Politik«

1934 Im Dezember Fest zum 10-jährigen Bestehen des Instituts für Völkerrecht

1935 Im März Reise zu Ernst von Weizsäcker, dem deutschen Botschafter in der Schweiz (Bern), späterem Staatssekretär im Auswärtigen Amt

1935 Berthold Graf von Stauffenberg wurden von Viktor im Institut für Völkerrecht bedeutende Aufgaben zugeteilt. 1942 schlug Viktor Bruns »im Fall meines Ablebens« Graf Stauffenberg zusammen mit Prof. Carl Bilfinger als seine möglichen Nachfolger vor.

1937 Viktor wurde von der deutschen Regierung zum Mitglied des Ständigen Schiedshofs ernannt

1937 und im deutsch-litauischen Schiedsprozess über die Staatsangehörigkeit der Memel-Deutschen

1939 Richter am Oberprisenhof in Berlin

1941–43 Vorsitzender des Bulgarisch-Rumänischen Schiedsgerichts in Wien

1943 Am 18. September starb Viktor Bruns in Königsberg i. Pr. an Herzversagen

Schriften

Württemberg unter der Regierung König Wilhelms II., Stuttgart 1916 (Herausgabe)

Württembergs künftige Verfassung, Stuttgart 1919

Völkerrecht als Rechtsordnung. Berlin 1929–33, dritte Auflage Darmstadt 1962

Memorandum relating to the proposed Constitution of a federal union of all India, Berlin 1930

Régime douanier entre l'Allemagne et l'Autriche..., in: Publikationen des Ständigen internationalen Gerichtshofs, Serie C, Nr. 53, Leiden 1931

Der internationale Richter, Berlin 1934

Völkerrecht und Politik, Berlin 1934

Die Tschechoslowakei auf der Pariser Friedenskonferenz, in: Zeitschrift für internationales öffentliches Recht und Völkerrecht 7-8, 1937–38

La Cour permanente de justice internationale, son organisation et sa compétence, in: Actes. De Droit Internationale, Recueil des Cours 62, 1937, Paris 1938

Die Schuld am Frieden und das deutsche Recht am Sudetenland, in: Jahrbuch der Kaiser-Wilhelm-Gesellschaft zur Förderung der Wissenschaft, 1939

Grenzen der Schiedsgerichtsbarkeit, in: Zeitschrift für ausländisches öffentliches Recht und Völkerrecht 9, 1939

Der britische Wirtschaftskrieg und das geltende Seekriegsrecht, ebd., 10, 1940

Die britische Seesperre und die Neutralen, ebd., 11, 1942

Zeitschriften und Reihenwerke

Zeitschrift für ausländisches öffentliches Recht und Völkerrecht, 1927 ff

Beiträge zum ausländischen öffentlichen Recht und Völkerrecht, H. 1–26, 1927–40

Fontes Juris Gentium, 1931 ff.

Politische Verträge, 1926–42

Quellennachweis

Briefe von Marie Bruns-Bode an Wilhelm von Bode: Archiv der Staatlichen Museen zu Berlin

Briefe von Marie Bruns-Bode an die Familie Aeschbacher: Privates Bruns-Familienarchiv in Champs bei Nyon, Schweiz

Alle Tagebücher und die sonstigen Briefe: Privates Bruns-Archiv in Bremen

Bildnachweis

Iselin Meeger: Marie Bode an der Staffelei malend, Kohle 1904; Marie Bruns: Meieli, Aquarell 1947; Verlobung von Marie mit Viktor Bruns, Kollage zweier Fotos, 1914; Marie Bode schreibt Tagebuch, Foto ca. 1910; Fräulein Greinert in Gestalt der Stiftskirche von Tübingen, Foto: Privates Bruns-Aeschbacher-Archiv Champs.

Marie Stein-Ranke: Prinzessin Viktoria Luise von Preußen, Radierung 1905, Landesmuseum für Kunst und Kulturgeschichte Oldenburg, mit freundlicher Genehmigung des Museums, abgebildet in: Kinderzeit. Kindheit von der Renaissance bis zur Moderne, Petersberg 2013, S. 159.

Prinzessin Viktoria Luise von Preußen, Foto-Postkarte, abgebildet in: Alice Anna Klaassen u.a. (Hg.): Kinderzeit. Kindheit von der Renaissance bis zur Moderne, Petersberg 2013, S. 158.

Wilhelm von Bode am Schreibtisch, abgebildet in: Wilhelm von Bode als Zeitgenosse der Kunst. Zum 150. Geburtstag. Ausst.-Kat. Nationalgalerie Berlin, Staatliche Museen zu Berlin 1995, S. 14.

Viktor Bruns mit Walther Schücking in Den Haag, Pressefoto; Marthe Antoine Gérardin (Pressezeichnerin): Viktor Bruns am Richtertisch, getönte Zeichnung, 1931; Elisabeth Noltenius: Porträt Hella Noltenius, Aquarell 1937; Elisabeth Noltenius: Stillleben mit Pfirsichen, Öl 1937; Marie Bruns: Selbstporträt, Pastell 1916; Aquarell aus handgeschriebenem Buch von Marie Bruns für ihre Kinder [Kinderzeichnung von Marie Bruns, 1947]; Willy Jaeckel: Elke, Pastell 1943; Marie Bruns: Großmutter kopfstehend, getönte Zeichnung, ca. 1948; einige Sepia-Fotos in Visitformat (bis 1914) oder in Schwarz-Weiß (bis 1952); Postkarten: Privates Bruns-Archiv Bremen.

Alle übrigen Aquarelle, Zeichnungen, Zeitungsbilder und zeitgenössischen Postkarten sind in den Tagebüchern und Briefen erhalten: Privates Bruns-Archiv Bremen.

Danksagung

Eine starke Ermutigung, mich an das Wagnis der Herausgabe und der Auswahl aus den 2.600 Seiten der Tagebücher und der erhaltenen Briefe von Marie Bruns-Bode zu wagen, erhielt ich von Lou Noltenius und Alexander Wilhelm. Für kritische Anregungen bei der Durchsicht und notwendigen Kürzung des daraus entstandenen Manuskripts danke ich Marianne Aeschbacher, Kirsten Bung, Almuth Conrades, Elke Carstens, Hans-Peter Hermann, Heinz Hillmann, Peter Jehn, Herfried Kier, Cornelia Lohmann, Katrin Rascher-Friesenhausen u.a.m.

Für das sorgfältige und ideenreiche Lektorat des Textes und die bibliophile Ausstattung und Herstellung des Bandes danke ich Frau Merle Ziegler und dem Gebr. Mann Verlag.

Personenregister

Während im detaillierten Inhaltsverzeichnis die Personen genannt sind, deren Begegnungen Marie Bruns-Bode schildert, werden hier darüber hinaus alle genannt, von denen gesprochen wurde oder deren Werke sie gelesen, beziehungsweise wahrgenommen hat.

Kursive Ziffern verweisen auf Abbildungen.

Institutionenregister